Rechtssicherheit im Binnenmarkt

Schriften zum Europa- und Völkerrecht und zur Rechtsvergleichung

Herausgegeben von Manfred Zuleeg

Band 21

PETER LANG

Frankfurt am Main · Berlin · Bern · Bruxelles · New York · Oxford · Wien

Michaela Christina Schmitt

Rechtssicherheit im Binnenmarkt

Zur Notwendigkeit eines Europäischen Schiedsgerichts

PETER LANG
Europäischer Verlag der Wissenschaften

Bibliografische Information der Deutschen Nationalbibliothek
Die Deutsche Nationalbibliothek verzeichnet diese Publikation in der Deutschen Nationalbibliografie; detaillierte bibliografische Daten sind im Internet über <http://www.d-nb.de> abrufbar.

Zugl.: Dresden, Techn. Univ., Diss., 2005

88
ISSN 1436-2007
ISBN 3-631-55380-3

www.peterlang.de

Vorwort

Die vorliegende Arbeit wurde im März 2005 von der juristischen Fakultät der Technischen Universität Dresden als Dissertation angenommen; die Disputation erfolgte am 14. Dezember 2005. Die einschlägige Literatur und Rechtsprechung konnten bis Januar 2006 berücksichtigt werden.

Mein besonderer Dank gilt meiner Doktormutter, Frau Professor Dr. Ursula Stein, für ihre Anregung zu dem interessanten Dissertationsthema sowie für ihre stets fördernde Betreuung der Arbeit. Weiteren Dank möchte ich Herrn Professor Dr. Ulrich Fastenrath sowie Herrn Professor Dr. Thomas Zerres für die rasche Erstellung des Zweit- bzw. Drittgutachtens aussprechen.

Ich widme diese Arbeit meinen Eltern, Antje Bartl und Professor Dr. Harald Bartl. Ohne sie wäre diese Arbeit nicht möglich gewesen. Ich möchte mich besonders bei ihnen für ihre stets verständnisvolle Unterstützung und Motivation bedanken - nicht nur im Zusammenhang mit dieser Arbeit, sondern auch darüber hinaus in allen Lebenslagen.

Auch meiner Schwester Angela Bartl und meinem Ehemann Dr. Christoph Schmitt danke ich für ihre hilfsbereite und aufmunternde Begleitung bei dieser Arbeit.

Frankfurt am Main, im Juni 2006

Michaela Christina Schmitt (geb. Bartl)

INHALTSVERZEICHNIS

Literaturverzeichnis 15

Abkürzungsverzeichnis 67

Einleitung 71
A. Erwartungen an den Binnenmarkt 71
B. Das Problem und mögliche Ursachen 73
C. Ziele und Gang der Darstellung 78
D. Definitionen 81
I. Der Binnenmarkt 81
II. Tarifäre und nicht-tarifäre Handelshemmnisse 83
III. Internationale Verträge 84
IV. Der Begriff der Rechtssicherheit 85
V. Transaktionskosten 88

Erstes Kapitel: Die Rechtssicherheit aus ökonomischer Sicht 91
A. Vorüberlegungen: Die Internationalisierungsstrategie des Unternehmers 91
B. Festlegung des Bewertungsmaßstab 93
I. Vergleich zwischen juristischem und wirtschaftswissenschaftlichem Ansatz 93
II. Stellungnahme 96
C. Wirtschaftliche Auswirkungen fehlender Rechtssicherheit 98
I. Erhöhung der Transaktionskosten 100
II. Reduzierte Erfüllungswahrscheinlichkeit 101
1. Grundlagen des „Gefangenendilemmas“ 102
2. Das „Tauschdilemma“ beim internationalen Vertrag 103
3. Erwartungssicherung durch die Rechtsordnung 105
D. Ergebnis 107

Zweites Kapitel: Rechtssicherheit im Binnenmarkt 109
A. Rechtssicherheit im „ europäischen Kollisionsrecht“ 109
I. Rechtsgrundlagen 111
1. Das EVÜ 111
a) Das EVÜ und seine Geltung im nationalen Recht 112
b) Bestimmbarkeit des anwendbaren Rechts 113
(1) Subjektive Anknüpfung (Rechtswahl) 114
(2) Objektive Anknüpfung 114
c) Eingeschränkter Anwendungsbereich, Verweisung auf das IPR der Mitgliedstaaten, *ordre public* 115
(1) Beschränkter sachlicher Anwendungsbereich 116

(2) Allgemeiner ordre public 116
(3) Berücksichtigung von Eingriffsnormen 118
d) Auslegungskompetenz des EuGH 119
e) Zwischenergebnis 120
2. Kollisionsrechtliche Vorschriften in EG-Richtlinien 121
a) Grundsätzliche Bedenken gegen kollisionsrechtliche Vorschriften in EG-Richtlinien 122
b) Abstimmung der Richtliniennormen mit dem EVÜ 124
c) Verweisung auf das IPR der Mitgliedstaaten 125
II. Ergebnis 126
B. Rechtssicherheit im Sachrecht der Mitgliedstaaten 128
I. Grundsätzliche Bedenken gegen Anwendung fremden Rechts 128
II. Zuschnitt auf den internationalen Handelsverkehr 130
III. Abhilfe durch das UN-Kaufrecht? 133
1. Die Geltung des UN-Kaufrechts im Binnenmarkt 134
2. Beschränkter sachlicher Anwendungsbereich 134
3. Fehlende Auslegungsinstanz 135
4. Zwischenergebnis 135
IV. Abhilfe durch die materielle Rechtsangleichung auf Gemeinschaftsebene? 136
1. Systemimmanente Schwächen der „Richtlinie" 138
2. Fehlende Abstimmung der Richtlinien untereinander 139
3. Das „Systembruch" - Argument 141
4. Zwischenergebnis 144
V. Ergebnis 146
C. Rechtssicherheit im Bereich des in den Mitgliedstaaten gewährten Rechtsschutzes 146
I. Internationales Verfahrensrecht auf Gemeinschaftsrechtsebene 147
1. Rechtsgrundlagen eines europäischen Internationalen Verfahrensrechts 148
2. Grundzüge der Europäischen Gerichtsstand- und Vollstreckungsverordnung (EUGVO) 149
a) Sachlicher Anwendungsbereich 150
b) Allgemeiner und besonderer Gerichtsstand 150
c) Der Gerichtsstand des vertraglichen Erfüllungsortes 151
d) Vorschriften über Anerkennung und Vollstreckung 153
e) Auslegungskontrolle durch den EuGH 153
f) Zwischenergebnis 154
II. Rechtsschutz vor den nationalen Gerichten 155
1. Prozessführung vor einem ausländischen Gericht 156
a) Fremdes Verfahrensrecht 156
b) Fremde Verfahrenssprache 157

c) Erschwerte Kalkulation der Verfahrenskosten 158
d) Verfahrensverzögerung 158
(1) Die Zustellung ins Ausland 159
(2) Zwischenergebnis 163
(3) Weitere Entwicklungen im Europäischen Zivilprozessrecht und ihre Auswirkungen auf den Rechtsschutz 163
e) Zwischenergebnis 165
2. Schwierigkeiten bei der Anwendung fremden Rechts 167
3. Ausbildung staatlicher Richter 170
4. Das "Heimwärtsstreben" nationaler Richter 172
5. Inanspruchnahme der Schiedsgerichtsbarkeit 173
6. Zwischenergebnis 174
D. Bewertung und Ergebnis 175

Drittes Kapitel: Beitrag der „privaten Regelsetzung“ und der Schiedsgerichtsbarkeit zur Rechtssicherheit 179
A. Die „private“ Regelsetzung 179
I. Standardisierte Vertragsklauseln 181
II. Ausprägungen gemeinsamer Vertragsprinzipien 183
III. Bewertung und Ergebnis 185
B. Die Schiedsgerichtsbarkeit 189
I. Vorzüge der Schiedsgerichtsbarkeit im Vergleich zur staatlichen Justiz 191
1. Ad-Hoc Schiedsverfahren und Schiedsinstitution 192
2. Ablauf des Schiedsverfahrens 193
3. Zusammensetzung des Schiedsgerichts 194
II. Zwischenergebnis 196
III. Auswirkungen der Kosten des Schiedsverfahrens 196
1. Effizienz des Schiedsverfahrens: Festlegung des Bewertungsmaßstabes 196
2. Kosten der Schiedsvereinbarung 197
3. Das Kostenrisiko des Schiedsverfahrens 198
a) Kosten des Schiedsverfahrens 198
(1) Vergütungen der Schiedsrichter (Schiedsrichtergebühren) 198
(2) Auslagen für Schiedsrichter, Zeugen und Sachverständige 199
(3) Gebühren der jeweiligen Schiedsorganisation 199
(4) Kosten der Parteien einschließlich für anwaltliche Vertretung 199
b) Kostenvergleich 199
c) Mangelnde Kalkulierbarkeit der Kosten 201
C. Bewertung und Ergebnis 203

Viertes Kapitel: Rechtssicherheit durch ein „Europäisches Vertragsrecht“? 207
A. Vorüberlegung: Die Unterschiede in den Rechtsordnungen der Mitgliedstaaten 207
B. Der Bedarf für eine materielle Rechtsangleichung aus der Sicht der europäischen Unternehmen 210
C. Stand der Entwicklung auf Gemeinschaftsebene und nationaler Ebene 212
D. Möglicher Beitrag einer gemeinschaftsweiten Kodifizierung des Vertragsrechts zur Rechtssicherheit 216
I. In der Diskussion vorgebrachte grundsätzliche Bedenken 216
II. Andere Binnenmärkte 218
III. Mögliche Vorteile einer materiellen Rechtsangleichung 222
1. Einheitliche rechtliche Rahmenbedingungen 222
2. Abstimmung auf die Bedürfnisse des Binnenhandels 223
3. Relativierung der Mängel des europäischen Kollisionsrechts 224
IV. Zwischenergebnis 224
E. Kompetenz der EG für eine umfassende materiellrechtliche Rechtsangleichung 225
I. Ausweitung des „traditionellen“ Kompetenzverständnisses 225
II. Gemeinschaftskompetenz für eine Kodifikation des Vertragsrechts? 226
1. Gestaltungsmöglichkeiten und Umfang der Rechtsangleichung 226
a) Gesetzgeberische Gestaltungsmöglichkeiten 227
b) Umfang der Rechtsangleichung 227
2. Kompetenz des EG-Gesetzgebers nach Art. 95 EG 228
a) Verhältnis des Art. 95 EG zu anderen Kompetenzvorschriften 229
(1) Verhältnis zu Art. 94 EG 229
(2) Verhältnis zu Art. 65 EG i.V.m. Art. 67 EG 229
(3) Verhältnis zu Art. 308 EG 229
b) Zwischenergebnis 230
3. Der Regelungsinhalt des Art. 95 EG vor dem Hintergrund des „Tabak- Urteils“ des EuGH 230
a) Errichtung und Funktionieren des Binnenmarktes 231
b) Wahrung des Verhältnismäßigkeitsgrundsatzes 233
c) Beachtung des Subsidiaritätsprinzips 235
III. Zwischenergebnis 235
F. Bewertung und Ergebnis 236

Fünftes Kapitel: Gefahr divergierender Rechtsprechung im Gemeinschaftsrecht 237
A. Auslegung und Rechtsanwendung in den Mitgliedstaaten 238
I. Auslegungsmethode 239
II. Arbeitstechnik und Aufbau des Urteils 241

III. Art und Umfang der juristische Begründung ... 242
IV. Ergebnis ... 243
B. Auslegung internationalen und europäischen Rechts ... 244
I. Die Auslegung internationalen und europäischen Rechts ... 244
II. Das Beispiel des UN-Kaufrechts ... 245
1. Auslegungsgrundsätze der Art. 31 – 33 WVK ... 246
2. Divergierende Auslegung im UN-Kaufrecht ... 247
3. Zwischenergebnis ... 249
III. Auslegungsgrundsätze des EuGH für das Gemeinschaftsrecht ... 249
1. Gemeinschaftsrechtskonforme und richtlinienkonforme Auslegung ... 250
2. Modifizierte Anwendung der „klassischen" Auslegungsregeln ... 251
a) Modifizierte grammatische Auslegung ... 252
b) Systematische und teleologische Auslegung unter Beachtung des Grundsatzes „Effet utile" ... 253
c) Historische Auslegung ... 254
3. Eignung der vom EuGH entwickelten Auslegungsgrundsätze als Orientierungshilfen für die staatlichen Gerichte ... 255
4. Besondere Kritik an der Arbeitstechnik des EuGH ... 258
IV. Ergebnis ... 260
C. Abhilfe durch das Vorlageverfahren? ... 262
I. Bedürfnis für eine zentrale Auslegungsinstanz ... 262
II. Grundlagen des Vorabentscheidungsverfahrens ... 263
III. Erstes Effizienzdefizit: die überlange Verfahrensdauer des Vorabentscheidungsverfahrens ... 265
1. Folgen überlanger Verfahrensdauer ... 265
2. Dauer des Vorabentscheidungsverfahrens ... 266
3. Ergebnis ... 267
IV. Zweites Effizienzdefizit: Der Ablauf des Verfahrens ... 268
V. Drittes Effizienzdefizit: Unterschiedliche Vorlagepraxis der Mitgliedstaaten und fehlenden Sanktionsmöglichkeiten auf nationaler und europäischer Ebene ... 270
1. Das System der Vorlagepflicht ... 270
2. Unterschiedliche Vorlagepraxis in den Mitgliedstaaten ... 271
3. Mögliche Gründe für die Verletzung der Vorlagepflicht ... 272
4. Sanktionsmöglichkeiten bei Verletzung der Vorlagepflicht ... 274
5. Zwischenergebnis ... 275
VI. Bewertung ... 275
D. Ergebnis ... 276

Sechstes Kapitel: Größere Rechtssicherheit durch eine Europäische Schiedsinstitution? ... 279
A. Grundsätzliche Anforderungen an die Verbesserung des Rechtsschutzes .. 280
B. Erstes Reformmodell: Die Vorschläge der Gemeinschaftsorgane ... 281
I. Lösungsvorschläge der Gemeinschaftsgerichte ... 281
1. Vorschläge zur sofortigen Änderung der Verfahrensordnung ... 282
2. Maßnahmen, die Änderungen der Verträge oder der Satzungen voraussetzen ... 283
3. Langfristige Entwicklung des Gerichtssystems ... 283
II. Lösungsvorschläge der Reflexionsgruppe ... 283
1. Vorlageverfahren ... 283
2. Direktklagen und besondere Streitigkeiten ... 284
3. Änderung der Verfahrensvorschriften ... 285
III. Lösungsvorschläge der Kommission ... 285
IV. Bewertung ... 286
C. Zweites Reformmodell: Verbesserung des Rechtsschutzes auf nationaler Ebene ... 289
D. Eigener Regelungsvorschlag: Ein Europäisches Schiedsgericht für Zivil- und Handelssachen ... 291
I. Dem Entwurf zugrunde liegende Prämissen ... 291
II. Gestaltungsmöglichkeiten ... 293
III. Kompetenz der Gemeinschaft ... 297
1. Art. 308 EG als Kompetenzgrundlage ... 297
2. Abschluss eines völkerrechtlichen Vertrages ... 301
3. Vertragsänderung ... 302
4. Abgrenzung vom Zuständigkeitsbereich des EuGH nach Art. 238, 239 EG ... 302
5. Zwischenergebnis ... 303
IV. Struktur der europäischen Schiedsinstitution ... 304
1. Zweck einer europäischen Schiedsinstitution ... 304
2. Vorbilder einer europäischen Schiedsinstitution ... 305
3. Zuständigkeitsbereich der europäischen Schiedsinstitution ... 307
4. Kompetenzabgrenzung zur nationaler Gerichtsbarkeit ... 309
V. Wesentliche Verfahrensgrundsätze einer europäischen Schiedsinstitution ... 311
1. Verfahrensrechtliche Parteiautonomie und ihre Grenzen ... 311
2. Öffentlichkeit oder Vertraulichkeit des Verfahrens? ... 312
3. Beschränkter Untersuchungsgrundsatz ... 315
VI. Materielle und formelle Anforderungen an die Schiedsvereinbarung ... 316
1. Wirksamkeit der Schiedsvereinbarung ... 317
2. Objektive und subjektive Schiedsfähigkeit ... 318
VII. Details der Verfahrensordnung ... 321

1. Vorgeschaltetes Schlichtungsverfahren? ... 321
2. Besetzung des Spruchkörpers ... 324
a) Anzahl der Schiedsrichter ... 324
b) Voraussetzungen für Besetzung mit einem Einzelrichter ... 325
c) Verfahren der Schiedsrichterbestellung und Auswahl der Schiedsrichter ... 326
3. Vertretung der Parteien ... 328
4. Einleitung des Schiedsverfahrens ... 329
5. Festlegung des Schiedsortes ... 330
6. Festlegung der Verfahrenssprache ... 331
7. Vorlagemöglichkeit an den EuGH? ... 331
8. Beendigung des Verfahrens ... 332
a) Möglichkeiten der Beendigung ... 332
b) Fristen ... 333
c) Formerfordernis für die Entscheidung des Schiedsgerichts? ... 334
VIII. Kalkulation und Erstattung der Verfahrenskosten ... 335
1. Kalkulation der Verfahrenskosten ... 335
2. Finanzierung und „Prozesskostenhilfe“ durch die Gemeinschaft ... 338
3. Kostenerstattungsregel ... 339
IX. Einstweiliger Rechtsschutz ... 340
X. Überprüfung des Schiedsspruches ... 343
XI. Anerkennung und Vollstreckung des Schiedsspruches ... 346
1. Anerkennung und Vollstreckung eines „herkömmlichen“ Schiedsspruches ... 347
2. Vollstreckung des „europäischen Schiedsspruches“ ... 348
E. Ergebnis ... 349

Siebtes Kapitel: Zusammenfassende Thesen ... 353

Literaturverzeichnis

Albers, Willi u.a. (Hrsg.)	Handwörterbuch der Wirtschaftswissenschaft (HdWW), zugl. Neuauflage des Handwörterbuchs der Sozialwissenschaften Dritter Band, Stuttgart 1991
Allkemper, Ludwig	Möglichkeiten einer institutionellen Reform des Europäischen Gerichtshofes ZRP 1994, S. 301 ff.
Bälz, Moritz	Haustürgeschäfte in Schweden ZEuP 1997, S. 1094 ff.
Bangemann, Martin	Privatrechtsangleichung in der Europäischen Union ZEuP 1994, S. 377 ff.
Bar, Christian v.	Vereinheitlichung und Angleichung von Deliktsrecht in der Europäischen Union ZfRV 1994, S. 221 ff.
ders.	Die Study Group on a European Civil Code Festschrift für Dieter Henrich zum 70. Geburtstag Hrsg. von Peter Gottwald u.a. , S. 1 ff. Bielefeld 2000
ders.	Konturen des Deliktsrechtskonzepts der Study Group on a European Civil Code – Ein Werkstattbericht ZEuP 2001, S. 515 ff.
Barnard, Catherine/Sharpston, Eleanor	The Changing Face of Article 177 References CMLRev 34 (1997), S. 1113 ff.
Basedow, Jürgen	Europäisches Vertragsrecht für Europäische Märkte Referat im Rahmen der Vortragsreihe „Europa vor der Regierungskonferenz 1996“, Bonn, 11.Dezember 1995. Zentrum für Europäisches Wirtschaftsrecht, Vorträge und Berichte, Band Nr. 62

ders. Vom Vorabentscheidungsersuchen zur Divergenzvorlage?
EuZW 1996, S. 97 ff.

ders. Rechtssicherheit im europäischen Wirtschaftsrecht – Ein allgemeiner Rechtsgrundsatz im Lichte der wettbewerbsrechtlichen Rechtsprechung
ZEuP 1996, S. 570 ff.

ders. Europäisches Internationales Privatrecht
NJW 1996, S. 1921 ff.

ders. Einführung: Zur Umsetzung der Richtlinie über den Widerruf von Haustürgeschäften
ZEuP 1997, S. 1075 ff.

ders. Das BGB im künftigen europäischen Privatrecht: Der hybride Kodex
AcP 200 (2000), S. 445 ff.

ders. Das Internationale Privatrecht in den Zeiten der Globalisierung
Festschrift für Hans Stoll zum 75. Geburtstag, S. 405 ff., hrsg. von Gerhard Hohloch u.a.
Tübingen 2001

ders. Der Raum des Rechts – ohne Justiz
ZEuP 2001, S. 437 ff.

ders. (Hrsg.) Europäische Privatrechtsvereinheitlichung und deutsches Recht
Tübingen 2000

Bechtold, Rainer Kartellgesetz
Gesetz gegen Wettbewerbsbeschränkungen (Kommentar)
3. Auflage, München 2002

Behrens, Peter Die ökonomischen Grundlagen des Rechts: politische Ökonomie als rationale Jurisprudenz
Tübingen 1986
(Zugl.: Hamburg, Univ., Habil.-Schr., 1984)

Behrens, Peter | Voraussetzungen und Grenzen der Rechtsfortbildung durch Rechtsvereinheitlichung
RabelsZ 50 (1986), S. 19 ff.

ders. | Rechtliche Strukturen der Weltwirtschaft aus konstitutionenökonomischer Perspektive
Globalisierung und Rechtsordnung: Zur neuen Institutionenökonomik internationaler Transaktionen
Jahrbuch für neue politische Ökonomie, Band 18, S. 9 ff., hrsg. von Karl-Ernst Schenk, Dieter Schmidtchen, Manfred E. Streit, Viktor Vanberg
Tübingen 1999
(zit. *Behrens,*Jahrbuch für Neue Politische Ökonomie, Band 18 (1999), S.)

ders. | Die Bedeutung des Kollisionsrechts für die „Globalisierung" der Wirtschaft
In: Aufbruch nach Europa: 75 Jahre Max-Planck-Institut für Privatrecht
Hrsg. von Jürgen Basedow u.a.
S. 381 ff.
Tübingen 2001
(Zit.: *Behrens*, in: Basedow (Hrsg.), Aufbruch nach Europa, S.)

Berg, Hartmut | Strategien wirtschaftlicher Integration: Zur Rationalität und Realisierungschance des Programms „EG-Binnenmarkt '92"
In: Probleme der Vollendung des Binnenmarktes nach 1992
Hrsg. von Erhard Kantzenbach
S. 9 ff.
Berlin 1990
(Zit.: *Berg*, in: Kantzenbach (Hrsg.), Probleme der Vollendung des Binnenmarktes, S.)

Berger, Klaus Peter | Die UNIDROIT Prinzipien für Internationale Handelsverträge - Indiz für ein autonomes Weltwirtschaftsrecht?
ZVglRWiss 94 (1995), S. 217 ff.

ders. Einheitliche Rechtsstrukturen durch außergesetzliche Rechtsvereinheitlichung
JZ 1999, S. 369 ff.

ders. Das neue Recht der Schiedsgerichtsbarkeit
Köln 1998

ders. Auf dem Weg zu einem europäischen Gemeinrecht der Methode
ZEuP 2001, S. 4 ff.

ders. Internationale Wirtschaftsschiedsgerichtsbarkeit
Verfahrens- und materiellrechtliche Grundprobleme im Spiegel moderner Schiedsgesetze und Schiedspraxis
Berlin 1992
(Zugl.: Köln, Univ., Diss., 1991)

ders. Formalisierte oder „schleichende" Kodifizierung des transnationalen Wirtschaftsrechts - Zu den methodischen und praktischen Grundlagen der lex mercatoria
Berlin 1996

Bernholz, Peter/Faber, Malte — Überlegungen zu einer normativen ökonomischen Theorie der Rechtsvereinheitlichung
RabelsZ 50 (1986), S. 35 ff.

Bernstorff, Christoph Graf v. — Rechtsprobleme im Auslandsgeschäft
4. Auflage
Stuttgart/Frankfurt am Main 2000

Berthold, Norbert — Wirtschaftliche Integration in Europa – Sind wir auf dem richtigen Weg?
In: Probleme der Vollendung des Binnenmarktes in Europa nach 1992, S. 33 ff.
Hrsg. von Kantzenbach, Erhard
Berlin 1990
(Zit.: *Berthold*, in: Kantzenbach (Hrsg.), Probleme der Vollendung des Binnenmarktes nach 1992, S.)

Biondi, Andrea	The European Court of Justice and certain national procedural limitations: Not such a tough relationship CMLRev 36 (1999), S. 1271 ff.
Blaurock, Uwe	Übernationales Recht des Internationalen Handels ZEuP 1993, S. 247 ff.
ders.	Europäisches Privatrecht JZ 1994, S. 270 ff.
Bleckmann, Albert	Völkerrecht Baden-Baden 2001
ders.	Zu den Auslegungsmethoden des Europäischen Gerichtshofes NJW 1982, S. 1177 ff.
Bonell, Michael Joachim	Das UNIDROIT- Projekt für die Ausarbeitung von Regeln für internationale Handelsverträge RabelsZ 56 (1992), S. 274 ff.
Borchardt, Klaus-Dieter	Der Europäische Gerichtshof – Besetzung, Anrufung, Zuständigkeiten, Vorabentscheidung und einstweiliger Rechtsschutz Kommentar zu den Art. 220– 245 EGV mit Textanhang (Aktualisierter Auszug aus dem EG-Kommentar, 2. Auflage, hrsg. von Carl Otto Lenz) 1. Auflage Köln 2000 (Zit.: *Borchardt*, Der Europäische Gerichtshof, Art., Rnr.)
Böttcher, Reinhard	Der europäische Jurist Jahrbuch des Öffentlichen Rechts der Gegenwart, Band 50, S. 1 ff. Hrsg. von Peter Häberle Tübingen 2002 (Zit.: *Böttcher*, Jahrbuch des Öffentlichen Rechts, Jahr, S.)

Brander, Hans Erich — Aufgaben der Mitgliedstaatlichen Gerichte bei der Umsetzung europäischen Privatrechts und der Auslegung des angeglichenen Rechts
50 Jahre Bundesgerichtshof. Festschrift aus Anlass des fünfzigjährigen Bestehens von Bundesgerichtshof, Bundesanwaltschaft und Rechtsanwaltschaft beim Bundesgerichtshof
Hrsg. von Karlmann Geiß u.a.
S. 299 ff.
Köln 2000
(Zit.: *Brandner*, FS Bundesgerichtshof, S.)

Bredow, Jens/ Seiffert, Bodo — Incoterms 2000 - Kommentar
Bonn 2000

Brück, Michael — Das Vorabentscheidungsverfahren vor dem Europäischen Gerichtshof als Bestandteil des deutschen Zivilprozesses: Rechtsschutzhemmendes Integrationsproblem oder kohärente Rechtsschutzerweiterung?
Frankfurt am Main 2001
(Zugl.: Bielefeld, Univ., Diss., 2000)
(Zit.: *Brück*, Das Vorabentscheidungsverfahren vor dem Europäischen Gerichtshof, S.)

Brüggemeier, Gert/Reich, Norbert — Europäisierung des BGB durch große Schuldrechtsreform? Stellungnahme zum Entwurf eines Schuldrechtsmodernisierungsgesetzes
Betriebsberater 2001, S. 213 ff.

Brugger, Winfried — Gemeinwohl als Ziel von Staat und Recht an der Jahrtausendwende – Das Beispiel Europäische Union
In: Recht und Rechtswissenschaft: Signaturen und Herausforderungen zum Jahrtausendbeginn (Ringvorlesungen der Jurist. Fakultät der Ruprechts-Karls-Universität Heidelberg im SS 1999 und WS 1999/2000)/hrsg. von Peter-Christian Müller-Graff/Herbert Roth, S. 15 ff.
Heidelberg 2000
(Zit.: *Brugger*, in: Müller-Graff/Roth (Hrsg.), Recht und Rechtswissenschaft, S.)

Buck, Carsten — Über die Auslegungsmethoden des Gerichtshof der Europäischen Gemeinschaft
Frankfurt 1998
(Zugl.: Münster (Westfalen), Univ., Diss., 1997)

Bungenberg, Marc — Dynamische Integration, Art. 308 und die Forderung nach einem Kompetenzkatalog
EuR 2000, S. 879 ff.

Bürge, Alfons — Das römische Recht als Grundlage für das Zivilrecht im künftigen Europa
In: Filippo Ranieri (Hrsg.), Die Europäisierung der Rechtswissenschaft
S. 19 ff.
Baden-Baden 2002

Burgi, Martin — Kernfragen des Europarechts in der Rechtsprechung von EuGH und EuG im Jahre 2000
JZ 2001, S. 1071 ff.

Busch, Danny/Hondius, Ewoud — Ein neues Vertragsrecht für Europa: Die Principles of Europan Contract Law aus niederländischer Sicht
ZEuP 2001, S. 223 ff.

Busse, Daniel — Die Berücksichtigung ausländischer "Eingriffsnormen" durch die deutsche Rechtsprechung
ZVglRWiss 95 (1996), S. 386 ff.

Callies, Christian/Ruffert, Matthias (Hrsg.) — Kommentar des Vertrages über die Europäische Union und des Vertrages zur Gründung der Europäischen Gemeinschaft: EUV/EGV
2. Auflage
Neuwied 2002
(Zit.: *Bearbeiter,* in: Callies/Ruffert (Hrsg.), EUV/EGV, Art., Rn.)

Canaris, Claus-Wilhelm — Die Stellung der „UNIDROIT Principles“ und der „Principles of European Contract Law“ im System der Rechtsquellen
In: Europäische Privatrechtsvereinheitlichung und deutsches Recht, S. 5 ff., hrsg. von Jürgen Basedow
Tübingen 2000

Canaris, Claus-Wilhelm — Wandlungen des Schuldvertragsrechts – Tendenzen zu seiner „Materialisierung"
AcP 200 (2000), S. 273 ff.

Cecchini, Paolo (Hrsg.) — Europa '92: Der Vorteil des Binnenmarktes ["Lenkungsausschuss für das Forschungsprogramm Europas"]
Baden-Baden 1988
(Zit.: Cecchini-Bericht, S.)

Coase, Ronald H. — The Nature of the Firm
Economica 4 (1937), S. 386 ff.

ders. — The Problem of Social Costs
Journal of Law and Economics, Band 3, S. 1 ff. "Das Problem der sozialen Kosten" (Deutsche Übersetzung)
Abgedruckt in: Die ökonomische Analyse des Rechts, S. 146 ff., hrsg. von: Heinz-Dieter Assmann/ Christian Kirchner/Erich Schanze
Kronberg/Ts. 1978

Coester-Waltjen, Dagmar — Europäisierung des Privatrechts
Jura 1998, S. 320 ff.

Coing, Helmut — Wirtschaftswissenschaft und Rechtwissenschaft
In: Das Verhältnis der Wirtschaftswissenschaft zur Rechtwissenschaft, Soziologie und Statistik, S. 1 ff.
Hrsg. von Ludwig Raiser/Heinz Sauermann/Erich Schneider
Schriften des Vereins für Socialpolitik, Band 33
Berlin 1964
(Zit.: *Coing*, in: Raiser/Sauermann/Schneider (Hrsg.), Verhältnis der Wirtschaftswissenschaft zur Rechtwissenschaft, S.)

ders. — Europäisierung der Rechtswissenschaft
NJW 1990, S. 937 ff.

ders. — Geschichtliche Grundlagen des Rechts im kontinentalen Europa und im Common Law
In: Europäische Integration als Herausforderung des

	Rechts – Mehr Marktrecht – Weniger Einzelgesetzes, S. 17 ff., hrsg. von Klaus J. Hopt, Essen 1991 (Zit.: *Coing,* in: Hopt (Hrsg.) Europäische Integration als Herausforderung des Rechts, S.)
Collins, Hugh	European Private Law and the Cultural Identity of States ERevPL 1995, S. 353 ff.
ders.	Formalism and Efficiency: Designing European Commercial Contract Law ERevPL 2000, S. 211 ff.
Coßmann, Stephanie	Common Principles of European Private Law Ein neues Forschungsprojekt der EU ZEuP 1998, S. 379 ff.
Craig, W. Laurence/Park, William, W./ Paulsson, Jan	International Chamber of Commerce arbitration 3. Auflage, USA 2000
Dauses, Manfred A.	Empfiehlt es sich, das System des Rechtsschutzes und der Gerichtsbarkeit in der Europäischen Gemeinschaft, insbesondere die Aufgaben der Gemeinschaftsgerichte und der nationalen Gerichte, weiterzuentwickeln? Gutachten D zum 60. Deutschen Juristentag München 1994 (Zit.: *Dauses*, Gutachten zum 60. Juristentag, S.)
De Groot, Gérard-René	Law, Legal Language and the Legal System: Reflections in the Problems of Translating Legal Texts In: European Legal Cultures (Band 1), S. 155 ff., hrsg. von Volkmar Gessner/Armin Hoeland/Csaba Varga Dartmouth 1996
De Lukowicz, Daniela	Divergenzen in der Rechtsprechung zum CISG. Auf dem Weg zu einer einheitlichen Auslegung und Anwendung? Frankfurt 2001 (Zugl.: Hamburg, Univ., Diss., 2001)

De Nova, Rodolfo — Wann ist ein Vertrag „international"?
Konflikt und Ordnung - Festschrift für Murad Ferid zum 70. Geburtstag, S. 307 ff.
Hrsg. von Heldrich, Andreas/Henrich, Dieter/ Sonnenberger, Hans Jürgen)
München 1978

Di Fabio, Udo — Richtlinienkonformität als ranghöchstes Normauslegungsprinzip? Überlegungen zum Einfluss des indirekten Gemeinschaftsrechts auf die nationale Rechtsordnung
NJW 1990, S. 947 ff.

Diedrich, Frank — Grundlagen der Schiedsgerichtsbarkeit
JuS 1998, S. 158 ff.

Döser, Wulf — Einführung in die Gestaltung internationaler Wirtschaftsverträge
München 2001
(zit.: *Döser*, Vertragsgestaltung internationer Wirtschaftsverträge, Rnr.)

Dreher, Meinrad — Wettbewerb oder Vereinheitlichung der Rechtsordnungen in Europa?
JZ 1999, S. 105 ff.

Drobnig, Ulrich — Vereinheitlichung von Zivilrecht durch soft law: neuere Erfahrungen und Einsichten
In: Aufbruch nach Europa: 75 Jahre Max-Planck-Institut für Privatrecht, S. 745 ff.
Hrsg. von Jürgen Basedow u.a.
Tübingen 2001
(Zit.: *Drobnig,* in: Basedow (Hrsg.), Aufbruch nach Europa, S.)

ders. — Ein Vertragsrecht für Europa
Festschrift für Ernst Steindorff zum 70. Geburtstag
Hrsg. von Jürgen F. Baur; Klaus J. Hopt, K. Peter Mailänder, S. 1141 ff.
Berlin 1990

Ehricke, Ulrich	Die richtlinienkonforme und die gemeinschaftsrechtskonforme Auslegung nationalen Rechts RabelsZ 59 (1995) S. 598 ff.
Eidenmüller, Horst	Effizienz als Rechtsprinzip: Möglichkeiten und Grenzen der ökonomischen Analyse des Rechts 2. Auflage, Tübingen 1998
ders.	Kapitalgesellschaftsrecht im Spiegel der ökonomischen Theorie JZ 2001, S. 1041 ff.
Eßer, Walter/Mossmayer, Klaus	Das Schiedsverfahren nach den Regeln der Internationalen Handelskammer vom 1.1.1998 EuZW 1998, S. 490 ff.
Europäisches Parlament	Untersuchung der Privatrechtsordnungen der EU im Hinblick auf Diskriminierungen und die Schaffung eines Europäischen Zivilgesetzbuches Reihe Rechtsfragen, JURI 103 DE Luxemburg 1999 (Zit.: *Bearbeiter,* Studie des Europäischen Parlamentes JURI 103 DE, S.)
Everling, Ulrich	Rechtsvereinheitlichung durch Richterrecht in der Europäischen Gemeinschaft RabelsZ 50 (1986), S. 193 ff.
ders.	Das Vorabentscheidungsverfahren vor dem Gerichtshof der Europäischen Gemeinschaften – Praxis und Rechtsprechung Baden-Baden 1986
ders.	Die Zukunft der europäischen Gerichtsbarkeit in einer erweiterten Europäischen Union EuR 1997, S. 398 ff.
ders.	Rechtsvereinheitlichung durch Rechtsprechung – Anmerkungen aus der Sicht eines ehemaligen europäischen Richters – ZEuP 1997, S. 796 ff.

ders. Unterwegs zur Europäischen Union (Ulrich Everling – Ausgewählte Aufsätze 1985 – 2000)
Baden-Baden 2001
(Zit.: *Everling*, Unterwegs zur Europäischen Union)

ders. Europäische Integration und Wettbewerb der Rechtsordnungen in der Rechtsprechung des Gerichtshofes der Europäischen Gemeinschaften
In: Europäische Integration als Herausforderung des Rechts: Mehr Marktrecht - weniger Einzelgesetze; Referate und Diskussionsbeiträge, S. 41 ff.
Hrsg. von Hopt, Klaus J.
Essen 1991
(zit.: *Everling*, in: Hopt (Hrsg.),Integration und Wettbewerb der Rechtsordnungen in der Recht-sprechung des Gerichtshofes der Europäischen Gemeinschaften, S.)

ders. Probleme der Rechtsangleichung zur Verwirklichung des europäischen Binnenmarktes
Festschrift für Ernst Steindorff zum 70. Geburtstag, hrsg. von Jürgen F. Baur, Klaus J. Hopt, K. Peter Mailänder, S. 1155 ff.
Berlin 1990

Ferid, Murat Internationales Privatrecht: Ein Leitfaden für Praxis und Ausbildung
3. Auflage
Frankfurt 1986
(zit.: *Ferid*, IPR, Rnr.)

Ferrari, Franco The Unification of International Commercial Law
Baden-Baden 1998

Fezer, Karl-Heinz Kritik an der ökonomischen Analyse des Rechts
JZ 1986, S. 817 ff.

ders. Nochmals: Kritik an der ökonomischen Analyse des Rechts
JZ 1988, S. 223 ff.

Firsching, Karl	Internationales Privatrecht einschließlich der Grundzüge des Internationalen Zivilverfahrensrechts Begr. von Karl Firschung. Fortgef. von Bernd von Hoffmann 5. Auflage München 1997 (Zit. *Firsching/V. Hoffmann*, IPR, S.)
Flessner, Axel	Rechtsvereinheitlichung durch Rechtswissenschaft und Juristenausbildung RabelsZ 56 (1992), S. 243 ff.
ders.	Deutsche Juristenausbildung. Die kleine Reform und die europäische Perspektive JZ 1996, 689 ff.
ders.	Schiffbruch der Interpreten und Statuten ZEuP 2000, 1 ff.
ders.	Juristische Methode und europäisches Privatrecht JZ 2002, 14 ff.
Freyhold, Hanno von/ Gessner, Volkmar/Vial, Enzo L./Wagner, Helmut	Cost of Judicial Barriers for Consumers in the Single Market. Kosten der rechtlichen Schranken für die Verbraucher im Binnenmarkt, A Report for the European Commission (Directorate General XXIV) Contract No.: AO-2600/94/00103 Zentrum für Europäische Rechtspolitik an der Universität Bremen (unveröffentl.) Bremen 1995 (Zit.: *Bearbeiter,* in: Freyhold/Gessner/Vial/Wagner (Hrsg.), Cost of Judicial Barriers for Consumers in the Single Market, AO-2600/94/00103, S.)
Frick, Joachim	Die UNIDROIT-Prinzipien für internationale Handelsverträge RIW 2001, S. 416 ff.
Frisch, Markus	Die richtlinienkonforme Auslegung nationalen Rechts Münster 2000 (Zugl.: Münster, Univ., Diss., 2000)

Füßer, Klaus | Durchsetzung der Vorlagepflicht zum EuGH – Integrationsfreundliche Tendenzen in der Rechtsprechung des BVerfG zu Art. 101 I GG – DVBL 2001, S. 1574 ff.

Gandolfi, Giuseppe | Der Vorentwurf eines Europäischen Vertragsgesetzbuches ZEuP 2002, 1 ff.

Gaus, Werner | Die praktische Bedeutung des UN-Kaufrechts für die Vertragsgestaltung und Abwicklung von internationalen Handelskäufen WiB 7/1995, 273 ff.

Geiger, Rudolf | EUV, EGV: Vertrag über die Europäische Union und Vertrag zur Gründung der Europäischen Gemeinschaft; Kommentar 3. Auflage München 2000 (Zit.: *Geiger,* Kommentar zum EUV/EGV, Art.., Rnr.)

Gessner, Volkmar | Wandel europäischer Rechtskulturen In: Lebensverhältnisse und soziale Konflikte im neuen Europa: Verhandlungen des 26. Deutschen Soziologentages in Düsseldorf/hrsg. gegeben im Auftrag der Deutschen Gesellschaft für Soziologie von Bernhard Schäfers S. 68 ff. Frankfurt 1993 (Zit. *Gessner*, in: Schäfers (Hrsg.) Lebensverhältnisse und soziale Konflikte, S.)

ders. | Europas holprige Rechtswege – Die rechtskulturellen Schranken der Rechtsverfolgung im Binnenmarkt In: Law and Diffuse Interests in the European Legal Order: liber amicorum Norbert Reich, S. 165 ff., hrsg. von Ludwig Krämer/Hans-W. Micklitz/ Klaus Tonner. Baden-Baden 1997 (Zit.: *Gessner*, in: Krämer/Micklitz/ Tonner (Hrsg.), Law and Diffuse Interests in the European Legal Order, S.)

Gessner, Volkmar (Hrsg.) Foreign Courts – Civil Litigation in Foreign Legal Cultures
Dartmouth 1996

Gierke, Julius von/ Sandrock, Otto Handels- und Wirtschaftsrecht (Band 1- Allgemeine Grundlagen: Der Kaufmann und sein Unternehmen)
9. Auflage, Berlin 1975

Gildeggen, Rainer Internationale Handelsgeschäfte – Eine Einführung in das Recht des grenzüberschreitenden Handels
München 2002

Girard-Thuilier, Paquerette La communication trans-frontiére des juges
In: Creating a European judicial space: prospects for improving judicial cooperation in civil matters in the European Union: die Schaffung eines europäischen Justizraumes: Perspektiven einer Verbesserung der justiziellen Zusammenarbeit in Zivilsachen in der Europäischen Union, S. 59 ff., hrsg. von Gavin Barrett
Köln 2001
(Zit.: *Girard-Thuilier,* in: Barrett (Hrsg.), Creating a European judicial space, S.)

Girsberger, Daniel Entstaatlichung der friedlichen Konfliktregelung zwischen nichtstaatlichen Wirkungseinheiten: Umfang und Grenzen. Das Beispiel der internationalen Wirtschaftsschiedsgerichtsbarkeit
In: Völkerrecht und Internationales Privatrecht in einem sich globalisierendem System: Auswirkungen der Entstaatlichung transnationaler Rechtsbeziehungen (Referate und Thesen mit Diskussion, Kiel 10.-13.3.1999), S. 231 ff., hrsg. von Dicke, Klaus/ Hummer, Waldemar/ Girsberger, Daniel/Bolle-Woelki, Katharina/Engel, Christoph/Frowein, Jochen
Heidelberg 2000
(Zit.: *Girsberger,* in: Dicke/Hummer/Girsberger/ Bolle-Woelki/Engel/Frowein (Hrsg.), Völkerrecht und Internationales Privatrecht in einem sich globalisierendem System)

Gottwald, Peter (Hrsg.)	Internationale Schiedsgerichtsbarkeit - Generalbericht und Nationalberichte - Bielefeld 1997
Götz, Volkmar	Auf dem Weg zur Rechtseinheit in Europa - Drei Thesen zur europäischen Rechtsordnung - JZ 1994, S. 265 ff.
Grant Thornton GmbH	European Business Survey 2002 Bezug über Dr. Christian Kimberger, Grant Thornton GmbH, Ganghoferstraße 31, 80339 München
Großfeld, Bernhard	Europäisches Recht und Rechtsstudium JuS 1993, S. 710 ff.
ders.	International Rechnung legen: Über Unternehmen, Rechtskultur und Jurastudium ZEuP 1998, S. 419 ff.
ders.	Neue Rechtsvergleichung Festschrift für Dieter Henrich zum 70. Geburtstag Hrsg. von Peter Gottwald u.a. S. 385 ff. Bielefeld 2000
Grossmann-Doerth, Hans	Der Jurist und das autonome Recht des Welthandels JW 1929, S. 3447 ff.
Grundmann, Stefan	Richtlinienkonforme Auslegung im Bereich des Privatrechts – insbesondere: der Kanon der nationalen Auslegungsmethoden als Grenze? ZEuP 1996, S. 399 ff.
ders.	Europäisches Handelsrecht – vom Handelsrecht des laissez faire im Kodex des 19. Jahrhunderts zum Handelsrecht der sozialen Verantwortung – ZHR 163 (1999), S. 635 ff.
ders.	Das Thema Systembildung im Europäischen Privatrecht – Gesellschafts-, Arbeits- und Schuldvertragsrecht In: Systembildung und Systemlücken in Kernge-

bieten des Europäischen Privatrechts, S. 1 ff., hrsg. von Stefan Grundmann
Tübingen 2000
(Zit.: *Grundmann*, in: Grundmann (Hrsg.), Systembildung und Systemlücken in Kerngebieten des Europäischen Privatrechts, S.)

ders. Europäisches Schuldvertragsrecht: Standort, Gestalt und Bezüge
JuS 2001, S. 946 ff.

ders. Harmonisierung, Europäischer Kodex, Europäisches System der Vertragsrechte
NJW 2002, S. 393 ff.

ders. Die Auslegung des Europäischen Privat- und Schuldvertragsrechts
JuS 2001, S. 529 ff

ders. Die Auslegung des Gemeinschaftsrechts durch den EuGH - Zugleich eine rechtsvergleichende Studie zur Auslegung im Völkerrecht und im Gemeinschaftsrecht
Konstanz 1997
(Zugl.: Bochum, Univ., Diss., 1997)

Gundel, Jörg — Die Neuordnung der Rechtsangleichung durch den Vertrag von Amsterdam – Neue Voraussetzungen für den „nationalen Alleingang"
JuS 1999, S. 1171 ff.

Gündisch, Jürgen — Qualität europäischer Rechtsetzung
In: Aufbruch nach Europa: 75 Jahre Max-Planck-Institut für Privatrecht, S. 109 ff., hrsg. von Jürgen Basedow u.a.
Tübingen 2001
(zit. *Gündisch*, in: Basedow (Hrsg.), Aufbruch nach Europa, S.)

ders. Rechtsschutz in der Europäischen Gemeinschaft
Ein Leitfaden für die Praxis
Stuttgart 1994

Häberle, Peter	Der europäische Jurist Jahrbuch des Öffentlichen Rechts der Gegenwart, Band 50, S. 123 ff. Hrsg. von Peter Häberle Tübingen 2002 (Zit.: *Häberle*, Jahrbuch des Öffentlichen Rechts, Jahr, S.)
Habscheid, Walther	Die Europäisierung des Zivilprozessrechts In: Gemeinsames Privatrecht in der Europäischen Gemeinschaft, S. 543 ff. Hrsg. von Peter-Christian Müller-Graff 2. Auflage Baden-Baden 1999 (Zit. *Habscheid*, in: Müller-Graff (Hrsg.), Gemeinsames Privatrecht in der Europäischen Gemeinschaft, S.)
Hailbronner, Kay	Die Unionsbürgerschaft und das Ende rationaler Jurisprudenz durch den EuGH? NJW 2004, S. 2185 ff.
Hakenberg, Waltraud	Vorschläge zur Reform des Europäischen Gerichtssystems ZEuP 2000, S. 860 ff.
Hallstein, Walter	Angleichung des Privat- und Prozessrechts in der Europäischen Wirtschaftsgemeinschaft RabelsZ 1964 (28), S. 211 ff.
Hatje, Armin	Europäische Rechtseinheit durch einheitliche Rechtsdurchsetzung EuR Beiheft 1-1998, S. 7 ff.
Hauschka, Christoph E.	Grundprobleme der Rechtsfortbildung durch die Europäische Wirtschaftsgemeinschaft JZ 1990, S. 521 ff.
Heiss, Helmut	Vom EU- zum gesamteuropäischen Privatrecht? – Privatrechtsharmonisierung in der sich erweiternden Union In: Aufbruch nach Europa: 75 Jahre Max-Planck-

	Institut für Privatrecht Hrsg. von Jürgen Basedow u.a. S. 123 ff. Tübingen 2001 (Zit.: *Heiss*, in: Basedow (Hrsg.), Aufbruch nach Europa, S.)
ders. / Zobel, Petra	Zur Dichotomie des internatonalen Zivilverfahrensrechts: Das Neben-, Mit- und Gegeneinander autonomen und europäischen Rechts IPrax 2004, S. 266 ff.
Hellert, Joos	Der Einfluss des EG-Rechts auf die Anwendung nationalen Rechts – Eine vergleichende Studie zum Recht in der Bundesrepublik Deutschland und im Vereinigten Königreich von Großbritannien und Nordirland (Zugl.: Augsburg, Univ., Diss., 2001) Frankfurt 2001 (Zit.: *Hellert*, Einfluss des EG-Rechts, S.)
Henn, Günter	Schiedsverfahrensrecht. Handbuch für die Praxis 3. Auflage, Heidelberg 2000
Herdegen, Matthias	Völkerrecht München 2000
ders.	Internationales Wirtschaftsrecht: Ein Studienbuch 3. Auflage, München 2002
Heß, Burkhard	Die Einwirkungen des Vorabentscheidungsverfahrens nach Art. 177 EGV auf das deutsche Zivilprozessrecht ZZP 108 (1995), S. 59 ff.
ders.	Die "Europäisierung" des internationalen Zivilprozessrechts durch den Amsterdamer Vertrag – Chancen und Risiken NJW 2000, S. 23 ff.
ders.	Aktuelle Perspektiven der europäischen Prozeßrechtsangleichung JZ 2001, S. 573 ff.

ders. Die Zustellung von Schriftstücken im europäischen Justizraum
NJW 2001, S. 15 ff.

Heß, Burkhard Neues deutsches und europäisches Zustellungsrecht
NJW 2002, S. 2417 ff.

Hinz, Hans Werner Das Interesse der Wirtschaft an einer Europäisierung des Privatrechts
ZEuP 1994, S. 553 ff.

Hirsch, Günter Die Rolle des Europäischen Gerichtshofes bei der europäischen Integration
Jahrbuch des Öffentlichen Rechts der Gegenwart, Band 49, S. 79 ff. , hrsg. von Peter Häberle
Tübingen 2001
(Zit.: *Hirsch*, Jahrbuch des Öffentlichen Rechts, Jahr, S.)

ders. Der Europäische Gerichtshof – Eine Ansicht von innen
MDR 1999, S. 1 ff.

ders. Dezentralisierung des Gerichtssystems der Europäischen Union?
ZRP 2000, S. 57 ff.

Hirte, Heribert Wege zu einem europäischem Zivilrecht
Jenaer Schriften zum Recht, Bnd.10
Stuttgart 1996

Hommelhoff, Peter Zivilrecht unter dem Einfluß europäischer Rechtsangleichung
AcP 192 (1992), S. 71 ff.

ders. Konturen eines gemeinschaftsrechtlichen Unternehmensrechts
In: Gemeinsames Privatrecht in der Europäischen Gemeinschaft, S. 361 ff., hrsg. von Peter-Christian Müller-Graff
2. Auflage, Baden-Baden 1999

ders. /Jayme, Erik/Mangold, Werner (Hrsg.)	Europäischer Binnenmarkt, Internationales Privatrecht und Rechtsangleichung – Beiträge und Diskussionen des Symposiums 1994 in Heidelberg Heidelberg 1995 (Zit. *Bearbeiter*, in: Hommelhoff/Jayme/Mangold, Europäischer Binnenmarkt, IPR und Rechtsangleichung, S.)
Horn, Norbert	Zur ökonomischen Rationalität des Privatrechts – Die privatrechtstheoretische Verwertbarkeit der « Economic Analysis of Law » AcP 179 (1976), S. 307 ff.
Huff, Martin W.	Nachdenken über das Gerichtssystems beim Europäischen Gerichtshof und beim Europäischen Gericht erster Instanz EuZW 2000, S. 97
Hüßlein-Stich, Gabriele	Das UNCITRAL-Modellgesetz über die Internationale Handelsschiedsgerichtsbarkeit Köln 1990 (Zugl.: Regensburg, Univ., Diss., 1989)
Isak, Hubert	Der Gedanke der Rechtseinheit mit Blick auf den Beitritt mittel- und osteuropäischer Staaten Eur Beiheft 1-1998, S. 73 ff.
Jagenburg, Walter	Schiedsgerichtsbarkeit zwischen Wunsch und Wirklichkeit Festschrift für Walter Oppenhoff , S. 147 ff. Hrsg. von Jagenburg, Walter/Maier-Reimer, Georg/Verhoven, Thomas München 1995
Jansen, Nils	Auf dem Weg zu einem europäischen Haftungsrecht ZEuP 2001, S. 30 ff.
Jastrow, Serge-Daniel	Auslandszustellung im Zivilverfahren – Erste Praxiserfahrungen mit der EG-Zustellungsverordnung NJW 2002, S. 3383 ff.

ders.	Zur Ermittlung ausländischen Rechts: Was leistet das Londoner Aushilfsübereinkommen in der Praxis? IPrax 2004, S. 402 ff.
Jayme, Erik/Hausmann, Rainer	Internationales Privat- und Verfahrensrecht 10. Auflage München 2000
Jayme, Erik/Kohler, Christian	Europäisches Kollisionsrecht 2004: Territorale Erweiterung und methodische Rückgriffe IPRax 2004, S. 581 ff.
Jayme, Erik	Ein Europäisches Zivilgesetzbuch: Die Initiative der Niederlande IPrax 1997, S. 375
ders.	Das Internationale Privatrecht zwischen Postmoderne und Futurismus In: Recht und Rechtswissenschaft: Signaturen und Herausforderungen zum Jahrtausendbeginn (Ringvorlesung der Jurist. Fakultät der Ruprecht-Karls-Universität Heidelberg im SS 1999 und WS 1999/2000), S. 159 ff. Hrsg. von Peter-Christian Müller-Graff/Herbert Roth Heidelberg 2000 (Zit.: *Jayme*, in: Müller-Graff/Roth (Hrsg.), Recht und Rechtswissenschaft, S.)
Joerges, Christian	Interactive Adjucation in the Europeanisation Process? A Demanding Perspective and a Modest Example ERevPL 2000, S. 1 ff.
ders. /Brüggemaier, Gert	Europäisierung des Vertragsrechts und Haftungsrechts In: Gemeinsames Privatrecht in der Europäischen Gemeinschaft, S. 301 ff. Hrsg. von Peter-Christian Müller-Graff 2. Auflage, Baden-Baden 1999 (Zit.: *Joerges/Brüggemaier,* in: Müller-Graff (Hrsg.), Gemeinsames Privatrecht in der Europäischen Gemeinschaft, S.)

Jost, Peter-Jürgen	Effektivität von Recht aus ökonomischer Sicht Berlin 1998 (Zugl.: Basel, Univ., Habil.-Schrift., 1995)
Jürgensen, Harald	Die EG im Gefüge weltwirtschaftlicher Verflechtung In: Probleme der Vollendung des Binnenmarktes nach 1992, S. 91 ff. Hrsg. von Erhard Kantzenbach Berlin 1990 (Zit.: *Jürgensen*, in: Kantzenbach (Hrsg.), Probleme der Vollendung des Binnenmarktes, S.)
Kapoth, Daniel	Das Schlichtungs- und Schiedsverfahren der Weltorganisation für geistiges Eigentum (WIPO) Frankfurt 2000 (Zugl.: Regensburg, Univ., Diss., 1999)
Kegel, Gerhard	Internationales Privatrecht: ein Studienbuch 7. Auflage, München 1995
Kerameus, Konstantinos D.	Angleichung des Zivilprozessrechts Einige grundlegende Aspekte RabelsZ 66 (2002) 1 ff.
Kerber, Wolfgang	Rechtseinheitlichkeit und Rechtsvielfalt aus ökonomischer Sicht In: Systembildung und Systemlücken in Kerngebieten des Europäischen Privatrechts ,S. 67 ff. Hrsg. von Stefan Grundmann Tübingen 2000 (Zit. *Kerber*, in: Grundmann (Hrsg.) Systembildung und Systemlücken in Kerngebieten des Europäischen Privatrechts, S.)
Kieninger, Eva-Maria	Mobiliarsicherheiten im Europäischen Binnenmarkt – Zum Einfluss der Warenverkehrsfreiheit auf das nationale und internationale Sachenrecht der Mitgliedstaaten Baden-Baden 1996 (Zugl.: Berlin, Freie Univ., Diss., 1995)

Kieninger, Eva-Maria/ Leible, Stefan	Plädoyer für einen "Europäischen Wissenschaftlichen Ausschuss für Privatrecht EuZW 1999, S. 37 ff.
Kirstein, Roland	Imperfekte Gerichte und Vertragstreue - Eine ökonomische Theorie richterlicher Entscheidungen Wiesbaden 1999 (Zugl.: Saarbrücken, Univ., Diss, 1998)
Klauer, Irene	Die Europäisierung des Privatrechts - Der EuGH als Zivilrichter - Baden-Baden 1998 (Zugl.: St. Gallen, Univ., Diss., 1997)
Knütel, Rolf	Rechtseinheit in Europa und Römisches Recht ZEuP 1994, S. 244 ff.
Kochs, Hermann	Probleme deutscher Richter bei der Auslegung europäischen Privatrechts In: Auslegung europäischen Privatrechts und angeglichenen Rechts, S. 211 ff., hrsg. von Reiner Schulze Baden-Baden 1999 (Zit.: *Kochs*, in: Schulze (Hrsg.), Auslegung europäischen Privatrechts und angeglichenen Rechts, S.)
Kohler, Christian	Kein Weg zur Rechtsvereinheitlichung - Zur Übernahme des EG -Übereinkommens vom 19. Juni 1980 über das auf vertragliche Schuldverhältnisse anzuwendende Recht EuR 2/1984, S. 155 ff.
ders.	Integration und Auslegung – Zur Doppelfunktion des Europäischen Gerichtshofes In: Ein internationales Zivilverfahrensrecht für Gesamteuropa EuGVÜ, Lugano-Übereinkommen und die Rechtsentwicklung in Mittel- und Osteuropa. Länderberichte – Modellvergleich – Erfahrungen. Beiträge und Diskussionen des Symposiums 1991 in Heidelberg mit einschlägigen Materialien im Anhang, S. 11 ff., hrsg. von Erik Jayme

	Heidelberg 1992 (Zit. *Kohler,* in: Jayme (Hrsg.), Ein internationales Zivilverfahrensrecht für Gesamteuropa, S.)
ders. /Knapp, Andreas	Gemeinschaftsrecht und Privatrecht – Zur Rechtsprechung des EuGH im Jahre 1999 ZEuP 2001, S. 116 ff.
Kommission der Europäischen Gemeinschaften	Vollendung des Binnenmarktes. *Weißbuch* der Kommission an den Europäischen Rat vom 14.Juni 1085 (Kom [85] 310 endg.), Brüssel 1985 (Zit.: *Weißbuch* der Kommission: Vollendung des Binnenmarktes, Rnr.)
Kötz, Hein	Rechtsvereinheitlichung – Nutzen, Kosten, Methoden, Ziele RabelsZ 50 (1986), S. 1 ff.
ders.	Die Zitierpraxis der Gerichte – Eine vergleichende Skizze RabelsZ 52 (1988), S. 644 ff.
ders.	Alternativen zur legislatorischen Rechtsvereinheitlichung – Einführende Bemerkungen zum gleichnamigen Symposium Hamburg 1991 RabelsZ 56 (1992), S. 213
ders.	Abschied von der Rechtskreislehre? ZEuP 1998, S. 493 ff.
ders.	Rechtsvergleichung und gemeineuropäisches Privatrecht In: Gemeinsames Privatrecht in der Europäischen Gemeinschaft, S. 149 ff. Hrsg. von Peter-Christian Müller-Graff 2. Auflage, Baden-Baden 1999 Zit.: *Kötz*, in: Müller-Graff (Hrsg.), Gemeinsames Privatrecht in der Europäischen Gemeinschaft, S.)
ders.	Alte und neue Aufgaben der Rechtsvergleichung JZ 2002, S. 257 ff.

Kreuzer, Karl Friedrich — Die Europäisierung des Internationalen Privatrechts – Vorgaben des Gemeinschaftsrechts
In: Gemeinsames Privatrecht in der Europäischen Gemeinschaft, S. 457 ff., hrsg. von Peter-Christian Müller-Graff
2. Auflage, Baden-Baden 1999
(Zit.: *Kreuzer*, in: Müller-Graff (Hrsg.), Gemeinsames Privatrecht in der Europäischen Gemeinschaft)

Krings, Petra — Erfüllungsmodalitäten im Internationalen Schuldvertragsrecht
Frankfurt 1997
(Zugl.: Trier, Univ., Diss., 1996)

Kronke, Herbert — Electronic Commerce und Europäisches Verbrauchervertrags-IPR. Zur Umsetzung der Fernabsatzrichtlinie
RIW 1996, S. 985 ff.

ders. — Handels- und Wirtschaftsrechtsharmonisierung heute
In: Recht und Rechtswissenschaft: Signaturen und Herausforderungen zum Jahrtausendbeginn (Ringvorlesung der Jurist. Fakultät der Ruprecht-Karls-Universität Heidelberg im SS 1999 und WS 1999/2000), S. 203 ff., hrsg. von Peter-Christian Müller-Graff/Herbert Roth
Heidelberg 2000
(Zit.: *Kronke*, in: Müller-Graff/Roth (Hrsg.), Recht und Rechtswissenschaft, S.)

ders. — Der „Commercial Approach" in der Rechtsangleichung und das Internationale Privat- und Verfahrensrecht
Festschrift für Dieter Henrich zum 70. Geburtstag, S. 385 ff.; hrsg. von Peter Gottwald u.a.
Bielefeld 2000

ders. — Ziele- Methoden, Kosten-Nutzen: Perspektiven der Privatrechtsharmonisierung nach 75 Jahren UNIDROIT
JZ 2001, S. 1149 ff.

Kropholler, Jan | Internationales Privatrecht
4. Auflage
Tübingen 2001
(Zit.: *Kropholler*, IPR, S.)

ders. | Die Auslegung von EG-Verordnungen zum Internationalen Privat- und Verfahrensrecht
In: Aufbruch nach Europa: 75 Jahre Max-Planck-Institut für Privatrecht, S. 583 ff.
Hrsg. von Jürgen Basedow u.a.
Tübingen 2001
(zit. *Kropholler*, in: Basedow (Hrsg.), Aufbruch nach Europa, S.)

ders. /Hinden, Micheal v. | Die Reform des europäischen Gerichtsstandes am Erfüllungsort (Art. 5 Nr. 1 EUGVÜ)
In: Gedächtnisschrift für Alexander Lüderitz, S. 401 ff.
Hrsg. von Haimo Schack
München 2000
(Zit.: *Kropholler/v.Hinden,* GS Lüderitz, S.)

Lachmann, Jens-Peter | Handbuch für die Schiedsgerichtspraxis
Köln 2002

Lando, Ole | The EC Draft Convention on the Law Applicable to Contractuel And Non-Contractual Obligations
RabelsZ 38 (1974) , S. 6 ff.

ders. | An Alternative or an Precursor of European Legislation
RabelsZ 1992, S. 261 ff.

ders. | Die Regeln des Europäischen Vertragsrechts
In: Gemeinsames Privatrecht in der Europäischen Union, S. 567 ff., hrsg. von Peter-Christian Müller-Graff
2. Auflage
Baden-Baden 1999

Langen, Eugen	Transnationales Recht Heidelberg 1981
ders./Bunte, Hermann-Josef (Hrsg.)	Kommentar zum deutschen und europäischen Kartellrecht 9. Auflage Neuwied/Kriftel 2001
Lansnicker, Frank/ Schwirtzek, Thomas	Rechtsverhinderung durch überlange Verfahrensdauer. Verletzung des Beschleunigungsverbotes nach Art. 6 I 1 EMRK NJW 2001, S. 1969 ff.
Lehmann, Michael	Bürgerliches Recht und Handelsrecht – eine juristische Analyse: Eine juristische und ökonomische Analyse ausgewählter Probleme für Wirtschaftswissenschaftler und interdisziplinär interessierter Juristen unter besonderer Berücksichtigung der „Ökonomischen Analyse des Rechts“ und der „Theorie der property rights“ Stuttgart 1983
Lehne, Klaus-Heiner	Perspektiven eines Europäischen Privatrechts Bonn 2002
Leible, Stefan	Außenhandel und Rechtssicherheit ZvglRWiss 97 (1998), S. 286 ff.
ders.	Die Mitteilung der Kommission zum Europäischen Vertragsrecht – Startschuss für ein Europäisches Vertragsgesetzbuch? EWS 2001, S. 471 ff.
Leipold, Dieter	Internationale Zuständigkeit am Erfüllungsort - das Neueste aus aus Luxemburg und Brüssel In: Gedächtnisschrift für Alexander Lüderitz S. 431 ff. Hrsg. von Haimo Schack München 2000 (Zit.: *Leipold,* GS Lüderitz, S.)

Lenz, Carl Otto — Die Rolle und der Wirkungsmechanismus des Vorabentscheidungsverfahrens
DRiZ 1995, S. 215 ff.

Ligouri, Fabio — „UNILEX": A Means To Promote Uniformity in the Application of CISG
ZEuP 1996, S. 600 ff.

Lindacher, Walter F. — Europäisches Zustellungsrecht – Die VO (EG) Nr. 1348/2000: Fortschritt, Auslegungsbedarf, Problemausblendung –
50 Jahre Bundesgerichtshof. Festschrift aus Anlaß des fünfzigjährigen Bestehens von Bundesgerichtshof, Bundesanwaltschaft und Rechtsanwaltschaft beim Bundesgerichtshof, S. 179 ff., hrsg. von Karlmann Geiß u.a.
Köln 2000
(Zit.: *Lindacher*, FS Bundesgerichtshof, S.)

Lionnet, Klaus — Handbuch der internationalen und nationalen Schiedsgerichtsbarkeit
2. Auflage
Stuttgart 2001

Lipp, Volker — Entwicklung und Zukunft der europäischen Gerichtsbarkeit
JZ 1997, S. 326 ff.

ders. — Europäische Justizreform
NJW 2001, S. 2657 ff.

Lörcher, Torsten — Neue Verfahren der internationalen Streiterledigung in Wirtschaftssachen
Verfahren vor dem Internationalen Seegerichtshof, WTO-Panelverfahren, ICSID- und WIPO-Schiedsverfahren
Frankfurt 2001
(Zugl.: Köln, Univ., Diss., 1999)

Lutter, Marcus — Die Auslegung angeglichenen Rechts
JZ 1992, S. 593 ff.

Luttermann, Claus — Rechtssprachenvergleich in der Europäischen Union – Ein Lehrbuchfall: EuGH, EuZW 1999 – Codan EuZW 1999, S. 401 ff.

Magnus, Ulrich — Die allgemeinen Grundsätze im UN-Kaufrecht RabelsZ 59 (1995), S. 469 ff.

ders. — Das UN-Kaufrecht - Fragen und Probleme seiner praktischen Bedeutung ZEuP 1997, S. 823 ff.

ders. — Die Gestalt eines Europäischen Handelsgesetzbuches Festschrift für Ulrich Drobnig zum 70. Geburtstag Hrsg. von Jürgen Basedow S. 57 ff. Tübingen 1998

ders. — Elemente eines europäischen Deliktrechts ZEuP 1998, S. 603 ff.

Maier, Hans Jacob — Europäisches Übereinkommen über die internationale Handelsschiedsgerichtsbarkeit und UN-Übereinkommen über die Anerkennung und Vollstreckung ausländischer Schiedssprüche Köln 1966 (Zit.: *Maier*, EuÜ und UNÜ (Kommentierung), Art.)

Manger, Robert — Richtlinienkonforme Auslegung im Privatrecht in Literatur und Rechtsprechung unter Heranziehung ausgewählter Entscheidungen des Zweiten Senats des BGH in Zivilsachen und des House of Lords Berlin 2002 (Zugl.: Hannover, Univ., Diss., 2001)

Mangoldt, Hermann von/ Klein, Friedrich/ Starck, Christian — Das Bonner Grundgesetz Band III 4. Auflage München 2001 (Zit.: *Bearbeiter*, in: V.Mangoldt/Klein/Starck, GG)

Mankowski, Peter — Privatgutachten über ausländisches Recht – Erstattungsfähigkeit der Kosten MDR 2001, S. 194 ff.

ders. Binnenmarkt-IPR - Eine Problemskizze – In: Aufbruch nach Europa: 75 Jahre Max-Planck-Institut für Privatrecht, S. 595 ff., hrsg. von Jürgen Basedow u.a.
Tübingen 2001
(Zit.: *Mankowski*, in: Basedow (Hrsg.), Aufbruch nach Europa, S.)

Mansel, Heinz-Peter Rechtsvergleichung und europäische Rechtseinheit
JZ 1991, S. 529 ff.

Markesinis, Basil S. Why a code is not the best way to advance the cause of European legal unity
ERevPL 1997, S. 519 ff.

Martiny, Dieter Autonome und einheitliche Auslegung im Europäischen Zivilprozessrecht
RabelsZ 45 (1981), S. 427 ff.

ders. Internationales Vertragsrecht zwischen Rechtsgefälle und Vereinheitlichung. Zum Römischen Übereinkommen vom 19. Juni 1980
ZEuP 1995, S. 67 ff.

ders. Europäisches Internationales Vertragsrecht - Erosion der Römischen Konvention
ZEuP 1997, S. 107 ff.

ders. Babylon in Brüssel? Das Recht und die europäische Sprachvielfalt
ZEuP 1998, S. 227 ff.

ders. Europäisches Internationales Vertragsrecht – Ausbau und Konsolidierung
ZEuP 1999, S. 246 ff.

ders. Internationales Vertragsrecht im Schatten des Europäischen Gemeinschaftsrechts
ZEuP 2001, S. 308 ff.

Mattei, Ugo A transaction cost approach to the European Code
ERevPL 1997, S. 537 ff.

Meier, Gert | Zur Mitverantwortung deutscher Richter für die Vollendung des Europäischen Binnenmarktes
EuZW 1990, S. 81 ff.

Mertens, Hans-Joachim | Nichtlegislatorische Rechtsvereinheitlichung durch transnationales Wirtschaftsrecht und Rechtsbegriff
RabelsZ 56 (1992), S. 219 ff.

Michaels, Ralf | Privatautonomie und Privatkodifikation - Zur Anwendbarkeit und Geltung allgemeiner Vertragsprinzipien
RabelsZ 63 (1998), S. 580 ff.

Micklitz, Hans-W. | Perspektiven eines Europäischen Privatrechts
Ius Commune praeter legem
ZEuP 1998, S. 253 ff.

ders. | Kommentar zu EuGH, Urteil vom 10.5.2001
Rs. C – 144/99 (Kommission ./. Königreich der Niederlande)
EWS 2001, S. 486 ff.

ders./Rott, Peter | Vergemeinschaftung des EuGVÜ in der Verordnung (EG) Nr. 44/2001
EuZW 2001, S. 325 ff.

Möllers, Thomas M.J. | Europäische Richtlinien zum Bürgerlichen Recht
JZ 2002, S. 121 ff.

Monti, Mario | Der Binnenmarkt und das Europa von morgen: Ein Bericht der Europäischen Kommission
Luxemburg 1997

Mosiek-Urbahn, Marlies | Rechtsvereinheitlichung durch europäisches Vertragsrecht – eine Herausforderung für die Mitgliedstaaten der Europäischen Union
ZRP 2000, S. 297 ff.

Müller, Helene Boriths | Die Umsetzung der europäischen Übereinkommen von Rom und Brüssel in das Recht der Mitgliedstaaten: dargestellt am Beispiel Deutschlands und Dänemarks

	Frankfurt 1997 (Zugl.: Trier, Univ., Diss., 1996)
Müller-Graff, Peter-Christian	Gemeinsames Privatrecht in der Europäischen Gemeinschaft – Ansatzpunkte, Ausgangsfragen, Ausfaltungen – In: Gemeinsames Privatrecht in der Europäischen Union, S. 9 ff., hrsg. von Peter-Christian Müller-Graff 2. Auflage, Baden-Baden 1999
ders.	Privatrecht und europäisches Gemeinschaftsrecht In: Gemeinsames Privatrecht in der Europäischen Union, S. 267 ff., hrsg. von Peter-Christian Müller-Graff 2. Auflage, Baden-Baden 1999
Münch, Ingo v.	Europarecht ohne Europäisches Rechtsstudium? ZEuP 2001, S. 1 ff.
Neuhauss, Paul	Rechtsvereinheitlichung – Rechtsverbesserung? RabelsZ 45 (1981), S. 72 ff
Odersky, Walter	Rechtsfragen zur Anwendung von Recht der Europäischen Union im Mitgliedstaat ZEuP 1998, S. 485 ff.
Oliver, Peter	Could the Wording of the Court`s Judgements Be Improved? EuZW 2001, S. 257
Oppermann, Bernd H./ Von Wilmowsky, Peter	Integration im europäischen Zivil- und Wirtschaftsrecht Baden-Baden 1999 (Zit.: *Bearbeiter*, in: Oppermann/V.Wilmowsky (Hrsg.), Integration im europäischen Zivil- und Wirtschaftsrecht, S.)
Oppermann, Thomas	Der Europäische Traum zur Jahrhundertwende JZ 1999, S. 317 ff.

Ott, Claus/Schäfer, Hans-Bernd — Die ökonomische Analyse des Rechts - Irrweg oder Chance wissenschaftlicher Rechtserkenntnis?
JZ 1988, S. 213 ff.

Palandt, Otto (Hrsg.) — Bürgerliches Gesetzbuch
62. Auflage
München 2003
(Zit.: Palandt-*Bearbeiter*, BGB-Komm., §, Rnr.)

Papantoniou, Nikolaos — Einwirkungen der wissenschaftlich-technischen Fortschritte auf das Recht
Festschrift für Murad Ferid zum 70. Geburtstag
München 1978, S. 687 ff.

Perlitz, Manfred — Territorialität des Rechts als Problem des internationalen Managements. Globalisierung und Rechtsordnung: Zur neuen Institutionenökonomik internationaler Transaktionen
In: Jahrbuch für neue politische Ökonomie Band 18: Hrsg. von Karl-Ernst Schenk, Dieter Schmidtchen, Manfred E. Streit, Viktor Vanberg, S. 213 ff.
Tübingen 1999
(zit. *Perlitz,* Jahrbuch für Neue Politische Ökonomie, Band 18 (1999), S.)

Pfeiffer, Thomas — Die revisionsgerichtliche Kontrolle der Anwendung ausländischen Rechts
NJW 2002, S. 3306 ff.

Philippe, Denis/Herring, Alexander — Vertragsanpassungs- und Härteklauseln in Langzeitverträgen – belgisches Recht im internationalen Vergleich
RIW 2001, S. 270 ff.

Piltz, Burghard — Vertragsrecht und Vertragsgestaltung bei Internationalen Kaufverträgen
In: Handbuch für Kaufrecht, Rechtsdurchsetzung und Zahlungssicherung im Außenhandel: internationale Kaufverträge, internationale Produkthaftung, Eigentumsvorbehalt, Schiedsgerichtsbarkeit, gerichtliche Durchsetzung und Vollstreckung, internationale Zahlungs- und Sicherungsinstrumente, Incoterms/

	Hrsg. von Siegfried Georg Häberle, S. 1 ff. München 2002 (Zit.: *Piltz*, in: Häberle (Hrsg.), Handbuch für Kaufrecht, S.)
ders.	Vom EuGVÜ zur Brüssel-1-Verordnung NJW 2002, S. 789 ff.
Pirrung, Jörg	Europäische Justizielle Zusammenarbeit, Haager Konferenz und UNIDROIT In: Aufbruch nach Europa: 75 Jahre Max-Planck-Institut für Privatrecht Hrsg. von Jürgen Basedow u.a. S. 785 ff. Tübingen 2001 (zit. *Pirrung*, in: Basedow (Hrsg.), Aufbruch nach Europa, S.)
ders.	Zugang zum Recht der Europäischen Union In: Creating a European judicial space: prospects for improving judicial cooperation in civil matters in the European Union : die Schaffung eines europäischen Justizraumes: Perspektiven einer Verbesserung der justiziellen Zusammenarbeit in Zivilsachen in der Europäischen Union, S. 35 ff., hrsg. von Gavin Barrett Köln 2001 (Zit.: *Pirrung,* in: Barrett (Hrsg.), Creating a European judicial space, S.)
ders.	Zur Zukunft der europäischen Gerichtsbarkeit in Zivilsachen Festschrift für Hans Stoll zum 75. Geburtstag, S. 647 ff., hrsg. von Gerhard Hohloch u.a. Tübingen 2001
Posch, Willibald	Judikative Rechtsangleichung – ein Weg zur Europäisierung des Privatrechts? ZEuP 1998, S. 521 ff.
Prieß, Hans-Joachim	Erscheinungsformen von Hemmnissen und Sanktionen im Gemeinschaftsrecht

	In: Hemmnisse und Sanktionen in der EU (Europäisches Forum für Aussenwirtschaft, Verbrauchssteuern und Zoll: Tagungsband der 8. Jahrestagung des EFA am 27. und 28. Juni in Wien), hrsg. von Reginhard Henke, Köln 1996 (Zit.: *Prieß,* in: Henke (Hrsg.), Hemmnisse und Sanktionen in der EU, S.)
Puttfarken, Hans-Jürgen	Droit commun législatif und die Einheit der Profession Eine ketzerische Reflexion zur Rechtsvereinheitlichung RabelsZ 45 (1981), S. 91 ff.
Rabe, Hans-Jürgen	Zur Reform des Gerichtssystems der Europäischen Gemeinschaften, EuR 2000, S. 811 ff.
Rauscher, Thomas	Der Europäische Vollstreckungstitel für unbestrittene Forderungen Heidelberg 2004
Raeschke-Kessler, Hilmar/Berger, Klaus-Peter	Recht und Praxis des Schiedsverfahrens 3. Auflage Köln 1999
Rammeloo, Stephan	Das neue EG-Vertragskollisionsrecht: die Art. 4, 5 und 6 des Übereinkommens über das auf vertragliche Schuldverhältnisse anzuwendende Recht vom 19.6.1980; eine rechtsvergleichende Analyse objektiver Vertragsanknüpfungen Köln 1992
Rebel, Dieter	Gewerbliche Schutzrechte München 2003
Redeker, Konrad	Auf der Suche nach besserer Gesetzgebung NJW 2002, S. 2756 ff.
Reinhart, Gert	Die weltweite Vereinheitlichung des Kaufrechts im 20. Jahrhundert In: Recht und Rechtswissenschaft: Signaturen und Herausforderungen zum Jahrtausendbeginn (Ring-

vorlesung der Jurist. Fakultät der Ruprecht-Karls-Universität Heidelberg im SS 1999 und WS 1999/2000), S. 329 ff.
Hrsg. von Peter-Christian Müller-Graff/Herbert Roth
Heidelberg 2000
(Zit.: *Reinhart*, in: Müller-Graff/Roth (Hrsg.), Recht und Rechtswissenschaft, S.)

Remien, Oliver — Europäische Rechtswissenschaft – Voraussetzung oder Folge europäischer Rechtsangleichung?
In: Europäische Integration als Herausforderung des Rechts – Mehr Marktrecht – Weniger Einzelgesetzes, S. 17 ff.
Hrsg. von Klaus J. Hopt
Essen 1991
(Zit.: *Remien,* in: Hopt (Hrsg.) Europäische Integration als Herausforderung des Rechts, S.)

ders. — Illusion und Realität eines europäischen Privatrechts
JZ 1992, S. 277 ff.

ders. — Rechtseinheit ohne Einheitsgesetze
RabelsZ 56 (1992), S. 300 ff.

ders. — Denationalisierung des Privatrechts in der Europäischen Union? - Legislative und gerichtliche Wege
ZfRV 1995, S. 116 ff.

ders. — Einheit, Mehrstufigkeit und Flexibilität im europäischen Privat- und Wirtschaftsrecht
RabelsZ 62 (1998), S. 627 ff.

Richter, Rudolf/Furobotn, Eirik G. — Neue Institutionenökonomik – Eine Einführung und kritische Würdigung
2. Auflage
1999 Tübingen

Ripperger, Tanja — Die Effizienz des Vertrauensmechanismus bei der Organisation internationaler Transaktionen
Jahrbuch der Neuen Ökonomischen Politik, Band 18 (1999), S. 257 ff.

Rittner, Fritz | Das Gemeinschaftsprivatrecht und die europäische Integration
JZ 1995, S. 849 ff.

Rodriguez Iglesías, Gil Carlos | Der EuGH und die Gerichte der Mitgliedstaaten – Komponenten der richterlichen Gewalt
NJW 2000, S. 1889 ff.

ders. | Gedanken zum Entstehen einer Europäischen Rechtsordnung
NJW 1999, S. 1 ff.

ders. | Der Europäische Gerichtshof und die Gerichte der Mitgliedstaaten – Komponenten der Richterlicher Gewalt in der Europäischen Union
Heidelberg 2000
(auch: NJW 2000, S. 1889 ff.)

Rösler, Hannes | Rechtsvergleichung als Erkenntnisinstrument in Wissenschaft, Praxis und Ausbildung
JuS 1999, S. 1084 ff.

ders. | Zur Zukunft des Gerichtssystems der EU
ZRP 2000, S. 52 ff.

Roth, Joachim | Die EG-Mittelstandspolitik
Ein einführender Überblick
In: Die Vollendung des Binnenmarktes – Chancen und Risiken
Politische Studien (Zweimonatszeitschrift für Politik und Zeitgeschehen), Sonderheft 7/1992
(zit. *Roth*, Die Vollendung des Binnenmarktes-Chancen und Risiken, S.)

Roth, Wulf-Henning | Editorial Comments. Judicial activism of national courts in applying Community law
CMLRev 34 (1997), S. 1341 ff.

ders. | Editorial Comments
Europeanization of Private Law – Part 2
CMLRev 35 (1998), S. 1013 ff.

Rümelin, Max	Die Rechtssicherheit – Rede gehalten bei der akademischen Preisverteilung am 6.November 1924 Tübingen 1924 Nachdruck Frankfurt 1970
Sack, Jörn	Einige einfache Gedanken zur Reform des Gerichtshofes der Europäischen Gemeinschaften im Hinblick auf neue Erweiterungen der Europäischen Union EuR 1999, S. 571 ff.
ders.	Das einsame Beispiel - Eine Glosse zur Gesetzgebungstechnik der Europäischen Union EuZW 2000, S. 449
ders.	Die Reform der Europäischen Gerichtsbarkeit in der Perspektive der Erweiterung Referat im Rahmen der Vortragsreihe „Rechtsfragen der Europäischen Integration" Zentrum für Europäisches Wirtschaftsrecht Vorträge und Berichte Nr. 16, Bonn 2001 (Zit.: *Sack*, Reform der Europäischen Gerichtsbarkeit, S.)
Sandrock, Otto	Das Privatrecht am Ausgang des 20. Jahrhunderts: Deutschland – Europa – und die Welt JZ 1996, S. 1 ff.
ders.	Neue Herausforderungen an das Internationale Wirtschaftsrecht ZVerglRWiss 98 (1999), S. 227 ff.
Schack, Haimo	Rechtsangleichung mit der Brechstange des EuGH – Vom Fluch eines falsch verstandenen Diskriminierungsverbots (Zugleich Besprechung von EuGH 10.2.1004, C-398/92 – Mund & Fester/ Hatrex) ZZP 108 (1995), S. 47 ff.
Schackel, Torsten	Der Anspruch auf Ersatz des negativen Interesses bei Nichterfüllung von Verträgen ZEuP 2001, S. 248 ff.

Schade, Jürgen	Das Streitregelungssystem zum Gemeinschaftspatent nach dem Verordnungsvorschlag der Kommission GRUR 2000, S. 827
Schäfer, Hans-Bernd/Ott, Claus	Lehrbuch der ökonomischen Analyse des Zivilrechts 3. Auflage Berlin 2000
Scherpe, Jens M.	Haustürgeschäfte in Dänemark ZEuP 1997, S. 1078 ff.
Schiffer, K. Jan	Wirtschaftsschiedsgerichtsbarkeit - Die erfolgreiche außergerichtliche Streitbeilegung- Köln 1999
Schindler, Thomas	Die Restatements und ihre Bedeutung für das amerikanische Privatrecht ZEuP 1998, S. 276 ff.
Schintgen, Romain	Europäische Gemeinschaftsgerichtsbarkeit Die Praxis des Richterberufes ,S. 111 ff., hrsg. von Müller-Graff, Peter-Christian/Roth, Herbert Berlin 2000
Schlechtriem, Peter	Schadensersatz und Schadensbegriff ZEuP 1997, S. 232 ff.
ders.	Rechtswahl im europäischen Binnenmarkt und Klauselkontrolle - Überlegungen zu „zwingenden" Normen im EU-Binnenmarkt. Festschrift für Werner Lorenz zum 80. Geburtstag, S. 565 ff., hrsg. von Thomas Rauscher und Hein-Peter Mansel München 2001
Schlenker, Susanne	Haustürgeschäfte in Spanien ZEuP 1997, S. 1109 ff.
Schlette, Volker	Der Anspruch auf gerichtliche Entscheidung in angemessener Frist - Verfassungsrechtliche Grundlagen und praktische Durchsetzung - Berlin 1999

Schlosser, Peter — Europarecht und Zivilprozessrecht
Jura 1998, S. 65 ff.

Schmid, Christoph — Legitimitätsbedingungen eines Europäischen Zivilgesetzbuches
JZ 2001, S. 674 ff.

Schmid, Gudrun — Einheitliche Anwendung von internationalem Einheitsrecht: die Berücksichtigung der Rechtsprechung und Literatur anderer Vertragsstaaten am Beispiel des CISG
Baden-Baden 2004
(Zugl.: Augsburg, Uiv., Diss., 2003)

Schmidt, Marek — Privatrechtsangleichende EU-Richtlinien und nationale Auslegungsmethoden
RabelsZ 59 (1995), S. 569 ff.

Schmidt-Aßmann, Eberhard — Der Rechtsstaat
in: Isensee, Josef/Kirchhof, Paul, Handbuch des Staatsrechts, Band I (Grundlagen von Staat und Verfassung), § 24 (S. 987 ff.)
2. Auflage , Heidelberg 1995

Schmidtchen, Dieter — Territorialität des Rechts, Internationales Privatrecht und die privatautonome Regelung internationaler Sachverhalte – Grundlagen eines interdisziplinären Forschungsprogramms
RabelsZ 59 (1995), S. 56 ff.

ders. /Weth, Stephan (Hrsg.) — Der Effizienz auf der Spur - Die Funktionsfähigkeit der Justiz im Lichte der ökonomischen Analyse des Rechts
Baden-Baden 1999

Scholz, Franz — Die Rechtssicherheit
Berlin 1955

Schröder, Jochen/ Wenner, Christian — Internationales Vertragsrecht - Das Kollisionsrecht der transnationalen Wirtschaftsverträge
2. Auflage, Köln 1998

Schroeder, Werner — Das Gemeinschaftsrechtssystem: eine Untersuchung zu den rechtsdogmatischen, rechtstheoretischen und verfassungsrechtlichen Grundlagen des Systemdenkens im Europäischen Gemeinschaftsrecht
Tübingen 2002
(Zugl.: Passau, Univ., Habil.-Schr., 1999/2000)
(Zit.: *Schroeder*, Das Gemeinschaftsrechtssystem, S.)

Schroeter, Wolfgang Michael — Die Auswirkungen tatsächlicher und technischer Veränderungen im Ablauf des Handelsverkehrs auf Handelsbräuche und „Incoterms"
(Zugl.: Bielefeld, Diss., Univ., 1999)
Bielefeld 1999

Schubert, Andreas/ Strohe, Dirk — Internationale Schiedsgerichtsbarkeit
In: Handbuch für Kaufrecht, Rechtsdurchsetzung und Zahlungssicherung im Außenhandel: internationale Kaufverträge, internationale Produkthaftung, Eigentumsvorbehalt, Schiedsgerichtsbarkeit, gerichtliche Durchsetzung und Vollstreckung, internationale Zahlungs- und Sicherungsinstrumente, Incoterms, S. 325 ff., hrsg. von Siegfried Georg Häberle
München 2002
(Zit.: *Schubert/Strohe*, in: Häberle (Hrsg.), Handbuch für Kaufrecht, S.)

dies. — Gerichtliche Durchsetzung von Ansprüchen
In: Handbuch für Kaufrecht, Rechtsdurchsetzung und Zahlungssicherung im Außenhandel: internationale Kaufverträge, internationale Produkthaftung, Eigentumsvorbehalt, Schiedsgerichtsbarkeit, gerichtliche Durchsetzung und Vollstreckung, internationale Zahlungs- und Sicherungsinstrumente, Incoterms, S. 481 ff., hrsg. von Siegfried Georg Häberle
München 2002
(Zit.: *Schubert/Strohe*, in: Häberle (Hrsg.), Handbuch für Kaufrecht, S.)

Schulte-Nölke, Hans, Schulze, Reiner — Europäische Rechtsangleichung und nationale Privatrechte
Baden-Baden 1999

Schulte-Nölke, Hans — Elf Amtssprachen, ein Recht? Folgen der Mehrsprachigkeit für die Auslegung von Verbraucherschutzrichtlinien
In: Auslegung europäischen Privatrechts und angeglichenen Rechts, S. 143 ff., hrsg. von Reiner Schulze
Baden-Baden 1999
(Zit.: *Schulte-Nölke*, in: Schulze (Hrsg.), Auslegung europäischen Privatrechts und angeglichenen Rechts. S.)

ders. — Ein Vertragsgesetzbuch für Europa
JZ 2001, S. 917 ff.

Schultz, Elmar — Die relative Autonomie des Gerichtshofes der Europäischen Gemeinschaften: Rechtsprechung vor und nach Maastricht – Eine neo-institutionalistische Analyse
Baden-Baden 1999
(Zugl.: Berlin, Humbold-Univ., Diss., 1999)
(Zit.: *Schultz*, Die relative Autonomie des EuGH, S.)

Schulze, Reiner — Allgemeine Rechtsgrundsätze und europäisches Privatrecht
ZEuP 1993, S. 442 ff.

ders. — Auslegung Europäischen Privatrechts und angeglichenen Rechts – Einführung
In: Auslegung europäischen Privatrechts und angeglichenen Rechts, S. 9 ff., hrsg. von Reiner Schulze
Baden-Baden 1999
(Zit.: *Schulze*, in: Schulze (Hrsg.), Auslegung europäischen Privatrechts und angeglichenen Rechts)

ders. — Gemeineuropäisches Privatrecht und Rechtsgeschichte
In: Gemeinsames Privatrecht in der Europäischen Gemeinschaft, S. 127 ff., hrsg. von Peter-Christian

	Müller-Graff 2. Auflage, Baden-Baden 1999 (Zit.: *Schulze*, in: Müller-Graff (Hrsg.), Gemeinsames Privatrecht in der Europäischen Gemeinschaft)
Schütze, Rolf A./Tscherning, Dieter/Wais, Walter	Handbuch des Schiedsverfahrens. Praxis der deutschen und internationalen Schiedsgerichtsbarkeit 2. Auflage, Berlin 1990
Schütze, Rolf A.	Alternative Streitschlichtung – Zur Übertragbarkeit ausländischer Erfahrungen ZVglRWiss 97 (1998), S. 117 ff.
ders.	Privatisierung richterlicher Tätigkeiten: Ersetzung staatlicher Gerichte durch private Schiedsgerichte? ZVglRWiss 99 (2000), S. 241 ff.
ders.	Rechtsverfolgung im Ausland Probleme des ausländischen und internationalen Zivilprozeßrechts 3. Auflage, Heidelberg 2002
ders. (Hrsg.)	Institutionelle Schiedsgerichtsbarkeit Kommentar Kön 2006
Schwab, Karl Heinz/Walter, Gerhard	Schiedsgerichtsbarkeit. Systematischer Kommentar zu den Vorschriften der Zivilprozessordnung, des Arbeitsgerichtsgesetzes, der Staatsverträge und der Kostengesetze über das privatrechtliche Schiedsverfahren München 2005
Schwartz, Ivo	Perspektiven der Angleichung des Privatrechts in der Europäischen Gemeinschaft ZEuP 1994, S. 559 ff.
Schwartze, Andreas	Enforcement of Private Law: The Missing Link in the Process of European Harmonisation ERevPL 2000, S. 135 ff.

Schwarze, Jürgen	Das schwierige Geschäft mit Europa und seinem Recht JZ 1998, S. 1077 ff.
Schwintowski, Hans-Peter	Ökonomische Theorie des Rechts JZ 1998, S. 581 ff.
ders.	Auf dem Wege zu einem europäischen Zivilgesetzbuch JZ 2002, S. 205 ff.
Schwirtzek, Thomas/ Lanswicker, Frank	Rechtsverhinderung durch überlange Verfahrensdauer NJW 2001, S. 1969 ff.
Seidel, Martin	Die Vollendung des Binnenmarktes der Europäischen Gemeinschaft als Rechtsetzungsprozess Festschrift für Ernst Steindorff, S. 1455 ff., hrsg. von Jürgen F. Baur, Klaus J. Hopt, K. Peter Mailänder Berlin 1990
Sellhorst, Ute	Die Umsetzung der Handelsvertreterrichtlinie – Probleme bei der Harmonisierung europäischen Recht EWS 2001, S. 481 ff.
Siehr, Kurt	Ökonomische Analyse des Internationalen Privatrechts Festschrift für Karl Firschung zum 70. Geburtstag, S. 267 ff., hrsg. von Dieter Henrich u.a. München 1985
ders.	Internationales Privatrecht: Deutsches und europäisches Kollisionsrecht Heidelberg 2001
Sinn, Hans-Werner	Wieviel Brüssel braucht Europa? Subsidiarität; Zentralisierung und Fiskalwettbewerb im Lichte der ökonomischen Theorie Staatswissenschaft und Staatspraxis Band 5 (1994), S. 155 ff.

Snijders, Henk J. (Hrsg.) Access to Civil Procedure Abroad
The Hague 1996
(Zit.: *Bearbeiter*, in: Snijders, Access to Civil Procedure Abroad, S.)

Sonnenberger, Hans Jürgen Europarecht und Internationales Privatrecht
ZVglRWiss 95 (1996), S. 3 ff.

ders. Der Ruf unserer Zeit nach einer europäischen Ordnung des Zivilrechts
JZ 1998, S. 982 ff.

ders. Der Entwurf eines Europäischen Vertragsgesetzbuchs der Akademie Europäischer Privatrechtswissenschaftler – ein Meilenstein
RIW 2001, S. 409

Spellenberg, Ulrich Eigentumsvorbehalt in Frankreich
ZfRV 1994, S. 105 ff.

Stadler, Asrtrid Das Europäische Zivilprozessrecht – Wieviel Beschleunigung verträgt Europa? Kritisches zur Verordnung über den Europäischen Vollstreckungstitel und ihrer Grundidee
IPrax 2004, S. 2 ff.

Starck, Christian (Hrsg.) Das Bonner Grundgesetz - Kommentar -
Band 3: Art. 79 - 146
4. Auflage, München 2001

Stein, Andreas Der Europäische Vollstreckungstitel für unbestrittene Forderungen tritt in Kraft – Aufruf zu einer nüchternen Betrachtung
IPrax 2004, S. 181 ff.

Stein , Ursula Lex mercatoria
Tübingen 1995
(Zugl.: Frankfurt (Main), Univ., Habil.-Schr., 1992/1993)

dies. Systembildung durch privatautonome Rechtsetzung und ihre Grenzen im Europäischen Binnenmarkt

	In: Systembildung und Systemlücken in Kerngebieten des Europäischen Privatrechts, S. 669 ff., hrsg. von Stefan Grundmann Tübingen 2000 (Zit.: *Stein,* in: Grundmann (Hrsg.), Systembildung und Systemlücken in Kerngebieten des Europäischen Privatrechts, S.)
Steindorff, Ernst	Unvollkommener Binnenmarkt ZHR 158 (1994), S. 149 ff.
Streinz, Rudolf	Fehlende EG-Kompetenz für Tabakwerberichtlinie (Anmerkung zu EuGH, Urteil vom 5.10.2000) JuS 2001, S. 288 ff.
Sturm, Fritz	Der Entwurf eines Europäischen Vertragsgesetzbuches JZ 2001, S. 1097 ff.
Stürner, Rolf	Beweislastverteilung und Beweisführungslast in einem harmonisierten europäischen Zivilprozess Festschrift für Hans Stoll zum 75. Geburtstag, S. 691 ff., hrsg. von Gerhard Hohloch u.a.. Tübingen 2001
Summers, Robert S.	Unification of Private Commercial Law in Europe ZEuP 1999, S. 201 ff.
Taschner, Hans Claudius	Privatrechtsentwicklung durch die Europäische Gemeinschaft – Rechtsgrundlagen, Ziele, Sachgebiete, Verfahren – In: Gemeinsames Privatrecht in der Europäischen Union, S. 225 ff., hrsg. von Peter-Christian Müller-Graff 2. Auflage, Baden-Baden 1999 (Zit.: *Taschner*, in: Müller-Graff (Hrsg.), Gemeinsames Privatrecht in der Europäischen Gemeinschaft, S.)
Thume, Karl-Heinz	Der Ausgleichsanspruch des Handelsvertreters gem. § 89b HGB im Lichte des Europäischen Union NJW 2004, S. 2473 ff.

Tichy, Lubos	Manie und Phobie der Angleichung des Rechts In: Aufbruch nach Europa: 75 Jahre Max-Planck-Institut für Privatrecht, S. 1037 ff., hrsg. von Jürgen Basedow u.a. Tübingen 2001 (zit. *Tichy*, in: Basedow (Hrsg.), Aufbruch nach Europa, S.)
Tilmann, Winfred	Zweiter Kodifikationsbeschluss des Europäischen Parlaments ZEuP 1995, S. 535 ff.
ders.	Towards a European Civil Code ZEuP 1997, S. 595 ff.
ders.	Eine Privatrechtskodifikation für die Europäische Gemeinschaft? In: Gemeinsames Privatrecht in der Europäischen Union, S. 579 ff., hrsg. von Peter-Christian Müller-Graff 2. Auflage, Baden-Baden 1999 (Zit.: *Tilmann*, in: Müller-Graff (Hrsg.), Gemeinsames Privatrecht in der Europäischen Gemeinschaft)
Timme, Michael	Zu Chancen und Grenzen einer Europäischen Ordnung des Zivilrechts ZRP 2000, S. 301 ff.
Timmermans, Christiaan	How can one improve the quality of Community legislation? CMLRev 34 (1997), S. 1229 ff.
ders.	Zur Entwicklung des europäischen Zivilrechts ZEuP 1999, S. 1 ff.
Topan, Angelina	The European Integration Process A Historical and Comparative Institutional Analysis Münster 2001
Triebel, Volker/Hodgson, Stephen/Kellenter, Wolfgang/Müller, Georg	Englisches Handels- und Wirtschaftsrecht 2. Auflage 1995 Heidelberg

Tsatsos, Dimitris Th.	Die Europäische Unionsgrundordnung im Schatten der Effektivitätsdiskussion – Prolegomena zur Regierungskonferenz 2000 Jahrbuch des Öffentlichen Rechts der Gegenwart Hrsg. von Peter Häberle Band 49, S. 63 ff. Tübingen 2001 (Zit.: *Tsatsos*, Jahrbuch des Öffentlichen Rechts, Jahr, S.)
Ulmer, Peter	Vom deutschen zum europäischen Privatrecht? JZ 1992, S. 1 ff.
Vogel, Louis	Die Harmonisierung des europäischen Wirtschaftsrechtes : Mythos oder Realität? RabelsZ 65 (2001), S. 591 ff .
Voss, Reimer	The national perception of the Court of First Instance and the European Court of Justice CMLRev 30 (1993), S. 1119 ff.
Wagner, Helmut	Rechtsunsicherheit und Wirtschaftswachstum Festschrift für Hans-Rudolf Peters, S. 227 ff., hrsg. von Sylke Behrends Berlin 1997
Walldorf, E. Georg (Hrsg.)	Gabler-Lexikon Auslandsgeschäfte: erfolgreich auf internationalen Märkten: Außenhandel und Kooperation, Marktforschung und Marketing, Finanzierung und Sicherung Wiesbaden 2000
Weigand, Frank-Bernard (Hrsg.)	Practitioner`s Handbook on International Arbitration München 2002 (zit.: *Bearbeiter*, in: Weigand (Hrsg.), Practitioner`s Handbook on International Arbitration, Rnr.)
Weil, Heinz	Rechthilfe: Zustellung, Rechtshängigkeit, Beweis, Information über das Recht eines anderen Mitgliedstaates, Zwangsvollstreckung In: Creating a European judicial space: prospects for improving judicial cooperation in civil matters in the

European Union : die Schaffung eines europäischen Justizraumes: Perspektiven einer Verbesserung der justiziellen Zusammenarbeit in Zivilsachen in der Europäischen Union, S. 51 ff., hrsg. von Gavin Barrett
Köln 2001
(Zit.: *Weil,* in: Barrett (Hrsg.), Creating a European judicial space, S.)

Weise, Paul-Frank — Lex mercatoria
Materielles Recht vor der internationalen Handelsschiedsgerichtsbarkeit
Frankfurt 1990
(Zugl.: Göttingen, Univ., Diss., 1989)

Wermke, Matthias u.a. (Wissenschaftlicher Rat der Dudenredaktion) — Duden: Deutsches Universalwörterbuch
4. Auflage, Mannheim 2001
(Zit.: Duden: Deutsches Universalwörterbuch, Stichwort)

Westermann, Harm Peter — Zum Anwendungsbereich des UN-Kaufrechts bei internationalen Kaufverträgen
DZWir 1995, S. 1 ff.

Westphalen, Friedrich Graf v. — Fallstricke bei Verträgen und Prozessen mit Auslandsberührung
NJW 1994, 2113 ff.

Wiedemann, Herbert — Rechtssicherheit – ein absoluter Wert?
Gedanken zum Bestimmtheitserfordernis zivilrechtlicher Tatbestände
Festschrift für Karl Larenz zum 70. Geburtstag, S. 199 ff., hrsg. von Gotthard Paulus, Uwe Diederichsen und Claus-Willhelm Canaris
München 1973

Witz, Claude — Plaidoyer pour un Code européen des obligations
In: Die Europäisierung der Rechtswissenschaft, S. 219 ff., hrsg. von Filippo Ranieri
Baden-Baden 2002
(Zit.: *Witz*, in: Ranieri (Hrsg.), Europäisierung der Rechtswissenschaft, S.)

Zimmermann, Reinhard — Konturen eines Europäischen Vertragsrechts
JZ 1995, S. 10 ff.

ders. — Historische Verbindungen zwischen civil law und common law
In: Gemeinsames Privatrecht in der Europäischen Union, S. 103 ff., hrsg. von Peter-Christian Müller-Graff
2. Auflage
Baden-Baden 1999

ders. — Die „Principles of European Contract Law", Teile I und II
ZEuP 2000, S. 391 ff.

ders. — Common law und ius commune: Unkodifizierte Mischrechtsordnungen im Vergleich
In: Aufbruch nach Europa: 75 Jahre Max-Planck-Institut für Privatrecht, S. 851 ff., hrsg. von Jürgen Basedow u.a.
Tübingen 2001
(Zit.: *Zimmermann*, in: Basedow (Hrsg.), Aufbruch nach Europa, S.)

Zöller, Richard — Zivilprozessordnung
25. Auflage
Köln 2005
(Zit.: Zöller/*Bearbeiter*, ZPO, § , Rn.)

Zuleeg, Manfred — Der rechtliche Zusammenhalt in der Europäischen Gemeinschaft
ZEuP 1993, S. 475 ff.

ders. — Die Europäische Gemeinschaft als Rechtsgemeinschaft
NJW 1994, S. 545 ff.

ders. — Rechtsangleichung innerhalb und außerhalb der Europäischen Gemeinschaft
ZEuP 1998, S. 506 ff.

ders. — Die gemeinschaftskonforme Auslegung und Fortbildung mitgliedstaatlichen Rechts

In: Auslegung europäischen Privatrechts und angeglichenen Rechts, S. 163 ff., hrsg. von Reiner Schulze
Baden-Baden 1999
(Zit.: *Zuleeg*, in: Schulze (Hrsg.), Auslegung europäischen Privatrechts und angeglichenen Rechts, S.)

Zweigert, Konrad — Die Rechtsvergleichung um Dienste der Europäischen Rechtsvereinheitlichung
RabelsZ 51 (1987), S. 387 ff.

ders./Kötz,Hein — Einführung in die Rechtsvergleichung: auf dem Gebiet des Privatrechts
3. Auflage, 1996 Tübingen
(Zit.: *Zweigert/Kötz*, Einführung in die Rechtsvergleichung, S.)

Zwernemann, Dieter/ Lißner, Sabine — Eigentumsvorbehalt im internationalen Handel
In: Handbuch für Kaufrecht, Rechtsdurchsetzung und Zahlungssicherung im Außenhandel: internationale Kaufverträge, internationale Produkthaftung, Eigentumsvorbehalt, Schiedsgerichtsbarkeit, gerichtliche Durchsetzung und Vollstreckung, internationale Zahlungs- und Sicherungsinstrumente, Incoterms/
Hrsg. von Siegfried Georg Häberle
S. 173 ff.
München 2002
(Zit.: *Zwernemann/Lißner*, Handbuch für Kaufrecht)

Abkürzungsverzeichnis

a.A.	anderer Ansicht
a.a.O	am angegebenen Ort
a.F.	alte Fassung
AcP	Archiv für die civilistische Praxis
ABl.	Amtsblatt der EG, Teil Nr. L und C
Aufl.	Auflage
BAnz	Bundesanzeiger
BB	Der Betriebs-Berater
BGB	Bürgerliches Gesetzbuch
BGBl.	Bundesgesetzblatt
BGH	Bundesgerichtshof
BGH Z	Bundesgerichtshof, Entscheidungen in Zivilsachen
bspw.	beispielsweise
BullEG	Bulletin der Europäischen Gemeinschaften
bzgl.	bezüglich
BVerfG	Bundesverfassungsgericht
BVerwG	Bundesverwaltungsgericht
CISG	Wiener UN-Übereinkommen über Verträge über den Internationalen Warenkauf
CMLRev	Common Market Law Review
ders.	derselbe
d.h.	das heisst
Diss.	Dissertation
DRiZ	Deutsche Richterzeitung
DVBL	Deutsches Verwaltungsblatt
DZWir	Deutsche Zeitschrift für Wirtschaftsrecht
EG	Europäische Gemeinschaft
EGBGB	Einführungsgesetz zum Bürgerlichen Gesetzbuch
EGKS	Europäische Gemeinschaft für Kohle und Stahl
EGV	Vertrag zur Gründung der

	Europäischen Gemeinschaft
endg.	endgültig
ERevPL	European Review of Private Law
EU	Europäische Union
EuG	Gericht Erster Instanz
EuGH	Gerichtshof der Europäischen Gemeinschaften
EuGVO	Europäische Gerichtsstands- und Vollstreckungsverordnung
EuGVÜ	Brüssler EWG-Übereinkommen über die gerichtliche Zuständigkeit und die Vollstreckung gerichtlicher Entscheidungen in Zivil- und Handelssachen
EuR	Europarecht
Euratom	Europäische Atomgemeinschaft
EUZW	Europäische Zeitschrift für Wirtschaftsrecht
EVÜ	Römisches EWG-Übereinkommen über das auf vertragliche Schuldverhältnisse anzuwendende Recht
EWG	Europäische Wirtschaftsgemeinschaft
EWS	Europäisches Wirtschafts- und Steuerrecht
FAZ	Frankfurter Allgemeine Zeitung
ff.	folgende (Seite/Randnummer/Teilzeichen)
Fn.	Fußnote
FS	Festschrift
GG	Grundgesetz für die Bundesrepublik Deutschland
GVG	Gerichtsverfassungsgesetz
GRUR	Gewerblicher Rechtsschutz und Urheberrecht
HGB	Handelsgesetzbuch
Hrsg.	Herausgeber/herausgegeben
i.S.v.	im Sinne von
Incoterms	International Commercial Terms
IPR	Internationales Privatrecht

IPrax	Praxis des Internationalen Privat- und Verfahrensrechts
JA	Juristische Arbeitsblätter
Jura	Jura/Juristische Ausbildung
JuS	Juristische Schulung
JZ	Juristenzeitung
Kap.	Kapitel
KMU	Kleine und mittlere Unternehmen
m.E.	meines Erachtens
m.w.Nachw.	mit weiteren Nachweisen
MDR	Monatsschrift des Deutschen Rechts
NJW	Neue Juristische Wochenschrift
n.F.	neue Fassung
No.	Nummer
Nr.	Nummer
NVwZ	Neue Zeitschrift für Verwaltungsrecht
o.	oben
RabelsZ	Zeitschrift für ausländisches und internationales Privatrecht
RG	Reichsgericht
RGBl.	Reichsgesetzblatt
RIW	Recht der Internationalen Wirtschaft
Rnr.	Randnummer
Rs.	Rechtssache
S.	Seite
s.a.	siehe auch
Slg.	Sammlung
sog.	sogenannte
Ts.	Taunus
Tz.	Teilzeichen
U.	Unten
u.a.	Unter anderem
UN	United Nations

UNCITRAL	United Nations Commission on Internationale Trade Law
Unidroit	Institut international pour l'unification du droit privé
Univ.	Universität
v.	von
vgl.	vergleiche
WM	Zeitschrift für Wirtschafts- und Bankrecht, Wertpapiermitteilungen
z.B.	zum Beispiel
ZEuP	Zeitschrift für Europäisches Privatrecht
ZfRV	Zeitschrift für Rechtsvergleichung, Internationales Privatrecht und Europarecht
ZGR	Zeitung für Unternehmens- und Gesellschaftsrecht
ZHR	Zeitschrift für das gesamte Handels- und Wirtschaftsrecht
ZIP	Zeitschrift für Wirtschaftsrecht und Insolvenzpraxis
zit.	zitiert
ZRP	Zeitschrift für Rechtspolitik
zugl.	zugleich
ZVglRWiss	Zeitschrift für vergleichende Rechtswissenschaft
ZZP	Zeitschrift für Zivilprozess

Einleitung

A. Erwartungen an den Binnenmarkt

„Der Binnenmarkt ist das Herzstück der Europäischen Union."

So beginnt der im Jahre 1997 vom Kommissionär Mario Monti vorgelegte Bericht der Europäischen Kommission über die Entwicklung des Binnenmarktes.[1]

Die sechs Gründerstaaten waren sich bereits bei Abschluss des Vertrages zur Gründung der Europäischen Wirtschaftsgemeinschaft im Jahre 1957 darüber einig, dass ein Gemeinsamer Markt Ziel und Grundlage der Wirtschaftsgemeinschaft sein sollte.[2] Der EuGH konkretisiert diesen Begriff als „die Beseitigung aller Hemmnisse im innergemeinschaftlichen Handel mit dem Ziele der Verschmelzung der nationalen Märkte zu einem einheitlichen Markt, dessen Bedingungen denjenigen eines wirklichen Binnenmarktes möglichst nahe kommen."[3]

Seit den sechziger Jahren stagnierte jedoch der europäische Einigungsprozess gleich in zweifacher Hinsicht. Als Folge der französischen „Politik des leeren Stuhles" hatten die Mitgliedstaaten 1966 den sogenannten *Luxemburger Kompromiss* geschlossen, nach dessen Inhalt im Rat keine Entscheidung getroffen werden soll, wenn ein Mitgliedstaat geltend macht, dass durch sie gegen ein „sehr wesentliches Interesse" dieses Landes verstoßen würde. In der Konsequenz war der Rat in seiner politischen Entscheidungskraft erheblich eingeschränkt.[4] Auf der wirtschaftlichen Ebene hatte sich zudem seit längerem abgezeichnet, dass tiefgreifende Maßnahmen erforderlich waren, um die Folgen der Ölkrise der siebziger Jahre, die sich insbesondere in der hohen Arbeitslosigkeit in allen Mitgliedstaaten und in einem geringen realen wirtschaftlichen Wachstum zeigten, aufhalten zu können und die europäische Wirtschaft zu vitalisieren.[5]

---

[1] *Monti*, Der Binnenmarkt und das Europa von morgen, S. IX.

[2] Kommission der Europäischen Gemeinschaften, Vollendung des Binnenmarktes. *Weißbuch* der Kommission an den Europäischen Rat vom 14. Juni 1085 (Kom [85] 310 endg.), Brüssel 1985 (im folgenden: *Weißbuch* der Kommission: Vollendung des Binnenmarktes), Rn. 4.

[3] EuGH vom 05.05.1982 - Rs. 15/81, Slg. 1982, S. 1409, Punkt 33 (Gaston Schul).

[4] *Berg*, in: Kantzenbach (Hrsg.), Probleme der Vollendung des Binnenmarktes nach 1992, S. 9, 14 f.

[5] Dazu *Berthold,*, in: Kantzenbach (Hrsg.), Probleme der Vollendung des Binnenmarktes nach 1992, S. 33 ff.; *Jürgensen*, ebenda, S. 91 ff.

Das Projekt „Binnenmarkt" brachte schließlich die dringend erforderlichen neuen Impulse für die europäische Integration. 1985 legte die Kommission ein Weißbuch über die Vollendung des Binnenmarktes[6] vor, in dem sie die Bedeutung des Binnenmarktes für die konjunkturelle Entwicklung der Europäischen Gemeinschaft betont: Seine Verwirklichung wird als „unabdingbare Grundlage für wachsenden Wohlstand der Gemeinschaft" bezeichnet.[7] Die Vorschläge der Kommission betreffen im wesentlichen den Abbau materieller[8], technischer[9] und steuerlicher[10] Schranken.

1992 wurde mit der Umsetzung der Maßnahmen zur Vollendung des Binnenmarktes begonnen.[11] Rund zehn Jahre später stellt sich die Frage, wie weit die Europäische Gemeinschaft mit der Verwirklichung des Binnenmarktes vorangekommen ist.

Geographisch erfasst der Binnenmarkt 25 Mitgliedstaaten sowie Norwegen, Island und Liechtenstein. Bereits vor der Osterweiterung am 1. Mai 2004[12] stellte der EU-Binnenmarkt die größte Freihandelszone der Welt dar.[13] Entsprechend waren und sind die Erwartungen, die man in die Verwirklichung des Binnenmarktes setzt, ausgesprochen hoch, wie insbesondere der Bericht eines „Lenkungsausschuss" für ein Forschungsprogramm zeigt, den die Kommission Mitte der achtziger Jahre eingesetzt hatte, um die Kosten für die „Nichtverwirklichung Europas" berechnen zu lassen. Dieser Lenkungsausschuss veröffentlichte im Jahre 1988 den nach seinem Vorsitzenden *Paolo Cecchini* benannten Bericht.[14] Danach lagen die Chancen des Binnenmarktes in einer spürbaren und dauerhaften Verringerung der Arbeitslosigkeit und in einem über die Grenzen der Europäischen Gemeinschaften hinausgehenden Wachstumsschub. Insgesamt sollten sich aus der Verwirklichung des Binnenmarktes für die

---

[6] *Weißbuch* der Kommission: Vollendung des Binnenmarktes, Fn. 2.

[7] *Weißbuch* der Kommission: Vollendung des Binnenmarktes, Rn. 12 ff.

[8] Dies betrifft primär den Abbau der Zollgrenzstellen und dient damit dem Abbau von Formalitäten und Zeitverlusten an den Binnengrenzen, *Weißbuch* der Kommission: Vollendung des Binnenmarktes, Rn. 13, 24 ff.

[9] Vor allem Angleichung verschiedener technischer Regeln und Standards für Gesundheit und Sicherheit sowie für Verbraucher- und Umweltschutz, *Weißbuch* der *Kommission*: Vollendung des Binnenmarktes, Rn. 13,17 ff.

[10] *Weißbuch* der Kommission: Vollendung des Binnenmarktes, Rn. 14, 160 ff.

[11] Ausführlich *Smeets*, in: Kantzenbach (Hrsg.), Probleme der Vollendung des Binnenmarktes, S. 70.

[12] Beitrittsländer: Estland, Lettland, Litauen, Malta, Polen, Slowakei, Slowenien, Tschechien, Ungarn, Zypern.

[13] *Monti*, Der Binnenmarkt und das Europa von morgen, S. 1.

[14] *Cecchini*, Europa '92: Der Vorteil des Binnenmarktes, Baden-Baden 1988 (im folgenden *Cecchini-Bericht*).

Europäischen Gemeinschaften folgende makroökonomische Auswirkungen ergeben (wirtschaftspolitische Begleitmaßnahmen blieben bei dieser Aufstellung unberücksichtigt):

- eine Zunahme der Wirtschaftstätigkeit mit einer Steigerung des Bruttoinlandsproduktes um ca. 4,5 %;
- eine Dämpfung der Inflationskräfte um durchschnittliche 6,1 %;
- die Entlastung der öffentlichen Haushalte um etwa 2,2 % des Bruttoinlandsproduktes;
- die Verbesserung der außenwirtschaftlichen Positionierung von rund 1 % des Bruttoinlandsproduktes;
- Schaffung von 1, 8 Mio. neuen Arbeitsplätzen bei einem Rückgang der Erwerbslosigkeit um 1, 5 %.[15]

Insgesamt hatte der Cecchini-Bericht ein zusätzliches Wachstum von 4 bis 7 % des EU-Bruttoinlandsproduktes (BIP) als realistische Vorgabe bezeichnet.[16]

B. Das Problem und mögliche Ursachen

In den vergangenen Jahren haben sich jedoch – sicherlich aus mehreren Gründen - keine nennenswerte Wachstumsgewinne eingestellt.[17] Eine mögliche Ursache dafür könnte darin liegen, dass nicht allen Wirtschaftsteilnehmern der Zugang zum Binnenmarkt und seinen Vorteilen in gleichem Umfang offen steht. Besonders kleinere und mittlere Unternehmen (KMU) profitieren noch nicht uneingeschränkt von der Verwirklichung des Binnenmarktes, wie eine private Studie aus dem Jahr 2002 ergeben hat.[18] Sie untersucht, in welcher Art und Weise der europäische Binnenmarkt das Marktverhalten der kleinen und mittleren Unternehmen gewandelt hat. Danach gehen die KMU insgesamt zwar

---

[15] *Cecchini-Bericht*, S. 131 ff.

[16] *Cecchini-Bericht*, S. 15.

[17] *Wagner*, in: V. Freyhold/Vial/Wagner (Hrsg.), Cost of Judicial Barriers for Consumers in the Single Market, No. AO-2600/94/00103, S. 249. Dazu auch *Monti*, Der Binnenmarkt und das Europa von morgen, S. 121 ff.

[18] Sogenannter European Business Survey 2002, durchgeführt und hrsg. von Grant Thornton GmbH, zu beziehen über: Grant Thornton GmbH, Ganghoferstrasse 31, 80339 München; Download der Zusammenfassung unter: http://www.grantthornton.com/downloads/ 2002_EBS_Summary_General_61637.pdf.

davon aus, dass der Binnenmarkt positiven Einfluss auf den Wettbewerb hatte und dass er eine Ausweitung der Geschäftstätigkeit grundsätzlich vereinfacht habe.[19] Aber gleichzeitig vertritt aber eine große Anzahl der befragten Unternehmen die Ansicht, dass sich die Kosten für eine Erweiterung des Geschäftsfeldes erhöht haben.[20] Insgesamt scheinen die KMU auch nicht bereit, ihre Geschäftstätigkeit auf andere Mitgliedstaaten auszuweiten, so dass sich der Anteil der in andere Mitgliedstaaten exportierenden KMU nur unwesentlich erhöht hat.[21] Danach hat sich der Anteil der in andere EU-Länder importierenden KMU kaum verändert.[22] Diese sind aber für die europäische Wirtschaftspolitik von erheblicher Bedeutung, da sie die größte Wirtschaftsgruppe in der EU darstellen.[23] Dies zeigt, dass trotz aller Bemühungen auf der europäischen Ebene die KMU noch nicht vollumfänglich von den Vorteilen des Binnenmarktes profitieren können.

Bestätigt wird dieses Ergebnis durch eine Studie, welche die Europäische Kommission zwei Jahre später, im November 2002, in einer Sonderausgabe des Binnenmarktanzeigers anlässlich des zehnjährigen Bestehens des Binnenmarktes veröffentlicht hat.[24] Befragt wurden 5900 Unternehmen aus sämtlichen Mitgliedstaaten. Die Untersuchung bestätigt, dass größere Unternehmen den Binnenmarkt im Durchschnitt erheblich positiver beurteilen: 67 % der großen Unternehmen (mit 250 und mehr Beschäftigten) bezeichnen seine Auswirkungen als positiv, während nur 55 % der mittleren Unternehmen (mit 50 - 249 Mitarbeitern) und 44 % der kleinen Unternehmen (mit 10 – 49 Mitarbeitern) dies genauso sehen.[25] Erheblich deutliche Unterschiede zeigen sich auch bei dem Umfang, in dem die Unternehmen vom Binnenmarkt profitieren. Nur 21 % der kleineren und 23 % der mittleren Unternehmen glauben, dass der Binnenmarkt zu einem Anstieg ihrer Gewinne beigetragen hat. Hingegen sind 33 % der

---

[19] European Business Survey 2002, S.1

[20] European Business Survey 2002, S.1.

[21] European Business Survey 2002, S. 1 ff.

[22] European Business Survey 2002, S. 2.

[23] Innerhalb der Europäischen Union werden etwa 95 % aller Unternehmen den KMU zugeordnet. Sie beschäftigen etwa 60 % der Erwerbstätigen. Zu ihrer Klassifizierung werden häufig die Kriterien der Europäischen Investitionsbank (EIB) herangezogen. Danach handelt es sich um ein kleines oder mittleres Unternehmen, wenn es 1) weniger als 500 Beschäftigte aufweist, 2) über nicht mehr als 75 Mio. EURO Netto Vermögenswerte (net-assets) verfügt, und 3) die anteilsmäßige Beteiligung eines Großunternehmens nicht 1/3 übersteigt. Dazu *Roth*, Die Vollendung des Binnenmarktes - Chancen und Risiken, S. 63 f. Zu den Plänen Kommission zur Neufassung der Definition der KMU: FAZ v. 5.11.2002, S. 23.

[24] Binnenmarktanzeiger, Sonderausgabe November 2002 (Nr. 11) : 10 Jahre Binnenmarkt ohne Grenzen, Download unter: http://europa.eu.int/comm/internal_market/en/update/score/index.htm.

[25] Binnenmarktanzeiger, Sonderausgabe November 2002 (Nr. 11) : 10 Jahre Binnenmarkt ohne Grenzen, Abbildung 18.

größeren Unternehmen dieser Auffassung. Insgesamt zeigt aber dieser Untersuchungspunkt auch, dass sich der Nutzen des Binnenmarktes für sie in engen Grenzen hält: 59 % (kleinere Unternehmen), 56 % (mittlere Unternehmen) und 51 % (große Unternehmen) spüren keinen Einfluss auf ihre Gewinne.[26] Auch die im Cecchini-Bericht angeklungene Hoffnung, der Binnenmarkt möge zu einer signifikant niedrigeren Arbeitslosenzahl führen, konnte sich offenbar nur eingeschränkt erfüllen: 69 % (kleinere Unternehmen), 65 % (mittlere Unternehmen) und 57 % (große Unternehmen) gehen davon aus, dass der Binnenmarkt keinen Einfluss auf die Beschäftigung hatte.[27] Insgesamt zeigt die Untersuchung der Kommission, dass große Unternehmen die Möglichkeiten des Binnenmarktes besser für sich nutzen konnten: die Anzahl der großen Unternehmen, die glauben, dass der Binnenmarkt die Exporte in andere EU-Länder erheblich gesteigert hat, ist fast doppelt so hoch wie die der kleinen Unternehmen, die dieser Ansicht sind.[28]

Dies gilt offenbar auch für eine weitere Gruppe der Marktteilnehmer: Der europäische Verbraucher scheint noch nicht uneingeschränkt von den Vorteilen des Binnenmarktes, insbesondere von den internationalen Preisdifferenzen, profitieren zu können.[29] Dieser Umstand wirkt sich auch auf die europäischen Untenehmen aus und ist daher im vorliegenden Zusammenhang relevant. Bei einer Befragung von europäischen Verbrauchern gaben 42 % die fehlende Rechtssicherheit als Grund dafür an, nicht im Ausland zu kaufen.[30] Erhebliche Schwierigkeiten entstehen offenbar insbesondere bei der Durchsetzung eines Sekundäranspruches: 90 % aller Verbraucher, die ein Produkt im europäischen Ausland erworben haben, zeigten sich nach einer Umfrage mit dem Kauf zufrieden; von den 10 % der Unzufriedenen konnte jedoch nur jede dritte Person

---

[26] Binnenmarktanzeiger, Sonderausgabe November 2002 (Nr. 11) : 10 Jahre Binnenmarkt ohne Grenzen, Abbildung 19.

[27] Binnenmarktanzeiger, Sonderausgabe November 2002 (Nr. 11) : 10 Jahre Binnenmarkt ohne Grenzen, Abbildung 19.

[28] Binnenmarktanzeiger, Sonderausgabe November 2002 (Nr. 11) : 10 Jahre Binnenmarkt ohne Grenzen, Abbildung 20.

[29] Dazu und zum folgenden *Gessner*, in: V. Freyhold/Vial/Wagner (Hrsg.), Cost of Judicial Barriers for Consumers in the Single Market, No. AO-2600/94/00103, S. 12 ff.; *ders.*, Law and diffuse Interests in the European Legal Order, S. 167ff. -
Die innerhalb des Binnenmarktes bestehenden Preisdifferenzen sind nach wie vor gravierend: z.B. divergiert der Preis im Bereich der Unterhaltungselektronik für einen Fernseher oder für einen DVD-Player in den Mitgliedstaaten um bis zu 40 %, Binnenmarktanzeiger vom 28.5.2001. Ein ähnliches Bild zeigt auch die Untersuchung im Bereich der Lebensmittel für den täglichen Bedarf, siehe Binnenmarktanzeiger vom 16.5.2002, S. 30 f.

[30] *Gessner*, in: Krämer/Micklitz/Tonner (Hrsg.), Law and diffuse Interests in the European Legal Order, S. 172.

erfolgreich reklamieren. Zwei Drittel dieser 10 % haben entweder keine Schritte zur Reklamation unternommen oder blieben erfolglos. Die Gewährleistungsansprüche wurden dabei in der Regel nur dann verfolgt, wenn das Produkt teuer war. Für die geringwertigen Produkte, d.h. Produkte im Wert von unter 2000 (damals) ECU, beschritten die Befragten der Rechtsweg in der Regel nicht. Gleichzeitig ist dies aber auch der Schwellenwert, bis zu dem größtenteils überhaupt Käufe im Ausland vorgenommen wurden. Diese Untersuchungen zeigen, dass der Binnenmarkt auch mehr als zehn Jahre nach seiner Errichtung einem Großteil der Marktteilnehmer nicht zugänglich ist. Angesichts dieser Schlussfolgerung drängt sich die Frage auf, welche Ursachen - auch in rechtlicher Hinsicht - für die bisherige Entwicklung des Binnenmarktes verantwortlich zeichnen.

Die Entwicklungsländerforschung und die moderne politische Ökonomie der Transformation osteuropäischer Reformländer stellen es als zentrale Hypothese dar, dass die Rechtsunsicherheit eines Rechtssystems das Wachstum und die Stabilität einer Volkswirtschaft behindern können.[31]

Auch im Zusammenhang mit dem prognostizierten, aber nicht wie erhofft eingetretenen Wachstum des Binnenmarktes könnte die Rechtssicherheit einen wichtigen Faktor darstellen, der im Zusammenhang mit der europäischen Integration nicht vernachlässigt werden darf. Der "Faktor Rechtssystem" wurde indes in den volkswirtschaftlichen Untersuchungen über die europäische Integration zunächst vernachlässigt.[32] Der mögliche Zusammenhang zwischen fehlender Rechtssicherheit und Transaktionsbereitschaft der europäischen Unternehmen spielte ursprünglich in der Forschung über die Entwicklung des Binnenmarktes nur eine untergeordnete Rolle. Sowohl das Weißbuch der Europäischen Kommission als auch der Cecchini-Bericht lassen eine intensive Auseinandersetzung mit dieser Hypothese vermissen. Auch die Öffentlichkeit akzeptierte die Errichtung des Binnenmarktes zunächst unkritisch und unreflektiert, ohne die ökonomischen Prognosen zu hinterfragen oder gar an ihrer Richtigkeit zu zweifeln.[33]

Ein funktionierender Binnenmarkt erfordert *per definitionem* die Beseitigung aller Hindernisse des innergemeinschaftlichen Handels, auch wenn sie nicht als

---

[31] Vgl. *Peters*, FS Behrens, S. 227, 228 m.weit.Nachw.

[32] Dies gilt offenbar für sämtliche Bereiche der Europäischen Integration, denen es nach *Sinn*, in: Staatswissenschaft und Staatspraxis, Band 5, 1994, S. 155, 157, „in einem erschreckendem Maße an einer Fundierung durch die ökonomische Theorie" fehlt.

[33] *Berg*, in: Kantzenbach (Hrsg.), Probleme der Vollendung des Binnenmarktes in Europa nach 1992, S. 9, 12.

unmittelbares, sondern als faktisches Hindernis wirken.[34] Die rechtlichen Rahmenbedingungen könnten indes ein Handelshemmnis für die europäischen Unternehmen darstellen und damit die Funktionstüchtigkeit des Binnenmarktes stören. In der Folge kann sich dies auch hemmend auf das volkswirtschaftliche Wachstum des europäischen Marktes auswirken. Da Handelsgüter gleichzeitig angesammeltes Produkt- und Vertriebs*wissen* sind[35], wird auf einem nicht funktionsfähigen Binnenmarkt dieses Wissen infolge des gestörten Binnenmarkthandels weniger schnell verbreitet als auf einem funktionsfähigen Binnenmarkt. Zudem behindert die Rechtsunsicherheit auch den effizienten Einsatz des Kapitals. Dadurch wird die Anzahl neuer Investitionen reduziert und durch den fehlenden Wissenstransport die Weiterentwicklung der Forschung gehemmt.[36] Es erscheint daher als möglich, dass die bisherige Entwicklung des Binnenmarktes, die bei weitem nicht alle in sie gesetzte Hoffnungen erfüllen konnte, auch auf den rechtlichen Rahmenbedingungen des europäischen Handelsverkehrs beruht.

Erst in den vergangenen Jahren wurde man sich in zunehmendem Maß der Bedeutung der Rechtssicherheit für den innereuropäischen Handel bewusst. Die Europäische Kommission gab beispielsweise einer mit Wirtschaftswissenschaftlern und Juristen besetzten Expertengruppe den Auftrag, die Kosten der „rechtlichen Schranken für die Verbraucher im Binnenmarkt" zu bestimmen. Im Jahre 1995 legte die Expertengruppe einen Bericht von mehreren hundert Seiten vor, der die rechtlichen, praktischen und wirtschaftlichen Auswirkungen von fehlender Rechtssicherheit auf das Verhalten europäischer *Verbraucher* nachweist.[37]

Es stellt sich entsprechend die Frage, ob fehlende Rechtssicherheit das Verhalten europäischer Unternehmen beeinflusst und durch welche Maßnahmen Rechtssicherheit hergestellt werden könnte. Diesen Fragen geht die vorliegende Untersuchung nach.

---

[34] *Everling*, FS Steindorff, S. 1155, 1163.
[35] *Wagner*, FS Peters, S. 221.
[36] *Wagner*, FS Peters, S. 221, 228 f.; 241 ff. unter Darstellung einiger Wachstumsmodelle.
[37] Report for the European Commission : V. Freyhold/Vial/Wagner (Hrsg.), „Cost of Judicial Barriers for Consumers in the Single Market, No. AO-2600/94/00103" (unveröffentlicht).

C. Ziele und Gang der Darstellung

Die vorliegende Arbeit setzt sich die folgenden Ziele:

Es soll zunächst untersucht werden, ob aus ökonomischer Sicht ein Zusammenhang zwischen Rechtssicherheit und der Bereitschaft von Unternehmen, internationale Transaktionen durchzuführen, besteht. In einer Bestandsanalyse wird dann die Rechtssicherheit innerhalb der Europäischen Union analysiert. Auf diese Weise wird eine Beurteilungsgrundlage gewonnen, auf deren Basis der Bedarf für eine rechtliche und eine institutionelle Reform geprüft wird.

Der Frage nach dem Zusammenhang zwischen Rechtssicherheit und Transaktionsbereitschaft geht das erste Kapitel der vorliegenden Arbeit nach und verwendet zur Veranschaulichung Grundlagen der Neuen Institutionenökonomik und der Spieltheorie. Wenn fehlende Rechtssicherheit geeignet ist, Unternehmen von der Durchführung innereuropäischer Transaktionen abzuhalten, stellt sie ein nichttarifäres Hemmnis für den grenzüberschreitenden Handel dar. Deren Beseitigung stellt jedoch die primäre Aufgabe eines Binnenmarkts dar. Ergibt sich also ein Zusammenhang zwischen fehlender Rechtssicherheit und der Bereitschaft der Unternehmen, auf einem Binnenmarkt zu agieren, ist die Funktionsfähigkeit dieses Marktes eingeschränkt.

Im Folgekapitel soll deswegen die auf dem Europäischen Markt bestehende Rechtssicherheit analysiert werden. Dabei werden drei Ebenen unterschieden, auf denen dem Unternehmer Rechtsunsicherheit drohen können: Auf der ersten Ebene das Kollisionsrecht, das entscheidet, welches Recht auf den Handelsvertrag Anwendung findet, auf der zweiten Ebene das Sachrecht und auf der dritten Ebene die Frage nach der effektiven Rechtsdurchsetzung. Bestehen Rechtssicherheitsdefizite auf diesen Ebenen, führen sie dazu, dass der europäische Unternehmer die vertraglichen Rechte und Pflichten nicht kalkulieren und ihrer Durchsetzung nicht gewiss sein kann. Die Aufgabe dieses Kapitels wird es sein, solche Defizite exemplarisch nachzuweisen.

Im Anschluss daran wird untersucht, ob die von der Wirtschaft geschaffenen Instrumente der privaten Systembildung, z.B. durch Vertragsstandardisierung, und die Schiedsgerichtsbarkeit einen ausreichenden Schutz gegen fehlende Rechtssicherheit bieten können.

Vor dem Hintergrund der gewonnenen Ergebnisse ist zu fragen, ob die bisherigen Maßnahmen der Europäischen Gemeinschaft der ehrgeizigen Zielsetzung, einen europäischen Binnenmarkt zu schaffen, Genüge getan haben. Angesichts der zunehmenden Globalisierung des Güter- und Dienstleistungsaustausches und des erforderlichen Erhalts der Wettbewerbsfähigkeit der Europäischen Gemeinschaft könnte hier Reformbedarf bestehen. Insbesondere stellt sich die Frage, ob die Herstellung gleicher (privat-) rechtlicher Rahmenbedingungen für die europäischen Unternehmen die Rechtsunsicherheit vermindern kann. Die Verabschiedung eines einheitlichen europäischen Privatrechts wurde vom Europäischen Parlament bereits mehrfach gefordert[38] und auch im Schrifttum - meist im Zusammenhang mit der Qualität europäischer Gesetzgebung - diskutiert.[39] Die Untersuchung im fünften Kapitel ist daher der Frage gewidmet, ob ein einheitliches Privatrecht aus Sicht der europäischen Unternehmen auf dem EU-Binnenmarkt einen positiven Beitrag zur Herstellung von Rechtssicherheit zu leisten vermag. Zweifel daran bestehen vor allem deshalb, weil die Anwendung von auf europäischer Ebene angeglichenen Normen weiterhin den staatlichen Gerichten der Mitgliedstaaten obliegt. Vor diesem Hintergrund soll untersucht werden, ob die Rechtsanwendungspraxis in den Mitgliedstaaten zu unterschiedlichen Ergebnissen führen kann. Dies ist in einem rechtsvergleichenden Exkurs über die Unterschiede der von den staatlichen Gerichten angewandten Auslegungsmethodik und Arbeitstechniken vor dem Hintergrund der unterschiedlichen Rechtskulturen der Mitgliedstaaten zu analysieren. Ebenfalls soll überprüft werden, ob die vom EuGH für das Gemeinschaftsrecht entwickelten Auslegungsgrundsätze den staatlichen Gerichten eine ausreichende Orientierungshilfe bieten. Falls die Auslegungsgrundsätze in Kombination mit dem Vorabentscheidungsverfahren

---

[38] 1. Entschließung A2-157/98 vom 26.5.1989, ABl. EG C 158 vom 26.6.1989, S. 400, abgedruckt in: ZEuP 1993, 613 ff; 2. Entschließung A3-0329/94 vom 6.5.1994, ABl. EG C 205 vom 25.7.1994, S. 518, abgedruckt in: ZEuP 1995, S. 669 ff. Dazu: *Tilmann*, ZEuP 1995, S. 535 ff.; Entschließung A 5-0384/2001, ABl. EG C I 40 E vom 13.6.2002, S. 538.

[39] Z.B. *Basedow*, Europäisches Vertragsrecht für Europäische Märkte (1996); *ders.*, in: Zimmermann (Hrsg.), Rechtsgeschichte und Privatrechtsdogmatik, S. 79 ff.; *Blaurock*, JZ 1994, S. 270 ff.; *Collins*, ERevPL 1995, S. 353 ff.; ders. ERevPL 2000, S. 211 ff.; *Gandolfi*, ZEuP 2002, S. 1 ff.; *Grundmann*, NJW 2002, S. 393 ff.; *ders.* ZHR 1999, S. 635 ff.; *Hauschka*, JZ 1990, S. 521, 523; *Jansen*, Binnenmarkt, Privatrecht und europäische Identität (2004), *Jayme*, IPrax 1997, S. 375; *Markesinis*, ERevPL 1997, S. 519 ff.; *Micklitz*, ZEuP 1998, S. 253 ff.; *Matthei*, ERevPL 1997, S. 537 ff.; *Kötz*, ZeuP 2002, S. 431 ff.; *Müller-Graf (Hrsg.)*, Gemeinsames Privatrecht in der Europäischen Union (1999); *Puttfarken*, RabelsZ 45 (1981), S. 91 ff.; *Remien*, RabelsZ 62 (1998), S. 627 ff.; *ders.*, JZ 1992, S. 277, S. 281; *ders.*, ZfRV 1995, S. 116, Fn. 6 und 7; *Rodrìguez Iglesias*, NJW 1999, S. 1 ff.; *Sandrock*, JZ 1996, S. 1, 8; *Schmid*, JZ 2001, S. 674 ff.; *Schulte-Nölke*, JZ 2001, S. 917 ff.; *Schulze*, ZEuP 1993, S. 442, 443; *Schwintoski*, JZ 2002, S. 205 ff.; *Sonnenberger*, JZ 1998, S. 982, 986 f.; *Tichy*, in: Basedow (Hrsg.), Aufbruch nach Europa, S. 1037 ff.; *Tilmann*, in: Müller-Graff (Hrsg.) Gemeinsames Privatrecht in der Europäischen Gemeinschaft (1999) S. 579 ff; *Ulmer*, JZ 1992, S. 1, 2 ff.; *Witz*, in: Ranieri (Hrsg.), Die Europäisierung der Rechtswissenschaft (2002), S. 219 ff.; *Zimmermann*, Savignys Vermächtnis (1998). Zu Nachweisen italienischer, niederländischer und belgischer Literatur: *Remien*, ZfRV 1995, S. 116, Fn. 6 und Fn. 7.

eine einheitliche oder zumindest angenäherte Rechtsanwendung nicht gewährleisten können, würde ein einheitliches europäisches Privatrecht nur in der Theorie, nicht aber in der Praxis bestehen.

Somit stellt sich die Frage, ob die für die Unternehmen erforderliche Rechtssicherheit nicht auch noch einer institutionellen Reform bedarf, die am System der europäischen Gerichtsbarkeit ansetzt. Das Schrifttum[40] und die Organe der Gemeinschaft[41] diskutieren eine solche Reform bereits, wenn auch nicht vorrangig unter dem Aspekt der Herstellung von Rechtssicherheit. Die Vorschläge der Gemeinschaftsorgane sollen auf ihre Eignung zur Herstellung der fehlenden Rechtssicherheit im Binnenmarkt untersucht werden. Im Anschluss an diese Prüfung wird ein neues, über die bisher auf europäischer Ebene gemachten Vorschläge hinausgehendes Modell entwickelt und auf seine Effizienz hin untersucht.

---

[40] *Allkemper*, ZRP 1994, S. 301 ff.; *Brück*, Das Vorabentscheidungsverfahren vor dem Europäischen Gerichtshof als Bestandteil des deutschen Zivilprozesses: Rechtsschutzhemmendes Integrationsproblem oder kohärente Rechtsschutzerweiterung? (2001); *Dauses*, Gutachten zum 60. Juristentag (1994); *Everling*, Stand und Zukunftsperspektiven der Europäischen Gerichtsbarkeit, in: Unterwegs zur Europäischen Union, S. 332 ff.; *ders.*, Die Zukunft der europäischen Gerichtsbarkeit in einer erweiterten Europäischen Union, EuR 1997, S. 398 ff.; *Hakenberg*, Vorschläge zur Reform des Europäischen Gerichtssystems, ZEuP 2000, S. 860 ff.; *Hirsch*, Dezentralisierung des Gerichtssystems der Europäischen Union, ZRP 2000, S. 57 ff.; *Huff*, Nachdenken über das Gerichtssystem beim Europäischen Gerichtshof und beim Europäischen Gericht erster Instanz, EuZW 2000, S. 97 ff.; *Rodriguez Iglesias*, Der EuGH und die Gerichte der Mitgliedstaaten – Komponenten der richterlichen Gewalt in der Europäischen Union, NJW 2000, S. 1889 ff.; *Lipp*, Europäische Justizreform, NJW 2001, 2657 ff.; *ders.*; Entwicklung und Zukunft der europäischen Gerichtsbarkeit, JZ 1997, 326 ff.; *Pirrung*, Zur Zukunft der europäischen Gerichtsbarkeit in Zivilsachen, FS Hans Stoll, hrsg. von Gerhard Hohloch (2001), S. 647 ff.; *Rabe*, Zur Reform des Gerichtssystems der Europäischen Gemeinschaften, S. 811 ff.; *Rösler*, Zur Zukunft des Gerichtssystems der EU, ZRP 2000, S. 52 ff.; *Sack*, Zur zukünftigen europäischen Gerichtsbarkeit nach Nizza, EuZW 2000, S. 77 ff.; *ders.*, Die Reform der europäischen Gerichtsbarkeit in der Perspektive der Erweiterung, (2001).

[41] Reflexionsbericht des EuGH und des EuG über die Zukunft des Gerichtssystems der Europäischen Union, download unter: www.curia.eu.int/de/txts/intergov/av.pdf ; Bericht der Reflexionsgruppe der Kommission über die Zukunft des Gerichtssystems der Europäischen Gemeinschaften, abgedruckt in Sonderbeilage zu NJW Heft 19/2000; Ergänzender Beitrag der Kommission zur Regierungskonferenz über die institutionellen Reformen Reform des Gerichtssystems der Gemeinschaft, Download unter:
www.europa.eu.int/comm/archives/igc2000/offdoc(cont04022000_de.pdf.

D. Definitionen

Zur Eingrenzung des Untersuchungsgegenstandes ist eine Klärung folgender maßgeblicher Begriffe erforderlich.

I. Der Binnenmarkt

1985 veröffentlichte der Europäische Rat das Konzept eines einheitlichen, geschlossenen Marktes.[42] Es sah die Errichtung des europäischen Binnenmarktes bis zum Jahre 1992 vor, durch den ein „günstigeres Umfeld für die Förderung von Unternehmen, des Wettbewerbs und des Handels geschaffen werden sollte.[43] Bei Verabschiedung der Einheitlichen Europäischen Akte (EEA) wurde das Konzept des Rates in den Art. 8a bis 8c des EGV (heute Art. 14 ff. EG) verankert und sollte bis zum 31.12.1992 schrittweise verwirklicht werden. Zugleich beauftragte der Rat die Europäische Kommission mit der Ausarbeitung eines Programms einschließlich eines genauen Zeitplans, woraufhin die Kommission nur wenige Monate später das „Weißbuch über die Vollendung des Binnenmarktes“[44] vorlegte. Darin schlug sie 282 Maßnahmen zur Beseitigung aller materiellen, technischen und steuerlichen Schranken zwischen den Mitgliedstaaten vor.

Art. 2 EG zählt unter den Aufgaben der Gemeinschaft auch die Errichtung eines Gemeinsamen Marktes auf. Nach Art. 3 EG umfasst die Tätigkeit der Europäischen Gemeinschaft „im Sinne des Art. 2 EG“ auch den Binnenmarkt. Parallel dazu nennt Art. 2 EU im ersten Gedankenstrich die Verwirklichung des Binnenmarkts als eines der Ziele der Europäischen Union. Das Verhältnis zwischen den beiden Begriffen "Binnenmarkt" und "Gemeinsamer Markt" ist bis heute nicht eindeutig.

Nach der Legaldefinition des Art. 14 EG umfasst der Binnenmarkt einen „Raum ohne Binnengrenzen, in dem der freie Verkehr von Waren, Personen, Dienstleistungen und Kapital [...] gewährleistet ist“.

Für den Begriff des Gemeinsamen Marktes ist die Rechtsprechung des EuGH heranzuziehen: Nach seiner Auffassung umfasst der Begriff darüber hinaus auch die zu seinem Funktionieren erforderlichen Ordnungs-, insbesondere Wettbe-

---

[42] BullEG 3/1985, S. 24 ff.
[43] BullEG 3/1985, S. 24.
[44] Weißbuch 1992 v. 14.6.1985 (KOM (85) 310 endg.

werbsbefugnisse.[45] Nach der Rechtsprechung des EuGH bezeichnet der Gemeinsame Markt "die Beseitigung aller Hemmnisse im innergemeinschaftlichen Handel mit dem Ziel der Verschmelzung der nationalen Märkte zu einem einheitlichen Markt, dessen Bedingungen denen eines wirklichen Binnenmarktes möglichst nahe kommen."[46]

Nach Ansicht des EuGH stellt der Gemeinsame Markt folglich eine Vorstufe zum Binnenmarkt ("*binnenmarktähnlich*") dar. Der Binnenmarkt weist eine gesteigerte Integrationsstufe und damit auch eine höhere funktionale Reichweite auf.[47] Dieser Auslegung entspricht auch die Erklärung der Konferenz der Regierungsvertreter zu Art. 8 a EGV anlässlich der Schaffung der EEA im Jahr 1986.[48] Darin verpflichtet sich der Rat, die zur Verwirklichung des Binnenmarktes erforderlichen Maßnahmen zu fassen, und bezieht sich dabei ausdrücklich auf das im Weißbuch der Kommission aufgestellte Programm.[49] Da das Programm aber über die vertraglichen Ziele des Gemeinsamen Marktes hinausreicht, ist davon auszugehen, dass der Binnenmarkt den Kern des Gemeinsamen Marktes umfasst, ihn aber noch um Aspekte wie die Beseitigung der Steuergrenzen und um Maßnahmen der Wettbewerbspolitik ergänzt.[50] Dieses Verständnis liegt auch der vorliegenden Arbeit zugrunde.

Die Vollendung des Binnenmarktes ist im Gegensatz zu seiner Errichtung nicht als einmalige Aufgabe zu sehen, sondern als dynamischer Prozess.[51] Das Vertragsziel "Binnenmarkt" besteht danach in einer Fortentwicklung der binnenmarktähnlichen Verhältnisse zu einem vollendeten Binnenmarkt. Diese Aufgabe erstreckt sich auf die Beseitigung sämtlicher Hemmnisse des innergemeinschaftlichen Warenverkehrs, die auf nationalen Regeln beruhen, auch wenn diese keine unmittelbaren Grenzhindernisse darstellen.[52] Dahinter verbirgt sich die Überlegung, dass in einem vollendeten Binnenmarkt der grenzüber-

---

[45] EuGH, Urteil vom 11.06.1911 - Rs. C - 300/89, Slg. 1991, S. I - 2867, Rn. 14 ("Titandioxid").
[46] EuGH, Urteil vom 5.5.1982 - Rs. 15/81, Slg. 1982, 1409, 1431 f. ("Gaston Schul").
[47] So auch *Dauses*, EuZW 1990, S. 10.
[48] Erklärung der Konferenz der Regierungsvertreter zu Art. 8 a des EWG-Vertrages, abgedruckt in: Einheitliche Europäische Akte und Schlussakte (Brüssel 1996), hrsg. vom Amt für amtliche Veröffentlichungen der Europäischen Gemeinschaften, Luxemburg, S. 59.
[49] Erklärung der Konferenz der Regierungsvertreter zu Art. 8 a des EWG-Vertrages, abgedruckt in: Einheitliche Europäische Akte und Schlussakte (Brüssel 1996), hrsg. vom Amt für amtliche Veröffentlichungen der Europäischen Gemeinschaften, Luxemburg, S. 59
[50] Ebenso *Beutler/Bieber/Pipkorn/Streil*, Die Europäische Union, Rn. 77; vgl. auch *Schweitzer/Hummer*, Europarecht, Rn. 1069 f.
[51] *Schwartz*, ZEuP 1994, S. 559, 568.
[52] *Everling*, FS Steindorff, S. 1155, 1162 f.

schreitende Handel mit Waren oder Dienstleistungen im Vergleich zum rein innerstaatlichen Handel nur unwesentlich höhere Durchführungskosten produziert.[53]

Zur Erreichung dieses Zieles stehen dem Rat mehrere Zuständigkeitsnormen zur Verfügung, die entweder an den Begriff des Binnenmarktes oder an den des Gemeinsamen Marktes anknüpfen. Zu den wichtigsten zählen die folgenden:

Art. 95 EG gibt dem Rat die Befugnis zur Angleichung der nationalen Vorschriften, welche die Errichtung und das Funktionieren des Binnenmarktes zum Gegenstand haben.

Nach Art. 94 EG kann der Rat zur Angleichung der nationalen Vorschriften Richtlinien erlassen, die sich unmittelbar auf die Errichtung oder das Funktionieren des Gemeinsamen Marktes auswirken.

Art. 308 EG enthält außerdem die sogenannte "Ergänzende Rechtsetzungsbefugnis", die als Auffangnorm dient und dem Rat dann die Kompetenz zum Erlass der "geeigneten Maßnahmen" zuweist, wenn ein Tätigwerden der Gemeinschaft erforderlich erscheint, um im Rahmen des Gemeinsamen Marktes eines ihrer Ziele zu verwirklichen und im EG-Vertrag keine Befugnis dazu vorgesehen ist.

II. Tarifäre und nicht-tarifäre Handelshemmnisse

Der Begriff des Handelshemmnisses entzieht sich einer juristischen Kategorisierung.[54] Eine begriffliche Klarstellung ist daher im Rahmen der vorliegenden Untersuchung erforderlich.

Nach dem herkömmlichen Wortverständnis handelt es sich bei einem Hemmnis um "etwas, was sich erschwerend auswirkt", also um ein "Hindernis".[55]

Traditionell werden tarifäre Handelshemmnisse, verstanden als Zölle und Maßnahmen gleicher Wirkung (*engl.: tariff = Zoll*), von nicht-tarifären Handelshemmnissenn unterschieden. Nicht-tarifäre Handelshemmnisse werden durch eine Negativabgrenzung identifiziert: man untersucht, ob ein Handelshemmnis

---

[53] *Grundmann*, ZHR 163 (1999), S. 635, 639.

[54] *Prieß, in;* Henke (Hrsg.), Hemmnisse und Sanktionen in der EU, S. 44, 47.

[55] Duden: Deutsches Universalwörterbuch, Stichwort: "Hemmnis".

vorliegt, das keinen Zoll darstellt.[56] Im vorliegenden Zusammenhang interessieren vor allem die Handelshemmnisse, die auf Gemeinschaftsebene verwirklicht werden und den Binnenmarkt in seiner Funktionstüchtigkeit behindern.

Hemmnisse auf Gemeinschaftsebene sind Maßnahmen von privater oder öffentlicher Seite, die letztlich die Verwirklichung der Grundsätze des Vertrags behindern.[57] Als Verursacher eines solchen Handelshemmnisses kommen zunächst private Marktakteure in Betracht. Durch Wettbewerbsbeeinträchtigungen im Binnenmarkt können sie andere Marktteilnehmer an der Inanspruchnahme der Freiheiten des EG-Vertrages hindern.[58] Diese Handelshemmnisse sind für die vorliegende Untersuchung von untergeordneter Bedeutung. Größeres Interesse wird den Handelshemmnissen zuteil, die von den Mitgliedstaaten verursacht werden und die in der Regel zugleich auch Vertragsverletzungen darstellen, zum Beispiel durch eine Beschränkung des freien Warenverkehrs.[59] Weiterhin kommt die Gemeinschaft selbst als Verursacher von Handelshemmnissen in Betracht, und zwar vor allem durch den Erlass von Regelungen.[60]

III. Internationale Verträge

Ein Vertrag besteht aus der juristischen Perspektive aus von zwei oder mehreren Personen erklärten Willenserklärungen über die Herbeiführung eines bestimmten rechtlichen Erfolges.[61] Im Schuldrecht unterscheidet man zwischen einseitig verpflichtendem (z.B. Schenkung, Bürgschaft), unvollkommen zweiseitig verpflichtendem (z.B. Leihe, Auftrag) und vollkommen zweiseitig verpflichtendem Vertrag (z.B. Kauf-, Werk-, Dienstvertrag).[62] Im vorliegenden Zusammenhang kommt es auf die Verträge an, die für den internationalen Handel von Bedeutung sind. Diese sind vor allem die unvollkommen und vollkommen zweiseitig verpflichtenden Verträge.

Von dieser Auffassung, die auch der vorliegenden Untersuchung zugrunde gelegt werden soll, unterscheidet sich der wirtschaftswissenschaftliche Ansatz nur unwesentlich. Danach ist ein Vertrag ein Austauschverhältnis, in dem zum

---

[56] Handwörterbuch der Wirtschaftswissenschaft (HdWW), Band 3, Stichwort: "Handelshemmnisse, nicht-tarifäre", S. 784.
[57] *Prieß, in;* Henke (Hrsg.), Hemmnisse und Sanktionen in der EU, S. 44, 50.
[58] *Prieß, in;* Henke (Hrsg.), Hemmnisse und Sanktionen in der EU, S. 44, 47.
[59] *Prieß, in;* Henke (Hrsg.), Hemmnisse und Sanktionen in der EU, S. 44, 47.
[60] *Prieß, in;* Henke (Hrsg.), Hemmnisse und Sanktionen in der EU, S. 44, 48.
[61] Palandt-*Heinrichs*, BGB-Komm., Einf. V. § 145, Rn. 1.
[62] Palandt-*Heinrichs*, BGB-Komm., Einf. V. § 145, Rn. 5.

Beispiel Unternehmer A seinem Vertragspartner B verspricht, einen Gegenstand zu liefern oder eine rechtliche Position einzuräumen, während B sich verpflichtet, A dafür einen anderen Gegenstand zu liefern (reines Austauschverhältnis).[63]

Als international im Sinne der vorliegenden Arbeit ist ein Vertrag dann anzusehen, wenn er Berührungspunkte zu mehreren verschiedenen Rechtsordnungen[64] oder – aus inländischer Sicht - Berührungspunkte zum Recht (mindestens) eines ausländischen Staates[65] aufweist. Dies ist der Fall, wenn ein Sachverhalt über den räumlichen Geltungsbereich einer einzelnen nationalen Rechtsordnung (Territorialität des Rechts) hinausgeht.[66] Der Vertrag kann somit nur dann international sein, wenn sich der Raum der wirtschaftlichen Betätigung eines Marktakteurs nicht mit dem Geltungsbereich einer Rechtsordnung deckt.[67] Der Geltungsbereich einer Rechtsordnung ist folglich der Bezugspunkt für die Internationalität eines Handelsvertrages. In einem Weltstaat mit einer global geltenden Ordnung ist nach dieser Definition ein internationaler Handelsvertrag nicht denkbar.

IV. Der Begriff der Rechtssicherheit

Dem Begriff der Rechtssicherheit fehlt ein klar umrissener wissenschaftlicher Gehalt.[68] Für die vorliegende Arbeit ist eine Abgrenzung erforderlich.

Der Begriff der Rechtssicherheit ist noch nicht alt: er stammt aus der Mitte des 19. Jahrhunderts und entwickelte sich Hand in Hand mit dem Begriff des

---

[63] Z.B. *Schmidtchen*, RabelsZ 59 (1995), S. 56, 90 ff.

[64] So die Definition in Art. 1 Abs. 1 Römisches EWG-Übereinkommen über das auf vertragliche Schuldverhältnisse anzuwendende Recht vom 19. Juni 1980 (BGBl. 1986 II, S. 810), abgedruckt in Jayme/Hausmann, Internationales Privat- und Verfahrensrecht, Nr. 43.

[65] So die Definition in Art. 3 Abs. 1 EGBGB.

[66] Allgemein *Kropholler*, IPR , S. 1; für Handelsverträge: *Schmidtchen*, RabelsZ 59 (1995), S. 56, 67f.; ausführlich auch: *Rammeloo*, Das neue EG-Vertragskollisionsrecht, S. 261 ff. – Siehe auch die entsprechende Definition für den Begriff des Internationalen Handels bei *Schmidt-Trenz*, Außenhandel und Territorialität im Außenhandel, S. 234 f.: „...ist jeder Handel zwischen Wirtschaftssubjekten, die nicht ein und demselben protektiven Gemeinwesen angehören. Binnenhandel ist somit jeder Handel zwischen Wirtschaftssubjekten, die unter der Obhut ein und desselben protektiven Gemeinwesens leben."

[67] Ähnlich *Schmidt-Trenz*, Außenhandel und Territorialität im Außenhandel, S. 235 f.

[68] So bereits im Jahre 1924 *Rümelin*, Die Rechtssicherheit, S. 2.; ebenso *Scholz*, Die Rechtssicherheit, S. 3, auch: *Langen*, Transnationales Recht, Rn. 11: „...ein Sammelbegriff"

Rechtsstaats[69], zu dem die Rechtssicherheit eine wichtige Komponente darstellt.[70] Wichtige Aspekte der Rechtssicherheit sind die Gebote der Bestimmtheit, der Berechenbarkeit und der Vorhersehbarkeit der Rechtsordnung.[71] Außerdem werden die Durchsetzbarkeit rechtlicher Ansprüche und der Ausschluss von Gesetzesumgehungen der Rechtssicherheit zugeordnet.[72] Zusammenfassend prägte man den Begriff von der *Verlässlichkeit* des Rechts[73], welche sowohl den Bestand der Rechtsordnung als auch die Vorhersehbarkeit staatlicher Entscheidungen gewährleisten soll.[74]

Für die Rechtssicherheit bestehen Grenzen: häufig tritt sie in Widerspruch zum Gebot der Einzelfallgerechtigkeit.[75] Hier muss eine Abwägung erfolgen, die entweder dem Gebot der Rechtssicherheit oder dem Gebot der Einzelfallgerechtigkeit Vorrang einräumt. Auf sachlichen Erwägungen beruhende Änderungen der Rechtsprechung sind grundsätzlich kein Verstoß gegen die Rechtssicherheit.[76]

Nach dem theoretischen Ideal führt die Rechtssicherheit im Geltungsbereich einer Rechtsordnung zu vorhersehbaren, eindeutigen und einheitlichen - oder

---

[69] *Scholz*, Die Rechtssicherheit, S. 3.

[70] St. Rspr.: BVerfGE 2, 380, 403 ff.; BVerfGE 60, 253, 268.

[71] *Basedow*, ZEuP 1996, S. 570, S. 573 m.w.Nachw.

[72] Bspw. *Rümelin*, Die Rechtssicherheit, S. 9: „ ...der Einzelne will (und soll) sein Eigentum und seine Freiheit gewährleistet haben und er will bei der Handhabung seines Rechts durch die Staatsorgane gegen Willkür und Zufall geschützt sein.".

[73] Z.B. BVerfGE 60, 253, 268: „Die Bindung an das Recht ist unerlässlich für eine Ordnung, die sich unter den Anspruch der Ideen von der Würde, Freiheit und Gleichheit der Menschen sowie der sozialen Gerechtigkeit gestellt hat. Freiheit erfordert zumal die Verlässlichkeit der Rechtsordnung. Denn Freiheit meint vor allem die Möglichkeit, das eigene Leben nach eigenen Entwürfen zu gestalten. Eine wesentliche Bedingung hierfür ist, dass die Umstände und Faktoren, welche die Gestaltungsmöglichkeiten solcher Entwürfe und ihren Vollzug nachhaltig beeinflussen können, insbesondere die staatlichen Einwirkungen hierauf, möglichst zuverlässig eingeschätzt werden können."

[74] *Schmidt-Aßmann*, Der Rechtsstaat, in: Isensee/Kirchhof (Hrsg.), Handbuch des Staatsrechts, Band I (Grundlagen von Staat und Verfassung), § 24, Rn. 81. Ähnlich bereits *Rümelin*, Die Rechtssicherheit, S. 5 ff;.; *Scholz*, Die Rechtssicherheit, S. 3 f.; *Wiedemann*, FS Larenz (1973), der Rechtssicherheit durch die Formel „*Rechtsbestimmtheit* (Vorhersehbarkeit des Rechts), *Rechtsfrieden* (Stabilität der Rechtsordnung) und *Rechtsmacht* (praktische Verwirklichung der geltenden Verhaltenregeln)" beschreibt.; *Brugger*, in: Müller-Graff/Roth (Hrsg.), Recht und Rechtswissenschaft, S. 15, S. 17 ff., nach dessen Ansicht die Rechtssicherheit vor allem durch „Bedeutungssicherheit, Befolgungssicherheit, Stabilität und Funktionsabgrenzung" gekennzeichnet ist.

[75] Dazu z.B. *Wiedemann*, FS Larenz (1973), S. 199, 211 ff.

[76] *Schmidt-Aßmann*, Der Rechtsstaat, in: Isensee/Kirchhof (Hrsg.), Handbuch des Staatsrechts, Band I (Grundlagen von Staat und Verfassung), § 24, Rn. 81 f.

zumindest gleichwertigen - Ergebnissen; Gesetze beispielsweise können nur unter Einhaltung strenger Anforderungen widerrufen werden.[77] Das Gebot der Rechtssicherheit gilt jedoch nicht nur für den Gesetzgeber, sondern auch für die Justiz: Ein gleichartiger, aber erst recht ein identischer Sachverhalt soll unabhängig vom jeweils berufenen Richter nach eindeutigen Vorschriften, frei von Willkür und sachfremden Erwägungen, gleich behandelt werden. [78] Wird dieses Ideal verwirklicht, bezeichnet man dies als Entscheidungseinklang.[79]

Die Forderung nach Rechtssicherheit besitzt nicht nur eine nationale Dimension. Auch auf der Ebene des Gemeinschaftsrechts hat der Gerichtshof der Europäischen Gemeinschaften (EuGH) dieses Gebot als supranationalen, ungeschriebenen allgemeinen Rechtsgrundsatz anerkannt und seit dem Beginn seiner Tätigkeit zur Auslegung des Gemeinschaftsrechts herangezogen. In der Konsequenz diente ihm die Rechtssicherheit als Qualitäts- und Rechtmäßigkeitsmaßstab für zahlreiche europäische Rechtsakte und Maßnahmen.[80]

Auf der Gemeinschaftsebene wird der Begriff ähnlich wie vom deutschen Recht verstanden. So fasst der EuGH die zentralen Aspekte der Rechtssicherheit wie folgt zusammen:

"La législation communautaire doit être certaine et son application prévisible pour les justiciables."[81]

---

[77] *Schmidt-Aßmann*, Der Rechtsstaat, in: Isensee/Kirchhof (Hrsg.), Handbuch des Staatsrechts, Band I (Grundlagen von Staat und Verfassung), § 24, Rn. 81.

[78] Dazu die Einschränkungen bei *Langen*, Transnationales Recht, Rn. 11 f., der zu Recht darauf hinweist, dass sich richterliche Entscheidungen nicht im Vorfeld berechnen lassen wie bei einer mathematischen Aufgabe, sondern dass allenfalls eine „gewisse Voraussehbarkeit“ verlangt werden kann.

[79] Vom *äußeren* (internationalen) Entscheidungseinklang spricht man beim Vergleich von Entscheidungen in unterschiedlichen Staaten, während der *innere* Entscheidungseinklang den Zustand zwischen mehreren Entscheidungen in einem Staat bezeichnet, *Kropholler*, IPR, S. 35 f.; *Kegel*, IPR, S. 112 ff.

[80] Ausführlich *Basedow*, ZEuP 1996, S. 570, 578 ff.

[81] "Das Gemeinschaftsrecht muss bestimmt sein und seine Anwendung für die Betroffenen vorhersehbar." Vgl. bspw. EuGH, Urteil vom 15.12.1987 - Rs. 325/85 , Slg. 1987, 5041, Rn. 18 (Irlande/Commission), Urteil vom 15.12.1987 - Rs. 332/85, Slg. 1987, 5143, Rn. 23 (Allemagne/Commission); Urteil vom 15.12.1987 - Rs. 336/85, Slg. 1987, 5173, Rn. 17 (France/Commission); Urteil vom 15.12.1987 - Rs. 346/85, Slg. 1987, 5197, Rn. 20 (Royaume-Uni/Commission); Urteil vom 15.12.1985 - Rs. 348/85, Slg. 1987, 5225, Rn. 19 (Danemark/Commission).

Dieses Verständnis soll im Grundsatz der vorliegenden Arbeit zugrunde gelegt werden, da es der ständigen deutschen und europäischen Rechtsprechung entspricht.

Der wirtschaftswissenschaftliche Ansatz unterscheidet sich von diesem Verständnis nur unwesentlich. Allerdings enthält er eine Unterscheidung, die für die vorliegende Untersuchung wegen ihrer terminologischen Klarheit herangezogen werden soll: die Unterscheidung zwischen Besitzsicherheit und Transaktionssicherheit. Vereinfacht ausgedrückt, besteht ***Besitzsicherheit*** (*possessive security*) dann, wenn die Rechtsordnung die unterschiedlichen Nutzungsmöglichkeiten einer Sache dem Anspruchsinhaber möglichst eindeutig zuordnet.[82] Maßgeblich ist dabei der Schutz vor dem unberechtigten staatlichen Zugriff auf Eigentum, z.B. durch Enteignung.[83] Dieser Aspekt spielt im europäischen Binnenmarkt nur eine untergeordnete Rolle, da jeder Mitgliedstaat einen ausreichenden verfassungsrechtlichen Eigentumsschutz aufweist.[84] Von größerer Bedeutung und daher weiterführend für die vorliegende Untersuchung ist indes der Begriff der Transaktionssicherheit. Die ***Transaktionssicherheit*** entspricht dem Grad der Wahrscheinlichkeit, mit dem vertragliche Vereinbarungen eingehalten werden.[85] Fehlt die Transaktionssicherheit, bestehen Dispositions-, Transfer-, Sicherheits- und Fiskalrisiken.[86] Die folgenden Ausführungen konzentrieren sich auf diesen Teilaspekt der Rechtssicherheit.

V. Transaktionskosten

Bei dem Begriff der Transaktionskosten handelt es sich um einen wirtschaftswissenschaftlichen *terminus technicus,* dessen Konturen nicht immer präzise umrissen werden.[87] Eine Abgrenzung ist daher im Rahmen der vorliegenden Arbeit erforderlich.

---

[82] Vgl. *Schmidtchen,* RabelsZ 59 (1995), S. 56, 69; *Perlitz,* Jahrbuch für neue politische Ökonomie, Band 18 (1999), S. 213, 214; ähnlich auch *Schmidt-Trenz,* Außenhandel und Territorialität des Rechts, S. 168.

[83] *Perlitz,* Jahrbuch für neue ökonomische Ökonomie, Band 18 (1999), S. 213, 227.

[84] Die Besitzsicherheit, also vor allem das Risiko von Enteignungen, dürfte hingegen zum Beispiel bei Transaktionen deutscher Unternehmer in der Volksrepublik China - zumindest vor ihrem Beitritt zur WTO - eine wichtige Rolle gespielt haben, *Perlitz,* Jahrbuch für neue politische Ökonomie, Band 18 (1999), S. 213, 219.

[85] *Schmidtchen,* RabelsZ 59 (1995), S. 56, 69.

[86] *Perlitz,* Jahrbuch für neue ökonomische Ökonomie, Band 18 (1999), S. 213, 227.

[87] *Eidenmüller,* Effizienz als Rechtsprinzip, S. 97 m.w.Nachw.

In der Wirtschaftswissenschaft hat sich in den vergangenen Jahrzehnten ein substantieller Wandel in der Diskussion um die Bedeutung der Transaktionskosten vollzogen. Unterstellten früher die Vertreter der sogenannten neoklassischen Theorie, dass die Kosten der Transaktion nicht zu berücksichtigen, also quasi gleich Null seien, erkannte man zunehmend die Defizite dieses Denkmodells. Insbesondere wurde kritisiert, dass die Unternehmen in der Praxis gezwungen seien, bei Vertragsverhandlungen die Transaktionskosten angemessen zu berücksichtigen, so dass sich die Vernachlässigung dieser Kosten im wirtschaftswissenschaftlichen Diskurs als realitätsfern darstelle.[88] Tatsächlich liegen die Transaktionskosten Schätzungen zufolge bei bis zu 60 – 70 Prozent des Nettosozialproduktes.[89] Die Entdeckung der Bedeutung der Transaktionskosten durch *Ronald Coase* (1937)[90] führte im Ergebnis zu einer „Revolution" der Wirtschaftswissenschaft und gab den Hauptanstoß für die Entwicklung der Neuen Institutionenökonomik.[91]

Es empfiehlt sich, die terminologische Annäherung an die Transaktionskosten über den Begriff der Transaktion zu vollziehen. Nach der wirtschaftswissenschaftlichen Auffassung ist für eine Transaktion die „Übergabe einer Ressource"[92] kennzeichnend, also der physische Übergang einer Leistung oder eines Gutes. Nach dem auch dieser Untersuchung zugrunde zu legenden, herrschenden Verständnis bestehen die Transaktionskosten aus den Kosten, die für den Übergang der Leistung oder des Gutes erforderlich sind.[93] Sie sind abzugrenzen von den Produktionskosten (Kosten der Leistungserstellung), zu denen die Transaktionskosten, streng genommen, in einem Ausschlussverhältnis stehen, denn „was nicht Produktionskosten sind, sind Transaktionskosten und was nicht Transaktionskosten sind, sind Produktionskosten."[94] Allerdings kann die Abgrenzung im Einzelfall ausgesprochen schwierig sein.[95]

---

[88] Dazu ausführlich *Richter/Furobotn*, Neue Institutionenökonomik, S. 9 ff.; dazu auch *Eidenmüller*, Effizienz als Rechtsprinzip, S. 91 ff.

[89] *Richter/Furobotn*, Neue Institutionenökonomik, S. 45.

[90] *Coase*, The Nature of the Firm, Economica Bd. 4 (1937), S. 386 ff. Dazu z.B. *Richter/Furobotn*, Neue Institutionenökonomik, S. 45 ff.; *Eidenmüller*, Effizienz als Rechtsprinzip, S. 93 ff.

[91] *Richter/Furobotn*, Neue Institutionenökonomik, S. 46.

[92] *Richter/Furobotn*, Neue Institutionenökonomik, S. 47 ff. m.w.Nachw.

[93] *Richter/Furobotn*, Neue Institutionenökonomik, S. 49; *Schmidtchen*, Der Effizienz auf der Spur, S. 15, 19; *Topan, The* European Integration Process, S. 23 ff. Noch kürzer *Mattei*, ERevPL 1997, S. 537: „Transaction costs are, generally speaking, all costs which preclude or reduce the possibility of smooth market transactions."

[94] *Eidenmüller*, Effizienz als Rechtsprinzip, S.100.

[95] Siehe *Eidenmüller*, Effizienz als Rechtsprinzip, S. 101 ff.

Vor Vertragsabschluss entstehen Transaktionskosten insbesondere in Form von Vertragsanbahnungs-, Verhandlungs- und Informations-kosten. Hinzu treten gegebenenfalls die Kosten für die Vertrags-gestaltung, wenn keine Standardverträge verwendet werden können. Nach dem Vertragsschluss fallen Kosten für die Kontrolle der Vertragsbeziehungen an, z.B. Qualitätskontrollen. Außerdem kann eine Anpassung an veränderte Voraussetzungen oder eine Durchsetzung der vertraglichen Ansprüche erforderlich werden, deren Kosten ebenfalls den Transaktionskosten zugerechnet werden.[96]

---

[96] *Gabler* Wirtschaftslexikon Auslandsgeschäfte, hrsg. von Walldorf, Stichwort: Transaktions-ökonomik.

Erstes Kapitel: Die Rechtssicherheit aus ökonomischer Sicht

Das Konzept des Gemeinsamen Marktes verlangt „die Beseitigung aller Hemmnisse im innergemeinschaftlichen Handel mit dem Ziele der Verschmelzung der nationalen Märkte zu einem einheitlichen Markt, dessen Bedingungen denjenigen eines wirklichen Binnenmarktes möglichst nahe kommen."[97] Entsprechend definiert Art. 14 Abs. 2 EG den Binnenmarkt als "Raum ohne Binnengrenzen, in dem der freie Verkehr von Waren, Personen, Dienstleistungen und Kapital [...] gewährleistet ist." Daraus ergibt sich, dass vorrangiges Ziel für der Vollendung des Binnenmarktes der Abbau von Hemmnissen für den europäischen Handel ist.

Im Bereich des Europäischen Binnenmarktes wurden die öffentlich-rechtlichen Handelsbeschränkungen aufgehoben. Die rechtlichen Rahmenbedingungen unterscheiden sich jedoch infolge der unterschiedlichen Fiskal- und Strukturpolitik des jeweiligen Mitgliedstaates und der – in der Regel zwingenden – Schutzbestimmungen [98] auch weiterhin. Es stellt sich folglich die Frage, ob die Unterschiede der einzelnen Rechtsordnungen und fehlende Rechtssicherheit sich als nicht-tarifäres Handelshemmnis auswirken können, das im Zuge der Vollendung des Binnenmarktes beseitigt werden muss.

Die Aufgabe dieses Kapitel ist es daher, den Zusammenhang zwischen Rechtssicherheit und internationalem Handel aufzuzeigen. Insbesondere ist zu untersuchen, wie sich fehlende Rechtssicherheit einer Rechtsordnung aus ökonomischer Sicht auf die Transaktionsbereitschaft eines Unternehmens auswirkt. Im Vordergrund steht dabei die Betrachtung einer grenzüberschreitenden Transaktion, die innerhalb der Grenzen des europäischen Binnenmarktes durchgeführt wird.

A. Vorüberlegungen: Die Internationalisierungsstrategie des Unternehmers

Steht ein Unternehmer vor der Entscheidung, eine grenzüberschreitende Transaktionen vorzunehmen, muss er diese Entscheidung auf der Grundlage ökonomischer Rentabilitätsgesichtspunkte treffen: Die Transaktionskosten dürfen nicht den Nutzen der Transaktion überschreiten. Der Nutzen der

---

[97] EuGH, Urteil vom 05.05.1982 - Rs. 15/81, Slg. 1982, S. 1409 (Gaston Schul).

[98] *Perlitz*, Jahrbuch für neue politische Ökonomie, Band 18 (1999), S. 213, 219.

Transaktionskosten besteht im wesentlichen aus dem Gewinn.[99] Der Gewinn einer Unternehmung ist definiert als *Gewinn = Umsatz – Kosten.*[100]

Vor der Durchführung einer internationalen Transaktion entwirft der Unternehmer eine sogenannte Internationalisierungsstrategie, mittels derer er einen Beschaffungs- oder einen Absatzmarkt betreten will.[101] Diese Internationalisierungsstrategie legt Standorte fest und umfasst die erforderlichen Markteintritts- und Marktbearbeitungsmaßnahmen, die sich je nach gewähltem Standort und den existierenden rechtlichen Rahmenbedingungen unterscheiden.[102] Dabei deckt die Internationalisierungsstrategie zwei Bereiche ab. Sie muss sich, um erfolgreich umgesetzt werden zu können, sowohl mit der Unternehmenssituation (Unternehmensanalyse) als auch mit dem Unternehmensumfeld (Umfeldanalyse) beschäftigen.[103]

Bei der *Unternehmensanalyse* untersucht man die Situation der betrieblichen Teilbereiche, z.B. Produktion, Beschaffung, Personalwesen, Betriebsmittel, Finanzierung, Forschung und Entwicklung, Controlling, Organisation, auf ihre jeweiligen Stärken und Schwächen, um daraus abzuleiten, inwieweit ein Unternehmen über Wettbewerbsvorteile verfügt, die eine Verlagerung oder Ausweitung des Absatzmarktes ermöglichen, oder ob ein Unternehmen durch eine günstige Beschaffung aus dem Ausland Wettbewerbsvorteile generieren kann.[104] Dabei sind die zu untersuchenden Teilbereiche, die maßgeblich für die Situation des Unternehmens sind, jeweils in einen gesetzlichen Rahmen eingebettet. Bei der Entwicklung der Unternehmensanalyse müssen somit die unterschiedlichen Rechtsordnungen der Absatz- oder Beschaffungsmärkte berücksichtigt werden.[105]

Gegenstand der *Umfeldanalyse* sind die Rahmenbedingungen der Länder, die als Beschaffungs- oder Absatzmarkt in Betracht kommen.[106] Diese Analyse erstreckt sich zum Beispiel auf sozio-ökonomische, technologische und politische Faktoren und auf die Wirtschaft- und Finanzpolitik eines Landes.[107] Das Ergebnis zeigt, ob das Umfeld des Marktes für den Absatz des Unterneh-

---

[99] *Schmidtchen*, in: ders./ Weth (Hrsg), Der Effizienz auf der Spur, S. 15.

[100] *Schäfer/Ott*, Lehrbuch der ökonomischen Analyse des Zivilrechts, S. 79. Vgl. z.B. auch die entsprechende Definition in § 4 EStG.

[101] *Perlitz*, Jahrbuch für neue politische Ökonomie, Band 18 (1999), S. 213, S. 216.

[102] *Perlitz*, Jahrbuch für neue politische Ökonomie, Band 18 (1999), S. 213, S. 216 ff.

[103] *Perlitz*, Jahrbuch für neue politische Ökonomie, Band 18 (1999), S. 213, S. 216.

[104] *Perlitz*, Jahrbuch für neue politische Ökonomie, Band 18 (1999), S. 213, S. 216.

[105] *Perlitz*, Jahrbuch für neue politische Ökonomie, Band 18 (1999), S. 213, S. 216 f.

[106] *Perlitz*, Jahrbuch für neue politische Ökonomie, Band 18 (1999), S. 213, S. 217.

[107] *Perlitz*, Jahrbuch für neue politische Ökonomie, Band 18 (1999), S. 213, S. 217.

mens attraktiv ist und ob sich die Rahmenbedingungen des Landes auf die Beschaffung von Gütern oder Dienstleistungen günstig auswirken.[108] Die rechtlichen Rahmenbedingungen spielen dabei eine erhebliche Rolle und sind deswegen zentraler Bestandteil der Umfeldanalyse.[109]

Somit werden beide Aspekte der Internationalisierungsstrategie, also Unternehmens- und Umweltanalyse, von der Rechtsordnung des betroffenen Staates beeinflusst. Die Einschätzung von Marktchancen sowie die Kalkulation der Transaktionskosten erfordern deshalb eine genaue Bewertung der rechtlichen Rahmenbedingungen.[110] Dementsprechend stellt die Rechtssicherheit bei sogenannten „Länderratings", die jedes Land anhand der sich im Auslandsgeschäft ergebenden Chancen und Risiken klassifizieren, ein wichtiges Kriterium zur Einstufung der Risikoklasse und folglich zur Bestimmung der Marktattraktivität dar.[111]

B. Festlegung des Bewertungsmaßstab

Fraglich ist, welcher Maßstab an die Bewertung einer Rechtsordnung gelegt werden kann. In dieser Frage sind Juristen und Wirtschaftswissenschaftler unterschiedlicher Auffassung.

I. Vergleich zwischen juristischem und wirtschaftswissenschaftlichem Ansatz

Der Jurist bewertet die Rechtsordnung in der Regel danach, ob es ihr gelingt, ihre „wichtigsten Funktionen" zu erfüllen[112], also insbesondere die Herstellung von Gerechtigkeit - "jus a justitia appellatum"[113] - durch den Ausgleich gegen-

---

108 *Perlitz*, Jahrbuch für neue politische Ökonomie, Band 18 (1999), S. 213, 217.
109 *Perlitz*, Jahrbuch für neue politische Ökonomie, Band 18 (1999), S. 213, 217.
110 *Perlitz*, Jahrbuch für neue politische Ökonomie, Band 18 (1999), S. 213, 217 f.; vgl. auch *Hinz*, ZEuP 1994, S. 553 f.
111 *Gabler* Wirtschaftslexikon Auslandsgeschäfte, Stichwort: „Länderrating", S. 377 ff. mit ausführlicher Darstellung der unterschiedlichen Klassifizierungskonzepte und Bestimmungskriterien; ebenso: *Hinz*, ZEuP 1994, S. 553, der eine funktionierende Rechtsordnung als einen der „wichtigsten Standortfaktoren" für den internationalen Unternehmer bezeichnet, *Perlitz*, Jahrbuch für neue politische Ökonomie, Band 18 (1999), S. 213, 218 f.
112 *Lehmann*, Bürgerliches Recht und Handelsrecht, S. 19; vgl. bspw. die Wertung bei *Gündisch*, in: Basedow (Hrsg.), Aufbruch nach Europa, S. 109.
113 *Scholz*, Die Rechtssicherheit, S. 4.

sätzlicher Interessen, außerdem die Sicherstellung von Freiheit und Vorhersehbarkeit des Rechts[114]. *Gündisch* fasst dies wie folgt zusammen:

„Ein gutes Gesetz im weiten Sinne, also eine Rechtsnorm hoher Qualität, ist ein Gesetz, das dem Wohl der Allgemeinheit dient, gerecht ist und den Rechtsfrieden sichert.“[115]

Einen eigenständigen Maßstab für die *Effizienz* einer Rechtsordnung hat die Rechtswissenschaft bisher allerdings noch nicht entwickelt. Sprechen Juristen von der Effizienz einer Rechtsordnung, ist damit in der Regel gemeint, dass ein beliebiges Ziel in einem möglichst hohen Maß mit einem möglichst geringen Aufwand erreicht werden kann.[116] Effizienz ist nach diesem Verständnis kein selbständiger Grundsatz. Ihr liegt vielmehr eine Zweck-Mittel-Relation zugrunde, weshalb dieser Maßstab auch als Effizienzbegriff der Wirtschaftlichkeit bezeichnet wird.[117]

Der Wirtschaftswissenschaftler legt hingegen einen anderen Maßstab an. Die Wirtschaftswissenschaften wollen „einen Teil der sozialen Wirtschaft (...) erfassen“ und dabei „den Gesamtprozess verstehen, der sich im Bereich des ökonomischen Lebens abspielt.“[118] Ausgangspunkt ist die Prämisse einer herrschenden Ressourcenknappheit, deren Existenz die Beachtung und Austarierung der beiden Prinzipien Bedürfnisbefriedigung und Nutzenmaximierung verlangt.[119] Nutzenmaximierung bedeutet in diesem Zusammenhang, dass diejenigen Mittel eingesetzt werden, die versprechen, den größten Nutzen zu bringen. Dabei werden unterschiedliche Bedürfnisse gegeneinander abgewogen und in ein Rangverhältnis gesetzt. [120] Zugrunde gelegt wird dafür - als zentraler ökonomischer Begriff - die Handlung als rationale *Entscheidung zwischen*

---

[114] Z.B. BVerfGE 60, 253. 268.

[115] *Gündisch*, in: Basedow (Hrsg.), Aufbruch nach Europa, S. 109.

[116] *Eidenmüller*, Effizienz als Rechtsprinzip, S.55.

[117] *Eidenmüller*, Effizienz als Rechtsprinzip, S. 55 m.weit.Nachw.

[118] So *Coing*, in: Raiser /Sauermann/Schneider (Hrsg.), Verhältnis der Wirtschaftswissenschaft zur Rechtswissenschaft, S. 2; ähnlich *Lehmann*, Bürgerliches Recht und Handelsrecht, S. 19.

[119] *Behrens*, Die ökonomischen Grundlagen des Rechts, S. 21 ff; *Lehman*, Bürgerliches Recht und Handelsrecht, S. 19; *Schäfer/Ott*, Lehrbuch der ökonomischen Analyse des Zivilrechts; S.55; dazu auch *Topan*, The European Integration Process, S. 10 ff.

[120] *Behrens*, Die ökonomischen Grundlagen des Rechts, S. 33. Zugrunde gelegt wird dabei das sog. Ökonomische Verhaltensmodell, auf dessen Grundlage man davon ausgeht, dass Menschen *rational* handeln und ihren Gewinn bzw. ihren Nutzen eigennützig maximieren, *Eidenmüller*, Effizienz als Rechtsprinzip, S. 27 ff.; *Richter/Furobotn*, Neue Institutionenökonomik, S. 3; *Schäfer/Ott*, Lehrbuch der ökonomischen Analyse des Zivilrechts, S. 56 ff.; *Schwintowski*, JZ 1998, S. 581, 583. Zur Relativierung der Einordnung des Menschen als reinen *homo oeconomicus: Eidenmüller*, Effizienz als Rechtsprinzip, S. 36 ff.

Alternativen.[121] Stehen Bedürfnisbefriedigung und Nutzenmaximierung im günstigsten Verhältnis zueinander, spricht man von optimaler Ressourcenallokation.[122]

Nach der Lehre von der sogenannten Neuen Institutionenökonomik beeinflussen die rechtlichen Rahmenbedingungen die Verteilung der Ressourcen in erheblichen Ausmaß. Diese Theorie untersucht die Auswirkungen der rechtlichen Rahmenbedingungen auf die Bereitschaft von Unternehmen, Transaktionen durchzuführen.[123] Ihren unterschiedlichen Ansätzen ist die These gemeinsam, dass *Institutionen* die Koordination rationalen menschlichen Handelns erheblich beeinflussen. Der Begriff der Institutionen erfasst sämtliche Mechanismen, deren Gegenstand die Steuerung sozialer Interaktion ist.[124] Diese Definition erstreckt sich auch auf Rechtsordnungen.[125] Die Vertreter der Neuen Institutionenökonomik gehen von der Rechtsordnung als einem variablen Faktor aus und entwickeln Thesen, wie ein modernes Rechtssystem aus ökonomischer Sicht im Hinblick auf das Ideal einer effizienten Ressourcenallokation gestaltet werden *sollte.*[126]

Aus diesem Ansatz wurde die ökonomische Analyse des Rechts Anfang der siebziger Jahren des 20. Jahrhunderts in den USA entwickelt, wo sie sich rasch verbreitete.[127] Die ökonomische Analyse des Rechts sieht ihre Aufgabe darin, durch eine Annäherung der wirtschaftswissenschaftlichen und der juristischen Disziplin zu einer Kombination juristischer und wirtschaftswissenschaftlicher

---

121 Statt vieler *Behrens*, Die ökonomischen Grundlagen des Rechts, S. 28.

122 Z.B. *Horn*, AcP 176 (1976), S. 307, S. 308.

123 Dazu vor allem *Richter/Furobotn*, Neue Institutionenökonomik (1999).

124 *Wagner*, FS Peters, S. 221, 227 f.; *Schwintowski*, JZ 1998, S. 581, 583. Dazu die ausführlichere Definition bei *Schmidt-Trenz*, Außenhandel und Territorialität des Rechts, S.153, der eine Institution folgendermaßen charakterisiert: (1) jedes wiederkehrende individuelle Handeln, das in gleichartigen sozialen Handlungssituationen mit hinreichender Wahrscheinlichkeit auftritt (...), sowie, (2) falls vorhanden, das diese Regelmäßigkeit signalisierende Sinnbild und (3) die durch die Konfrontation mit gleichartigen sozialen Handlungssituationen und/oder ihrem Sinnbild ausgelösten gleichartigen Erwartungen."

125 *Wagner*, FS Peters, S. 221, 227 f.; *Schwintowski*, JZ 1998, S. 581, 583.

126 *Bernholz/Faber*, RabelsZ 50 (1986), S. 35, 36; *Schmidtchen*, RabelsZ 59 (1995), S. 57, 60 f.; *Eidenmüller*, Effizienz als Rechtsprinzip, S. 5. Ausführlich zur Neuen Institutionsökonomik: *Richter/Furobotn*, Neue Institutionenökonomik (1999); *Schmidt-Trenz*, Außenhandel und Territorialität des Rechts (1990).

127 *Fezer*, JZ 1986, S. 817; *Behrens*, Die ökonomischen Grundlagen des Rechts, S. 1 m.w. Nachw. Der Stellenwert der ökonomischen Analyse in den USA ist in Deutschland bis heute unerreicht: Dort ist es üblich, dass auch Richter ihre Entscheidungen auf der Grundlage ökonomischer Argumentationsketten treffen und dies auch in ihren Entscheidungen deutlich zu Tage treten lassen, *Eidenmüller*, Effizienz als Rechtsprinzip, S. 19.

Methoden und Denkmodelle zu gelangen.[128] Ihre Bewertungsmaßstäbe entnimmt die ökonomische Analyse des Rechts der Wohlfahrtsökonomik.[129] Nach diesem Verständnis ist im Gegensatz zum juristischen Effizienzverständnis die Effizienz nicht der Weg, sondern das über allem stehende Ziel.[130] Eine Rechtsordnung wird nach dem Grad bewertet, in dem ihr eine optimale Ressourcenallokation gelingt.[131] Das Recht spielt folglich eine rein instrumentale Rolle.[132] *Eidenmüller* hat aus diesem Verständnis heraus drei Kriterien entwickelt, die zur Erreichung dieses Ziels erforderlich sind: (i) das geltende Recht muss ermöglichen, dass Rechtspositionen handelbar sind, d.h. dass es einen Markt für Rechtspositionen gibt, (ii) rechtliche Regeln müssen Markttransaktionen erleichtern, und (iii) dort, wo Transaktionen an prohibitiv hohen Kosten scheitern, muss das Recht marktmäßige Lösungen simulieren.[133]

II. Stellungnahme

Der Vorschlag, eine Rechtsordnung anhand des dargelegten ökonomisches Maßstabes auf ihre Effizienz zu untersuchen, stieß unter Juristen zunächst auf deutliche Ablehnung.[134] *Fezer* führte im Jahre 1986 aus, dass „ökonomische Rechtsanalyse und freiheitliches Rechtsdenken (...) unvereinbar“ seien. Insbesondere kritisierte er die Reduzierung des Rechtsgedankens auf ein

---

[128] *Lehmann*, Bürgerliches Recht und Handelsrecht, S. 27 f.

[129] *Eidenmüller*, Effizienz als Rechtsprinzip, S. 41 ff.

[130] *Eidenmüller*, Effizienz als Rechtsprinzip, S.54.

[131] *Horn*, AcP 176 (1976), S. 307, 308 ff.; *Bernholz/Faber*, RabelsZ 50 (1986), S. 35; *Schmidtchen*, Der Effizienz auf der Spur, S. 14 und S.17 ff mit ausführlicher Darstellung des von Ronald Coase 1960 entwickelten „Coase-Theorems“ = *„Das Herzstück der ökonomischen Analyse [...] behandelt den Zusammenhang zwischen Rechtspositionen und gesellschaftlicher Effizienz.[...]“* Danach entfalten Rechtspositionen, hier verstanden als rechtliche Ansprüche, Bedeutung als volkswirtschaftlich bedeutende Ressourcen, S. 20, *Coase*, The Problem of Social Costs, Journal of Law and Economics 3 (1960), S. 1 ff.; deutsche Übersetzung in Assmann/Kirchner/Schanze, S. 146 ff.; dazu z.B. *Schäfer/Ott*, Lehrbuch der ökonomischen Analyse des Zivilrechts, S. 90 ff.; *Schwintowski*, JZ 1998, S. 581 f.

[132] *Lehmann*, Bürgerliches Recht und Handelsrecht, S. 230, *Eidenmüller*, Effizienz als Rechtsprinzip, S. 63.

[133] *Eidenmüller*, Effizienz als Rechtsprinzip, S.63.

[134] Z.B. *Fezer*, JZ 1986, S. 817 ff.; *Häberle*, Jahrbuch des Öffentlichen Rechts 2002, S. 123, 149, spricht von der „unseligen, fast alle Lebensbereiche erfassende Ökonomisierung des Denkens und Handelns unserer Zeit.“. M.w.Nachw.: *Eidenmüller*, Effizienz als Rechtsprinzip, S. 7 f.; *Schwintowski*, JZ 1998, S. 581, 587.

„ökonomisches Kalkül" und die Realitätsferne der ökonomischen Modellbedingungen.[135]

Den Kritikern der ökonomischen Analyse des Rechts ist zuzugeben, dass der funktionale Ansatz nicht zum alleinigen Bewertungsmaßstab einer Rechtsordnung erhoben werden darf.[136] Eine Rechtsordnung dient nicht allein der Sicherstellung ökonomischer Effizienz, sondern weiteren wichtigen Funktionen, insbesondere der Herstellung von Gerechtigkeit und Freiheit.[137]

Dennoch kann die ökonomische Analyse auch für Juristen einen wertvollen Denkansatz darstellen. Eine ökonomische Analyse des Rechts ist eine Folgenbewertung[138]: Eine Rechtsordnung gibt die rechtlichen Rahmenbedingen für das gesellschaftliche und wirtschaftliche Miteinander vor und muss sich folglich auch an ihren wirtschaftlichen Konsequenzen für die Gesellschaft und die Wirtschaft messen lassen.[139] Das „ökonomische Argument" spielte zudem bereits *vor* seiner ausdrücklichen Formulierung als solches eine wichtige Rolle: Die Hauptziele der internationalen Rechtsangleichung, deren Beginn auf das Ende des ersten Weltkrieges datiert werden, waren zunächst die Sicherung des Weltfriedens durch die Intensivierung des Handels als Voraussetzung für funktionierende zwischenstaatliche Beziehungen, außerdem aber auch die Verbesserung der wirtschaftlichen Rahmenbedingungen einzelner Wirtschaftszweige.[140]

---

135 *Fezer*, JZ 1986, S. 817, 823. Dazu Anmerkung von *Ott/Schäfer*, JZ 1988, S. 213 ff. sowie Replik von *Fezer*, JZ 1988, S. 223 ff.

136 In diesem Sinne auch *Horn*, AcP 176 (1976), S. 307, 311 ff.; *Eidenmüller*, Effizienz als Rechtsprinzip, S. 8; *Schmidtchen*, in: ders./Weth (Hrsg.), Der Effizienz auf der Spur, S. 11, der deutlich macht, dass *„Ökonomen den Juristen weder ersetzen können noch wollen, [...] sondern ihm assistierend [...] zur Seite treten."; ders.*, RabelsZ 59 (1995), S. 56, 57. Ähnlich *Behrens*, Die ökonomischen Grundlagen des Rechts, S. 27, S. 335 ff.; *Schwintowski*, JZ 1998, S. 581, 587.

137 Z.B. BVerfGE 60, 253. 268

138 *Eidenmüller*, Effizienz als Rechtsprinzip, S. 4; *Schmidtchen*, in: ders./Weth, Der Effizienz auf der Spur, S. 11. Zum grundsätzlichen Verhältnis zwischen Ökonomie und Recht *Behrens*, Die ökonomischen Grundlagen des Rechts, S. 6 ff. Allgemein zur Erforderlichkeit einer Gesetzesfolgenabschätzung *Redeker*, NJW 2002, S. 2756, 2757.

139 *Eidenmüller*, Effizienz als Rechtsprinzip, S. 8. Auch *Lehmann*, Bürgerliches Recht und Handelsrecht, S. 20, dessen Monographie „Bürgerliches Handelsrecht und Handelsrecht – eine juristische und ökonomische Analyse" (1983), gemeinsam mit dem Lehrbuch von *Schäfer/Ott*, Lehrbuch der ökonomischen Analyse des Zivilrechts (2000) und der Arbeit von *Kirstein*, Imperfekte Gerichte und Vertragstreue, (1999), Beispiele für eine gelungene ökonomische Bewertung rechtlicher Systeme darstellen.

140 *Kronke*, FS Henrich, S. 385. Zur Entwicklung des Bewusstseins über die ökonomische Bedeutung einer Rechtsnorm bereits im 19. Jh. *Coing*, in: Raiser/Sauermann/Schneider (Hrsg.), Verhältnis der Wirtschaftswissenschaft zur Rechtswissenschaft, S. 5. Ähnlich auch *Eidenmüller*, Effizienz als Rechtsprinzip, S. 7 f.- *Schwintowski*, JZ 1998, S. 581, 587 weist darauf

Auch die Europäische Gemeinschaft stellt aus der Sicht der Unternehmen nicht „nur" eine „Rechtsgemeinschaft"[141] dar, sondern wird - in Übereinstimmung mit den wirtschaftspolitischen Zielsetzungen der Gemeinschaft - vor allem als Modell für eine potenzielle Steigerung gesamtwirtschaftlicher Effizienz verstanden.[142]

Eine Überprüfung der rechtlichen Rahmenbedingungen auf der Grundlage wirtschaftswissenschaftlicher Denkmodelle ist den vereinbarten Zielen und Aufgaben der Gemeinschaft daher förderlich. Zu Recht wird daher der ökonomische Maßstab in zunehmendem Umfang von Wirtschaftsjuristen aufgegriffen[143] und soll auch dieser Untersuchung zugrunde gelegt werden.

C. Wirtschaftliche Auswirkungen fehlender Rechtssicherheit

Zum Gegenstand der Internationalisierungsstrategie gehört, wie dargestellt, auch die Einschätzung der rechtlichen Rahmenbedingungen für die geplante Transaktion.[144] Zwar stellt der Vertrag die rechtliche Grundlage der Transaktion dar, doch beziehen sich die vertraglichen Vereinbarungen auf zukünftige Leistungen und können daher nicht jeden vertraglichen Konflikt vorhersehen. Verträge sind deshalb unvollständig.[145] Sie werden daher durch die Anwendung nationaler Rechtsordnungen ergänzt.

Aus dieser systemimmanenten Unvollständigkeit entstehen für den europäischen Unternehmer eine Reihe von zu klärenden Fragen, insbesondere, welche Rechte und Pflichten sich aus dem Zusammenspiel zwischen Vertrag und anwendbarer Rechtsordnung ergeben und vor welchem Gericht und unter welchem Verfahren

---

hin, dass Kosten-Nutzen-Erwägungen auch im nationalen Recht als Element der rechtlichen Methodik etabliert sind, ohne als ökonomische Erwägungen bezeichnet zu werden: Die Sozialbindung des Eigentums z.B. sei lediglich eine „Metapher" für eine Kosten-Nutzen-Analyse.

141 *Hallstein,* RabelsZ 1964 (28), S. 211, 228; zum Begriff *Zuleeg*, NJW 1994, S. 545 ff.

142 Ebenso *Grundmann*, ZHR 163 (1999), S. 35, 47.

143 Früh bereits *Horn,* AcP 176 (1976), S. 307 ff. m.w.Nachw.; *Kötz*, RabelsZ 50 (1986), S. 1 ff; *Siehr,* FS Henrich, S. 267 ff.; *Lehmann,* Bürgerliches Recht und Handelsrecht – eine juristische und ökonomische Analyse (1983); aus der neueren Literatur vor allem *Leible*, ZVerglRWiss 97 (1998), S. 286 ff., *Schwintowski,* JZ 1998, S. 581 ff.; *Stein* in: Grundmann (Hrsg.), Systembildung und Systemlücken in Kerngebieten des Europäischen Privatrechts, S.669, 678; *Eidenmüller,* JZ 2001, S. 1041 ff.; zur Kritik: *Fezer*, JZ 1986, S. 817.

144 *Perlitz*, Jahrbuch für neue politische Ökonomie, Band 18 (1999), S. 213, 217.

145 *Schmidtchen,* RabelsZ 59 (1995), S. 56, 63; *Stein*, in: Grundmann (Hrsg.), Systembildung und Systemlücken, S. 669.

sie durchgesetzt werden können. Ohne die Klärung dieser Fragen können mögliche Konflikte bei der Vertragsdurchführung nicht eingeschätzt werden.[146]

Bei grenzüberschreitenden Transaktionen besteht folglich ein erheblich größerer Klärungsbedarf als bei inländischen Vertragsabschlüssen.[147] Denn internationale Transaktionen weisen Berührungspunkte zu mehreren Rechtsordnungen auf. Es konkurrieren im Falle fehlender Rechtswahl mindestens zwei Rechtsordnungen um die Anwendung auf den Vertrag.[148] Daraus ergibt sich die erste Ebene potentieller Unsicherheitsfaktoren. Sie betrifft das Kollisionsrecht, also die Frage nach dem anwendbaren Recht. Fehlt es an einem eindeutigen „Anwendungsbefehl" zugunsten einer bestimmen Rechtsordnung, sind die rechtlichen Rahmenbedingungen der Transaktion nicht eindeutig festzulegen, denn sie richten sich nach dem Inhalt des anwendbaren Rechts. Bei einer inländischen Transaktion besteht dieses Problem nicht.

Konnte das anwendbare Recht ermittelt werden, stellt sich die Frage nach dem Inhalt des Sachrechts. Die ausländische Vertragspartei begibt sich hier in der Regel auf unbekanntes Terrain.[149] So können zum Beispiel Zweifel darüber bestehen, ob ein vereinbartes Mobiliarsicherheitsrecht auch über die Rechtsgrenzen hinaus Gültigkeit besitzt.[150]

Die zweite Ebene, auf der Unsicherheitsfaktoren entstehen können, betrifft das anwendbare Recht. Hier stellt sich die Frage, ob die Rechtsordnung klare und auf die Bedürfnisse des internationalen Handels zugeschnittene Vorschriften bereithält.

Während der Durchführung des Vertrages können Konflikte vor allem in Form von Leistungsstörungen entstehen. Daraus entwickeln sich Sekundäransprüche, die gegebenenfalls gerichtlich durchgesetzt werden müssen. Auf dieser dritten Ebene besteht weiteres Unsicherheitspotential, wenn Zweifel an einer raschen, unparteiischen und nicht unverhältnismäßig teuren Durchsetzung der Ansprüche auftreten.

Im ungünstigsten Fall bestehen für den Unternehmer auf allen drei Ebenen Ungewissheiten. Es droht ihm die Gefahr, dass er sich auf ein fremdes, im Vorfeld nicht eindeutig bestimmbares Recht einlassen muss, das vor einem

---

[146] *Leible*, ZVerglRWiss 97 (1998), S. 286.
[147] So auch *Leible*, ZVerglRWiss 97 (1998), S. 286, 287.
[148] *Kropholler*, IPR, S. 16.
[149] *Leible*, ZVerglRWiss 97 (1998), S. 286, 287, relativierend *Hinz*, ZEUP 1994, S. 553, 554.
[150] Dazu unten im zweiten Kapitel A. II.

fremden Gericht unter Anwendung einer fremden Verfahrensordnung und in einer fremden Verfahrenssprache durchgesetzt werden muss.

I. Erhöhung der Transaktionskosten

Sind die rechtlichen Rahmenbedingungen für den Unternehmer nicht einfach zu determinieren, können die mit dem Vertragsschluss verbundenen rechtlichen Risiken ohne eine umfassende juristische Beratung nicht erkannt, bewusst kalkuliert und gegebenenfalls umgangen werden: Anwendungs- und Interpretationsspielräume im staatlichen Recht erhöhen die Rechtsunsicherheit. Durch den erhöhten Beratungs- und Informationsbedarf führen sie zu einer Steigerung der Transaktionskosten.[151] Es müssen außerdem Kontrollinstrumente eingesetzt werden, welche die Zuverlässigkeit des Vertragspartners und die Durchführung des Vertrages überwachen. Dieser zusätzliche Aufwand führt ebenfalls zu einer Erhöhung der Kosten.[152] Die Rechtsposition eines ausländischen Vertragspartners wird weiterhin durch den Umstand geschwächt, dass er die vertraglichen Ansprüche unter Umständen vor einem ausländischen Gericht in einem fremden Land durchsetzen muss. In diesem Fall entsteht ebenfalls ein erhöhter Informations- und Beratungsbedarf.[153] Je größer somit das Ausmaß fehlender Rechtssicherheit ist, desto mehr Mittel für die Transaktion müssen aufgewandt werden, um die Rechtsunsicherheit vermeiden zu können:[154] Im einzelnen erhöhen sich folgende Kosten der Transaktion: [155]

- Transaktionskosten der Informationsgewinnung;
- Transaktionskosten der Verhandlungen und Konsensfindung;
- Transaktionskosten der Gestaltungsmaßnahmen des Managements zur Absicherung gegenüber rechtlichen – Unsicherheiten;
- Transaktionskosten der Durchsetzung vertraglicher und sonstiger Ansprüche bei Vertragsverletzungen etc.

---

[151] *Schmidtchen,* RabelsZ 59 (1995), S. 56, 73 ff.
[152] Dazu *Schäfer/Ott,* Lehrbuch der ökonomischen Analyse des Zivilrechts, S. 461.
[153] *Schmidtchen,* RabelsZ 59 (1995), S. 56, 83.
[154] *Schmidtchen,* RabelsZ 59 (1995), S. 56, 70.
[155]Nach *Perlitz,* Jahrbuch für neue politische Ökonomie, Band 18 (1999) S. 213, 214; ähnlich *Wagner*, FS Peters, S. 221, 233. Zu den einzelnen Kostenarten auch *Behrens*, Die ökonomischen Grundlagen des Rechts, S. 106 ff. sowie weiter differenzierend *Schmidt-Trenz*, Außenhandel und Territorialität des Rechts, S. 64 ff., vor allem S. 68.

Bei einer Transaktion, die sich innerhalb eines Staates abspielt, fallen hingegen im Vergleich wesentlich niedrigere Transaktionskosten an, da der Beratungsbedarf erheblich geringer ausfällt.[156]

Insgesamt kann durch die Erhöhung dieser Kostenfaktoren der Nutzen der geplanten grenzüberschreitenden Transaktion gemindert werden, bei kleineren Transaktionsvolumina unter Umständen auch vollständig entfallen.[157] Dies erschwert den Handel oder macht ihn, gerade für kleine und mittlere Unternehmen, sogar unmöglich. Somit wirkt sich fehlende Rechtssicherheit in der internationalen Rechtspraxis durch die signifikante Erhöhung der Transaktionskosten im Ergebnis wie ein nicht-tarifäres Handelshemmnis auf Unternehmen aus.[158]

II. Reduzierte Erfüllungswahrscheinlichkeit

Über die Erhöhung der Transaktionskosten hinaus könnte fehlende Rechtssicherheit die Bereitschaft von Unternehmen, im europäischen Markt Transaktionen vorzunehmen, noch in einer weiteren Form beeinflussen.

Bei einer internationalen Transaktion besteht für den Unternehmer eine erhebliche Unsicherheit über seine eigenen Rechte und Pflichten sowie über das Leistungsversprechen seines Vertragspartners.[159]

Bei fehlender Rechtssicherheit könnte es sich für beide Vertragspartner aus wirtschaftlicher Sicht als günstiger darstellen, die *eigene* Verpflichtung nicht zu erfüllen. Im Ergebnis würde dann Rechtsunsicherheit die Erfüllungswahrscheinlichkeit, also den Grad der Wahrscheinlichkeit, zu der mit ein Vertragspartner mit der Erfüllung des Vertrages durch den Vertragspartner rechnen darf, reduzieren. Damit könnte fehlende Rechtssicherheit eine weitere

---

[156] *Wagner*, FS Peters, S. 221, 228 ff.; *Schmidt-Trenz*, Außenhandel und Territorialität des Rechts, S. 74 ff., 167 ff.; zustimmend *Herdegen*, Internationales Wirtschaftsrecht, Rn. 39.
[157] *Leible*, ZVerglRWiss 97 (1998), S. 286; *Mattei*, ERevPL 1997, S. 537, 538; *Basedow*, Europäisches Vertragsrecht für Europäische Märkte, S. 24, *Stein*, in: Grundmann (Hrsg.), Systembildung und Systemlücken in Kerngebieten des Europäischen Privatrechts, S. 669 ff.
[158] *Schmidtchen*, RabelsZ 59 (1995), S. 57, 72; *Wagner*, FS Peters, 221, 234; ebenso *Stein*, in: Grundmann (Hrsg.), Systembildung und Systemlücken in Kerngebieten des Europäischen Privatrechts, S. 669, *Hinz*, ZEuP 1994, S. 553; *Lando*, in: Müller-Graff (Hrsg.), Gemeinsames Privatrecht in der Europäischen Gemeinschaft, S. 567, 568.
[159] *Ripperger*, in: JB der Neuen Politischen Ökonomie, 18 (1999), S. 257, 258 ff.; *Basedow*, Europäisches Vertragsrecht für Europäische Märkte, S. 23; relativierend *Hinz*, ZEuP 1994, S. 553, 554.

Konsequenz nach sich ziehen, deren Inhalt sich auf die folgende Formel[160] bringen lässt: *Je weniger eindeutig die vertraglichen Pflichten und Rechte der Vertragspartner, desto unwahrscheinlicher wird die Einhaltung der Pflichten.*

Ausgangspunkt dieser These ist die sogenannte Spieltheorie. Die Vertreter dieser Theorie gestalten Konfliktsituationen *(Dilemma)* und entwerfen die im Einzelfall optimale Handlungsvariante *(Strategie)*. Bei der Spieltheorie handelt es sich um ein mittlerweile allgemein akzeptiertes Denkmodell, das in nahezu allen Sozialwissenschaften Anwendung findet.[161]

Die zentrale These der Spieltheorie liegt darin, dass bei rationalem Verhalten die Teilnehmer des Spiels zur opportunistischem Verhalten tendieren, wenn sich die Beteiligten nicht in glaubwürdiger Weise zur Kooperation verpflichtet haben.[162] Diese Konstellation wird durch das Gefangenendilemma dargestellt [163], das im folgenden zum besseren Verständnis kurz beschrieben werden soll.

1. Grundlagen des „Gefangenendilemmas“

Das „Gefangenendilemma“ (*prisoners' dilemma*) beruht auf folgender fiktiver Ausgangssituation:

Zwei Täter haben eine Bank überfallen und werden verhaftet. Mangels eindeutiger Zeugenaussagen benötigt man zum Nachweis der Tat ein Geständnis von einem der Täter. Die zwei Täter stehen nun vor dem Entscheidungsproblem, ob sie aussagen sollen (Kooperation) oder nicht (Nichtkooperation). Wichtig ist dabei, dass sie beide nicht wissen, ob der andere aussagen wird.

Dabei sind mehrere Handlungsstrategien möglich[164]:

- Wenn beide gestehen, droht ihnen eine Freiheitsstrafe von drei Jahren.
- Wenn beide nicht aussagen, kann ihnen die Tat nicht nachgewiesen werden, sondern es droht ihnen lediglich eine Freiheitsstrafe von 3 Monaten wegen unerlaubtem Waffenbesitzes.

---

[160] Dazu z.B. *Schäfer/Ott*, Lehrbuch der ökonomischen Analyse des Zivilrechts, S. 461 ff.; *Schmidtchen*, RabelsZ 59 (1995), S. 56, 90 ff.
[161] *Schmidtchen*, RabelsZ 59 (1995), S. 56, 91, Fn. 157.
[162] *Schäfer/Ott*, Lehrbuch der ökonomischen Analyse des Zivilrechts, S. 468.
[163] *Schäfer/Ott*, Lehrbuch der ökonomischen Analyse des Zivilrechts, S. 468.
[164] *Schäfer/Ott*, Lehrbuch der ökonomischen Analyse des Zivilrechts, S. 468.

- Wenn einer von ihnen aussagt, der andere aber nicht, soll der geständige Täter mit einer Haftverschonung rechnen können, während dem anderen eine Haftstrafe von 5 Jahren droht.

Die Handlungsalternativen kann man entsprechend der zu erwartenden Freiheitsstrafe wie in Abbildung 1) in Monaten beziffern.[165]

Aus dieser Matrix ergibt sich, dass sich die kürzesten Haftstrafen bei einer Aussageverweigerung auf beiden Seiten ergeben. Damit stellt die Aussageverweigerung, also das nicht kooperative Verhalten, die taktisch günstigste Strategie dar.

Haftstrafen des A und B (Monate):

	Bei Gestehen des A	Bei Nichtgestehen des A
Bei Gestehen des B	A (36) B (36)	A (60) B (0)
Bei Nichtgestehen des B	A (0) B (60)	A (3) B (3)

Abb. 1: Das „Gefangenendilemma“

2. Das „Tauschdilemma“ beim internationalen Vertrag

Wie auch im dargestellten „Gefangenendilemma“ bestehen im Vertragsverhältnis für jeden Vertragspartner zwei Handlungsstrategien: Erfüllung (Kooperation) und Nichterfüllung (Nichtkooperation).[166] Außerdem besteht auch bei Tauschversprechen eine gewisse Informationsasymmetrie, da die Ver-

[165] Siehe auch *Schäfer/Ott*, Lehrbuch der ökonomischen Analyse des Zivilrechts, S. 468; *Schmidtchen*, RabelsZ 59 (1995), S. 56, 90 f.

[166] Zur Vereinfachung: Die Schlechterfüllung wird der Nichterfüllung zugerechnet.

tragspartner nicht über die genaue Situation des jeweils anderen und über dessen Handlungsstrategie informiert sind. Hinzu kommt in der Praxis häufig auch die Unkenntnis über Preise und vor allem über die Qualität der angebotenen Waren.[167] Fehlt es zudem an Rechtssicherheit, so können die Vertragspartner nicht sicher sein, ob der andere erfüllt oder nicht. Jedem Vertragspartner wird dabei streng rationales Verhalten unterstellt, das sich an der Maximierung des eigenen Nutzen orientiert.[168]

Wegen dieser strukturellen Ähnlichkeiten wurde die Konstellation des „Gefangenendilemmas" als sogenanntes *Tauschdilemma* auf die Situation eines Austauschvertrages übertragen.[169]

Wenn beide Vertragspartner die Strategie der Erfüllung wählen, sollen sie eine Auszahlung eines Parameters von 6 erhalten. Entscheiden sich hingegen beide für die Nichterfüllung, sollen beide nichts erhalten (aber auch nichts investieren). Das Dilemma manifestiert sich dann, wenn eine Vertragsseite eine andere Strategie wählt als ihr Vertragspartner. In diesem Fall soll sich der Nutzen des einen auf 10 belaufen und der Schaden des anderen auf -5.[170]

Es wurde festgestellt, dass ähnlich wie im „Gefangenendilemma" die nicht-kooperative Strategie (Nichterfüllung) für beide die ökonomisch sinnvollere Lösung sein, wenn beide *nicht* wissen können, ob der andere erfüllt. In diesem Fall entfällt zwar der Gewinn; gleichzeitig jedoch werden auch die Transaktionskosten stark reduziert oder fallen nicht an. Die erwarteten Verluste können somit mit Sicherheit minimiert werden.[171] Falls der andere Vertragspartner dann noch leistet, kommt für den Vertragspartner, der sich für die Nichterfüllung entschieden hat, die Erfüllungsleistung der anderen Vertragsseite ohne „eigenen Einsatz" hinzu.[172] Wenn also Zweifel darüber bestehen, ob der Vertragspartner vertragsgemäß leistet und die eigenen vertraglichen Pflichten durchgesetzt werden können, stellt die Nichterfüllung durch die damit verbundene Verlustminimierung die ökonomisch sinnvollere Handlungsstrategie dar.[173]

---

[167] *Schäfer/Ott*, Lehrbuch der ökonomischen Analyse des Zivilrechts, S. 464.

[168] *Schäfer/Ott*, Lehrbuch der ökonomischen Analyse des Zivilrechts, S.56.

[169] Vor allem *Schmidt-Trenz*, Außenhandel und Territorialität im Außenhandel, S. 243 ff.; *Schäfer/Ott*, Lehrbuch der ökonomischen Analyse des Zivilrechts, S. 469 ff.; *Schmidtchen*, RabelsZ 59 (1995), S. 56, 92 ff.

[170] In Anlehnung an *Schäfer/Ott*, Lehrbuch der ökonomischen Analyse des Zivilrechts, S. 469.

[171] *Schäfer/Ott*, Lehrbuch der ökonomischen Analyse des Zivilrechts, S. 469

[172] Anschaulich *Schmidtchen*, RabelsZ 59 (1995), S. 56, 90 ff. m.weit.Nachw.

[173] *Schäfer/Ott*, Lehrbuch der ökonomischen Analyse des Zivilrechts, S. 469 f; *Schmidtchen*, RabelsZ 59 (1995), S. 56, 90 ff.

Nutzen des A und B (festgelegte Nutzungsparameter):

	Erfüllung durch A	Nichterfüllung durch A
Erfüllung durch B	A (6) B (6)	A (-5) B (10)
Nichterfüllung durch B	A (-5) B (10)	A (0) B (0)

Abb. 2: Das „Gefangenendilemma" beim Vertrag

3. Erwartungssicherung durch die Rechtsordnung

Das auf dem Gefangenendilemma beruhende Risiko, dass im Fall der Informationsasymmetrie der Grad der Erfüllung reduziert ist, kann entfallen, wenn sogenannte *Erwartungssicherungen* vorliegen.[174]

Sie bestehen vor allem,

- wenn der Vertragspartner bekannt ist;
- wenn das Vertrauen auf eine allgemeine Geschäftsmoral besteht;
- wenn sich die Vertragsparteien durch das Rechtssystem in ihren Erwartungen geschützt sehen.[175]

---

[174] *Schmidt-Trenz,* Außenhandel und Territorialität des Rechts, S. 63; vgl. auch *Schäfer/Ott,* Lehrbuch der ökonomischen Analyse des Zivilrechts, S. 469 ff.

[175] *Schmidt-Trenz,* Außenhandel und Territorialität des Rechts, S. 63; auch (im Zusammenhang mit der Durchsetzung von Verbraucheransprüchen) *Gessner*, in: Krämer/Micklitz/

Im Rahmen dieser Untersuchung kommt es auf die letzte der aufgezählten Erwartungssicherungen an: Bei ihrem Vorliegen kann das auf den Vertrag anwendbare Recht das dargestellte Dilemma überwinden.[176] Wenn die Rechtsordnung nämlich den Nutzen der Nichterfüllung reduziert, wird auch das Risiko der Nichterfüllung gesenkt. Dies geschieht durch die „Drohung des Schadensersatzes“[177], also durch eine Sanktionierung des nichtkooperativen Verhaltens durch die zugrundeliegende Rechtsordnung, und zwar zum Beispiel mittels Vertragsstrafen und Schadensersatzansprüchen. Können die vertraglichen Rechte auch durchgesetzt werden, steigt die Wahrscheinlichkeit für die Erfüllung des vertraglichen Versprechens. Der streng rational denkende Vertragspartner wird nämlich dann die kooperative Strategie wählen, wenn nicht mehr feststeht, dass die Nichterfüllung die günstigste Handlungsstrategie darstellt.[178] Im Ergebnis erhöht sich die Transaktionssicherheit.[179]

Fehlen in der anwendbaren Rechtsordnung eindeutige Schutzvorschriften, lebt die Attraktivität des opportunistischen, also des nichtkooperativen Verhaltens wieder auf, denn dann gilt die von *Eidenmüller* formulierte Aussage:

> „Ein Verstoß gegen [die betroffene Vorschrift] kostet nichts.“[180]

Somit sinkt unter diesen Voraussetzungen die Wahrscheinlichkeit, dass der Vertragspartner seine eigene Verpflichtung erfüllen wird.[181]

In dieser regulierenden Wirkung besteht aus ökonomischer Sicht eine wichtige Aufgabe des Vertragsrechts, das die Vertragserfüllung unter seinen Schutz stellen und auf diese Weise den Anreiz für die Nichterfüllung senken soll.[182] Die

---

Tonner (Hrsg.), Law and diffuse Interests in the European Legal Order, S. 174; *Basedow,* ZEuP 1996, S. 570, 572 f.

176 *Schmidtchen,* RabelsZ 59 (1995), S. 56, 92.

177 *Schmidtchen,* RabelsZ 59 (1995), S. 56, 92.

178 *Schäfer/Ott,* Lehrbuch der ökonomischen Analyse des Zivilrechts, S. 470.

179 *Schmidtchen,* RabelsZ 59 (1995), S. 56, 69 ff; *Schäfer/Ott,* Lehrbuch der ökonomischen Analyse des Zivilrechts, S. 470 f.

180 *Eidenmüller,* Effizienz als Rechtsprinzip, S. 35.

181 *Schäfer/Ott,* Lehrbuch der ökonomischen Analyse des Zivilrechts, S. 470 f

182 *Schmidtchen,* RabelsZ 59 (1995), S. 56, 69 ff; *Schäfer/Ott,* Lehrbuch der ökonomischen Analyse des Zivilrechts, S. 470 f.; *Eidenmüller,* Effizienz als Rechtsprinzip, S. 34; *Jost,* Effektivität des Rechts, S. 71 ff.; *Mattei,* ERevPL 1997, S. 537 f.; *Grundmann,* ZHR 163 (1999), S. 635, 648 und 652 fasst wie folgt zusammen: „Der Vertrag ist das zentrale Instrument, das eine planvolle wechselseitige Nutzung fremder Kräfte möglich macht, weil es Beiträge (Leistungen) der einen Seite für die jeweils andere Seite planbar macht und umgekehrt.[...] „Eine effiziente Vertragsordnung ist erste Voraussetzung für funktionierende

Aufgabe wird erfüllt, wenn dem Vertragspartner kein wirtschaftlicher Vorteil aus der Nichterfüllung verbleibt.[183] Dann werden die individuellen Handlungsalternativen des rational denkenden Adressaten eingeschränkt und unkooperatives Verhalten, also die Nichterfüllung vertraglicher Pflichten, durch Sanktion unterbunden.[184]

D. Ergebnis

Aus den vorangegangenen Ausführungen ergibt sich, dass sich das Fehlen von Rechtssicherheit in zweifacher Weise auf die Bereitschaft von Unternehmen, internationale Transaktionen vorzunehmen, auswirkt:

Zunächst steigen als Konsequenz fehlender Rechtssicherheit die Transaktionskosten. Ist die Erfüllung der vertraglichen Pflichten durch den Vertragspartner nicht sicher, müssen Kontrollinstrumente eingesetzt werden, um die erforderliche Sicherheit herzustellen. Somit ist zur Planung, Verhandlung und Durchführung des Vertrags ein erhöhter Aufwand erforderlich, der sich in erhöhten Transaktionskosten niederschlägt.

Weiterhin führt Rechtsunsicherheit zu einem "internationalen Tauschdilemma"[185], das durch Anwendung des "Gefangenendilemmas" auf das Vertragsverhältnis veranschaulicht wurde. Sind die vertraglichen Pflichten in internationalen Vertragsverhältnissen im Hinblick auf Inhalt und Durchsetzbarkeit, nicht eindeutig und greifen auch nicht andere „Erwartungssicherungen“ (z.B. bei dauerhaften Geschäftsbeziehungen), kommt es zu einer Informationsasymmetrie: Die eine Vertragsseite *weiß* also nicht, ob die andere Seite leistet. Der rational handelnde Vertragspartner wählt zu diesem Zeitpunkt die Strategie der Nichterfüllung, um eigene Verluste zu minimieren. Erst wenn es der dem Vertrag zugrunde liegenden Rechtsordnung gelingt, "schädliche" Verhaltensweisen wie Nichterfüllung, Schlechterfüllung usw. durch die Gewährleistung von Sekundäransprüchen zu sanktionieren, stellt die vertragsgemäße Leistung, also die Erfüllung des vertraglichen Versprechens die günstigere Handlungsstrategie für beide Vertragspartner dar.

Märkte.“ Ähnlich *Schwintowski;* JZ 2002, S. 205, 208, der von einer „verlässlichen Verhaltenssteuerung“ durch Rechtsordnungen spricht.

[183] Ebenso *Lehman,* Bürgerliches Recht und Handelsrecht, S. 14; *Eidenmüller,* Effizienz als Rechtsprinzip, S. 35 f.; *Jost,* Effektivität von Recht, S. 57 und S. 59.

[184] *Jost,* Effektivität von Recht, S. 57 ff.

[185] *Schmidtchen,* RabelsZ 59 (1995) S. 56, 90 ff.

Wegen der hohen Transaktionskosten und der reduzierten Erfüllungswahrscheinlichkeit muss der Unternehmer damit rechnen, dass der Vertrag entweder nicht wie vereinbart durchgeführt oder nur um einen hohen Preis, der die Rentabilität der Transaktion reduziert. Rechtsunsicherheit wirkt abschreckend auf Unternehmen und hält sie davon ab, grenzüberschreitend aktiv zu werden. Beide miteinander verzahnten Aspekte führen somit dazu, dass die Bereitschaft zur Durchführung internationaler Transaktionen abnimmt. Im Ergebnis wirkt sich folglich fehlende Rechtssicherheit wie ein – nicht-tarifäres – Handelshemmnis aus.[186]

Folglich liegen die Voraussetzungen für einen funktionstüchtigen Binnenmarkt nicht vor, wenn den Unternehmen bei der Durchführung einer Transaktion auf dem Binnenmarkt wesentlich höhere Kosten als bei einer Transaktion innerhalb eines Mitgliedstaates entstehen oder gar die Erfüllung des Vertrages bei einer solchen grenzüberschreitenden Aktion weniger wahrscheinlich als bei einer innerstaatlichen Unternehmung und das Risiko der Nichterfüllung bei einer Transaktion in einem anderen Mitgliedstaat größer ist. Die Existenz einer funktionsfähigen Rechtsordnung, die im Bereich des internationalen Handels Rechtssicherheit für die aktiven Unternehmen schafft, ist folglich zwingende Voraussetzung für einen funktionsfähigen Handelsmarkt.[187]

---

[186] *Wagner*, FS Peters, S. 221, 232; *Schmidtchen*, RabelsZ 59 (1995) S. 56, 90 ff.; *Stein*, in: Grundmann (Hrsg.), Systembildung und Systemlücken in Kerngebieten des Europäischen Privatrechts, S. 669; *Tilmann*, in: Müller-Graff (Hrsg.), Gemeinsames Privatrecht in der Europäischen Gemeinschaft, S. 579, 592; ähnlich auch *Berthold*, in: Kantzenbach (Hrsg.), Probleme der Vollendung des Binnenmarktes nach 1992, S. 33, 36 f.

[187] *Basedow*, Europäisches Vertragsrecht für europäische Märkte, S. 19. Dazu auch *Behrens*, in: Basedow (Hrsg.), Aufbruch nach Europa, S. 381, 387.

Zweites Kapitel: Rechtssicherheit im Binnenmarkt

Fehlende Rechtssicherheit wirkt wie ein nicht-tarifäres Handelshemmnis, wie das vorangegangene Kapitel gezeigt hat. Da das Vorliegen nicht-tarifärer Handelshemmnisse die Funktionsfähigkeit eines Marktes verringern kann, ist eine Bestandsaufnahme der Rechtssicherheit auf dem europäischen Binnenmarkt erforderlich.

Gegen den Bedarf für diese Untersuchung könnte sprechen, dass die Mitgliedstaaten bereits über ein detailliertes Sachrecht verfügten, ergänzt durch ein Internationales Privatrecht, das auf der Grundlage des Römischen EWG-Übereinkommen über das auf vertragliche Schuldverhältnisse anzuwendende Recht (EVÜ)[188] geschaffen wurde. In der Tat hat die Europäische Union einen erheblichen Beitrag zu der gegenseitigen Annäherung der nationalen Rechtsordnungen geleistet und die rechtlichen Rahmenbedingungen von Transaktionen auf dem Binnenmarkt erheblich vereinheitlicht. Dennoch manifestiert die Wirtschaft insbesondere im Bereich des internationalen Handels ihr fehlendes Vertrauen in die nationalen Rechtsordnungen durch die intensive Verwendung privatautonomer Regelwerke. Auch erfolgt deren Durchsetzung in der Regel nicht vor staatlichen Gerichten, sondern vor der Schiedsgerichtsbarkeit.[189] Daher ist eine Bestandsaufnahme der im Binnenmarkt bestehenden Rechtssicherheit erforderlich. Die Untersuchung ist in drei Teile gegliedert, von denen sich der erste mit dem europäischen Kollisionsrecht, der zweite mit dem Sachrecht der Mitgliedstaaten und der dritte mit dem Rechtsschutz im Binnenmarkt befasst.

A. Rechtssicherheit im „europäischen Kollisionsrecht“

Wesentliche Grundlage einer Transaktion ist der zwischen den Parteien geschlossene Vertrag. Da aber im Vertrag in der Regel zukünftige Leistungen vereinbart werden, kann der Vertrag nicht jeden Konflikt vorhersehen. Verträge

---

[188] BGBl. 1986 II, S. 810 idF des 3. Beitrittsübereinkommen vom 29.11.1996 (BGBl. 1999 II, S. 7); abgedruckt bei *Jayme/Hausmann*, Internationales Privat- und Verfahrensrecht, Nr. 70. Übersicht über weitere Staatsverträge bei *Kropholler*, IPR, S. 50 ff.

[189] Ähnlich *Stein*, Lex mercatoria, S. 16.

sind deshalb grundsätzlich unvollständig.[190] Daher kommt ergänzend eine (in der Regel) nationale Rechtsordnung zur Anwendung.

Nur wenn im Vorfeld des Vertragsschlusses das anwendbare Recht sicher bestimmt werden kann, können auch die Pflichten und Rechte der Vertragsparteien im Vorfeld bestimmt und kalkuliert werden.[191] Entsprechend steht in rechtlicher Hinsicht die Frage nach dem anwendbaren Recht im Zentrum sämtlicher internationaler Verträge. Bei einem Sachverhalt mit Auslandsberührung ist es denkbar, dass jede betroffene nationale Rechtsordnung den Anspruch erhebt, angewandt zu werden (positiver Konflikt). Seltener, aber auch möglich ist, dass überhaupt keine Rechtsordnung Anwendung findet (negativer Konflikt). Ziel des Internationalen Privatrechts ist es, bei Sachverhalten mit Auslandsberührung die Kollision mehrerer Rechtsordnungen zu vermeiden und eine nationale Rechtsordnung zur Anwendung zu bestimmen (Art. 3 I EGBGB).[192] Synonym wird daher auch der Ausdruck Kollisionsrecht verwendet.[193]

Das Internationale Privatrecht ist somit grundsätzlich geeignet, einen bedeutenden Beitrag zur Verhaltenssteuerung der Wirtschaftsakteure und damit zur Rechtssicherheit zu leisten, wonach sich auch seine wirtschaftliche Effizienz bestimmt. Im folgenden stellt sich die Frage, ob dieser Beitrag innerhalb der Europäischen Union tatsächlich geleistet wird.

Die europäischen Vorschriften zum Kollisionsrecht begegnen im Schrifttum zum Teil erheblicher Kritik.[194] *Kreuzer* zum Beispiel fasst die seiner Ansicht nach bestehenden Mängel wie folgt zusammen:

---

[190] *Schmidtchen,* RabelsZ 59 (1995), S. 56, 63; *Stein,* in: Grundmann (Hrsg.), Systembildung und Systemlücken, S. 669. Zu der Ausnahme des vollständigen Vertrages vgl. unten drittes Kapitel Abschnitt A.

[191] Zu Recht *Stein,* Lex mercatoria, S. 19 f.

[192] *Ferid,* IPR, Rn. 1-3; *Kegel,* IPR, S. 3; *Kropholler,* IPR, S. 1 ff,; *Siehr,* IPR, S. 358 f.; *Behrens,* in: Basedow (Hrsg.) Aufbruch nach Europa, S. 381, 388.
kritisch *Firsching/V. Hoffman,* IPR, S. 2 ff.

[193] Zu den Schwächen der jeweiligen Bezeichnungen *Kropholler,* IPR, S. 14; zur Geschichte des Internationalen Privatrechts: *ders.,* S. 10 f.; *Firsching/V. Hoffman,* IPR, S. 42 ff.; speziell für die Europäische Gemeinschaft: *Kreuzer,* in: Müller-Graff (Hrsg.), Gemeinsames Privatrecht in der Europäischen Gemeinschaft, S. 457, S. 460 ff.

[194] Vor allem *Kreuzer,* in: Müller-Graff (Hrsg.), Gemeinsames Privatrecht in der Europäischen Gemeinschaft, S. 457, 496 f.; *Berger,* Formalisierte oder „schleichende" Kodifizierung des transnationalen Wirtschaftsrecht, S. 9 ff.; *Stein,* Lex mercatoria, S. 23 ff.; *dies.,* in: Grundmann (Hrsg.), Systembildung und Systemlücken in Kerngebieten des Europäischen Privatrechts, S. 669 f.; *Lehne,* Perspektiven eines Europäischen Privatrechts, S. 4.

> „Pointillismus, Unübersichtlichkeit, Zufälligkeit, Zersplitterung, Verweisung auf das IPR der Mitgliedstaaten, „beliebige“ Umsetzung von Richtlinien, fehlende Koordination und unterschiedliche Auslegungskontrolle durch den EuGH.“ [195]

Auch nach *Stein* ist das Kollisionsrecht vor allem durch zwei Aspekte gekennzeichnet, nämlich: *"fehlende Sicherheit und Vorhersehbarkeit einerseits, Willkür andererseits"*. Die folgenden Ausführungen setzen sich exemplarisch mit dieser Kritik auseinander.

I. Rechtsgrundlagen

Das auf Gemeinschaftsebene geregelte Internationale Privatrecht (im folgenden: "europäisches Kollisionsrecht“) setzt sich zusammen aus dem Römischen EWG-Übereinkommen über das auf vertragliche Schuldverhältnisse anzuwendende Recht (EVÜ)[196] und den speziellen Kollisionsnormen, die in einigen Richtlinien enthalten sind.

Außerdem hat der Rat mehrere Richtlinien verabschiedet, die unter anderem Normen mit kollisionsrechtlichem Gehalt enthalten. [197]

1. Das EVÜ

Im Zentrum des europäischen Kollisionsrechts steht das EVÜ. Dabei handelt es sich um einen Staatsvertrag, der zwischen den Mitgliedstaaten der Europäischen Union geschlossen wurde. Im Rahmen der Kompetenzerweiterung der Europäischen Gemeinschaft durch die Beschlüsse von Amsterdam ist in diesem Bereich mit der Verabschiedung einer Verordnung zu rechnen. Ein entsprechen-

---

[195] *Kreuzer*, in: Müller-Graff (Hrsg.), Gemeinsames Privatrecht in der Europäischen Gemeinschaft, S. 457, 496 f.

[196] BGBl. 1986 II, S. 810 idF des 3. Beitrittsübereinkommen vom 29.11.1996 (BGBl. 1999 II, S. 7); abgedruckt bei *Jayme/Hausmann*, Internationales Privat- und Verfahrensrecht, Nr. 70. Übersicht über weitere Staatsverträge bei *Kropholler*, IPR, S. 50 ff.

[197] In terminologischer Sicht ist *Sonnenberger*, ZVglRWiss 95 (1996), S. 3, 31, darin Recht zu geben, dass EG-Richtlinien selbst keine Normen enthalten, sondern Anweisungen an die Mitgliedstaaten, ihre Rechtsnormen entsprechend anzugleichen. Dennoch hat sich ein entsprechender Sprachgebrauch, der von Normen in EG-Richtlinien spricht, bereits eingebürgert und ist auch dieser Untersuchung zugrunde zu legen: Der Begriff der Richtliniennorm wird daher auch im folgenden verstanden als Anweisung des EG-Gesetzgebers an die Mitgliedstaaten zur Umsetzung eines bestimmten Regelungsgehaltes.

des Grünbuch hat die Kommission bereits vorgelegt.[198] Doch dabei handelt es sich noch um „Zukunftsmusik“.[199]

Es ist zu untersuchen, inwieweit das EVÜ dazu beigetragen hat, aus Unternehmersicht vorhersehbare und eindeutige Ergebnisse zu produzieren. Vorrangige Ziele des EVÜ sind die Erhöhung der Rechtssicherheit und die Stärkung des Vertrauens in die Stabilität der Rechtsordnungen.[200] Das EVÜ bestimmt durch einheitliche Vorschriften innerhalb seines räumlichen und sachlichen Anwendungsbereiches, welche Rechtsordnung für ein konkretes Rechtsverhältnis maßgeblich ist. Außerdem hält das Übereinkommen Sonderanknüpfungen für bestimmte Rechtsverhältnisse bereit.

a) Das EVÜ und seine Geltung im nationalen Recht

Bedenken dagegen, dass das EVÜ zu vorhersehbaren und eindeutigen Ergebnissen führt, können sich bereits daraus ergeben, dass das EVÜ als völkerrechtlicher Vertrag einen breiten Konsens erzielen musste, um von den Mitgliedstaaten akzeptiert und ratifiziert zu werden.[201] Aus dem Einstimmigkeitserfordernis resultiert, dass das EVÜ eine Kompromisslösung darstellt und durch seine oftmals vagen Formulierungen den Vertragsstaaten und ihren Gerichten großzügige Interpretationsspielräume einräumt, die einen äußeren Entscheidungseinklang im Geltungsbereich des EVÜ verhindern.[202] Zudem besteht eine Vielfalt an Umsetzungsalternativen, die von einer unmittelbaren Übernahme durch bloße Verweisung auf die Vorschriften des Abkommens (wie in Dänemark) bis zur Umwandlung des EVÜ in staatliches Recht (wie in

---

[198] Kommission der Europäischen Gemeinschaften: Grünbuch über die Umwandlung des Übereinkommens von Rom aus dem Jahr 1980 über das auf vertragliche Schuldverhältnisse anzuwendende Recht in ein Gemeinschaftsinstrument sowie über seine Aktualisierung, vorgelegt am 14. Januar 2003, Kom (2002) 645 endg.

[199] So *Kropholler*, in: Basedow (Hrsg.), Aufbruch nach Europa, S. 583, 586; auch *Mankowski*, ebenda, S. 595, 596 f.; *Jayme*, in: Müller-Graff/Roth (Hrsg.), Recht und Rechtswissenschaft, S. 160.

[200] *Kreuzer*, in: Müller-Graff (Hrsg.), Gemeinsames Privatrecht in der Europäischen Gemeinschaft, S. 457, 486 m.w.Nachw.

[201] Zur Vorgeschichte des EVÜ: *Rammeloo*, Das neue EG-Vertragskollisionsrecht, S. 238 ff.; *Krings*, Erfüllungsmodalitäten im Internationalen Schuldvertragsrecht, S. 13 ff.; *Kreuzer*, in: Müller-Graff (Hrsg.), Gemeinsames Privatrecht in der Europäischen Gemeinschaft, S. 457, 486 ff.

[202] *Rammeloo*, Das neue EG-Vertragskollisionsrecht, S. 237.

Deutschland) reichen.[203] Auch aus lediglich sprachlichen Abweichungen von den originären Vorschriften können sich jedoch durchaus erhebliche inhaltliche Unterschiede ergeben.[204]

Der deutsche Gesetzgeber hat sich bei den Modifizierungen des EVÜ besonders hervorgetan und nahezu jeden Artikel geändert.[205] Dabei reicht die Palette der Änderungen von rein sprachlicher Korrektur der oftmals umständlichen Ausdrucksweise des Übereinkommens bis hin zu inhaltlichen Veränderungen[206]: Art. 9 Abs. 3 EVÜ legt zum Beispiel fest, dass die Formvorschriften des Staates, in dem sich der Vertreter befindet, *berücksichtigt* werden sollen, während sie nach der deutschen Fassung des Art. 11 Abs. 3 EGBGB *maßgebend* sind[207]. Der Wortlaut der deutschen Fassung verpflichtet im Vergleich zur originären Rechtsquelle das Gericht zu einer strengeren Beachtung der ausländischen Formvorschriften, was sich durchaus auf die Rechtsanwendungspraxis auswirken kann.

Bereits die Geltung in den Mitgliedstaaten kann daher differieren. Die nationalen Abweichungen bei der Umsetzung beeinträchtigen die angestrebte Vereinheitlichung.[208]

b) Bestimmbarkeit des anwendbaren Rechts

Fraglich ist, ob das anwendbare Recht im Anwendungsbereich des EVÜ von den Parteien eindeutig bestimmt werden kann.

---

[203] *Rammeloo*, Das neue EG-Vertragskollisionsrecht, S. 241 ff.; zu den gewählten Umsetzungsarten in Deutschland und in Dänemark *Müller*, Umsetzung der europäischen Übereinkommen, S. 23 ff., S. 34 ff. Speziell zu Deutschland *Kohler*, EuR 1984, S. 155 ff.

[204] *Rammeloo*, Das neue EG-Vertragskollisionsrecht, S. 243.

[205] *Kohler*, EuR 1984, S. 155 f.; ausführliche Übersicht bei *Rammeloo*, Das neue EG-Vertragskollisionsrecht, S. 247 f. Etwas anders *Hau*, in: Leible, Das Grünbuch zum Internationalen Vertragsrecht, S. 13, 14: weitgehend „wortlautidentische Bestimmungen", aber im Ergebnis zutreffende Einschätzung, dass „sich aus heutiger Sicht kaum behaupten [lässt], dass die Inkorporation der gewünschten einheitlichen Auslegung des EVÜ in den Mitgliedstaaten zuträglich war."

[206] Nachweise bei *Rammeloo*, Das neue EG-Vertragskollisionsrecht, S. 248.

[207] Beispiel bei *Rammeloo*, Das neue EG-Vertragskollisionsrecht, S. 248 f.

[208] *Kohler*, EuR 1984, S. 155, 166 f.; *Hau*, in: Leible, Das Grünbuch zum Internationalen Vertragsrecht, S. 13, 14.

(1) Subjektive Anknüpfung (Rechtswahl)

Ausgangspunkt der Anknüpfung ist die Rechtswahl der Parteien (Art. 3 EVÜ). Diese Vorschrift sieht nicht nur die ausdrückliche Rechtswahl vor, sondern akzeptiert auch, dass sich eine Rechtswahl „mit hinreichender Sicherheit aus den Bestimmungen des Vertrages oder aus den Umständen des Falles ergeben" kann (Art. 3 Abs. 1 S. 2 EVÜ).

Es stellt sich daher die Frage, unter welchen Umständen sich eine Rechtswahl mit hinreichender Sicherheit aus einem Vertrag oder aus dem Sachverhalt ergeben kann. Das staatliche Gericht hat bei dieser Frage Wertungen anhand von Indizien vorzunehmen, die von Fall zu Fall unterschiedlich ausfallen können.[209] Dazu zählen z.B. die Bezugnahme des Vertrages auf Vorschriften einer bestimmten Rechtsordnung, Einigung auf einen Erfüllungsort, bisherige Übung der Parteien, die ähnliche Verträge früher einem bestimmten Recht unterstellt haben, der Ort des Vertragsschlusses, die Vertragssprache oder die vereinbarte Währung.[210] Da die Annahme einer stillschweigenden Rechtswahl somit von der subjektiven Wertung des Gerichts abhängt, ist sie für die Parteien im Vorfeld schwer einzuschätzen. Dabei geht die deutsche Rechtsprechung häufig von einer stillschweigenden Rechtswahl ohne eindeutigen Anhaltspunkt aus.[211] Dies ist der Rechtssicherheit der Parteien abträglich, da sie im Vorfeld nur schwer kalkulieren können, ob das Gericht eine stillschweigende Rechtswahl durch die Parteien annimmt.

(2) Objektive Anknüpfung

Haben die Parteien keine oder eine ungültige Rechtswahl getroffen, wird nach Art. 4 EVÜ an die Rechtsordnung angeknüpft, zu welcher der Sachverhalt die „engste Verbindung" aufweist. Dieser Grundsatz wird konkretisiert durch Vermutungsregeln wie z.B. die Orientierung an der charakteristischen Leistung des Vertrags.[212] Diese lässt sich oftmals aber nicht eindeutig zuordnen und manches Mal auch nicht eindeutig lokalisieren, wie etwa bei den im Handelsverkehr üblichen Gegengeschäften (*countertrade*), bei denen es auf jeder Vertragsseite „charakteristische Leistungen" gibt, oder bei spezifischen

---

[209] *Kropholler*, IPR, S. 439 f.; *Stein*, in: Grundmann (Hrsg.), Systembildung und Systemlücken in Kerngebieten des Europäischen Privatrechts, S. 669, 673; zu den Indizien *Schröder/Wenner*, Internationales Vertragsrecht, S. 58 ff.

[210] *Kropholler*, IPR, S. 439 f. m.weit.Nachw.

[211] Nachweise bei *Martiny*, ZEuP 2001, S. 308, 315 f.

[212] Dazu *Schröder/Wenner*, Internationales Vertragsrecht, S. 105 ff.

Transaktionsversprechen wie dem *Letter of Intent* (LOI).[213] Schwierigkeiten ergeben sich auch bei der Ermittlung der charakteristischen Leistung bei Lizenzverträgen, da angesichts der speziellen Verpflichtungen des Lizenznehmers das Abstellen auf die Leistung des Lizenznehmers dem Charakter des Lizenzvertrages nicht ausreichend Rechnung trägt.[214] Im internationalen Zahlungsverkehr, der sich unter Einschaltung mehrerer Banken vollzieht, können sogar mehrere Rechtsordnungen Anwendung finden.[215]

Bei den in der internationalen Praxis gebräuchlichen Vertragstypen führt die objektive Anknüpfung daher dazu, dass die maßgebliche Rechtsordnung im Vorfeld der geplanten Transaktion nur schwer bestimmt werden kann. Erschwerend kommt hinzu, dass die Vermutungsregeln widerleglich sind und durch Ausnahmen in ihrem Anwendungsbereich eingeschränkt sind.[216] Da die Rechtsordnungen jedoch erhebliche Unterschiede aufweisen, können bestimmte Rechtsinstitute nach einer Rechtsordnung als ungültig angesehen werden, nach einer anderen aber als gültig (hinkendes Rechtsverhältnis).[217]

Die Schwächen der Anknüpfungsmerkmale sind durch die Wissenschaft hinlänglich nachgewiesen worden, ebenso die Tatsache, dass das Ideal des äußeren Entscheidungseinklanges durch diese Vorschriften nicht verwirklicht werden kann.[218] Die Bestimmung des anwendbaren Rechts durch die Vertragsparteien wird durch die dargestellten Schwächen der Kollisionsnormen deutlich erschwert.

c) Eingeschränkter Anwendungsbereich, Verweisung auf das IPR der Mitgliedstaaten, *ordre public*

Fraglich ist weiter, ob das EVÜ sicherstellen kann, dass die ihm unterstehenden Verträge einer einzigen Rechtsordnung unterliegen. Gelingt dies dem EVÜ nicht, besteht die Gefahr, dass einzelne Rechtsfragen aus dem Vertragsverhältnis

---

[213] *Berger*, Formalisierte oder „schleichende" Kodifizierung des transnationalen Wirtschaftsrechts, S. 11.

[214] *Martiny,* ZEuP 2001, S. 308, 318 m. Beispielen.

[215] *Martiny,* ZEuP 2001, S. 308, 317.

[216] Dazu *Martiny,* ZEuP 2001, S. 308, 318 f.

[217] *Kreuzer,* in: Müller-Graff (Hrsg.), Gemeinsames Privatrecht in der Europäischen Gemeinschaft, S. 457, 499.

[218] Ausführlich zur schwierigen Anknüpfung an die charakteristische Leistung sowie der Sonderanknüpfungen zum Beispiel: *Rammeloo*, Das neue EG-Vertragskollisionsrecht, S. 285 ff., *Berger*, Formalisierte oder „schleichende" Kodifizierung des transnationalen Wirtschaftsrechts, S. 9 ff.

einer anderen Rechtsordnung unterliegen als die übrigen Vertragsfragen. Diese „Zersplitterung" widerspräche der natürlichen Einheit des von den Parteien vereinbarten Vertrages und könnte daher nur in Ausnahmefällen dem Parteiwillen gerecht werden.

(1) Beschränkter sachlicher Anwendungsbereich

Zweifel an der Eignung des EVÜ, die Vertragsaufspaltung zu vermeiden, bestehen insbesondere im Hinblick auf den auf Schuldverträge beschränkten sachlichen Anwendungsbereich des EVÜ. Er hat zur Folge, dass z.B. für dingliche Sicherungsrechte wie der Eigentumsvorbehalt, Formfragen und die Prüfung der Rechts- und Geschäftsfähigkeit auf das IPR der Mitgliedstaaten verwiesen wird, mit der Folge, dass diese Rechtsfragen einer gesonderten Anknüpfung und damit unter Umständen auch einem anderen Sachrecht unterliegen und schlimmstenfalls an der Landesgrenze aufhören zu existieren.[219] Unterschiedliche Teilfragen eines Rechtsverhältnisses können somit auch innerhalb des grundsätzlichen Anwendungsbereiches des EVÜ nach mehreren unterschiedlichen Rechtsordnungen zu beurteilen sein.

(2) Allgemeiner ordre public

Außerdem könnten Ausnahmevorschriften wie das in der Generalklausel des Art. 16 EVÜ geregelte Institut des *ordre public* und das Umgehungsverbot des Art. 34 EVÜ eine eindeutige Anknüpfung verhindern.[220]

Die Berufung auf den allgemeinen *ordre public*[221] dient als Korrektiv bei der Anwendung fremden Rechts.[222] Im deutschen Recht ist der *ordre public* in Art. 6 EGBGB geregelt. Seine Funktion besteht vor allem in der Ausschließung fremder Normen, deren Anwendung im Ergebnis als unbillig empfunden wird.[223]

Den Kontrollmaßstab hierfür bilden die wesentlichen Grundzüge des inländischen Rechts. Davon werden vor allem Grundrechte erfasst (Art. 6 S. 2

---

[219] *Zwernemann/Lißner*, in: Häberle (Hrsg.), Handbuch für Kaufrecht, S. 173, 302 ff.; *Döser*, Vertragsgestaltung internationaler Wirtschaftsverträge, Rn. 39 ff.

[220] So bspw. auch *Schmidtchen*, RabelsZ 59 (1995), S. 56, 79.

[221] *Dtsch.*: öffentliche Ordnung, *engl.*: public policy.

[222] *Kropholler*, IPR, S. 239; *Siehr*, IPR, S. 485 f.

[223] *Kropholler*, IPR, S. 239; *Siehr*, IPR, S. 490. Zu den binnenmarktsspezifischen Grenzen der Geltendmachung des *ordre public* vgl. *Martiny*, ZEuP 2001, S. 308, 329.

EGBGB).[224] Nach der Auffassung des BGH liegt eine Verletzung des allgemeinen *ordre public* vor, wenn im Einzelfall das Ergebnis der Anwendung ausländischen Rechts zu den Grundgedanken des deutschen Rechts [und zu den] in ihnen liegenden Gerechtigkeitsvorstellungen in einem so schwerwiegenden Widerspruch steht, dass seine Anwendung als untragbar gesehen wird.[225]

Ungeschriebene Voraussetzung für die Anwendung des *ordre public* ist das Vorliegen eines gewissen Inlandsbezuges. Dieser Inlandsbezug muss den Kern der jeweiligen Rechtsfrage berühren.[226] Nach der sogenannten *Relativität* des *ordre public* besteht zwischen der Intensität des Inlandsbezuges und der Durchsetzungskraft inländischer Normen ein Abhängigkeitsverhältnis: je stärker der Inlandsbezug ausgeprägt ist, umso weniger werden Ergebnisse aus der Anwendung fremden Rechts, die als fremdartig empfunden werden, hingenommen. Entsprechendes gilt umgekehrt: je schwächer der Inlandsbezug ist, umso fremdartiger muss das Ergebnis aus der Anwendung des fremden Rechts sein, um die Durchsetzung der inländischen Norm zu bewirken.[227]

Inhaltlich sind die Grundsätze des *ordre public* nur schwer festzulegen.[228] Insbesondere der Einfluss des EG-Rechts auf die Anwendung von Art. 6 EGBGB ist nicht abschließend geklärt.[229]

Der *ordre public* kann zudem unterschiedliche Rechtsfolgen auslösen, die von der Nichtanwendung der fremden Norm über die Durchsetzung der inländischen Norm bis hin zu einer modifizierten Anwendung der fremden Norm reicht.[230] Zwar spielt der *ordre public* im Wirtschafts- und Handelsrecht eine geringere Rolle als zum Beispiel im Familienrecht.[231] Dennoch kann er wegen seiner Unwägbarkeiten, wie *Kropholler* formuliert, "zerstörerisch wirken, weil er die (...) Rechtssicherheit und Entscheidungsgleichheit und unvorhersehbare Weise sprengen vermag"[232] und diese zerstörerische Wirkung auch im internationalen Handelsverkehr entfaltet.

---

[224] *Kropholler,* IPR, S. 245 ff.
[225] Z.B. BVerG, Urteil vom 3.8.1994, BVerfG E 91, 140; BVerfG, Beschluß vom 25.7.2003 (Az.: 2 BvR 11 98/03); BGH, Urteil vom 4.6.1992 (BGH Z 118, 312); zum „Ordre public" *Siehr*, IPR, S. 490.
[226] *Kropholler,* IPR, S. 240.
[227] *Kropholler,* IPR, S. 241.
[228] *Kropholler,* IPR, S. 242.
[229] *Sonnenberger,* ZvglRWiss 95 (1996), S. 3, 40 f.
[230] *Kropholler,* IPR, S. 249.
[231] *Sonnenberger,* ZvglRWiss 95 (1996), S. 3, 41.
[232] *Kropholler,* IPR, S. 250.

(3) Berücksichtigung von Eingriffsnormen

Ähnlich "zerstörerisch" könnten auch die sogenannten Eingriffsnormen wirken, denen im deutschen Recht durch Art. 34 EGBGB und auf europäischer Ebene durch Art. 7 Abs. 2 EVÜ Geltung verschafft wird.[233]

Jeder Staat hat grundsätzlich die Freiheit, bestimmte eigene Vorschriften für international zwingend zu erklären.[234] Somit dienen die Eingriffsnorm wie auch der allgemeine *ordre public* als Korrektiv bei der Anwendung fremden Rechts.[235] Voraussetzung ist wie auch im Bereich des *ordre public* ein gewisser Inlandsbezug.[236]

Eingriffsnormen können auf mehrfache Weise zur Anwendung gelangen. Zum einen muss das Gericht bei der Anwendung des fremden Rechts die inländischen Eingriffsnormen beachten.[237] Zum anderen müssen aber gegebenenfalls bei der Anwendung inländischen Rechts ausländische Eingriffsnormen beachtet werden.[238] Abcr auch bei der Anwendung ausländischen, zum Beispiel französischen Rechts, kann sich im Einzelfall eine Eingriffsnorm einer dritten Rechtsordnung, beispielsweise des englischen Rechts, durchsetzen.[239]

Für die Klassifizierung einer Vorschrift als Eingriffsnorm im deutschen Recht ist erforderlich, dass die Norm überwiegend oder zumindest stark im öffentlichen Interesse liegt.[240] Davon abzugrenzen sind Vorschriften, die lediglich dem Interesse der Vertragsparteien dienen.[241] Beispiele lassen sich in allen Rechtsbereichen finden. So ist zum Beispiel das deutsche Kartellrecht nach § 130 Abs. 2 S. 1 GWB selbst auf im Ausland veranlasste Wettbewerbsbeschränkungen anzuwenden, soweit sie sich im Geltungsbereich des GWB auswirken.[242] Auf

---

[233] Zum Begriff z.B. *Busse*, ZvglRWiss 95 (1996), S. 386, 388 ff.; *Freitag*, in: Leible (Hrsg.), Das Grünbuch zum Internationalen Vertragsrecht, S. 167, 168 ff.
[234] *Kropholler*, IPR, S. 475 m.w.Nachw.
[235] *Busse*, ZvglRWiss 95 (1996), S. 386, 389. Vgl. auch *Kropholler*, IPR, S. 476.
[236] *Kropholler*, IPR, S. 476.
[237] *Kropholler*, IPR, S. 475 ff.; *Busse*, ZVglRWiss 95 (1996), 386, 394; *Freitag*, in: Leible (Hrsg.), Das Grünbuch zum Internationalen Vertragsrecht, S. 167, 181 ff.
[238] *Siehr*, IPR, S. 493.; *Busse*, ZVglRWiss 95 (1996), S. 386, 409; *Freitag*, in: Leible (Hrsg.), Das Grünbuch zum Internationalen Vertragsrecht, S. 167, 186 ff..
[239] *Kropholler*, IPR, S. 480 ff.; *Siehr*, IPR, S. 493 f. Offenbar ist aber diese Konstellation in der Praxis relativ selten, vgl. *Martiny*, ZEuP 2001, S. 308, 332.
[240] *Kropholler*, IPR, S. 476; vgl.. auch die Beispiele bei *Martiny*, ZEuP 1997, S. 107, 124 f.
[241] *Kropholler*, IPR, S. 476.
[242] Sogenanntes „Auswirkungsprinzip", dazu *Bechtold*, , Kartellgesetz/Gesetz gegen unlautere Wettbewerbsbeschränkungen (Kommentar), § 130, Rn. 12 ff; *Langen/Bunte*, Kommentar zum deutschen und europäischen Kartellrecht, § 130 Abs. 2, Rn. 110 ff.

diese Weise kann jeder Staat trotz der Anwendbarkeit einer fremden Rechtsordnung die Beachtung seiner eigenen Vorschriften durchsetzen.

Die Konturen des *ordre public* sind aber zu ungenau, um seine Anwendbarkeit im Vorfeld einschätzen zu können. Daraus resultiert eine aus Unternehmersicht bedenkliche Unsicherheit, da die Einheitlichkeit des Vertragsstatuts nicht gewährleistet ist.[243] Bei der Anwendung "ausländischer" Eingriffsnormen besteht noch eine weit größere Unsicherheit hinsichtlich der Frage, unter welchen Voraussetzungen sie sich gegen das inländische Recht durchsetzen.[244] Eine gesetzliche Regelung ist bisher auf europäischer Ebene nicht erlassen worden.[245] Die Kriterien für die Beurteilung einer Eingriffsnorm werden, wie erschwerend hinzu kommt, in den Mitgliedstaaten unterschiedlich formuliert.[246]

Im Ergebnis wirkt sich folglich die Existenz zwingender internationaler Normen und ihre drohende Anwendung selbst gegenüber dem anwendbaren Recht schädlich auf die Rechtssicherheit aus, da durch sie eine weitere Rechtsordnung Anwendung finden kann, ohne dass dies von den Parteien einkalkuliert werden konnte.

d) Auslegungskompetenz des EuGH

Zur Begründung der Auslegungskompetenz des EuGH bei Auslegungsfragen zum EVÜ wurden zwei Protokolle[247] erarbeitet, die aber mangels ausreichender Ratifizierung durch die Mitgliedstaaten bisher noch nicht in Kraft getreten sind. Der EuGH hat somit keine Auslegungskompetenz für das EVÜ. Der äußere

---

[243] *Schmidtchen,* RabelsZ 59 (1995), S. 56, 79.

[244] *Busse,* ZvglRWiss 95 (1996), S. 386, 401 ff., *Martiny,* ZEuP 1997, S. 107, 125, dazu auch *Kropholler,* IPR, S. 481; *Siehr,* IPR, S.493.

[245] *Martiny,* ZEuP 1995, S. 67, 87; *ders.;* ZEuP 1997, S. 107, 125.

[246] *Krings,* Erfüllungsmodalitäten im Internationalen Schuldvertragsrecht, S. 137 f.; ebenso *Grundmann,* ZHR 163 (1999), S. 635, 651 f.

[247] Erstes Brüssler Protokoll betreffend die Auslegung des am 19. Juni 1980 in Rom zur Unterzeichnung aufgelegten Übereinkommens über das auf vertragliche Schuldverhältnisse anzuwendende Recht durch den Gerichtshof der Europäischen Gemeinschaften vom 19. Dezember 1988 (BGBl. 1995 II, S. 916), abgedruckt in Jayme/Hausmann, Internationales Privat- und Verfahrensrecht, Nr. 71; Zweites Brüssler Protokoll zur Übertragung bestimmter Zuständigkeiten für die Auslegung des am 19. Juni 1980 in Rom zur Unterzeichnung aufgelegten Übereinkommens über das auf vertragliche Schuldverhältnisse anzuwendende Recht auf den Gerichtshof der Europäischen Gemeinschaften vom 19. Dezember 1995 (BGBl. 1995 II, S. 923), abgedruckt: *Jayme/Hausmann*, Internationales Privat- und Verfahrensrecht, Nr. 72.

Entscheidungs-einklang ist somit nicht gewährleistet.[248] Es ist zum Beispiel nicht gesichert, dass bei der Frage nach der Drittwirksamkeit einer Forderungsabtretung deutsche und französische Richter zu der Anwendung derselben Rechtsordnung gelangen würden.[249]

e) Zwischenergebnis

Wegen des beschränkten Anwendungsbereiches des EVÜ besteht die Gefahr, dass für einzelne Fragen aus dem Vertragsverhältnis das IPR des Staates heranzuziehen ist, der die Rechtssache entscheidet. Daraus kann resultieren, dass ein Teil der Vertragsfragen nach einer anderen Rechtsordnung zu beantworten ist als der restliche Vertrag. Ein weiteres Risiko für eine eindeutige Anknüpfung besteht in der Existenz des Grundsatzes des *ordre public* und der Pflicht zur Beachtung zwingender Eingriffsnormen. Sie stellen Einfallstore für die Anwendung weiterer Rechtsordnungen dar, die eine eindeutige Anknüpfung verhindern und außerdem das Ergebnis der Behandlung von Streitfragen im Vorfeld nicht vorhersehen lassen.

Erschwerend kommt im Bereich des EVÜ hinzu, dass keine Auslegungskompetenz des EuGH besteht, mit der sprachliche Ungenauigkeiten geklärt und einheitliche Grenzen für die Geltung international zwingender Vorschriften

---

[248] *Sonnenberger*, JZ 1998, S. 982, 983 f.; skeptisch dazu auch *Martiny*, ZEuP 1995, S. 67, S. 71; *ders.*, ZEuP 1997, S. 107 ff. ; *Stein*, in: Grundmann (Hrsg.), Systembildung und Systemlücken in Kerngebieten des Europäischen Privatrechts, 669, 672 m.w.Nachw., *Schmidtchen*, RabelsZ 59 (1995), S. 56, 82 f.; *Kreuzer*, in: Müller-Graff (Hrsg.), Gemeinsames Privatrecht in der Europäischen Gemeinschaft, S. 457, 486 ff.; *Müller, H.*, Umsetzung der europäischen Übereinkommen, S. 272 ff.; Die vereinbarten Auslegungsprotokolle, die eine Auslegungsbefugnis des EuGH vorsehen, sind mangels ausreichender Ratifikation nicht in Kraft getreten. Selbst wenn die Auslegungsprotokolle in Kraft treten würden, würde die dadurch begründete Auslegungskompetenz des EuGH jedenfalls in Deutschland nur bedingt weiterhelfen: Der EuGH kann zwar das EVÜ auslegen. Durch die Umsetzung des Abkommens in deutsches Recht bestehen jedoch Schwierigkeiten, seine Auslegungskompetenz – und eine entsprechende Vorlagepflicht - auch für diese nationalen Vorschriften zu begründen. Vereinfacht ausgedrückt, hat die von Deutschland gewählte Umsetzungsvariante (Inkorporation in deutsches Recht) zur Folge, dass nach deutschem Recht die Auslegung der vertraglichen Vorschriften deren internationaler Charakter zwar zu „berücksichtigen" ist, der deutsche Richter aber nicht verpflichtet ist, das EGBGB so auszulegen, wie der EuGH das EVÜ auslegt. Ausführlich zu dieser Problematik: *Müller, H.*, Umsetzung der europäischen Übereinkommen, S. 272 ff.; *Krings*, Erfüllungsmodalitäten im Internationalen Schuldvertragsrecht, S. 25 ff

[249] *Sonnenberger*, JZ 1998, S. 982, 983 f m.weit.Nachw.

gezogen werden könnten. Bereits aus diesen Gründen gewährleistet das EVÜ keine hinreichende Rechtssicherheit im Binnenmarkt.

2. Kollisionsrechtliche Vorschriften in EG-Richtlinien

Die Literatur kritisiert weiter, dass EG-Richtlinien in zunehmendem Umfang Kollisionsvorschriften enthalten, die nicht mit dem EVÜ abgestimmt sind oder in großer Anzahl auf das Kollisionsrecht der Mitgliedstaaten verweisen. [250]

Tatsächlich richtet sich das europäische Kollisionsrecht in zunehmendem Umfang nicht mehr allein nach dem EVÜ: Der Rat hat mehrere Richtlinien verabschiedet, die eine konkurrierende kollisionsrechtliche Norm enthalten.[251] Beispiele dafür sind etwa die Richtlinie vom 5.4.1993 über missbräuchliche Klauseln[252] (kollisionsrechtliche Vorschrift in Art. 6 Abs. 2), die „Timesharing-Richtlinie“[253] (Art. 9,) die „Fernabsatz-Richtlinie“[254] (Art. 19 Abs. 2), außerdem das europäische Internationale Versicherungsvertragsrecht[255], die E-Commerce-

---

[250] Z.B. *Martiny*, ZEuP 1997, S. 207 ff.; *Kreuzer*, in: Müller-Graff (Hrsg.), Gemeinsames Privatrecht in der Europäischen Gemeinschaft, S. 457, 489 ff.; *Sonnenberger*, ZvglRWiss 95 (1996), S. 3, 31 ff.; *ders.*, JZ 1998, S. 982, 983 ff.; *Mankowski*, in: Basedow (Hrsg.), Aufbruch nach Europa, S. 595, 598 ff.; *Sonnenberger*, ZvglRWiss 95 (1996), S. 3, 31 ff.; *Jayme*, in Hommelhoff/Jayme/Mangold, Europäischer Binnenmarkt, IPR und Rechtsangleichung, S. 38.

[251] In terminologischer Sicht ist *Sonnenberger*, ZvglRWiss 95 (1996), S. 3, 31, darin Recht zu geben, dass EG-Richtlinien selbst keine Normen enthalten, sondern Anweisungen an die Mitgliedstaaten, ihre Rechtsnormen entsprechend anzugleichen. Dennoch hat sich ein entsprechender Sprachgebrauch, der von Normen in EG-Richtlinien spricht, bereits eingebürgert und liegt auch dieser Untersuchung zugrunde. Der Begriff einer Richtliniennorm wird daher im folgenden verstanden als Anweisung des EG-Gesetzgebers an die Mitgliedstaaten zur Umsetzung eines bestimmten Regelungsgehaltes.

[252] Richtlinie 93/13/EWG des Rates der Europäischen Gemeinschaften über missbräuchliche Klauseln in Verbraucherverträgen vom 5.4.1993, ABL. EG 1993 L 95/29.

[253] Richtlinie 94/47/EG des Europäischen Parlamentes und des Rates der Europäischen Gemeinschaften vom 26.10.1944 zum Schutz der Erwerber im Hinblick auf bestimmte Aspekte von Verträgen über den Erwerb von Teilnutzungsrechten an Immobilien, ABl. EG 1994 L 280/83.

[254] Richtlinie 97/7/EG des Europäischen Parlamentes und des Rates der Europäischen Gemeinschaften vom 20.5.1007 über den Verbraucherschutz bei Vertragsabschlüssen im Fernabsatz, ABl. EG 1997 L 144/19.

[255] Zweite Richtlinie 88/357/EWG des Rates vom 22. Juni 1988 zur Koordinierung der Rechts- und Verwaltungsvorschriften für die Direktversicherung (mit Ausnahme der Lebensversicherung) und zur Erleichterung der tatsächlichen Ausübung des freien Dienstleistungsverkehrs sowie zur Änderung der Richtlinie 73/239/EWG, ABl. EG 1988 L 172/1.

Richtlinie[256] (Art. 3 Abs. 1) und die Verbrauchsgüterkaufrichtlinie[257] (Art. 6 Abs. 2).

a) Grundsätzliche Bedenken gegen kollisionsrechtliche Vorschriften in EG-Richtlinien

Gegen den Erlass von EG-Richtlinien, die neben sachrechtlichen Regelungen auch Vorschriften mit kollisionsrechtlichem Regelungsgehalt umfassen, werden im Schrifttum grundsätzliche Bedenken geltend gemacht.[258] Sie richten sich insbesondere gegen die Wahl der Richtlinie als Rechtsquelle.[259]

Gemäß Art. 249 EG gibt die Richtlinie dem staatlichen Gesetzgeber nur das Ziel vor, während er in der Wahl der Umsetzungsart grundsätzlich frei ist. In der Tat wird den Mitgliedstaaten ein weiter Spielraum bei der Umsetzung der Richtlinie in nationales Recht gewährt.[260] Ein Beispiel dafür stellt der Wortlaut des Art. 6 II der Richtlinie über missbräuchliche Klauseln dar:

> „Die Mitgliedstaaten treffen die erforderlichen Maßnahmen, damit der Verbraucher den durch die Richtlinie gewährten Schutz nicht verliert, wenn das Recht eines Drittlandes als das auf den Vertrag anzuwendende Recht gewählt wurde und der Vertrag einen engen Zusammenhang mit dem Gebiet der Mitgliedstaaten aufweist."

Die einseitig formulierte Vorschrift überlässt den Mitgliedstaaten die Auslegung des „engen Zusammenhangs".[261] Die Mitgliedstaaten haben diesen Spielraum genutzt und die Vorschrift in ausgesprochen unterschiedlicher Weise in nationales Recht umgesetzt[262]:

---

256 Richtlinie 2000/31/EG des Europäischen Parlamentes und des Rats der Europäischen Gemeinschaften vom 8. Juni 2000 über bestimmte rechtliche Aspekte der Dienste der Informationsgesellschaft, insbesondere des elektronischen Geschäftsverkehrs, im Binnenmarkt (Richtlinie über den elektronischen Geschäftsverkehr), ABL. 2000 L 178/1.

257 Richtlinie 1999/44/EG des Europäischen Parlamentes und des Rates der Europäischen Gemeinschaften vom 25.5.1999 zu bestimmten Aspekten des Verbrauchsgüterkaufe und der Garantien für Verbrauchsgüter, ABl. EG 1999 L 171/12.

258 *Martiny,* ZEuP 2001, S. 308, 311 m. weit. Nachw. (Fn. 20).

259 *Martiny,* ZEuP 2001, S. 308, 311, *Pfeiffer*, in: Leible, Das Grünbuch zum Internationalen Vertragsrecht, S. 25, 27 f.

260 *Martiny,* ZEuP 1997, S. 107, 110; *ders.,* ZEuP 2001, S. 308, 311.

261 *Martiny,* ZEuP 1997, S. 107, 110.

262 Dazu *Martiny,* ZEuP 1997, S. 107, 110; *Sonnenberger,* JZ 1998, 9 S. 82, 983 jeweils m.weit.Nachw.

In Frankreich beispielsweise setzen sich die zwingenden Normen über missbräuchliche Klauseln gegenüber dem anwendbaren Recht eines Drittstaates durch, wenn der Verbraucher seinen Wohnsitz in einem Mitgliedstaat hat und der Vertrag dort angetragen, geschlossen oder erfüllt wurde.[263] In Griechenland hängt die Anwendung der Vorschriften nur vom Abschluss- oder Erfüllungsort, der in einem Mitgliedstaat liegen muß, ab, während der Wohnsitz des Verbrauchers irrelevant sein soll.[264] In Großbritannien[265] und in Irland[266] hingegen hat man auf die Konkretisierung des engen Zusammenhangs vollständig verzichtet („close connection“) und überlässt seine Ausfüllung der Rechtsprechung. Dänemark wiederum knüpft an Art. 5 EVÜ, der Sondervorschrift für Verbraucherverträge, an und macht diesen Artikel zum Maßstab für die Durchsetzung der zwingenden Vorschriften über missbräuchliche Klauseln.[267] Im deutschen Recht stellt Art. 29 a EGBGB auf den engen Zusammenhang zu dem Gebiet eines Mitgliedstaates ab und konkretisiert die Umsetzungsnorm durch zwei nicht abschließende Anwendungsfälle.[268] In der Konsequenz kann anstelle der angestrebten Harmonisierung die Ungleichheit der nationalen Regelungen fortbestehen oder sogar verstärkt werden.[269]

Durch die kollisionsrechtlichen Normen in den EG-Richtlinien wird der ohnehin beschränkte Anwendungsbereich des EVÜ außerdem weiter beschnitten.[270] Das europäische Kollisionsrecht wird dadurch in vielen unterschiedlichen Rechtsquellen und für unterschiedliche Teilbereiche zum Teil abweichend geregelt. Dies gilt insbesondere für das Verbraucherrecht, das inzwischen die Vorgaben des EVÜ in weiten Teilen revidiert hat. Dazu zählen insbesondere die kollisionsrechtlichen Vorschriften in der EG-Richtlinie über missbräuchliche Klauseln, in der Fernabsatz-Richtlinie und in der Timesharing-Richtlinie.[271] Auf

---

[263] *Martiny,* ZEuP 1997, S. 107, 110; *Pfeiffer,* in: Leible, Das Grünbuch zum Internationalen Vertragsrecht, S. 25, 28.

[264] *Pfeiffer,* in: Leible, Das Grünbuch zum Internationalen Vertragsrecht, S. 25, 28.

[265] *Martiny,* ZEuP 1997, S. 107, 110 m.weit.Nachw.

[266] *Pfeiffer,* in: Leible, Das Grünbuch zum Internationalen Vertragsrecht, S. 25, 28.

[267] *Martiny,* ZEuP 1997, S. 107, 110 m.weit.Nachw.

[268] Art. 29 a (Verbraucherschutz für besondere Gebiete): „Unterliegt ein Vertrag auf Grund einer Rechtswahl nicht dem Recht eines Mitgliedstaates der Europäischen Union (...), weist der Vertrag jedoch einen engen Zusammenhang mit dem Gebiet eines dieser Staaten auf, so sind die im Gebiet dieses Staates geltenden Bestimmungen zur Umsetzung der Verbraucherschutzrichtlinien gleichwohl anzuwenden. Ein enger Zusammenhang ist insbesondere dann anzunehmen, wenn ... [es folgen die Konkretisierungen].“
Zu Art. 29 A EGBGB vgl. ausführlich *Schlechtriem,* FS Lorenz, S. 565, 566 ff.,

[269] *Martiny,* ZEuP 1997, S. 107, S. 110; *ders.,* ZEuP 2001, S. 308, 311; *Pfeiffer,* in: Leible, Das Grünbuch zum Internationalen Vertragsrecht, S. 25, 27 f.

[270] *Martiny,* ZEuP 2001, S. 308, 311.

[271] Dazu auch *Martiny,* ZEuP 2001, S. 308, 312.

diese Weise geht die Übersichtlichkeit des europäischen Kollisionsrechts, dessen Regelung bisher im wesentlichen einem Vertragswerk vorbehalten war, verloren.[272]

b) Abstimmung der Richtliniennormen mit dem EVÜ

Fraglich ist weiter, ob die kollisionsrechtlichen Richtliniennormen mit dem Anknüpfungssystem des EVÜ abgestimmt sind. Bei Regelungswidersprüchen zwischen dem EVÜ und den EG-Richtlinien setzt sich gemäß Art. 20 EVÜ das harmonisierte EG-Recht gegen den Staatsvertrag durch.[273]

Im Bereich des Online-Marketing schreibt beispielsweise Art. 3 Abs. 1 der E-Commerce-Richtlinie das Herkunftslandprinzip fest.[274] Danach ist die Rechtsordnung des Staates anwendbar, in welchem sich die konkret tätig gewordene Niederlassung des Anbieters von Diensten der Informationsgesellschaft befindet. Obgleich Art. 1 Abs. 4 der Richtlinie festlegt, dass die Richtlinie kein neues IPR schaffen soll, handelt es sich bei Art. 3 Abs. 1 der Richtlinie um eine Kollisionsnorm, da sie das anwendbare Recht bestimmt.[275] Durch die Anknüpfung an das Herkunftslandprinzip weicht die E-Commerce-Richtlinie von Art. 4 EVÜ ab. Nach dieser Vorschrift wird an die Rechtsordnung angeknüpft, zu welcher der Sachverhalt die „engste Verbindung“ aufweist. Hinter dieser Anknüpfungsmethode verbirgt sich ein wesentliches Ziel des Internationalen Privatrechts: Durch Anknüpfung an das Recht, zu dem im Einzelfall die engste Verbindung besteht, soll „kollisionsrechtliche Anknüpfungsgerechtigkeit“ hergestellt werden.[276]

In der E-Commerce-Richtlinie wird im Gegensatz zu der „engsten Verbindung“ in Art. 3 Abs. 1 die Herkunftslandanknüpfung festgelegt.[277] Mit dieser Anknüpfung steht nicht mehr die kollisionsrechtliche Gerechtigkeit im Vordergrund, sondern geht es um rechtspolitische Gesichtspunkte, z.B. die Kostenersparnis der Anbieter, denen man nicht zumuten möchte, sich auf eine Reihe unterschiedlicher Marktortrechte einzustellen.[278] Dadurch bricht diese Richtlinie mit dem klassischen Grundprinzip des Internationalen Privatrechts, das auch das EVÜ

---

[272] Ebenso *Martiny,* ZEuP 1999, S. 246, S. 250*; ders.,* ZEuP 2001, S. 308, 311.
[273] Dazu *Sonnenberger*, ZvglRWiss 95 (1996), S. 3, 33.
[274] Vgl. zu der politischen Auseinandersetzung um diese Vorschrift *Heß,* JZ 2001, 572, S. 573.
[275] Zu Recht *Mankowski,* in: Basedow (Hrsg.), Aufbruch nach Europa, S. 595, 599.
[276] *Mankowski,* in: Basedow (Hrsg.), Aufbruch nach Europa, S. 595, 612.
[277] Dazu *Mankowski,* in: Basedow (Hrsg.), Aufbruch nach Europa, S. 595, 613.
[278] *Mankowski,* in: Basedow (Hrsg.), Aufbruch nach Europa, S. 595, 613.

übernommen hat, dass an die engste Verbindung anzuknüpfen ist.[279] Kommen beide Methoden zur Anwendung, kann dies zu einer Spaltung des anwendbaren Rechts führen, so dass innerhalb des gleichen Vertrages zwei unterschiedliche Rechtsordnungen anwendbar sind.[280]

Auch in weiteren Richtlinien fehlt die inhaltliche Abstimmung mit den Vorschriften des EVÜ. So zum Beispiel in der Richtlinie über missbräuchliche Klauseln: Das Verhältnis zwischen dem einseitig formulierten Art. 6 Abs. 2 der Richtlinie zu der allseitigen Kollisionsnorm des Art. 5 EVÜ, die eine Sonderanknüpfung für Verbraucherverträge vorsieht, ist bis heute ungeklärt.[281] Eine Abgrenzung des Anwendungsbereichs der Vorschriften kann jedoch im Einzelfall wichtig sein, da der Anwendungsbereich des Art. 5 EVÜ restriktiver gefasst ist als der des Art. 6 Abs. 2 der Richtlinie. Es wirkt sich folglich auch auf die Entscheidung aus, welche Vorschrift angewandt wird.[282]

Im Ergebnis fehlt somit in begrifflicher und inhaltlicher Hinsicht die Abstimmung der kollisionsrechtlichen Normen mit dem EVÜ, so dass es im Ergebnis zu erheblichen Wertungswidersprüchen kommt.[283]

c) Verweisung auf das IPR der Mitgliedstaaten

Europäisches Kollisionsrecht dient dem Ziel, dass die Gerichte in sämtlichen Mitgliedstaaten bei einer konkreten Rechtsfrage zu der einheitlichen Anwendung desselben Sachrechts gelangen.[284] Dies kann nur dann gelingen, wenn das vereinheitlichte Kollisionsrecht auf das Sachrecht der Mitgliedstaaten verweist. Verweist es hingegen auf das nationale Internationale Privatrecht eines Mitgliedstaates, so kann dieses auf das Internationales Privatrecht eines anderen Staates weiterverweisen.[285] Die Weiter- oder Rückverweisung auf eine andere Rechtsordnung wird als *Renvoi* bezeichnet.[286] Er birgt die Gefahr, dass in den Mitgliedstaaten unterschiedlich angeknüpft wird und je nach Forum verschiedene Sachrechte zur Anwendung kommen, was dem Zweck der kollisions-

---

[279] Zu Recht *Mankowski*, in: Basedow (Hrsg.), Aufbruch nach Europa, S. 595, 613.
[280] *Mankowski*, in: Basedow (Hrsg.), Aufbruch nach Europa, S. 595, 613.
[281] *Martiny*, ZEuP 1997, S. 107, 110; *Pfeiffer*, in: Leible, Das Grünbuch zum Internationalen Vertragsrecht, S. 25, 28.
[282] *Martiny*, ZEuP 1997, S. 107, 110 m.weit.Nachw.
[283] *Pfeiffer*, in: Leible, Das Grünbuch zum Internationalen Vertragsrecht, S. 25, 28.
[284] *Mankowski*, in: Basedow (Hrsg.), Aufbruch nach Europa, S. 595, 613.
[285] *Mankowski*, in: Basedow (Hrsg.), Aufbruch nach Europa, S. 595, 613.
[286] Dazu *Kropholler*, IPR, S. 158 ff.; *Siehr*, IPR, S. 456 ff.

rechtlichen Vereinheitlichung widerspricht.[287] Eine solche Verweisung auf das IPR der Mitgliedstaaten enthält aber beispielsweise die Zweite Richtlinie Schadensversicherung in Art. 7 Abs. 1.[288] Diese Verweisung wird dem Ziel, eine Angleichung des Kollisionsrechts zu erreichen und auf diese Weise eine einheitliche Anknüpfungsmethode, die in sämtlichen Mitgliedstaaten zu demselben Ergebnis kommt, nicht gerecht.[289]

II. Ergebnis

Das europäische Kollisionsrecht weist erhebliche Mängel auf. Im seinem Kern steht das EVÜ als zwischen den Mitgliedstaaten geschlossener völkerrechtlicher Vertrag. Bereits bei dessen Umsetzung in das nationale Recht waren Abweichungen von der originären Rechtsquelle auszumachen, bei denen sich vor allem der deutsche Gesetzgeber hervorgetan hat. Ein weiteres Defizit liegt in dem beschränkten sachlichen Anwendungsbereich des Abkommens: Es erfasst längst nicht alle privatrechtlich relevanten Sachverhalte, so dass Teilfragen nach nationalem IPR angeknüpft werden und als Konsequenz einer anderen Rechtsordnung unterliegen als der Rest des Vertrages. Als weiteres Defizit für die Rechtssicherheit im Binnenmarkt wirkt sich die fehlende Auslegungskompetenz des EuGH aus. Die Klärung sprachlicher Ungenauigkeiten und die Festlegung einheitlicher Grenzen, in denen international zwingende Normen zur Anwendung kommen, wurde auf diese Weise verhindert. Ein weiteres Defizit entsteht durch die in manchen EG-Richtlinien enthaltenen Vorschriften mit kollisionsrechtlichem Inhalt. *Sonnenberger* hat diesen Richtlinien zu Recht bescheinigt, dass das europäische Kollisionsrecht in ihrem Anwendungsbereich „ausgefranst und das Ganze undurchsichtig“ geworden ist.[290]

Die Richtlinien dienen zum Teil der Erfüllung zusätzlicher rechtspolitischer Aufgaben, indem zusätzliche Anknüpfungsmerkmale festgelegt werden, zu

---

[287] *Mankowski,* in: Basedow (Hrsg.), Aufbruch nach Europa, S. 595, 613.

[288] Zweite Richtlinie 88/357/EWG des Rates vom 22. Juni 1988 zur Koordinierung der Rechts- und Verwaltungsvorschriften für die Direktversicherung (mit Ausnahme der Lebensversicherung) und zur Erleichterung der tatsächlichen Ausübung des freien Dienstleistungsverkehrs sowie zur Änderung der Richtlinie 73/239/EWG, ABl. EG 1988 L 172/1. Kritisch auch *Kreuzer,* in: Müller-Graff, Gemeinsames Privatrecht in der Europäischen Gemeinschaft, S. 457, 489.

[289] *Kreuzer,* in: Müller-Graff, Gemeinsames Privatrecht in der Europäischen Gemeinschaft, S. 457, S. 489; allgemein auch *Mankowski,* in: Basedow (Hrsg.), Aufbruch nach Europa, S. 595, 613 f

[290] *Sonnenberger,* JZ 1998, S. 982, 983.

denen der Sachverhalt nicht zwangsläufig die „engste Verbindung“ aufweist. Auf diese Weise werden sie dem Ziel der kollisionsrechtlichen Anknüpfungsgerechtigkeit nicht gerecht. Dies gilt auch für die Zulassung des *Renvoi*, die durch einige EG-Richtlinien zugelassen wird. So wird auf das IPR der Mitgliedstaaten verwiesen und so die Aufgabe vernachlässigt, die Anknüpfungsmethoden zu vereinheitlichen.

Diese Mängel wirken sich negativ auf die Rechtssicherheit im Binnenmarkt aus. Als Folge davon ist das anwendbare Recht bei Vertragsschluss von den Vertragsparteien nicht eindeutig zu ermitteln. Steht es aber bei den Vertragsverhandlungen nicht bereits fest, führt dies zu einer erheblichen Rechtsunsicherheit.[291] Sie erschwert den Vertragsparteien den passgenauen Zuschnitt des häufig hochkomplexen internationalen Vertrags.

Diese Mängel wurden auch bereits auf europäischer Ebene erkannt: Die Kommission verabschiedete am 14. Januar 2003 ein Grünbuch[292], das sich mit der möglichen Umwandlung des - völkerrechtlichen - EVÜ in eine Verordnung oder eine Richtlinie beschäftigte. Neben der Frage, ob eine solche Umwandlung in ein Gemeinschaftsinstrument sinnvoll sei, wurde auch der Reformbedarf des EVÜ zur Diskussion gestellt. Die Kommission hat sich mit der inzwischen deutlich zu vernehmenden Kritik am Zusammenspiel zwischen EVÜ und den vertikalen europäischen Kollisionsvorschriften auseinandergesetzt, vor allem auch mit der durch die Rechtsakte entstandenen „Unübersichtlichkeit“ und bezeichnet die Vielzahl der nebeneinander bestehende[n] Kollisionsnormen als „nicht unproblematisch“. Sie ist in diesem Grünbuch nicht zu einer endgültigen Entscheidung gelangt; vielmehr hat sie die interessierten Kreise aufgefordert, zu den von ihr entwickelten Fragen Stellung zu nehmen, und versprochen, die ihr zugehenden Stellungnahmen bei der Ausarbeitung etwaiger Gesetzesvorschläge zu berücksichtigen.[293] Bislang ist ein Entwurf seitens der Kommission noch nicht erfolgt.

---

[291] *V. Wilmowsky,* RabelsZ 62 (1998), S. 1, 4.

[292] Kommission der Europäischen Gemeinschaften: Grünbuch über die Umwandlung des Übereinkommens von Rom aus dem Jahr 1980 über das auf vertragliche Schuldverhältnisse anzuwendende Recht in ein Gemeinschaftsinstrument sowie über seine Aktualisierung, vorgelegt am 14. Januar 2003, Kom (2002) 645 endg.

[293] Z.B. Sammlung der Stellungnahmen von deutschen Autoren in: Leible (Hrsg.), Das Grünbuch zum Internationalen Vertragsrecht. Beiträge zur Fortentwicklung des Europäischen Kollisionsrecht der vertraglichen Schuldverhältnisse (2004).

B. Rechtssicherheit im Sachrecht der Mitgliedstaaten

Wie gezeigt wurde, haben die Parteien nach Art. 3 EVÜ die Möglichkeit, ein Recht zu wählen und auf diese Weise Zweifel über das auf den Vertrag anwendbare Recht zu vermeiden. Es ist umstritten, ob auch die Wahl eines nichtstaatlichen Rechts, z.B. der „Unidroit Principles of International Commercial Law"[294], für eine gültige Rechtswahl in Betracht kommen kann[295]; jedenfalls aber ist eine solche Rechtswahl aufgrund der Lückenhaftigkeit nichtsstaatlichen Rechts nicht ausreichend, so dass zumindest ergänzend staatliches Recht zur Anwendung kommt.[296]

Doch abgesehen von den Schwierigkeiten, die im Zusammenhang mit international zwingenden Eingriffsnormen und zu berücksichtigendem „Ordre public" entstehen können und bereits oben behandelt wurden, stellt sich die Frage, ob durch die Festlegung der anwendbaren Rechtsordnung die für den Unternehmer erforderliche Rechtssicherheit in ausreichendem Maß herbeigeführt werden kann. Das würde voraussetzen, dass das gewählte Sachrecht den Bedürfnissen der grenzüberschreitenden Transaktion gerecht wird. Dagegen könnten aus mehreren Gründen erhebliche Bedenken bestehen.

I. Grundsätzliche Bedenken gegen Anwendung fremden Rechts

Gegen die Anwendung fremden, d.h. zumindest für eine Partei unbekannten Rechts könnten sich bereits grundsätzliche Bedenken ergeben. Denn eine Rechtswahl in einem internationalen Vertrag, der zwischen internationalen Vertragspartnern geschlossen wird, bedeutet gleichzeitig die Benachteiligung mindestens einer Partei:[297] Wird das Heimatrecht des einen Vertragspartners für anwendbar erklärt, kennt sich dieser in der Rechtsordnung aus, während sich die andere Vertragspartei in einem fremden Recht zurechtfinden muss.[298] Dies ist oft

---

[294] Abgedruckt in ZEuP 1997, S. 890 ff.

[295] Die grundsätzliche Möglichkeit einer solchen Rechtswahl bejahend *Siehr*, IPR, S. 122; a.A. die wohl herrschende Meinung, vgl. *Canaris*, in: Basedow. Europäische Privatrechtsvereinheitlichung und deutsches Recht, S. 17 ff.; *Kropholler*, IPR, S. 444 m.weit.Nachw.

[296] *Siehr*, IPR, S. 122.

[297] So auch *Stein*, in: Grundmann (Hrsg.), Systembildung und Systemlücken in Kerngebieten des Europäischen Privatrechts, S. 669, 674; *Girsberger*, in: Dicke/Hummer/ Girsberger/ Bolle-Woelki/Engel/Frowein (Hrsg.), Völkerrecht und Internationales Privatrecht in einem sich globalisierendem System, S. 231, 256.

[298] Beispiele aus der Praxis für gravierende Fehleinschätzungen des fremden Rechts bei *Sonnenberger*, JZ 1998, S. 982, 988; *Von Westphalen*, NJW 1994, S. 2113 ff. mit seiner Auf-

nur mittels Inanspruchnahme teurer Rechtsberatung möglich. Mit der Anwendbarkeit einer fremden Rechtsordnung geht aufgrund des erheblichen Informationsbedarfes eine signifikante Erhöhung der Transaktionskosten einher, die gerade für kleinere und mittlere Unternehmen eine Transaktion unrentabel machen können.[299]

Die Ungewissheit über die rechtliche Position des Unternehmers kann noch verstärkt werden, wenn Gerichtsstand und Rechtswahl auseinander fallen. In diesem Fall muss nämlich auch das berufene Gericht unbekanntes Recht anwenden. Dabei muss sich der Richter nicht mit nur dem Gesetzesrecht vertraut machen, sondern auch mit der Rechtsprechung des jeweiligen Landes.[300] Dies kann zu einer erheblichen Verfahrensverzögerung führen. Oft geht daher mit der Rechtswahl auch eine parallele Gerichtsstandvereinbarung einher. Dies hat aber gleichzeitig zur Folge, dass für die andere Vertragspartei zusätzlich fremdes Verfahrenrechts gilt und sie damit in doppelter Weise benachteiligt wird. Eine neutrale Rechtswahl, also die Wahl eines Drittrechts, mag hingegen auf den ersten Blick als gerechtere Lösung erscheinen. Sie führt jedoch nur dazu, dass sich nunmehr beide Parteien - und im Falle fehlender, abweichender oder falsch ausgelegter[301] Gerichtsstandvereinbarung unter Umständen auch noch der berufene Richter - in einem fremden Recht zurechtfinden müssen.[302]

---

zählung der „Fallstricke" bei grenzüberschreitenden Verträgen. Dazu auch *Schmidtchen*, RabelsZ 59 (1995) S. 56, 84.

299 *Mattei*, ERevPL 1997, S. 537, 538; *Basedow*, Europäisches Vertragsrecht für Europäische Märkte, S. 24, der zudem zur Recht darauf hinweist, dass u.U. auch die rechtliche Beratung ihren Zweck verfehlen kann: dann nämlich, wenn der Rechtsanwalt aus Unkenntnis des fremden Rechts die eigene Rechtsordnung empfiehlt, während das fremde Vertragsrecht die für seinen Mandanten günstigere Lösung enthielte.

300 BGH, Urteil vom 23.4.2002 (XI ZR 136/01) = NZI 2002, S. 430 ff.; dazu unten zweites Kapitel Abschnitt C.II.2.

301 Ein Beispiel für die Auslegungsschwierigkeit einer Gerichtsstandklausel wird besprochen von: *Heiss/Zobel*, IPRax 2004, S. 266 ff.

302 *Stein*, Lex mercatoria, S. 32; *dies.*, in: Grundmann (Hrsg.), Systembildung und Systemlücken in Kerngebieten des Europäischen Privatrechts, S. 669, 674; ebenso für den Bereich des Internationalen Kaufrechts: *Piltz*, in: Häberle (Hrsg.), Handbuch des Kaufrechts, S. 8.

II. Zuschnitt auf den internationalen Handelsverkehr

Die juristische Literatur hat bereits seit langem Zweifel daran angemeldet, ob die nationalen zivil- und handelsrechtlichen Vorschriften angemessene Regelungen für den grenzüberschreitenden Handel bereithalten.[303]

Bedenken dagegen, dass die nationalen Vorschriften den Bedürfnissen des internationalen Handels ausreichend Rechnung tragen, bestehen bereits deshalb, weil die Berührung mit fremden Rechtsordnungen kennzeichnend für den grenzüberschreitenden Handelsvertrag ist und ihn von reinen Binnentransaktionen unterscheidet. Typischerweise besteht also bei internationalen Transaktionen gerade kein eindeutiger räumlicher Bezugspunkt.[304] Das zeigt sich in besonderer Deutlichkeit bei Verträgen, die über das Internet geschlossen werden, wobei der Anbieter typischerweise in einem Staat verbleibt, während der andere Vertragsteil dessen Angebot ebenfalls ohne räumliche Verlagerung von seinem Aufenthaltsort aus annimmt.[305] Dennoch soll ein Sachverhalt, der solche Verbindungen zu mehreren Rechtsordnungen aufweist, *einer* nationalen Rechtsordnung unterworfen werden, deren Anwendungsbefehl grundsätzlich nur innerhalb der Landesgrenzen gilt (Territorialität des Rechts[306]). Nationales Recht ist jedoch in der Regel auf Binnensachverhalte zugeschnitten[307]

---

[303] Nachweise bei *Berger*, Formalisierte oder „schleichende“ Kodifizierung des transnationalen Wirtschaftsrecht, S. 13 ff.; *Stein*, Lex mercatoria, S. 16 ff.; *dies.*, in: Grundmann (Hrsg.), Systembildung und Systemlücken in Kerngebieten des Europäischen Privatrechts, S. 669, 670; siehe auch *Schroeter*, Die Auswirkungen tatsächlicher und technischer Veränderungen im Ablauf des Handelsverkehrs auf Handelsbräuche und „Incoterms“, S. 52; für den Bereich des Internationalen Kaufrechts bezeichnet *Piltz*, in: Häberle (Hrsg.), Handbuch des Kaufrechts, S. 9, die deutschen Vorschriften aufgrund ihrer mangelnden Passgenauigkeit für internationale Sachverhalte als „Verlegenheitslösung“.

[304] *Stein*, Lex mercatoria, S. 23 ff.; *dies.*, in: Grundmann (Hrsg.), Systembildung und Systemlücken in Kerngebieten des Europäischen Privatrechts, S. 669, S. 673; *Berger*, Formalisierte oder „schleichende“ Kodifizierung des transnationalen Wirtschaftsrecht, S. 9; *Basedow*, FS Stoll (2001), S. 405, 412.

[305] Z. B. *Basedow*, FS Stoll (2001), S. 405, 412; *Jayme*, in: Müller-Graff/Roth (Hrsg.), Recht und Rechtswissenschaft, S. 178, der als sinnvollen Anknüpfungspunkt auf den gewöhnlichen Aufenthalt des Verbrauchers verweist, womit die Frage noch nicht geklärt ist, wie Verträge ohne Beteiligung eines Verbrauchers sinnvoll anzuknüpfen sind.

[306] Zum Begriff vgl. *Schmidt-Trenz*, Außenhandel und Territorialität des Rechts, S. 209 ff.; *Schmidtchen*, RabelsZ 59 (1995), S. 56, 69 ff., *Behrens*, Jahrbuch für neue politische Ökonomie, Band 18 (1999) S. 9, 17; *Herdegen*, Internationales Wirtschaftsrecht, Rn. 39.

[307] *Siehr*, IPR, S. 474; *Berger*, Formalisierte oder „schleichende“ Kodifizierung des transnationalen Wirtschaftsrecht, S. 13 ff.; *Stein*, Lex mercatoria, S. 16 ff.; *dies.*, in: Grundmann (Hrsg.), Systembildung und Systemlücken in Kerngebieten des Europäischen Privatrechts, S. 669, 670; *Schroeter*, Die Auswirkungen tatsächlicher und technischer Veränderungen im

und kann daher den spezifischen Parteiinteressen bei internationalen Transaktionen nur in beschränktem Umfang gerecht werden. Insbesondere die Zunahme des internationalen Handelsverkehrs mit ausgefeilten besonderen Vertragstypen und spezifischen Transaktionsarten ist eine moderne Entwicklung, deren Anforderungen das in der Regel veraltete Recht[308] nicht gerecht werden kann, da sie zum Zeitpunkt seiner Entstehung nicht vorhersehbar waren.[309] Auch durch technische Innovationen entsteht ein permanenter Anpassungsdruck an die neuen Umstände, dem der in der Regel schwerfällige Gang der Gesetzgebung nur bedingt Rechnung tragen kann.[310]

Auf internationaler Ebene besteht zudem das Bedürfnis für eine besondere wirtschaftliche Risikoverteilung, da dort andere Transportrisiken bestehen, längere Fristen und qualifizierte Informationsgebote erforderlich sind und angesichts einer dauerhaften Vertragsbeziehung eher die Vertragsanpassung als die klassische Vertragsbeendigung angemessen sein kann.[311] Das nationale Recht ist indes originär auf die einfacheren Anforderungen des im nationalen Rahmen verbleibenden Kleinhandels zugeschnitten und vermag daher für die zum Teil hochkomplexen internationalen Sachverhalte keine angemessenen Lösungen zu bieten.[312] Auch bei einem Vertragstyp, dessen Regelung grundsätzlich in das nationale Recht Eingang gefunden hat, unterscheiden sich die Parteiinteressen beim internationalen Vertrag von denen des reinen Binnenvertrag gleichen Typs. Selbst die nationale Missbrauchskontrolle von Vertragsklauseln lässt sich daher nicht ohne weiteres auf den internationalen Geschäftsverkehr übertragen.[313]

Ablauf des Handelsverkehrs auf Handelsbräuche und „Incoterms", S. 52; für den Bereich des Internationalen Kaufrechts *Piltz*, in: Häberle (Hrsg.), Handbuch des Kaufrechts, S. 9.

308 Zum „Anachronismus" der nationalstaatlichen Vorschriften auch *Stein*, Lex mercatoria, S. 26 f. m.w.Nachw.

309 *Stein*, Lex mercatoria, S. 23 ff.; *Berger*, Formalisierte oder „schleichende" Kodifizierung des transnationalen Wirtschaftsrecht, S. 14: „...ist es aber auch das materielle Recht selbst, welches sich als unfähig erweist, mit den neuesten Entwicklungen der internationalen Wirtschaftspraxis Schritt zu halten." Auch *Girsberger*, in: Dicke/Hummer/Girsberger/Bolle-Woelki/Engel/Frowein (Hrsg.), Völkerrecht und Internationales Privatrecht in einem sich globalisierendem System, S. 231, 256.

310 Z.B. *Berger*, Formalisierte oder „schleichende" Kodifizierung des transnationalen Wirtschaftsrechts, S. 14, ausführlich auch: *Papantoniou*, FS Ferid, S. 667 ff.

311 *Berger*, Formalisierte oder „schleichende" Kodifizierung des transnationalen Wirtschaftsrechts, S. 14.

312 *Stein*, Lex mercatoria, S.23 ff.

313 *Berger*, Formalisierte oder „schleichende" Kodifizierung des transnationalen Wirtschaftsrecht, S. 13 f.

Zudem besteht das Risiko, dass manche Vertragsklauseln im Ausland eine andere juristische Bewertung erfahren und zum Beispiel im Inland als gültig angesehen werden, im Ausland hingegen nicht. Dies gilt zum Beispiel für Vertragsanpassungs- und Härteklauseln. Sie sind in den einzelnen Rechtsordnungen oft nur wenig detailliert und zum Teil ausgesprochen unterschiedlich geregelt.[314] Für die Praxis ist es daher unerlässlich, die Rechtsanwendungspraxis des konkreten Staates zu kennen und die Klauseln einschließlich der gewünschten Rechtsfolge so genau zu beschreiben, dass die Vertragsparteien vor einer überraschenden Klauselauslegung durch die staatlichen Gerichte geschützt sind.[315] Auch Sicherungsrechte sind im grenzüberschreitenden Verkehr oft in ihrem Bestand gefährdet, da sie im Ausland nicht oder nur unter bestimmten Bedingungen anerkannt werden.[316] Der im deutschen Recht üblicherweise vereinbarte Eigentumsvorbehalt etwa untersteht in manchen Staaten erheblich strengeren Gültigkeitsanforderungen.[317] Zum Beispiel ist der erweiterte Eigentumsvorbehalt, wie man ihn in Deutschland in seinen sämtlichen Formen anerkennt[318], in den meisten übrigen Mitgliedstaaten entweder überhaupt nicht oder nur zum Teil wirksam.[319] Der Verkäufer muss somit auch innerhalb der Europäischen Gemeinschaft damit rechnen, dass der zwischen ihm und dem

---

[314] Nachweise bei *Philippe/Herring*, RIW 2001, S. 270 ff. Gleiches gilt zum Beispiel auch für den Anspruch auf Ersatz des negativen Interesses, dessen Handhabung in den verschiedenen Rechtsordnungen ebenfalls ausgesprochen unterschiedlich ist, dazu *Schackel*, ZEuP 2001, S. 248 ff.

[315] *Philippe/Herring*, RIW 2001, S. 270, 274..

[316] *Von Wilmowsky*, in: Oppermann/Von Wilmowsky (Hrsg.); Integration im europäischen Zivil- und Wirtschaftsrecht, S. 33 ff.

[317] Der Eigentumsvorbehalt ist noch nicht harmonisiert geworden. Eine Ausnahme gilt bis jetzt nur für den einfachen Eigentumsvorbehalt, dessen Zulässigkeit durch die EG-Richtlinie 2000/35/EG zur Bekämpfung des Zahlungsverzugs im Geschäftsverkehr (ABl. Nr. L 200 vom 8. August 2000, S. 35) festgelegt wurde, soweit der Eigentumsvorbehalt ausdrücklich und vor der Lieferung vereinbart wurde. Allerdings findet diese Regelung nur Anwendung auf Geschäfte zwischen Unternehmen sowie zwischen Unternehmen und öffentlichen Stellen. Dazu *Zwernemann/Lißner*, in: Häberle (Hrsg.), Handbuch für Kaufrecht, S. 301. Einzelheiten über die unterschiedlichen Regelungen der Mitgliedstaaten bei *Zwernemann/Lißner*, in: Häberle (Hrsg.), Handbuch für Kaufrecht, S. 302 ff.

[318] Palandt-*Putzo*, BGB-Komm., § 449, Rn. 12 ff.: Neben dem einfachen Eigentumsvorbehalt erkannt man in Deutschland folgende weitere Formen des erweiterten Eigentumsvorbehalt an: weitergeleiteter Eigentumsvorbehalt, nachgeschalteter Eigentumsvorbehalt, verlängerter Eigentumsvorbehalt, Kontokorrentvorbehalt, nachträglicher Eigentumsvorbehalt, vereinbarter Eigentumsvorbehalt.

[319] *Zwernemann/Lißner*, in: Häberle (Hrsg.), Handbuch für Kaufrecht, S. 302 ff.; *Döser*, Vertragsgestaltung internationaler Wirtschaftsverträge, Rn. 42; *Schwartz*, ZEuP 1994, S. 559, 569. Mit ausführlichen Länderberichten *Kieninger*, Mobiliarsicherheiten im Europäischen Binnenmarkt (1996). Speziell zu Frankreich *Spellenberg*, ZrRV 1994, S. 105 ff.

Käufer vereinbarte erweiterte Eigentumsvorbehalt in grenzüberschreitenden Sachverhalten unter Anwendung einer anderen Rechtsordnung seine sichernde Wirkung verliert und nicht durchgesetzt werden kann.[320]

Angesichts dieser Mängel ist die Kritik des Schrifttums am Zuschnitt des nationalen Rechts berechtigt: Das nationale Recht wird den Bedürfnissen des internationalen Handels nicht gerecht.

III. Abhilfe durch das UN-Kaufrecht?

Zu untersuchen ist, ob das UN-Kaufrecht durch die von diesem Übereinkommen angestrebte Vereinheitlichung den Mängeln des nationalen Rechts abhelfen kann.

Für den Bereich des Internationalen Warenkaufs wurde am 11.4.1980 mit dem Wiener UN-Übereinkommen über Verträge über den internationalen Warenkauf vom (CISG)[321] ein völkerrechtlicher Vertrag geschlossen, der in Deutschland aufgrund des Zustimmungsgesetzes vom 5.7.1989[322] anwendbar ist und in weiteren 37 Vertragsstaaten gilt.

Fraglich erscheint, ob das UN-Kaufrecht sein Ziel, die weltweite Vereinheitlichung der rechtlichen Rahmenbedingungen bei Kauf- und Werklieferungsverträgen erreichen konnte. Zweifel daran ergeben sich bereits deshalb, weil das UN-Kaufrecht in der Praxis häufig durch die Parteien vertraglich ausgeschlossen wird.[323]

---

[320] *Piltz*, in: Häberle (Hrsg.), Handbuch des Kaufvertrags, S. 111. *Wilmowsky*, in: Oppermann/ Wilmowsky (Hrsg.); Integration im europäischen Zivil- und Wirtschaftsrecht, S. 33, bezeichnet die mitgliedstaatlichen Grenzen als „Fallbeil", das den vereinbarten Sicherungsrechten ein „jähes Ende bereitet".

[321] Eine einheitliche Bezeichnung für das Abkommen hat sich noch nicht eingebürgert. Häufige Verwendung finden insbesondere die Kurzbezeichnung CISG und UN-Kaufrecht, *Piltz*, in: Häberle (Hrsg.), Handbuch des Kaufrechts, S. 10. Diese Bezeichnungen werden im folgenden auch verwendet. Instruktiv zur der Historie des CISG: *Reinhart*, in: Müller-Graff/Roth (Hrsg.), Recht und Rechtswissenschaft, S. 329 ff.

[322] BGBl. II 1989, S. 586. Der Text des UN-Kaufrechts ist abgedruckt in *Jayme/Hausmann*, Internationales Verfahrens- und Privatrecht, Nr. 77.

[323] *Sonnenberger*, JZ 1998, S. 982, 985; *Timme, 3*. Auch der vertragliche Ausschluss des UN-Kaufrechts kann in der Praxis aber Probleme aufwerfen, da er nur unter besonderen Umständen von den Gerichten akzeptiert wird, vlg. *Piltz*, in: Häberle (Hrsg.), Handbuch des Kaufrechts, S. 8 ff.

1. Die Geltung des UN-Kaufrechts im Binnenmarkt

Das UN-Kaufrecht gilt außer in Deutschland in weiteren 37 Staaten. Damit scheint es sein Ziel, die weltweite Vereinheitlichung des internationalen Warenkaufs, zunächst erreicht zu haben. Allerdings waren auf der Wiener Konferenz, die zum Abschluss des Staatsvertrages führte, 62 Staaten vertreten[324], so dass gut ein Dritten der anwesenden Staaten *nicht* ratifiziert hat. Zu diesem Drittel gehören auch Mitgliedstaaten der Europäischen Union, nämlich Großbritannien, Irland und Portugal, bei denen es sich um wichtige Außenvertragsländer handelt. Durch diesen Umstand ist die Bedeutung des UN-Kaufrechts zumindest im Bereich des Binnenmarkts erheblich reduziert[325], da die Vorschriften des CISG grundsätzlich nur dann Anwendung finden, wenn die Vertragspartner ihre Niederlassung in (verschiedenen) Vertragsstaaten haben.[326]

2. Beschränkter sachlicher Anwendungsbereich

Der Anwendungsbereich des CISG ist auf Internationale Warenkauf- oder Werklieferungsverträge beschränkt. Die Vorschriften des CISG betreffen in erster Linie den Kaufabschluss sowie die Pflichten der Vertragspartner.[327] Sie erfassen nicht die Gültigkeit des Vertrages oder einzelner Klauseln etwa im Zusammenhang mit Geschäftsfähigkeit und Vertretungsmacht. Auch fehlen das Eigentum betreffende Vorschriften und folglich auch Regelungen der vor allem im Kaufrecht wichtigen Sicherungsinstrumente wie der Eigentumsvorbehalt und die Sicherungsübereignung. Für diese Fragen ist das anwendbare nationale Recht

---

[324] *Westermann*, DZWir 1995, S. 1, 2 ff.

[325] *V. Bar*, FS Henrich, S. 1, 9. spricht im Zusammenhang mit der unvollständigen oder unterschiedlichen Ratifikation eines Staatsvertrages innerhalb der EU von einer „Zementierung der Eu-internen Verschiedenheit entlang ganz neuer Trennlinien“ und empfiehlt den Mitgliedstaaten zu Recht, Staatsverträgen entweder nur noch ganz oder gar nicht beizutreten.

[326] Das UN-Kaufrecht kann ausnahmsweise auch dann zur Anwendung kommen, wenn das Internationale Privatrecht des angerufenen Gerichts das Recht eines Vertragsstaates beruft, *Magnus*, ZEuP 1997, S. 823, 826 m.w.Nachw.; dazu auch *Piltz*, in: Häberle (Hrsg.), Handbuch für Kaufrecht, S. 21 ff.

[327] *Tilmann*, in: Müller-Graff (Hrsg.), Gemeineuropäisches Privatrecht in der Europäischen Gemeinschaft, S. 579, 582 f.; ausführlich zum Inhalt des UN-Kaufrechts *Magnus*, RabelsZ 59 (1995), S. 469 ff.

auch weiterhin durch kollisionsrechtliche Anknüpfung zu bestimmen[328], dessen Defizite bereits oben dargestellt wurden.[329]

Außerdem haben sich einige Staaten bei Abschluss des Vertrages inhaltliche Änderungen vorbehalten und auf diese Weise die Vereinheitlichung weiter reduziert. Die skandinavischen Länder haben beispielsweise das UN-Kaufrecht ohne die Vorschriften über den Vertragsabschluss ratifiziert.[330]

3. Fehlende Auslegungsinstanz

Die Anwendung des durch die Ratifikation staatlichen Rechts obliegt den nationalen Gerichten. Ein letztinstanzliches Gericht, das über Anwendung und Auslegung des UN-Kaufrechts entscheiden könnte, fehlt. Die Praxis hat bewiesen, dass es dadurch zu Rechtsanwendungsunterschieden in den Vertragsstaaten kommt.[331] Dies verhindert die angestrebte Rechtsvereinheitlichung.

4. Zwischenergebnis

Das CISG gilt nicht oder nicht vollständig in allen Mitgliedstaaten des Binnenmarktes. Bereits dadurch ist seine binnenmarktsspezifische Bedeutung eingeschränkt. Zudem erfasst sein sachlicher Anwendungsbereich nur internationale Kaufverträge und Werklieferungsverträge und bietet insofern nur eine punktuell einheitliche Lösung vertragsrechtlicher Fragen an. Wichtige Fragen aus dem Vertragsverhältnis werden vom UN-Kaufrecht nicht erfasst und müssen auf der Grundlage des Vertrags nach der staatlichen Rechtsordnung gelöst werden.[332]

Außerdem besteht die Möglichkeit, dass die Vorschriften des UN-Kaufrechts in den Vertragsstaaten unterschiedlich angewandt werden. Eine zentrale

---

[328] *Piltz*, in: Häberle (Hrsg.), Handbuch des Kaufrechts, S. 33 ff.; *Westermann*, DZWir 1995, S. 1, 7; *Gaus*, WiB 7/1995, S. 273 ff.; *Tilmann*, in: Müller-Graff (Hrsg.), Gemeineuropäisches Privatrecht in der Europäischen Gemeinschaft, S. 579, 582 f.

[329] Dazu oben zweites Kapitel Abschnitt A.2.

[330] *Magnus*, ZEuP 1997, S. 823, 827.

[331] Dazu ausführlich in zweites Kapitel Abschnitt B.

[332] Ebenso *Tilmann*, in: Müller-Graff (Hrsg.), Gemeineuropäisches Privatrecht in der Europäischen Gemeinschaft, S. 579, 583. Dazu auch *Herdegen*, Internationales Wirtschaftsrecht, Rn. 22 ff.

übergeordnete Auslegungsinstanz fehlt. Die Anwendung der Vorschriften obliegt allein den Gerichten der Vertragsstaaten.

Angesichts dieser Defizite ist es verständlich, dass das UN-Kaufrecht in der Praxis durch die Vertragsparteien häufig vertraglich ausgeschlossen wird.[333] Auch dadurch ist die Bedeutung des UN-Kaufrechts auf dem Binnenmarkt massiv eingeschränkt.[334]

IV. Abhilfe durch die materielle Rechtsangleichung auf Gemeinschaftsebene?

In den vergangenen Jahren hat die Europäische Gemeinschaft bereits eine erhebliche Anzahl von Rechtsakten mit privatrechtlichem Inhalt erlassen. In der ganz überwiegenden Mehrheit handelt es sich dabei um Richtlinien, die ein bestimmtes Rechtsgebiet betreffen (vertikale Rechtsangleichung).[335] Besonders wichtige Beispiele sind etwa die zum Schutze des Verbrauchers ergangenen Richtlinien, die vor allem den Verbraucherkredit[336], die Haustürgeschäfte[337], Fernabsatzverträge,[338] Pauschalreisen[339], missbräuchliche Klauseln[340] und Timesharing[341] sowie den Einkauf von Verbrauchsgütern[342] betreffen. Weitere Beispiele sind die Richtlinien für den elektronischen Geschäftsverkehr[343] und zur

---

[333] So *Sonnenberger*, JZ 1998, S. 982, 985.

[334] *Magnus*, ZEuP 1997, S. 823, 825.

[335] *Ulmer* spricht von „Inseln in dem nach wie vor divergierenden Meer der Privatrechte", JZ 1992, S. 1, 4. Aufzählung der europäischen Richtlinien und Überblick über ihre Umsetzung bei *Möllers*, JZ 2002, S. 121 ff.

[336] Richtlinie 87/102/EWG des Rates vom 22. Dezember 1986 (geändert durch Richtlinie 90/88/EWG vom 22. Februar 1990 und Richtlinie 98/7/EG vom 16. Februar 1998), ABl. L 42. vom 12.2.1987, S. 48 ff.

[337] Richtlinie 85/577/EWG des Rates vom 20. Dezember 1985.). ABl. L 372 vom 31.12.1985, S. 31 ff

[338] Richtlinie 97/7/EG des Europäischen Parlamentes und des Rates vom 20. Mai 1997, ABl. Nr. L 144 vom 4.6.1997, S. 19 ff.

[339] Richtlinie 90/314/EWG des Rates vom 13. Juni 1990, ABl. Nr. L 158 vom 23.6.1990, S. 59 ff.

[340] Richtlinie 93/13/EWG des Rates vom 5. April 1993, ABl. Nr. L 95 vom 21.4.1993, S. 29 ff.

[341] Richtlinie 94/7/EG des Europäischen Parlamentes und des Rates vom 26. Oktober 1994. ABl. Nr. L 280 vom 29.10.1994, S. 93 ff.

[342] Richtlinie 1999/44/EG des Europäischen Parlamentes und des Rates vom 25. Mai 1999, ABl. Nr. L 171 vom 7.7.1999, S. 12 ff

[343] Richtlinie 2000/31/EG des Europäischen Parlamentes und des Rates vom 8. Juni 2000, ABl. Nr. L 178 vom 17.7.2000, S. 1 ff. Siehe auch die Richtlinie 1999/93/EG des

Bekämpfung des Zahlungsverzuges im Handelsverkehr[344]. Außerdem regelt eine Richtlinie die Rechte und Pflichten des selbständigen Handelsvertreters.[345] Im Deliktsrecht erließ man eine Richtlinie zur Produkthaftung[346]; zudem glich man das Gesellschaftsrecht[347], das Wettbewerbsrecht und das Recht des geistigen Eigentums[348] sowie das Versicherungsrecht[349] an. Abgesehen von diesen Beispielen ist es nicht zu einer umfassenden Rechtsvereinheitlichung gekommen. Insbesondere gibt es kaum „horizontale" Regelungen allgemeiner Rechtsinstitute, die z.B. die Position des Minderjährigen, das Stellvertretungsrecht etc. unabhängig von einem bestimmten Vertragstypus oder Rechtsgebiet regeln würden.

Dem EG-Gesetzgeber gebührt gewiss das Verdienst, eine gemeinschaftsweite Rechtsangleichung auch in politisch umstrittenen, z.B. durch die zahlreichen Richtlinien im Verbraucherrecht, oder in wirtschaftlich besonders bedeutenden Gebieten durch häufig „zukunftsweisende Lösungen" durchgesetzt zu haben.[350] Dennoch spart die Literatur nicht an deutlicher Kritik[351]: *Martiny*[352] spricht

---

Europäischen Parlamentes und des Rates vom 13. Dezember 1999 über gemeinschaftliche Rahmenbedingungen für elektronische Signaturen, ABl. Nr. L 13 vom 19.1.2000, S. 12 ff.

344 Richtlinie 2000/35/EG des Europäischen Parlamentes und des Rates vom 29. Juni 2000, ABl. Nr. L 200 vom 8.8.2000, S. 35 ff.

345 Richtlinie 86/653/EWG des Rates vom 18. Dezember 1986 zur Koordinierung der Rechtsvorschriften der Mitgliedstaaten betreffend die selbständigen Handelsvertreter, ABl. Nr. L 382 vom 31.12.1986, S. 17 ff.; berichtigt durch ABl. Nr. L 189 vom 20.7.1988, S. 28 ff.

346 Richtlinie 85/374/EWG des Rates vom 25. Juli 1985, ABl. Nr. L 210 vom 7.8.1985, S. 29 ff; geändert durch Richtlinie 1999/34/1999 vom 10. Mai 1999.

347 Dazu *Hommelhoff*, in: Müller-Graff (Hrsg.), Gemeinsames Privatrecht in der Europäischen Gemeinschaft, S. 361 ff.

348 Überblick bei *Ullrich*, in: Müller-Graff (Hrsg.), Gemeinsames Privatrecht in der Europäischen Gemeinschaft, S. 403 ff.; auch Joerges/Brüggemaier, in: Müller-Graff (Hrsg.), Gemeinsames Privatrecht in der Europäischen Gemeinschaft, S. 301, 313 ff.

349 *Joerges/Brüggemaier*, in: Müller-Graff (Hrsg.), Gemeinsames Privatrecht in der Europäischen Gemeinschaft, S. 301, 315 ff.

350 *Grundmann*, JuS 2001, S. 946, 950, der darauf hinweist, dass zum Beispiel Deutschland ohne die Maßnahmen der EG wohl kein ausgebildetes Kapitalmarktrecht hätte.

351 Vgl. *Hauschka*, JZ 1990, S. 521, 523 f. spricht von „Zusammenhangslosigkeit"; *Remien*, ZfRV 1995, S. 116, 123, beschreibt die Gesetzgebung als „undurchsichtig und verworren". *Canaris*, AcP 200 (2000), S. 273, 362 f. spricht im Zusammenhang von Erwägungsgründen in EG –Richtlinien von einer „nachgerade(n) Ärgernis erregenden Undurchdachtheit"; *Lehne*, Perspektiven eines europäischen Privatrechts, S. 4, bezeichnet die EG-Gesetzgebung als unsystematisch und nicht mehr überschaubar; *Schlechtriem*, ZeuP 2002, S. 213, 217 bezeichnet die EG-Richtliniengesetzgebung als „Irrweg, der im Chaos punktueller, inkonsistenter und oft auch im Kernbereich der jeweiligen Regelung unzureichender Gesetzgebung enden dürfte". Kritisch auch *Gündisch*, in: Basedow (Hrsg.), Aufbruch nach Europa, S. 109, S. 117 f.; *Sack*,

bspw. vom „*Dickicht des Richtlinienrechts mit seiner ad hoc entstandenen uneinheitlichen Terminologie, seinen Lücken, aber auch seinem nachgerade geschwätzigen Detailreichtum*". Es gilt folglich zu überprüfen, ob es dem europäischen Gesetzgeber gelungen ist, die Rechtssicherheit in den Mitgliedstaaten durch materielle Rechtsangleichung in Form von Richtlinien zu erhöhen oder ob die fragmentarische Rechtsangleichung in dieser Hinsicht als misslungen bezeichnet werden muss.

1. Systemimmanente Schwächen der „Richtlinie"

Nach Art. 249 findet eine Richtlinie grundsätzlich keine unmittelbare Anwendung, sondern muss von den Mitgliedstaaten in nationales Recht umgewandelt werden.[353] Dabei stehen den Mitgliedstaaten in der Regel mehrere Umsetzungsalternativen zur Verfügung, da die Richtlinie lediglich das Ziel vorgibt, während die Mitgliedstaaten in der Wahl der Form und grundsätzlich auch des Mittels frei sind.[354] Dabei wird sich jeder Mitgliedstaat für die Umsetzungsvariante entscheiden, die seiner bisherigen Gesetzgebung am meisten entspricht, was den Angleichungserfolg reduziert.[355]. Die Richtlinien legen außerdem häufig nur einen Mindeststandard fest, über den der nationale Gesetzgeber hinausgehen kann, und räumen ihm Vorbehalte ein. Durch die Richtliniengesetzgebung wird – bestenfalls – gleichwertiges Recht geschaffen, nicht aber gleichartiges. Denn die Richtliniengesetzgebung bezweckt Rechts*angleichung*, nicht Rechts*vereinheitlichung*.[356] Bei den dargestellten Defiziten handelt es sich um systemimmanente Schwächen der Gesetzgebung durch Richtlinien, die der EG-Gesetzgeber durch die Wahl des Rechtsinstrumentes der Richtlinie in Kauf genommen hat.

EuZW 2000, S. 449; *Heiss*, in: Basedow (Hrsg.), Aufbruch nach Europa, S. 123, 133.; *Hinz*, ZEuP 1998, S. 553, 557.

[352] *Martiny*, ZEuP 1998, 227, S. 243.

[353] *Ruffert*, in: Callies/Ruffert (Hrsg.), EUV/EGV, Art. 249 EG-Vertrag, Rn. 43.; *Geiger*, EUV/EGV (Kommentar), Art. 249 EGV, Rn. 8.

[354] S. Art. 249 EG-Vertrag. Allerdings wird in der Literatur auf die zunehmende Gewohnheit des EG-Gesetzgebers hingewiesen, in einer Richtlinie auch die Mittel der Umsetzung detailgenau vorzugeben, *Hommelhoff*, AcP 192 (1992) S. 71, 74; *Coester-Waltjen*, JURA 1998, S. 320, 322. *Hauschka*, JZ 1990, S. 521, 524 f., kritisiert dies als „Missachtung" des Rechtsgedankens des Art. 249 EGV (Ex-Art. 189 EGV).

[355] Zu Recht *Vogel*, RabelsZ 65 (2001) S. 591, 601.

[356] *Blaurock*, JZ 1994, S. 270, 274; *Timme*, ZRP 2000, S. 301, 302; *Hirte*, Wege zu einem europäischem Zivilrecht, S. 39.

Ein Beispiel für eine EG-Richtlinie, die von den Mitgliedstaaten äußerst unterschiedlich in nationales Recht umgesetzt wurde, stellt die Haustürwiderrufsrichtlinie[357] dar. Bei ihrer Umsetzung haben die Mitgliedstaaten die Definition des vom Schutzbereich der Richtlinie erfassten Verbrauchers in voneinander abweichender Weise festgelegt; die Unterschiede setzen sich in der Gestaltung des Widerrufsrechts fort: Die Form der Widerrufserklärung, der Beginn des Fristenlaufs und die Form des Widerrufs selbst wurden in stark divergierenden, zum Teil sogar einander widersprechenden Vorschriften geregelt.[358] Der Angleichungserfolg der Richtlinie ist so gering, dass die bereits bestehenden Unterschiede zwischen den Mitgliedstaaten weiter existieren.[359]

Es besteht in diesem Zusammenhang auch das Risiko, dass die Mitgliedstaaten die gemeinschaftsrechtlichen Vorgaben verfristet oder ungenügend umsetzen. Die verspätete Umsetzung führt zu einer vorübergehenden Abweichung innerhalb der nationalen Rechtsordnungen, während die fehlerhafte Umsetzung diese Abweichung über Jahre hinweg aufrechterhalten kann.[360] Die Fassung des auf europarechtlicher Grundlage eingeführten § 611 a BGB musste insgesamt dreimal nach den Vorgaben des EuGH geändert werden, da die deutsche Umsetzung dem Regelungsgehalt der zugrundeliegenden Richtlinie nicht gerecht wurde.[361] Die in solchen Fällen für die Unternehmer entstehende Rechtsunsicherheit ist enorm.

2. Fehlende Abstimmung der Richtlinien untereinander

Im Schrifttum wird weiter kritisiert, dass die von der Gemeinschaft erlassenen Richtlinien selbst untereinander kein kohärentes System bildeten.[362]

---

[357] Richtlinie 85/77/EWG des Rates betreffend den Verbraucherschutz im Falle von außerhalb von Geschäftsräumen geschlossenen Verträgen vom 20.12.1985, ABl. 1985 L 372/31.

[358] Überblick bei *Basedow*, ZEuP 1997, S. 1075 ff. Ausführlichen Länderberichte über die Umsetzung in Dänemark bei *Scherpe*, ZEuP 1997, S. 1078 ff.; in Schweden bei *Bälz*, ZEuP 1997, S. 1094 ff.; und in Spanien bei *Schlenker*, ZEuP 1997, S. 1109 ff. Vergleichbare Unterschiede lassen sich beispielsweise auch bei der Umsetzung der EG-Richtlinie über missbräuchliche Klauseln feststellen, vgl. *Timme*, ZRP 2000, S. 301, 302.

[359] So auch die Wertung bei *Basedow*, ZEuP 1997, S. 1075, 1077.

[360] *Vogel*, RabelsZ 65 (2001) 591, 603 f.

[361] *Möllers*, JZ 2002, S. 121, 126.

[362] Statt vieler *Basedow*, Europäisches Vertragsrecht für Europäische Märkte, S. 6; vgl. aber auch *Hirte*, Wege zu einem europäischem Zivilrecht, S. 23 ff., der zutreffend darauf hinweist, dass das Fehlen eines Gesamtkonzeptes, wenn überhaupt, die Folge der begrenzten Kompetenzen der EG und der politischen Widerstände in den Mitgliedstaaten sei.

In der Tat können die Richtlinien sogar zu gegensätzlichen Ergebnissen führen. Die Haustürwiderrufsrichtlinie[363], die Timesharingrichtlinie[364] und die Fernabsatzrichtlinie[365] etwa sehen unterschiedliche Fristen zur Ausübung des Widerrufsrechts vor. Dennoch kann es zu einer gleichzeitigen Anwendbarkeit zweier Richtlinien mit unterschiedlicher Frist kommen. Der Wortlaut der Richtlinien beantwortet nicht die Frage, welche Richtlinie vorrangig anzuwenden ist, so dass bis zur Auflösung dieses Konfliktes im Jahr 1999 durch den EuGH Rechtsunsicherheit bestanden hat.[366]

Ein weiteres Problem stellt die fehlende *begriffliche* Abstimmung der Richtlinien untereinander dar.[367] Man kann sich zum Beispiel des Eindrucks nicht erwehren, dass sich jede verbraucherschützende Richtlinie „ihren Verbraucherbegriff selbst definiert".[368] In der Tat enthalten die verbraucherschützenden Richtlinien entweder eine jeweils eigene, von den Regelungen der übrigen Richtlinien abweichende, keine oder eine umständliche Definition des Verbrauchers[369], so dass ein einheitliches Verbraucherbild bis heute fehlt. Dies ist auch relevant für die europäischen Unternehmen, die im Endverbraucherbereich tätig sind. Denn die Verbrauchereigenschaft modifiziert die anwendbaren Rechtsregeln erheblich und räumt z.B. dem Verbraucher ein Rücktrittsrecht ein, das ohne die Beteiligung eines Verbrauchers nicht bestehen würde.

---

[363] Richtlinie 85/577/EWG des Rates vom 20.12.1285, ABl EG 1985 Nr. L 372, S. 31.

[364] Richtlinie 97/7/EG des Europäischen Parlamentes und des Rates vom 20.5.1997; ABl. Nr. L 144, S. 19.

[365] Richtlinie 94/47/EG des Europäischen Parlamentes und des Rates vom 26.10.1994, ABl. Nr. L 280, S. 83.

[366] Zu diesem Problem EuGH, Urteil vom 22.4.1999, Rs. C – 423/97, Slg. 1999, I - 2195 *(Travel VAC SL/Manuel José Antelm Sanchis)*; siehe auch Mitteilung der Kommission vom 11.7.2001, abgedruckt in Beilage zu EuZW 2001, Heft Nr. 16, Tz. 35; *Staudenmeyer*, EuZW 2001, S. 485, S. 487 f.

[367] *Martiny*, ZEuP 1998, S. 227, 243 ff. Allgemein auch zur – häufig fehlenden – sprachlichen Qualität der europäischen Gesetzgebung *Gündisch*, in: Basedow (Hrsg.), Aufbruch nach Europa, S. 117; *Schlechtriem*, ZEuP 2002, S. 213 ff.

[368] *Kieninger/Leible* EuZW 1999, 37, 39; ähnlich *Hommelhoff*, ACP 192 (1992), S. 71, 93 ff.; *Müller-Graff*, in: Müller-Graff (Hrsg.), Gemeinsames Privatrecht in der Europäischen Gemeinschaft, S. 69, ist sogar der Ansicht, dass die gesamte europäische Verbraucherschutzkonzeption im Widerspruch zu der sonstigen legislativen Praxis der EG und zum Verbraucherleitbild steht.

[369] Nachweis bei *Kieninger/Leible*, EuZW 1999, S. 37, 39; *Hauschka*, JZ 1990, S. 521, 525; *Gündisch*, in: Basedow (Hrsg.), Aufbruch nach Europa, S. 109, 117.

Diese Umstände wirken sich negativ auf die Rechtssicherheit aus, was jedoch in der bisherigen Gesetzgebungspraxis der Europäischen Gemeinschaft aus dem Blick geraten zu sein scheint.

3. Das „Systembruch“ - Argument

Von besonderer Bedeutung für die Untersuchung der durch materielle Rechtsangleichung erzielten Rechtssicherheit ist das „Systembruch“ - Argument, das sich mit der Integrationsfähigkeit der EG-Richtlinien in die nationalen Privatrechtssysteme der Mitgliedstaaten beschäftigt. Die Rechtsordnungen der Mitgliedstaaten beruhen auf unterschiedlichen Werten und Traditionen, die aus divergierenden wirtschaftlichen, politischen und sozialen Strukturen heraus gewachsen sind und in jedem Staat andere gesellschaftliche Entwicklungen durchlaufen haben.[370] Die materielle Rechtsangleichung der EG erfolgte bis dato nicht horizontal im Sinne einer umfassenden Vereinheitlichung, sondern vertikal, also auf Teilbereiche beschränkt. Wenn die bruchstückhaften Maßnahmen der Gemeinschaft sich nicht lückenlos in die traditionelle Rechtssystematik einfügen, sondern der rechtlichen Systematik eines einzelnen Mitgliedstaates widersprechen, kommt es zum „Systembruch“ mit den Rechtsordnungen der Mitgliedstaaten.[371] Denn das zusammenhängende, aus einheitlichen Quellen stammende Rechtssystem wird durch die vertikale, punk-

---

[370] *Everling*, FS Steindorff, S. 1155, S. 1164.

[371] Z.B. *Basedow*, Europäisches Vertragsrecht für Europäische Märkte, S. 6 f.; ders., in: Zimmermann (Hrsg.), Rechtsgeschichte und Privatrechtsdogmatik, S. 79, 92; *Bangemann*, ZEuP 1994, S. 377, 378 f.; *Blaurock*, JZ 1994, S. 270, 272; *Coester-Waltjen*, JURA 1998, S. 320, 322; *Grundmann*, JuS 2001, S. 946; *Gündisch*, in: Basedow (Hrsg.), Aufbruch nach Europa, S. 109, 117 ff.; *Schulte-Nölke/Schulze*, Europäische Rechtsangleichung und nationale Privatrechte, S. 15 f.; *Rittner*, JZ 1995, S. 849, 851; *Schwartz*, ZEuP 1994, S. 559, 570; *Witz*, in: Ranieri (Hrsg.), Die Europäisierung der Rechtswissenschaft, S. 219, 221; *Lehne*, Perspektiven eines Europäischen Privatrechts, S. 4; *Schlechtriem*, ZEuP 2002, S. 213, 214 ff.; *Schmid*, JZ 2001, S. 674, 677 f.; *Timme*, ZRP 2000, S. 301, 303, spricht von einer „Europäischen Lawine“ des Gemeinschaftsrechts, deren „verschlungene Pfade“ für den europäischen Bürger unüberschaubar bleiben; auch *Zimmermann*, Savignys Vermächtnis, S. 21 f. „Rechtszersplitterung“; *Zweigert/Kötz*, Einführung in die Rechtsvergleichung, S. 27. - Kritisch gegenüber dem „Systembruch-Argument“ *Götz*, JZ 1994, S. 265, 268.; *Hirte*, Auf dem Weg zu einem europäischen Zivilrecht, S. 19 ff.; *Schwarze*, JZ 1998, S. 1077, 1081 ff.; *Zuleeg*, ZEuP 1998, S. 506, 511. Letztgenannten Autoren ist insoweit Recht zu geben, dass der Blick durch die (nur) nationale Brille oftmals eine sachliche Beurteilung der EG-Richtlinien verhindert. Die Tatsache, dass sich die Systematik der EG-Richtlinie nicht in das nationale System einfügt, gibt allein noch keinen Aufschluss über die Qualität der EG-Gesetzgebung, ebenso auch *Gündisch*, in: Basedow (Hrsg.), Aufbruch nach Europa, S. 109, 116 f.

tuelle Rechtsangleichung zu einem Gefüge nebeneinanderstehender und sich teilweise überlappender Vorschriften europäischen und nationalen Ursprungs modifiziert.[372]

Zu besonderen Schwierigkeiten führt in diesem Zusammenhang die Verwendung von unbestimmten Rechtsbegriffen ohne inhaltliche Konkretisierung auf der europäischen Ebene. Denn ihnen stehen im Recht der Mitgliedstaaten (richter-) rechtlich ausgebildete Institute des Privatrechts gegenüber, bei deren Verwendung das Risiko besteht, dass die nationalen Rechtsanwender ihr unterschiedliches Verständnis nicht oder erst sehr spät erkennen.[373] Wenn die europäischen Vorgaben mit einem national gefärbten Inhalt gefüllt werden, ist eine unterschiedliche Rechtspraxis die fast zwangsläufige Folge.[374] Dafür liefert der Begriff des Schadens und des Schadensersatzes einen anschaulichen Beleg. Diesen Begriffen kommt in den Mitgliedstaaten ein jeweils völlig unterschiedlicher Inhalt zu.[375] Ein oft zitiertes Beispiel für die Auswirkungen dieser Unterschiede findet sich in der „Handelsvertreterrichtlinie".[376] Nach ihren Vorgaben kann der Mitgliedstaat dem Handelsvertreter einen *Entschädigungsanspruch* einräumen, der nach dem Wortlaut der Richtlinie den Provisionsanspruch für ein Jahr nicht überschreiten darf. Dies entspricht der deutschen Rechtsauffassung. Als Alternative kann der Mitgliedstaat dem Handelsvertreter aber auch einen *Schadensersatzanspruch* gewähren, wie es dem französischen Recht vor der Verabschiedung der Handelsvertreterrichtlinie entsprach.[377] Die bisherige französische Rechtsprechung räumte einen Schadensersatzanspruch des Handelsvertreters für die Dauer von zwei Jahren ein. Diese Rechtsprechung hat man in Frankreich auch nach Inkrafttreten der Richtlinie aufrechterhalten.

---

[372] *Gündisch,* in: Basedow (Hrsg.), Aufbruch nach Europa, S. 109, 118; *Schlechtriem,* ZEuP 2002, 213 ff.

[373] *Basedow,* in: Zimmermann (Hrsg.), Rechtsgeschichte und Privatrechtsdogmatik, S. 79, 98.

[374] *De Groot,* in: Gessner /Hoeland/Varga, European Legal Cultures, S. 155 ff.

[375] Dazu *Staudenmeyer,* EuZW 2001, S. 485, S. 488; *Schlechtriem,* ZEuP 1997, S. 232, 233 ff.; *Schackel,* ZEuP 2001, S. 248 ff. (zum Anspruch auf Ersatz des negativen Interesses); *Hommelhoff,* AcP 192 (1992), S. 71, 82 f (bezieht sich auf die Richtlinie über missbräuchliche Klauseln). *Neumayer,* in: David/Grasmann, Einführung in die großen Rechtssysteme der Gegenwart, S. 61; formuliert allgemein: "*...Infolgedessen sind die Einteilungen des common law, die es beherrschenden Anschauungen und das Vokabular der Juristen (im common law, Anm. d.Verf.) grundverschieden von den Einrichtungen, dem System und dem Wortschatz ihrer Kollegen auf dem Kontinent...*",.

[376] Richtlinie 86/653/EWG des Rates vom 18.12.1986, ABl. L 382 vom 31.12.1986, S. 17.

[377] Frankreich hat sich bei der Umsetzung der EG-Richtlinie im Gegensatz zu Deutschland dazu entschieden, den Schadensersatzanspruch des Handelsvertreters gesetzlich zu verankern. Großbritannien und Irland haben den Vertragsparteien ein Wahlrecht zwischen Schadensersatzanspruch und Entschädigungsanspruch eingeräumt, vgl. *Thume,* BB 2004, S. 2473, 2474; *Häuslschmid* in: Reithmann/Martiny, Internationales Vertragsrecht, Rn. 2037.

Andere Mitgliedstaaten, die sich ebenfalls für die Variante des Schadensersatzanspruches entschieden haben, gewähren diesen Anspruch hingegen nur für ein Jahr.[378] Die Anwendung des Schadensersatzsystems der Richtlinie führt folglich in den Mitgliedstaaten, insbesondere in Frankreich und in Großbritannien, zu völlig unterschiedlichen Ergebnissen.[379]

Ein weiteres Beispiel für die unterschiedliche Terminologie in den Mitgliedstaaten brachte die Diskussion über den Begriff „Treu und Glauben" zutage, der in der Richtlinie über missbräuchliche Klauseln [380] Verwendung fand. Dem angelsächsischen System war dieser Begriff ursprünglich unbekannt. Erst in den vergangenen Jahren wurde ihm eine eigenständige Bedeutung eingeräumt, die sich jedoch in engen Grenzen hält.[381] In Deutschland hatte er hingegen noch eine wesentlich differenziertere und weitreichendere Bedeutung als etwa sein französisches Pendant (*bonne foie)*.[382]

Selbst innerhalb desselben Sprachraums können Begriffe übrigens bisweilen unterschiedlich besetzt sein: der Terminus „Entlassung" erfasst nach dem deutschen Rechtsverständnis sowohl die außerordentliche als auch die ordentliche Kündigung des Arbeitsverhältnisses – in Österreich hingegen liegt eine Entlassung nur bei einer außerordentlichen Kündigung aus wichtigem Grund vor.[383]

In der unterschiedlichen Terminologie kommt regelmäßig ein divergierendes Rechtsverständnis der Mitgliedstaaten zum Ausdruck, das oft über Jahrzehnte

---

[378] Zu diesem Beispiel *Vogel*, RabelsZ 61 (2001), S. 591, 601.

[379] So auch in der Mitteilung der Kommission vom 11.7.2001, Tz. 38, Fn. 20; abgedruckt in Beilage zu EuZW 2001, Heft Nr. 16.

[380] Richtlinie 93/13/EWG des Rates der Europäischen Gemeinschaften über missbräuchliche Klauseln in Verbraucherverträgen vom 5.4.1993, ABL. EG 1993 L 95/29.

[381] Grundsätzlich müssen die Vertragsparteien den Grundsatz von Treu und Glauben, wie er aus dem deutschen Recht bekannt ist, nicht berücksichtigen. Entscheidend für die Pflichten und Rechte der Parteien ist allein der Wortlaut des Vertrages. Darüber hinaus gehende Verpflichtungen werden in der Regel nicht anerkannt. So ist zum Beispiel eine Bank gegenüber ihrem Bürgen nicht verpflichtet, beim Verkauf eines Sicherungsgutes den höchsten Preis zu erzielen. Der Grundsatz von Treu und Glauben spielt primär an der Schnittstelle zum Betrug oder bei der Geltendmachung bestimmter Rechtsbehelfe eine Rolle, dazu *Triebel/ Hodgson/Kellenter/Müller*, Englisches Handels- und Wirtschaftsrecht, Rn. 108 f. Außerdem finden sich in einigen „Nischen" des englischen Vertragsrechts Regeln, die dem Gebot der Fairness Berücksichtigung verschaffen, *Kötz*, ZEuP 1998, S. 493, 405 m.w.Nachw.

[382] *Mosiek-Urbahn*, ZRP 2000, S. 297, 300. Weitere Beispiele bei *De Groot*, in: Gessner/ Hoeland/Varga, European Legal Cultures, S. 155, 156 ff.; *Sonnenberger*, JZ 1998, S. 982, 989; *Basedow*, in: Zimmermann (Hrsg.), Rechtsgeschichte und Privatrechtsdogmatik, S. 79, 98 f.

[383] *Mosiek-Urbahn*, ZRP 2000, S. 297, 300.

gewachsen ist und sowohl die sachgerechte Umsetzung der Richtlinie als auch ihre einheitliche Anwendung in den Mitgliedstaaten erschwert.[384] Eine einheitliche Gesetzgebung und eine einheitliche Rechtspraxis wird bestenfalls erst nach Jahren möglich.[385] Diese Unterschiede scheinen in der EG-Gesetzgebung keine hinreichende Berücksichtigung zu finden. Es ist insbesondere nicht ersichtlich, ob man die erforderlichen rechtsvergleichenden Vorarbeiten vor der Verabschiedung sämtlicher Richtlinien durchgeführt hat.[386] Erschwerend kommt hinzu, dass die Koexistenz von vereinheitlichtem Gemeinschaftsrecht und durch Vorschriften des IPR zur Anwendung berufenen nationalen Rechts zu komplexen Kollisionsproblemen führen kann.[387]

Insgesamt führt die bruchstückhafte Rechtsangleichung durch EG-Richtlinien zu Friktionen mit den nationalen Privatrechtssystemen der Mitgliedstaaten, die Umsetzung und Anwendung der europäischen Vorgaben erschweren.[388]

4. Zwischenergebnis

Die bisherige Rechtsetzungspraxis des europäischen Gesetzgebers, die im wesentlichen aus einer punktuellen Rechtsangleichung besteht, leistet aus mehreren Gründen keinen Beitrag zur Herstellung von Rechtssicherheit auf dem europäischen Binnenmarkt. Durch die Wahl der Richtlinie als Rechtsetzungsinstrument werden den Mitgliedstaaten Umsetzungsspielräume eingeräumt, die den Rechtsangleichungserfolg gering halten. Die Richtlinien beschränken sich außerdem auf eine bruchstückhafte Regelung privatrechtsbezogener Teilbereiche

---

[384] *Everling*, FS Steindorff, S. 1155, 1164.

[385] Noch skeptischer *Bangemann*, ZEuP 1994, S. 377, 379, der befürchtet, dass man auf diese Weise keine Rechtsangleichung, sondern nur eine „Zersplitterung des nationalen Rechts" erreicht. Genauso *Zimmermann*, Savignys Vermächtnis, S. 21 f. („Rechtszersplitterung").

[386] *Kieninger/Leible*, EuZW 1999, S. 37, 38; *Remien*, in: Europäische Integration als Herausforderung des Rechts, S. 127; wohl auch *Mosiek-Urbahn*, ZRP 2000, S. 297, 300.

[387] Ebenso *Schmid*, JZ 2001, S. 674, 675.

[388] *Basedow*, Europäisches Vertragsrecht für Europäische Märkte, S. 6 f.; *ders.*, in: Zimmermann (Hrsg.), Rechtsgeschichte und Privatrechtsdogmatik, S. 79, 94 ff.; *Bangemann*, ZEuP 1994, S. 377, 378 f.; *Blaurock*, JZ 1994, S. 270, 272; *Coester-Waltjen*, JURA 1998, S. 320, 322; *Grundmann*, JuS 2001, S. 946; *Gündisch*, in: Basedow (Hrsg.), Aufbruch nach Europa, S. 109, 117 ff.; *Schulte-Nölke/Schulze*, Europäische Rechtsangleichung und nationale Privatrechte, S. 15 f.; *Schwartz*, ZEuP 1994, S. 559, 570; *Witz*, in: Ranieri (Hrsg.), Die Europäisierung der Rechtswissenschaft, S. 219, 221; *Lehne*, Perspektiven eines Europäischen Privatrechts, S. 4; nicht zuletzt auch *Zweigert/Kötz*, Einführung in die Rechtsvergleichung, S. 27. Kritisch *Götz*, JZ 1994, S. 265, 268; *Hirte*, Auf dem Weg zu einem europäischen Zivilrecht, S. 19 ff.; *Schwarze*, JZ 1998, S. 1077, 1081 ff.; *Zuleeg*, ZEuP 1998, S. 506, 511.

wie zum Beispiel dem Verbraucherschutz. Die europäischen Vorgaben fügen sich jedoch nicht immer in das seit Jahrzehnten gewachsene Privatrechtssystem der einzelnen Mitgliedstaaten ein, sondern führen zu Friktionen mit der nationalen Rechtsordnung. Eine besondere Schwierigkeit entsteht bei der Verwendung nicht konkretisierter Rechtsbegriffe durch den europäischen Gesetzgeber, denen auf Seiten des nationalen Rechts ausgeprägte, durch Legislative und Justiz fortentwickelte Rechtsinstitute gegenüber stehen, die eine unproblematische Integration des europäischen Verständnisses in das nationale Recht nahezu unmöglich machen. Erschwert wird die Transformation der europäischen Vorgaben außerdem dadurch, dass die Richtlinien selbst kein kohärentes, aufeinander abgestimmtes Rechtsgefüge bilden, sondern aus divergierenden, sich überschneidenden und zum Teil einander widersprechenden Einzelvorschriften bestehen.[389]

Die Kritik des Schrifttums an der EG-Richtliniengesetzgebung erscheint insgesamt als gerechtfertigt. Dem europäischen Gesetzgeber ist es noch nicht gelungen, der fehlenden Passgenauigkeit des nationalen Rechts der Mitgliedstaaten durch seine Gesetzgebung abzuhelfen. In der Praxis entstehen durch die bruchstückhaften Regelungen erhebliche Rechtsanwendungsprobleme. Sie sind der Rechtssicherheit, die auf dem europäischen Binnenmarkt erforderlich ist, abträglich.

---

[389] Das ist möglicherweise die Konsequenz der Zuständigkeitsverteilung innerhalb der Kommission, nach der die Richtlinien je nach dem primär von ihnen verfolgten Schutzweck von unterschiedlichen Direktionen verabschiedet werden, ähnlich *Timmermaans,* CMRL 1997, S. 1229, 1233. Während in den nationalen Justizministerien spezialisierte Abteilungen über die Kohärenz der rechtlichen Bedingungen wachen, legte man auf europäischer Ebene die ursprüngliche Generaldirektion XIV Binnenmarkt und Rechtsangleichung, - parallel zur fortschreitenden Rechtsangleichung - mit anderen Direktionen zusammen und strich Stellen.. Heute fehlt ein gemeinsames Gremium, das über die Abstimmung der Richtlinien untereinander und mit dem übrigen *acquis communautaire* wacht. *Schmid,* JZ 2001, S. 674, 679. Der Versuch der heutigen Binnenmarkt-Direktion, die Einhaltung von Grundzügen des Wirtschaftsprivatrechts bei der Richtlinienangleichung sicherzustellen, blieb offenbar erfolglos, *Remien,* ZfRV 1995, S. 116, 123. Siehe auch den Hinweis bei *Kieninger/Leible, EuZW* 1999, S. 37, 38 auf die fehlende Abstimmung der Richtlinie über missbräuchliche Klauseln mit Art. 5 EVÜ, die den Eindruck erweckt, dass „die Verfasser der Richtlinien Art. 5 EVÜ schlicht nicht gekannt haben". In diesem Zusammenhang plädieren *Kieninger/Leible,* EuZW 1999, S. 37, 39 f für einen „Europäischen wissenschaftlichen Ausschuss für Privatrecht", der die Qualität der existierenden und künftigen EG-Rechtsakte durch Beratung der Kommission und Abgabe von Stellungnahmen und Gutachten überwacht. *Schmid,* JZ 2001, S. 674, 680 fordert in Annäherung an das American Law Institute (ALI) die Einrichtung eines „Europäischen Rechtsinstitutes" für die Schaffung eines Einheitlichen Europäischen Zivilgesetzbuches.

V. Ergebnis

Das nationale Recht wird den Bedürfnissen des internationalen Handels nicht gerecht. Die Ursachen dafür liegen insbesondere darin, dass das nationale Recht primär auf nationale Sachverhalte zugeschnitten ist und z.T. veraltete Regelungen bereithält. Die Unterschiede im Recht der Mitgliedstaaten können dazu führen, dass Rechtsverhältnisse nach einer Rechtsordnung als gültig beurteilt werden, nach einer anderen jedoch nicht. Die Vereinbarung einer anwendbaren Rechtsordnung stellt außerdem für die ausländische Partei eine Benachteiligung dar, da sie sich auf fremden Terrain zurechtfinden muss.

Diese Schwächen können auch nicht durch das UN-Kaufrecht aufgefangen werden. Zwar hat dieses Regelwerk eine Vereinheitlichung im Bereich des internationalen Warenkaufs und Werklieferungsrecht erreicht. Dennoch ist seine Bedeutung für den binnenmarktsinternen Handel nur eingeschränkt, da nicht alle Mitgliedstaaten das Abkommen ratifiziert haben und außerdem der sachliche Anwendungsbereich des UN-Kaufrecht wichtige Fragen des Vertragsverhältnisses nicht erfasst, so dass insoweit nationales Recht zur Anwendung kommt.

Auch die bisherige Rechtsangleichung durch den EG-Gesetzgeber kann die Defizite des nationalen Rechts nicht auffangen, da sie den Bedürfnissen des internationalen Handels und insbesondere der Forderung nach Rechtssicherheit nicht gerecht wird. Die fehlende Abstimmung der privatrechtsbezogenen Richtlinien untereinander und auch mit den Rechtssystemen der Mitgliedstaaten geht einher mit systemimmanenten Schwächen des Rechtsinstrumentes der Richtlinie, welche den Staaten einen erheblichen Spielraum bei der Umsetzung der europäischen Vorgaben lässt. Der Rechtsangleichungserfolg bleibt gering. Insgesamt kann die europäische Gesetzgebung infolge dieser Defizite keinen Beitrag zur Rechtssicherheit im europäischen Binnenmarkt leisten.

C. Rechtssicherheit im Bereich des in den Mitgliedstaaten gewährten Rechtsschutzes

Entscheidend für das Maß der Rechtssicherheit sind nicht nur die Vorschriften selbst, sondern auch der Rechtsschutz, den der Betroffene in Anspruch nehmen kann.[390] Eine Analyse der Rechtssicherheit muss sich deshalb auch auf die Untersuchung des Rechtsschutzes erstrecken. Im Kern dieser Untersuchung steht die Frage, ob der nationale Richter und die auf europäischer und nationaler Ebene erfolgte Ausgestaltung des Verfahrens den Unternehmern einen effizien-

---

[390] *Scholz*, Die Rechtssicherheit, S. 8 ff.

ten Rechtsschutz gewähren. Dies kann aber nur dann der Fall sein, wenn für die internationale Rechtssache eindeutige Regelungen getroffen werden, deren Anwendung im Vergleich zu einer nationalen Streitigkeit nicht nachteilig für die Vertragsparteien ist.

I. Internationales Verfahrensrecht auf Gemeinschaftsrechtsebene

Es stellt sich zunächst die Frage, ob das auf Gemeinschaftsebene geregelte Internationale Verfahrensrecht (im folgenden: "europäisches Internationales Verfahrensrecht") Regelungen bereitstellt, welche die für den europäischen Handelsverkehr erforderliche Rechtssicherheit herstellen. Das wäre der Fall, wenn das europäische Internationale Verfahrensrecht die prozessrechtliche Stellung der europäischen Unternehmer so ausgestaltet, dass sie zumindest annähernd derjenigen Position entspricht, welche die Vertragsparteien bei einer nationalen Transaktion vorfinden.

Zweifel daran drängen sich vor allem deswegen auf, weil die Bedeutung des (bisherigen) Kernstücks des bisherigen europäischen Internationalen Zivilverfahrensrechts, das Brüssler Übereinkommen über die gerichtliche Zuständigkeit und die Vollstreckung gerichtlicher Entscheidungen in Zivil- und Handelssachen (EUGVÜ)[391], in der alltäglichen Rechtsanwendungspraxis der staatlichen Gerichte als gering eingeschätzt wird:[392] Das klägerische Vertrauen in die Lösungsmodelle dieses Staatsvertrages ist offenbar so gering, dass über 70 % der Kläger in einem internationalen Rechtsstreit ihren Anspruch in dem Mitgliedstaat geltend machen, wo er auch vollstreckt werden kann, ohne den Umweg über die staatsvertraglichen Vollstreckungserleichterungen zu gehen.[393] Daher soll im folgenden untersucht werden, ob das europäische internationale Verfahrensrecht effiziente Regelungen für den europäischen Unternehmer bereitstellt.

---

[391] Brüssler EWG-Übereinkommen über die gerichtliche Zuständigkeit und die Vollstreckung gerichtlicher Entscheidungen in Zivil- und Handelssachen (BGBl. 1972, S. 774 i. d. F. des 4. Beitrittsübereinkommens vom 29.11.1996 (BGBl. 1998 II, S. 1412); abgedruckt in: *Jayme/Haussmann*, Internationales Privat- und Verfahrensrecht, Nr. 70.

[392] *Gessner*, in: V. Freyhold/Vial/Wagner (Hrsg.), Cost of Judicial Barriers for Consumers in the Single Market, No. AO-2600/94/00103, S. 9.

[393] So die Ergebnisse der Untersuchung bei *Gessner*, in: V. Freyhold/Vial/Wagner (Hrsg.), Cost of Judicial Barriers for Consumers in the Single Market, No. AO-2600/94/00103, S. 193.

1. Rechtsgrundlagen eines europäischen Internationalen Verfahrensrechts

Kernstück des europäischen Internationalen Zivilverfahrensrechts auf der europäischen Ebene war bisher das EuGVÜ[394], ein zwischen den Mitgliedstaaten geschlossener Staatsvertrag, der als logische Ergänzung des EVÜ die internationale Zuständigkeit sowie die Anerkennung und die Vollstreckung fremder Entscheidungen regelte. Im Rahmen der Beschlüsse von Amsterdam ist in Art. 61 lit c) EG eine neue Kompetenz der Europäischen Gemeinschaft begründet worden, die den Rat „zum schrittweisen Aufbau eines Raumes der Freiheit, der Sicherheit und des Rechts" ermächtigt. Dies erfasst insbesondere Verordnungen im Bereich der justitiellen Zusammenarbeit (Art. 65 EG). Trotz umstrittener Tragweite dieser Grundlage[395] hat der Rat bereits mehrmals von diesem Recht Gebrauch gemacht und ersetzte das EUGVÜ durch die Europäische Gerichtsstands- und Vollstreckungsverordnung (EuGVO oder Brüssel-I-Verordnung) [396], die am 1.3.2002 in den EU-Staaten in Kraft[397] trat.[398]

[394] Brüssler EWG-Übereinkommen über die gerichtliche Zuständigkeit und die Vollstreckung gerichtlicher Entscheidungen in Zivil- und Handelssachen (BGBl. 1972, S. 774 i. d. F. des 4. Beitrittsübereinkommens vom 29.11.1996 (BGBl. 1998 II, S. 1412); abgedruckt in: Jayme/Haussmann, Internationales Privat- und Verfahrensrecht, Nr. 70.

[395] *Heß*, JZ 2001, S. 572, 573; *Kropholler*, in: Basedow (Hrsg.), Aufbruch nach Europa, S. 583, 585 m.w.Nachw.

[396] Verordnung Nr. 44/2001 des Rates über die gerichtliche Zuständigkeit und die Anerkennung und Vollstreckung von Entscheidungen in Zivil- und Handelssachen vom 22.12.2000, ABl. 2001, Nr. L 12, S.1. Dazu *Micklitz/Rott*, EuZW 2001, S. 325 ff.; *Piltz*, NJW 2002, 789 ff.; *Heß*, JZ 2001, S. 573, 577 f.

[397] Einzige Ausnahme ist Dänemark (Art. 1 Abs. 3 EUGVO).

[398] Das europäische internationale Zivilverfahrensrecht besteht weiter aus einer EG-Verordnung über die Zustellung gerichtlicher und außergerichtlicher Schriftstücke (Verordnung Nr. 1348/2000 des Rates vom 29.5.2000, ABl. 2000 Nr. L 160, S. 37. Dazu *Lindacher*, ZZP 14 (2001), S. 179 ff.; *ders.*, FS Bundesgerichtshof, S. 179 ff.; *Heß*, JZ 2001, S. 573, 577) sowie aus einer Verordnung betreffend das Insolvenzverfahren (Verordnung Nr. 1346/2000 des Rates vom 29.5.2000, ABl. 2000 Nr. L 160, S. 1.) Hinzu kommt außerdem eine Verordnung über Anerkennung und Vollstreckung von Entscheidungen in Ehesachen und damit zusammenhängenden Kindschaftssachen (EheGVO), Verordnung Nr. 1347/2000 des Rates vom 29.5.2000, ABl. EG 2000 Nr. 160, S. 19. Zu weiteren Vorhaben der Europäischen Gemeinschaft im Bereich des Internationalen Verfahrensrechts *Kropholler*, in: Basedow (Hrsg.), Aufbruch nach Europa, S. 583, 586.

2. Grundzüge der Europäischen Gerichtsstand- und Vollstreckungsverordnung (EUGVO)

Im Gegensatz zum EuGVÜ, das als Staatsvertrag mit jedem beitretenden Mitgliedstaat neu vereinbart werden musste, verfügt die EuGVO kraft ihres Verordnungscharakters über unmittelbare Geltung (Art. 249 EG). In der Verordnung sind Revisionen zwar auf der Grundlage des gemeinschaftsrechtlichen Gesetzgebungsverfahrens durchzuführen, aber insgesamt leichter durchzusetzen als im vorangegangenen Staatsvertrag.[399] Denn im Völkerrecht gilt das Einstimmigkeitsprinzip, d.h. der Inhalt des Vertrages kann erst dann verbindlich festgelegt werden, wenn die Parteien sich auf eine Textversion geeinigt haben (Art. 9 Abs. 1 WVK).[400] Außerdem müssen die Staaten durch einen weiteren Akt ihrer vertraglichen Bindung an den völkerrechtlichen Vertrag zustimmen (Art. 11 WVK). Eine in der Praxis des Völkerrechts häufig anzutreffende Zustimmungsform erfordert die Durchführung eines (langwierigen) Ratifikationsverfahrens.[401] Die Änderung eines völkerrechtlichen Vertrags setzt den Abschluss eines weiteren Vertrages zwischen sämtlichen Vertragsstaaten voraus, dem die Staaten wiederum durch eine Ratifikation zustimmen müssen.[402] Diese Anforderungen entfallen bei einer auf Gemeinschaftsrechtsebene erlassenen Verordnung. Darin liegt ein erheblicher Vorteil der EuGVO gegenüber dem EuGVÜ.

Auch beim Beitritt neuer Mitgliedstaaten ist keine neue Vereinbarung der Geltung der EuGVO erforderlich, da sie Bestandteil des "acquis communautaire" ist, den neue Mitgliedstaaten übernehmen müssen.[403] Beim Erlass neuer Verordnungen entfällt das langwierige Ratifikationsverfahren der bisherigen Staatsverträge.[404]

Die EuGVO ist in wesentlichen Punkten mit dem EuGVÜ strukturgleich. Sie enthält - wie auch schon ihr völkerrechtlicher Vorläufer - Vorschriften über die internationale Zuständigkeit in vermögensrechtlichen Zivil- und Handelssachen und regelt außerdem die erleichterte und beschleunigte Anerkennung und Vollstreckung der in den Mitgliedstaaten erlassenen gerichtlichen Entscheidungen.

---

[399] *Kropholler*, in: Basedow (Hrsg.), Aufbruch nach Europa, S. 583, 594, Fn. 51.; *ders.*, IPR, S. 549.
[400] *Herdegen*, Völkerrecht, Rn. 8.
[401] *Herdegen*, Völkerrecht, Rn. 9.
[402] *Herdegen*, Völkerrecht, Rn. 35.
[403] *Kropholler*, IPR, S. 549.
[404] *Kropholler*, IPR, S. 74.

a) Sachlicher Anwendungsbereich

Der Anwendungsbereich der EuGVO stimmt mit dem des EuGVÜ überein und erfordert, dass es sich um eine Zivil- oder Handelssache nach Art. 1 Abs. 1 S.1 EuGVO handelt. Die Auslegung dieses Begriffes hat sich nicht an der Rechtsprechung der Mitgliedstaaten zu orientieren, sondern hat autonom zu erfolgen.[405] Damit soll eine einheitliche Auslegung dieses Begriffes sichergestellt werden, die den betroffenen Personen die gleichen Rechte und Pflichten einräumt. Öffentlich-rechtliche Streitigkeiten sowie bestimmte zivilrechtliche Gebiete sind vom Anwendungsbereich der EuGVO ausgeschlossen. Eine grundsätzliche Klärung des früheren Streits, ob zur Anwendbarkeit des EuGVÜ weitere Berührungspunkte des Sachverhalts zu einem anderen Vertragsstaat erforderlich seien oder nicht[406], erfolgt insbesondere durch die Klarstellung im achten Erwägungsgrund der Verordnung sowie durch Art. 4 Abs. 1 EUGVO.[407] Danach ist bereits ein Berührungspunkt mit einem Hoheitsgebiet eines Mitgliedstaates ausreichend, ohne dass weitere Berührungspunkte zu anderen Mitgliedstaaten erforderlich sind.[408] Folglich kann die EuGVO auch über die Europäische Union hinaus im Verhältnis zu Drittstaaten Anwendung finden.[409]

Die Anforderungen an die notwendigen Berührungspunkte differieren jedoch stark: Einmal muss der Wohnsitz des Beklagten in einem Mitgliedstaat liegen, (Art. 2, 5 EuGVO) ein anderes Mal spielt der Wohnsitz bei der Anknüpfung keine Rolle (Art. 22 EuGVO) und ein weiteres Mal kommt es auf den Wohnsitz einer der Parteien an (Art. 23 EuGVO). Die speziellen Zuständigkeitsvoraussetzungen variieren also innerhalb des Zuständigkeitsbereichs der EuGVO von Abschnitt zu Abschnitt.[410] Deshalb sind sie unübersichtlich.

b) Allgemeiner und besonderer Gerichtsstand

Die EuGVO unterscheidet zwischen allgemeinem Gerichtstand und besonderen Gerichtsständen.[411] Im allgemeinen Gerichtsstand können grundsätzlich Klagen jeder Art erhoben werden.[412] Der Gerichtsstand einer natürlichen Person ist ihr

---

[405] *Kropholler*, IPR, S.549.
[406] Nachweise dazu bei *Piltz*, NJW 2002, S. 789, 790, Fn. 13.
[407] Dazu *Micklitz/Rott*, EuZW 2001, S. 325, 327.
[408] *Piltz*, NJW 2002, S. 789, 790; *Micklitz/Rott*, EuZW 2001, S. 325, 327.
[409] *Piltz*, NJW 2002, S. 789, 790; *Micklitz/Rott*, EuZW 2001, S. 325, 327.
[410] *Kropholler*, IPR, S. 572.
[411] Dazu *Kropholler*, IPR, S. 572.
[412] *Kropholler*, IPR, S. 572.

Wohnsitz; der Gerichtsstand einer juristischen Person richtet sich nach ihrem Sitz (Art. 2 I EUGVO).

Der Begriff des Wohnsitzes ist nicht in der EuGVO legaldefiniert. Die Bemühungen um eine autonome Definition sind gescheitert.[413] Der Wohnsitz ist vielmehr nach Art. 59 I EuGVO nach der *lex fori* zu bestimmen, also nach dem nationalem Recht des angerufenen Gerichts. Hier befindet sich ein Einfallstor für nationale Ungleichheiten, da nicht jeder Mitgliedstaat den Wohnsitz in gleicher Weise bestimmt.[414]

Etwas anderes gilt für den Sitz des Unternehmens, da dieser gemäß Art. 60 Abs. 1 EG autonom definiert wird. Diese Anknüpfung spielt naturgemäß im internationalen Handelsverkehr eine größere Rolle.

Daneben gibt es besondere Gerichtsstände, die nur bei besonderen Klagearten begründet sind, z.B. der besondere Gerichtsstand des Erfüllungsortes für Verträge (Art. 5 Abs. 1 EUGVO), des Deliktsortes (Art. 5 Nr. 3 EUGVO) oder der Belegenheitsgerichtsstand (Art. 22 Nr. 1 EUGVO). Bei mehreren möglichen Gerichtsständen hat der Kläger die Wahl, in welchem Mitgliedstaat er die Klage erhebt.[415] Dies gibt dem Kläger Gelegenheit, den Prozess durch die Klageerhebung am jeweiligen Gerichtsstand zu beeinflussen. Denn die Wahl eines Gerichtsstandes bedeutet gleichzeitig die Wahl des jeweiligen Verfahrensrechts.[416] Dieser Einfluss hat auch erhebliche Auswirkungen, da sich die nationalen Verfahrensrechte der Mitgliedstaaten trotz der Annäherung auf der europäischen Ebene noch sehr stark unterscheiden.

c) Der Gerichtsstand des vertraglichen Erfüllungsortes

In Art. 5 Abs. 1 lit a) und b) EUGVO finden sich Regelungen für einen in der Praxis des Handelsverkehrs wichtigen besonderen Gerichtstand, den Gerichtsstand des Erfüllungsortes für Vertragsklagen. Der besondere Gerichtsstand des Art. 5 Abs. 1 lit a) EUGVO ist der Erfüllungsort des Vertrages. In diesem Zusammenhang hat die Verabschiedung der EuGVO eine

---

[413] *Micklitz/Rott*, EuZW 2001, S. 325, 327.

[414] Vgl. *Kropholler*, IPR, S. 573.

[415] *Kropholler*, IPR, S. 573. Eine Ausnahme besteht bei ausschließlichen Gerichtsständen, welche die übrigen Gerichtsstände verdrängen, vgl. *Siehr*, IPR, S. 509.

[416] Kritisch (noch zum EuGVÜ) auch *Kreuzer*, in: Müller-Graff (Hrsg.), Gemeinsames Privatrecht in der Europäischen Gemeinschaft, S. 457, 498, der dies als eine „einseitige, sachlich durch nichts gerechtfertigte Statutbestimmungsmöglichkeit für den Kläger“ bezeichnet.

Verbesserung im Vergleich zu Art. 5 Abs. 1 EuGVÜ erzielt. Nach der bisherigen ständigen Rechtsprechung des EuGH[417] wurde der Erfüllungsort nach der materiellen lex fori bestimmt. Seit der Geltung der EuGVO liegt der Erfüllungsort bei speziellen Vertragstypen, nämlich bei Warenkauf- und Dienstleistungsverträgen, dort, wo die Sache geliefert wurde bzw. hätte geliefert werden sollen. (Art. 5 Abs. 21 lit b) EuGVO). Allerdings bestehen vor allem im Hinblick auf Art. 5 Abs. 1 EUGVO noch einige Unklarheiten. Bereits der Vorläufer dieser Norm, Art. 5 Abs. 1 EUGVÜ, stellte eine der wichtigsten und gleichzeitig wegen ihrer Unwägbarkeiten und der Bevorzugung des Verkäufers bei der Anwendung des UN-Kaufrechts umstrittensten Vorschriften des EuGVÜ dar.[418]

Durch Art. 5 Abs. 1 lit b) EUGVO wird ein einheitlicher Gerichtsstand für sämtliche Klagen aus dem Vertragsverhältnis begründet, soweit dieser im räumlichen Geltungsbereich des EuGVO liegt. Dies stellt für die betroffenen Vertragstypen den Gleichlauf zwischen Zuständigkeit und anwendbarem Recht her und fördert die Sach- und Beweisnähe des Gerichts.[419] Außerhalb dieses Geltungsbereiches entscheidet jedoch weiterhin das auf die streitige Verpflichtung anwendbare materielle Recht. Ob für diese Differenzierung ein sachlicher Grund besteht, ist fraglich und wird teilweise auch von der Literatur bestritten.[420]

Den wichtigsten Impuls für eine Änderung der Anknüpfung stellten mehrere Gerichtsentscheidungen des französischen *Cour de Cassation* dar, die erheblich von der ständigen Rechtsprechung des EuGH abwichen. Darin setzte sich der *Cour* über die europäischen Vorgaben hinweg, bis es schließlich zu einem offenen Bruch mit der EuGH-Rechtsprechung kam.[421] Der gefundene Kompromiss, der sich in der Differenzierung zwischen verschiedenen Vertragstypen, nämlich Kauf- und Dienstleistungsverträge einerseits und den übrigen

---

[417] St. Rspr. seit EuGH vom 6.10.1976, Rs. 12/76, Slg. 1967, 1473 ("Tessili/Dunlop"). Dazu vor allem *Leipold*, GS Lüderitz, S. 431, 432 ff.

[418] *Kropholler/v.Hinden*, GS Lüderitz, S. 401; *Micklitz/Rott*, EuZW 2001, S. 325, 328; dazu auch *Piltz*, NJW 2002, S. 789, 793.

[419] *Kropholler*, IPR, S.576; *Piltz*, NJW 2002, S. 789, 793; *Micklitz/Rott*, EuZW 2001, S. 325, 328.

[420] Ablehnend *Kropholler/v.Hinden*, GS Lüderitz, S. 401, 408 ff.(zum von der Kommission vorgelegten Art. 5 EUGVO-Entwurf, der aber fast wortgleich zur angenommenen Fassung des geltenden Art. 5 EUGVO ist); kritisch auch *Leipold*, GS Lüderitz, S. 431, 445 (ebenfalls zum Kommissionsentwurf), der im Zusammenhang mit der Formulierung des Art. 5 Abs. 1 des Entwurfes von "bemerkenswerter Unschärfe" spricht.

[421] Einzelheiten und Nachweise bei *Kropholler/v.Hinden*, GS Lüderitz, S. 401, 404 ff.; *Leipold*, GS Lüderitz, S. 431, 433 f.

Verträge andererseits widerspiegelt, stellt eine nicht sehr übersichtliche Regelung dar:

Der französische Einfluss macht sich in Art. 5 Abs. 1 lit b) EUGVO bemerkbar, während Art. 5 Abs. 1 lit a) EUGVO der Rechtsprechung des EuGH entspricht. Offenbar konnte man sich auf europäischer Ebene nicht dazu entschließen, mit der Rechtsprechung des EuGH vollständig zu brechen.[422] Dieses Defizit wurde noch dadurch verschärft, dass die Voraussetzungen für die Anwendung des Art. 5 Abs. 1 lit b) EUGVO, nämlich das Vorliegen eines Warenkaufs oder eines Dienstleistungsvertrages, nicht legaldefiniert werden. Hier kann zwar die Rechtsprechung des EuGH zum bisherigen Art. 13 Abs. 1 Nr. 3 eine Orientierungshilfe bieten[423]; dennoch bleibt eine gewisse Unwägbarkeit der Auslegung durch den nationalen Richter vorhanden.[424] Insgesamt stellt sich die Neuregelung des Art. 5 Abs. 1 EUGVO nicht als überzeugend dar.

d) Vorschriften über Anerkennung und Vollstreckung

Die durch die EuGVO vorgenommenen Änderungen der Vorschriften des EUGVÜ über Anerkennung und Vollstreckung dienen in erster Linie dem Ziel, zugunsten des Gläubigers eine raschere Vollstreckung der Urteile in anderen Mitgliedstaaten zu erreichen.[425] Dazu gehören die erleichterten Anforderungen an die Zustellung. Zum Beispiel ist gemäß Art. 34 EUGVO eine Zustellung "in einer Weise", die es dem Beklagten ermöglicht, sich zu verteidigen, nunmehr im Gegensatz zur Fassung des Art. 27 Nr. 4 EUGVÜ ("ordnungsgemäße" Zustellung) ausreichend.[426]

e) Auslegungskontrolle durch den EuGH

Durch die Verabschiedung der Verordnung erübrigt sich das von den Mitgliedstaaten vereinbarte Protokoll, das eine Auslegungskompetenz für das EuGVÜ vorsah.[427] Die Auslegungsbefugnis des EuGH ergibt sich nunmehr aus

---

[422] *Kropholler/v.Hinden,* GS Lüderitz, S. 401, 409; *Leipold,* GS Lüderitz, S. 431, 445 f.

[423] Nachweise bei *Kropholler/v.Hinden,* GS Lüderitz, S. 401, 410; siehe auch *Leipold,* GS Lüderitz, S. 431, 446.

[424] Ebenso *Kropholler/v.Hinden,* GS Lüderitz, S. 401, 410.

[425] *Piltz,* NJW 2002, S. 789, 794.

[426] *Piltz,* NJW 2002, S. 789, 794 m.weit.Bsp.

[427] Dazu noch z.B. *Habscheid,* in: Müller-Graff (Hrsg.), Gemeinsames Privatrecht in der Europäischen Gemeinschaft, S. 543, 547 ff.

Art. 68 EG. Danach können allerdings - im Gegensatz zu dem von den Mitgliedstaaten vereinbarten Protokoll über die Auslegungskompetenz des EuGH – nur letztinstanzliche Gerichte dem EuGH Fragen zur Auslegung der Verordnung vorlegen.[428]

f) Zwischenergebnis

Einheitliche Regeln über die Internationale Zuständigkeit und die unproblematische Anerkennung und Vollstreckung fremder gerichtlicher Entscheidungen erleichtern im Grundsatz den europäischen Handelsverkehr.[429]

Gegenüber dem bisherigen Regelwerk, dem EUGVÜ, das bereits eine Vereinheitlichung der Vorschriften über Anerkennung und Vollstreckung gerichtlicher Urteile in Zivil- und Handelssachen anstrebte, leistet die EUGVO bereits durch ihren Rechtscharakter als Verordnung, der ihre unmittelbare Verbindlichkeit im Recht der Mitgliedstaaten bewirkt, einen erheblichen Beitrag zur Rechtssicherheit.[430] Die Verordnung muss nicht mehr in das Recht der Mitgliedstaaten umgesetzt werden, was bisher die Gefahr divergierender Umsetzungsergebnisse barg. Außerdem besitzt nunmehr der EuGH das Auslegungsmonopol über die Vorschriften der Verordnung. Ferner wurden sprachliche Ungenauigkeiten des EuGVÜ zum Teil überarbeitet und die Rechtsprechung des EuGH zu Gunsten der Rechtssicherheit in die Vorschriften integriert.[431] Im Ergebnis führen diese Aspekte zu einer Erhöhung der Rechtssicherheit.

Insbesondere folgende Defizite konnten jedoch durch die EUGVO nicht beseitigt werden: Unklarheiten bestehen weiterhin im Hinblick auf den im Handelsverkehr besonders wichtigen Art. 5 Abs. 1 EUGVO. Darüber hinaus hat der Kläger die Wahl zwischen mehreren möglichen Gerichtsständen. Dies gibt dem Kläger Gelegenheit, den Prozess durch die Klageerhebung am jeweiligen stand zu beeinflussen. Darin liegt eine Bevorzugung des Klägers, denn mit der Wahl des Gerichtsstandes entscheidet er gleichzeitig über das anwendbare Verfahrensrecht.[432] Da sich die Verfahrensrechte der Mitgliedstaaten insbesondere in Bezug

---

[428] Dazu *Piltz*, NJW 2002, S. 789, 790; *Kropholler*, in: Basedow (Hrsg.), Aufbruch nach Europa, S. 583, 586; sehr kritisch *Basedow*, ZEuP 2001, S. 437, 438 ff.
[429] Ähnlich *Micklitz/Rott*, EuZW 2001, S. 325, 334.
[430] *Heß*, NJW 2000, S. 23, 31.
[431] *Micklitz/Rott*, EuZW 2001, S. 325, 333.
[432] Kritisch (noch zum EuGVÜ) auch *Kreuzer*, in: Müller-Graff (Hrsg.), Gemeinsames Privatrecht in der Europäischen Gemeinschaft, S. 457, 498, der dies als eine „einseitige, sachlich durch nichts gerechtfertigte Statutbestimmungsmöglichkeit für den Kläger" bezeichnet.

auf die Beweislast unterscheiden, kann die Wahl des Verfahrensrechts entscheidend für den Ausgang des Verfahrens sein.

Die Auslegungskompetenz des EuGH ist zwar nunmehr gesichert, was einen bemerkenswerten Vorteil für die Einheitlichkeit der Auslegung darstellt, doch ist sie auf Vorlagen letztinstanzlicher Gerichte beschränkt. Aus rechtspolitischer Sicht stellt dies einen erheblichen Nachteil dar.[433] 40 % der Vorlageentscheidungen des EuGH zu Auslegungsfragen des EuGVÜ ergingen auf Betreiben von Instanzgerichten[434], denen jetzt der Zugang zum EuGH verwehrt ist. Als Folge dieser Beschränkung müssen die Parteien einen Prozess bis in die letzte Instanz betreiben, um zu einer Klärung einer Auslegungsfrage durch den EuGH zu gelangen.[435] Dies verlängert das Verfahren erheblich.[436]

Insgesamt leistet daher die EUGVO einen Beitrag zur Herstellung von Rechtssicherheit, kann aber sprachliche Ungenauigkeiten bei der Formulierung des Art. 5 Abs. 1 lit b) und auch das systemimmanente Defizit der Wahlmöglichkeit zwischen mehreren möglichen Gerichtsständen nicht vollkommen beseitigen. Auch die Beschränkung des Vorlagerechts auf letztinstanzliche Gerichte erscheint problematisch, so dass die neue EUGVO im Hinblick auf die Herstellung von Rechtssicherheit nicht in allen Aspekten überzeugen kann.

II. Rechtsschutz vor den nationalen Gerichten

Trotz der auf der Gemeinschaftsrechtsebene vorgenommenen Angleichung des Prozessrechts und der Ausstrahlungswirkung des europäischen Primärrechts, insbesondere der Marktfreiheiten und der Diskriminierungsverbote[437] sind wichtige Teile des Zivilverfahrensrecht der Mitgliedstaaten vom Gemeinschaftsrecht unberührt geblieben.[438] In diesen Gebieten weisen die Rechtsordnungen der Mitgliedstaaten weiterhin zahllose Unterschiede auf[439], die sich auf die Effizienz des Rechtsschutzes der europäischen Unternehmer auswirken könnten.

---

433 *Heß*, NJW 2000, S. 23, 28; *Kropholler*, in: Basedow (Hrsg.), Aufbruch nach Europa, S. 583, 587.
434 *Heß*, NJW 2000, S. 23, 28 f.
435 *Heß*, NJW 2000, S. 23, 28; *Kropholler*, in: Basedow (Hrsg.), Aufbruch nach Europa, S. 583, 587.
436 *Kropholler*, in: Basedow (Hrsg.), Aufbruch nach Europa, S. 583, 587. Dazu unten Sechstes Kapitel Abschnitt C.III.
437 Dazu z.B. *Heß*, JZ 1998, S. 1021, 1023 ff. m.weit.Nachw.
438 *Kerameus*, RabelsZ 66 (2002) S. 1, 2.
439 *Kerameus*, RabelsZ 66 (2002) S. 1, 2.

Kegel formulierte:

> „Wer im Ausland sein Recht suchen muss, braucht mehr Zeit, Kraft und Geld als im Inland.“ [440]

Im Kern der folgenden Untersuchung steht deshalb die Frage, ob ein erheblicher Unterschied zwischen der Durchführung einer internationalen Rechtssache und einer nationalen Rechtssache besteht und wie sich die Notwendigkeit einer Prozessführung vor einem ausländischen Gericht auf die Verfahrensbeteiligten auswirkt.

1. Prozessführung vor einem ausländischen Gericht

Zu untersuchen ist, wie es sich für die Verfahrensbeteiligten auswirkt, wenn sie einen Rechtsstreit vor einem ausländischen Gericht führen, dessen Verfahrensrecht für sie unbekannt ist.

a) Fremdes Verfahrensrecht

Die Verfahrensordnungen der Mitgliedstaaten weichen in den Bereichen, die bisher nicht auf Gemeinschaftsebene vereinheitlicht wurden, erheblich voneinander ab. Manche Verfahrensordnungen sehen zum Beispiel Beweisregeln und Beweisverbote vor, die anderen Rechtsordnungen völlig unbekannt sind.[441] Über diese Besonderheiten muss sich die ausländische Partei sorgfältig informieren, um eine ungünstige oder sogar regelwidrige Prozesstaktik zu vermeiden. Die ausländische Partei wird grundsätzlich einen Anwalt hinzuziehen müssen, da andernfalls die Gefahr besteht, durch mangelnde Kenntnis von

---

[440] *Kegel,* IPR, S. 805.

[441] Im französischen Recht ist zum Beispiel der Beweis für bestimmte Verträge auf den Urkundsbeweis, den Parteieneid und das Geständnis beschränkt, während der Zeugenbeweis für diese Sachverhalte ausgeschlossen wird. Eine ähnliche Einschränkung findet sich auch im englischen Recht. Die Zulässigkeit des Zeugenbeweises kann auch hinsichtlich der Person des Zeugen beschränkt sein: in Italien und Spanien können Personen, die ein Interesse am Ausgang des Rechtsstreites haben, nicht als Zeugen vernommen werden. –
Auch die Zeugnisverweigerungsrechte sind Gegenstand ausgesprochen unterschiedlicher Regelungen: das Zeugnisverweigerungsrecht für Ärzte nach französischem Recht z.B. gilt ohne Befreiungsmöglichkeit: vgl. *Schütze*, Rechtsverfolgung im Ausland, Rn. 23; Rnr. 178 ff.; *Weil,* in: Barrett (Hrsg.), Creating a European Judicial Space, S. 51, 54 ff.

verfahrensrechtlichen Fristen und Pflichten im Nachteil zu sein.[442] Somit führt bereits die Anwendung eines fremden Verfahrensrecht zu einem (im Vergleich zur Anwendung des bekannten Verfahrensrechts) erhöhten Informationsbedarf[443], der die Kosten der gerichtlichen Geltendmachung in die Höhe treibt.

b) Fremde Verfahrenssprache

Die Verfahrenssprache wird von der *lex fori* bestimmt.[444] Das Verfahren vor dem ausländischen Gericht muss daher unter Umständen in einer fremden Sprache geführt werden. Dazu ist die Einschaltung eines Gerichtsdolmetschers notwendig, wodurch die Kosten des Verfahrens steigen. Fremdsprachige Dokumente sind in der Regel zu übersetzen.[445] Die Kosten für eine Übersetzung belaufen sich auf mindestens 50 – 60 EURO pro übersetzte Dokumentenseite. Allein durch diesen Übersetzungsaufwand erhöhen sich die anfallenden Kosten für einen im Ausland geführten Prozess *durchschnittlich* um mindestens 200 – 240 EURO[446], können diesen Betrag aber auch noch wesentlich übersteigen.

---

[442] Zu Recht *Schütze*, Rechtsverfolgung im Ausland, Rn. 133; ähnlich (aus der Sicht des Verbrauchers) *V. Freyhold/Vial,* in: V. Freyhold/Vial/Wagner (Hrsg.), Cost of Judicial Barriers for Consumers in the Single Market, No. AO-2600/94/00103, S. 115.

[443] *Schütze*, Rechtsverfolgung im Ausland, Rn. 23, empfiehlt, vor jeder Klageeinreichung im Ausland ein anwaltliches Gutachten über die Zuständigkeit des Gerichts, die Eigenarten des fremden Verfahrens und die Kostenfrage einzuholen.

[444] Siehe § 184 GVG, der als Gerichtssprache die deutsche Sprache vorsieht – von Sonderregeln für die Sorben im Einigungsvertrag abgesehen, vgl. Martiny, ZEuP 1998, S. 227, 246, FN. 101. In Belgien ist die Gerichtssprache hingegen nicht einheitlich: im Norden ist es das Flämische, im Süden das Französische und in einem kleinen Teil ganz im Osten das Deutsche, *Schubert/Strohe*, in: Häberle (Hrsg.), Handbuch für Kaufrecht, S. 481, 543.

[445] Erwähnenswerte und insoweit löbliche Ausnahmen bilden dabei die Handelskammern der deutschen Landsgerichte, die internationale Kammer des Landgerichts Hamburg sowie schwedische Gerichte, die gewöhnlich auch englische Dokumente ohne Übersetzung akzeptieren, *V. Freyhold/Vial*, in: V. Freyhold/Vial/Wagner (Hrsg.), Costs of Judicial Barriers for Consumers in the Single Market, No. AO-2600/94/00103, S. 110 f.

[446] So die Berechnung bei *V. Freyhold/Vial,* in: V. Freyhold/Vial/Wagner (Hrsg.), Cost of Judicial Barriers for Consumers in the Single Market, No. AO-2600/94/00103, S. 18, S.111.

c) Erschwerte Kalkulation der Verfahrenskosten

Eine besondere Schwierigkeit des im Ausland geführten Prozesses liegt in der erschwerten Kalkulierbarkeit der Verfahrenskosten.[447] Die Ursache dafür liegt insbesondere darin, dass Vorschriften wie die deutsche Gebührenordnung im Ausland zum Teil unbekannt sind.[448] In einigen Mitgliedstaaten rechnen Anwälte nach freier Honorarvereinbarung ab, wobei möglich ist, dass der Kläger selbst im Falle des Obsiegens seine außergerichtlichen Kosten zum Teil selbst tragen muss.[449] Zudem bestehen in den Mitgliedstaaten unterschiedliche Vorschriften über den Anwaltszwang. [450] Im Regelfall wird aber die ausländische Partei sich auch dann von einem Anwalt vor dem fremden Gericht vertreten lassen, wenn kein Anwaltszwang besteht.[451]

d) Verfahrensverzögerung

Da erhebliche tatsächliche Unterschiede in den Mitgliedstaaten bestehen, ist die Verfahrensdauer eines im Ausland geführten Prozesses im Vorfeld schlecht

---

[447] Ebenso *V. Freyhold/Vial,* in: V. Freyhold/Vial/Wagner (Hrsg.), Cost of Judicial Barriers for Consumers in the Single Market, No. AO-2600/94/00103, S.113.

[448] *Schütze*, Rechtsverfolgung im Ausland, Rn. 24. Zu den unterschiedlichen Kostenordnungen Länderberichte bei *Snijders* (Hrsg.), Access to Civil Procedure Abroad (1996) und bei V. *Freyhold/Vial,* in: V. Freyhold/Vial/Wagner (Hrsg.), Costs of Judicial Barriers for Consumers in the Single Market, No. AO-2600/94/00103, S. 20 ff.

[449] Dies gilt zum Beispiel für Frankreich, Irland, Finnland, Schweden und Großbritannien, *V. Freyhold/Vial,* in: V. Freyhold/Vial/Wagner (Hrsg.), Cost of Judicial Barriers for Consumers in the Single Market, No. AO-2600/94/00103, S. 52 f., 59 f., 90 f., 98 f., 106.; auch *Schubert/Strohe,* in: Häberle (Hrsg.), Handbuch für Kaufrecht, S. 481, 505; *Schütze,* Rechtsverfolgung im Ausland, Rn. 24.

[450] Länderberichte bei V. *Freyhold/Vial,* in: V. Freyhold/Vial/Wagner (Hrsg.), Cost of Judicial Barriers for Consumers in the Single Market, No. AO-2600/94/00103, S. 20 ff. – Grundsätzlich müssen zum Beispiel in England nur juristische Personen im Gegensatz zu natürlichen Personen anwaltlich, also durch einen *Sollicitor* vertreten werden. Zum Auftritt vor dem High Court bedarf es zusätzlich noch eines *Barristers, Van Dem-Lely/Kottenhagen,* in: Snijders (Hrsg.), Access to Civil Procedure Abroad, S. 97 f. und *Snijders,* in: Snijders (Hrsg.), Access to Civil Procedure Abroad, S. 23.

[451] Zu Recht *Schütze,* Rechtsverfolgung im Ausland, Rn. 133; ähnlich (aus der Sicht des Verbrauchers) *V. Freyhold/Vial,* in: V. Freyhold/Vial/Wagner (Hrsg.), Cost of Judicial Barriers for Consumers in the Single Market, No. AO-2600/94/00103, S. 115.

abzuschätzen.[452] Jedenfalls aber steht fest, dass ein internationales Verfahren in der Regel länger als ein nationales dauert.[453]

(1) Die Zustellung ins Ausland

Eine mögliche Ursache für die längere Verfahrensdauer liegt in der erforderlichen Zustellung ins Ausland, die das Verfahren durch lange Zustellungsfristen noch erheblich verlängern.[454] Innerhalb der europäischen Union – mit Ausnahme Dänemarks[455] – richtet sich die Zustellung nach der am 31.5.2001 in Kraft getretenen EG-Verordnung 1348/2000 (EUZVO). Vor ihrer Geltung waren die Defizite der Zustellung auch ins europäische Ausland gravierend[456]: Nachhaltige Verzögerungen, zu knapp bemessene Einlassungsfristen, Rechtsunsicherheit durch fiktive Inlandszustellungen, unnötig komplizierte Vorschriften im Haager Zustellungsübereinkommen (HZÜ)[457], welches über das IV. Zusatzprotokoll zum EUGVÜ im europäischen Rechtsraum für anwendbar erklärt wurde. Diese Defizite führten dazu, dass die Urteilsfreizügigkeit im Binnenmarkt an der Zustellung scheiterte.[458] Die Zustellungsdauer war zudem schwer zu kalkulieren. Vor dem Inkrafttreten der EUZVO wichen die Zivilprozessrechte der Mitgliedstaaten voneinander ab. In

---

[452] Nach Italien als dem Mitgliedstaat mit der längsten Verfahrensdauer (vor der Prozessrechtsreform dauerten die italienischen Verfahren im Durchschnitt über 6 Jahre) kommt England mit einer durchschnittlichen Verfahrensdauer von über 3 Jahren; die kürzesten Verfahren sind die deutschen mit einer Dauer von unter 12 Monaten. Dazu *Snijders,* in Snijders (Hrsg.), Access to Civil Procedure Abroad, S. 22 f.; auch *Schütze,* ZVglRWiss 99 (2000), S. 241.

[453] Siehe das Ergebnis der Untersuchung bei *V. Freyhold/Vial,* in: V. Freyhold/Vial/Wagner (Hrsg.), Cost of Judicial Barriers for Consumers in the Single Market, No. AO-2600/94/00103, S. 114; *Gessner,* in: V. Freyhold/Vial/Wagner (Hrsg.), Cost of Judicial Barriers for Consumers in the Single Market, No. AO-2600/94/00103, S. 2114 ff.; *ders.,* in: Krämer/Micklitz/Tonner (Hrsg.), Law and Diffuse Interests in the European Legal Order, S. 169.- Ein Grund dafür könnte darin liegen, dass sich bei internationalen Prozessen eine Tendenz feststellen lässt, mehrere Verhandlungen abzuhalten, *Gessner,* in: V. Freyhold/Vial/Wagner (Hrsg.), Cost of Judicial Barriers for Consumers in the Single Market, No. AO-2600/94/00103, S. 212 ff.

[454] Allgemein *Heß,* NJW 2001, S. 15 f.

[455] Während Irland und Großbritannien von ihrer Möglichkeit des „opting-in“ nach Art. 69 EGV Gebrauch gemacht haben (Erwägungsgrund 17, 18 der Zustellungsverordnung, siehe Fußnote 457), richten sich die Zustellungen nach und von Dänemark weiterhin nach dem HZÜ, vgl. dazu *Schmidt, Uwe,* Europäisches Zivilprozessrecht, RZ 291.

[456] *Heß,* NJW 2001, S. 15, 17.

[457] Haager Übereinkommen vom 15.11.1965 über die Zustellung gerichtlicher und außergerichtlicher Schriftstücke im Ausland in Zivil- und Handelssachen (BGBl. II 1977, 1452).

[458] *Heß,* NJW 2001, S. 15, 17.

Luxemburg dauerte die Zustellung etwa 2 Wochen, in den Niederlanden 3-4 Monate. Die spanischen Behörden benötigten für die Zustellung in der Regel ein Jahr.[459]

Es ist noch nicht ersichtlich, inwieweit die Zustellungsverordnung 1348/2000 zu einer Verbesserung der Zustellung im europäischen Ausland und insbesondere zu einer Verkürzung der Zustellungsfristen führen wird. Die Bewertung der neuen EUZVO durch zahlreiche Stimmen im juristischen Schrifttum fiel zum Teil sehr kritisch aus.[460] Die wesentlichen Ansatzpunkte der vorgebrachten Kritik sollen im folgenden kurz auf ihre Stichhaltigkeit überprüft werden.

Wichtigste Zustellungsform nach der EUZVO ist die förmliche Zustellung im direkten Rechtshilfeweg (Art. 4 Abs. 2 VO). Die Bevorzugung der förmlichen Zustellung im förmlichen Rechtshilfeweg entspricht jedoch nicht mehr der gängigen Praxis nach den nationalen Prozessrechten: Die postalische Zustellung per Einschreiben mit Rückschein wird in den Zivilprozessordnungen der Mitgliedstaaten als Regelfall der Zustellung behandelt.[461] Die EUZVO hingegen erklärt das komplizierte und fehleranfällige Rechtshilfeverfahren[462] zum Regelfall und entspricht daher nicht dem aktuellen Entwicklungsstand des Zustellungsrecht in den Mitgliedstaaten.[463]

Außerdem werden die Direktzustellung auf postalischem Weg (Art. 14 VO) sowie die unmittelbare Beauftragung von Zustellungsorganen im ersuchten Staat durch die Parteien (Art. 15 VO) zwar grundsätzlich gestattet, jedoch ohne Harmonisierung der einschlägigen nationalen Vorschriften. Einige Mitgliedstaaten, darunter Deutschland, Österreich, Portugal, Großbritannien, gestatten die Beauftragung einer Person in ihrem Hoheitsgebiet nicht und haben der entsprechenden Vorschrift widersprochen.[464] Vom HZÜ übernommen wurde außerdem die Zulässigkeit der Zustellung durch „diplomatische und konsularische Vertreter" (Art. 13 Abs. 2 VO). Dieser Zustellungsform kann jeder Mitgliedstaat widersprechen. Die Vorläuferregelung im HZÜ war erforderlich, um Souveränitätsvorbehalte der Vertragsstaaten ausreichend zu

---

[459] *Schubert/Strohe*, in: Häberle (Hrsg.), Handbuch für Kaufrecht, S. 481, 500 f.; auch *Weil*, in: Barrett (Hrsg.), Creating a European Judicial Space, S. 51 ff.

[460] Vgl. die Nachweise bei *Jastrow*, NJW 2002, S. 3382, 3383; außerdem *Schmidt, Uwe*, Europäisches Zivilprozessrecht, RZ 287 ff.; *Geimer*, in: Geimer/Schütze, Europäisches Zivilverfahrensrecht, A.3, Art. 1, RZ 1 ff.

[461] *Heß*, NJW 2001, S. 15, 19 f.; die Schwierigkeiten dieser Zustellungsart aufweisend: *Jastrow*, NJW 2002, S. 3382, 3383; *Schmidt*, IPRAx 2004, S. 13, 20.

[462] Vgl. *Heß*, NJW 2002, 2417, 2422; *Schmidt, Uwe*, Europäisches Zivilprozessrecht, RZ 299.

[463] *Heß*, NJW 2001, S. 15, 19; *Schmidt*, IPRAx 2004, S. 13, 20.

[464] *Jastrow*, NJW 2002, S. 3382, 3384.

berücksichtigen.[465] Im europäischen Justizraum wirkt sie „antiquiert“ und schlicht überflüssig.[466]

Die Verweigerung der Annahme der Zustellung soll nach Art 8 EuZVO jedenfalls dann berechtigt sein, wenn das Dokument nicht in der „richtigen“ Sprache verfasst wurde. Nach der Legaldefinition ist dies der Fall, wenn die Sprache weder in einer Amtsprache des Empfangsstaates[467] noch in der Sprache des übermittelnden Staates, die der Empfänger nicht „versteht“. Es ist in dieser Hinsicht jedoch bislang völlig unklar, über welches Sprachverständnis der Empfänger im Sinne der Verordnung verfügen muss, um die Annahme verweigern zu können. Die Unbestimmtheit dieser Regelung geht sowohl zu Lasten der zustellenden als auch der empfangenden Partei, da beide Parteien nicht sicher sein können, wann die Annahmeverweigerung berechtigt ist.[468] Die Problematik erfährt durch die Zustellung per Post noch eine gewisse Steigerung: hier kann der Empfänger erst nach Annahme wissen, in welcher Sprache das zugestellte Dokument verfasst wurde. Nach dem Wortlaut der Verordnung besteht jedoch nach der Annahme kein Möglichkeit einer nachträglichen Annahmeverweigerung, so dass folglich nach dem Konzept der Verordnung der Schutz des Adressaten vor einer unzulässigen Zustellung ins Leere laufen würde. In Deutschland wurde dieser Problematik nach dem Vorbild von Österreich[469] Rechnung getragen und in § 1070 ZPO eine Annahmeverweigerungsfrist von zwei Wochen festgelegt. Es ist jedoch bislang nicht ersichtlich, dass andere Mitgliedstaaten eine ähnliche Regelung getroffen haben, so dass die Problematik für Zustellungen aus anderen Mitgliedstaaten weiter besteht.[470]

Auch andere Defizite des HZÜ, z.B. das Fehlen der Vorschriften über die Heilung von Zustellungsfehlern oder eine klare Entscheidung über die (Un-) Zulässigkeit der *remise au parquet*, hat die EuZVO nicht beseitigen können.[471] Kritik verdient auch, dass die EuZVO den Mitgliedstaaten zahlreiche Möglich-

---

[465] *Heß*, NJW 2001, S. 15, 19.

[466] *Heß*, NJW 2001, S. 15, 19; ähnlich auch *Schmidt, Uwe*, Europäisches Zivilprozessrecht, RZ 301 („geringe Bedeutung“).

[467] Vgl. dazu die Übersicht bei *Geimer*, in: Geimer/Schütze, Europäisches Zivilverfahrensrecht, A.3, Art. 3, RZ 12.

[468] *Schmidt, Uwe*, Europäisches Zivilprozessrecht, RZ 303; kritisch auch *Geimer*, in: Geimer/Schütze, Europäisches Zivilverfahrensrecht, A.3, Art. 1, RZ 52 sowie Art. 8, RZ 13, *Stadler*, IPRax S. 2, 5 („Sprachproblem ... negiert“).

[469] *Geimer*, in: Geimer/Schütze, Europäisches Zivilverfahrensrecht, A.3,Art. 8, RZ 10, FN 10: In Österreich beträgt die Annahmeverweigerungsfrist allerdings nur drei Tage.

[470] *Schmidt, Uwe*, Europäisches Zivilprozessrecht, RZ 304.

[471] Ebenso *Heß*, NJW 2001, S. 15, 19; *Schmidt, Uwe*, Europäisches Zivilprozessrecht, RZ 309; *Geimer*, in: Geimer/Schütze, Europäisches Zivilverfahrensrecht, A.3, Art. 1, RZ 54 f..

keiten einräumt, von den Vorgaben der Verordnung abzuweichen (z.B. Art. 2 Abs. 3; Art. 9 Abs. 3; Art. 13 Abs. 2; Art. 14 Abs. 2; Art. 15 Abs. 2). Der Rechtsangleichungseffekt der EuZVO ist entsprechend gering: Die Mitgliedstaaten haben die ihnen eingeräumten Abweichungsoptionen in erheblichem Umfang ausgenutzt. Fast alle Mitgliedstaaten haben ergänzende, zum Teil auch abweichende Regelungen erlassen.[472] Das führt erneut dazu, dass die Vertragsparteien mit einer Abweichung der nationalen Zustellungsvorschriften untereinander rechnen müssen.[473] Dies erschwert die Zustellung im europäischen Ausland und erhöht den Informationsaufwand der Parteien und damit die Transaktionskosten. Im übrigen widerspricht der Gestaltungsspielraum, der den Mitgliedstaaten in den genannten Vorschriften eingeräumt wird, dem Regelungscharakter der Verordnung, die nach Art. 249 EG auf eine einheitliche Geltung ausgerichtet ist.[474]

Gleich in den ersten Monaten nach dem Inkrafttreten der Zustellungsverordnung führte die Regelung des Art. 11 Abs. 1 EuZVO, nach der Zustellungsersuchen für den Antragsteller kostenfrei sind, zudem zu erheblichen Anlaufschwierigkeiten bei der praktischen Umsetzung der Verordnung in Belgien, Frankreich, Luxemburg und den Niederlanden: In diesen Mitgliedstaaten werden die Zustellungen auch weiterhin durch Gerichtsvollzieher (*huissiers de justice)* vorgenommen, die entgegen der Regelung in Art. 11 Abs. 1 VO einen Honorarzuschuss in der Höhe zwischen 69 und 120 EURO verlangen.[475] Die von der Zustellungsverordnung angestrebte Rechtsvereinheitlichung hat folglich zunächst nicht zu reduzierten Zustellungskosten, sondern im Gegenteil zu Mehrkosten für die Vertragsparteien geführt.[476]

---

[472] Vgl. die Übersicht über die Modifikationen der Zustellungsverordnungen durch die Mitgliedstaaten, NJW 2002, S. 2451 f.; außerdem bei *Schmidt, Uwe*, Europäisches Zivilprozessrecht, RZ 326 ff. und bei *Geimer*, in: Geimer/Schütze, Europäisches Zivilverfahrensrecht, A.3, Art. 20, RZ 1.
[473] *Heß*, NJW 2001, S. 15, 19; *ders.*, NJW 2002, S. 2417, 2423.
[474] *Heß*, NJW 2001, S. 15, 19.
[475] *Heß*, NJW 2002, S. 2417, 2422; *Jastrow*, NJW 2002, 3382 f.
[476] *Heß*, NJW 2002, S. 2417, 2422; *Jastrow*, NJW 2002, S. 3382, 3383 f.

(2) Zwischenergebnis

Insgesamt hat die Zustellungsverordnung nicht alle Defizite des europäischen Zustellungsrechts beseitigen können. Zwar wurde eine Verbesserung des Zustellungsverkehrs angestrebt, doch bestehen noch immer Unsicherheiten bei der Anwendung der einzelnen Vorschriften. Die Vereinheitlichung des Zustellungsrechts wird außerdem dadurch erschwert, dass die Zustellungsverordnung den Mitgliedstaaten beträchtliche Abweichungsoptionen einräumt, die von den nationalen Gesetzgebern auch genutzt wurden. Es spricht somit einiges dafür, dass die Zustellungsverordnung nicht automatisch zu schnelleren und kostengünstigeren Zustellungen führt.

(3) Weitere Entwicklungen im Europäischen Zivilprozessrecht und ihre Auswirkungen auf den Rechtsschutz

Es ist außerdem zu untersuchen, ob die weiteren Entwicklungen im Europäischen Zivilprozessrecht bereits zu einer Verbesserung des europäischen Rechtsschutzes führen konnten.

Zu nennen ist hierbei insbesondere die Reform der grenzüberschreitende Beweisaufnahme im Zivil- und Handelsrecht durch die EG-Verordnung 1206/2001 über die Zusammenarbeit auf dem Gebiet der grenzüberschreitenden Beweisaufnahme (EuBVO)[477]. Die EUBVO wurde vom deutschen Gesetzgeber - neben der Eingliederung des EG-Zustellungsdurchführungsgesetzes vom 9. Juli 2001[478] - durch das EG-Beweisaufnahmedurchführungsgesetz[479] in den Paragraphen §§ 1072 ff. BGB in einem neuen 11. Abschnitt des Bürgerlichen Gesetzbuches zusammengefasst.[480]

Der Vorteil der EUBVO liegt vor allem darin, dass in ihrem Geltungsbereich das als schwerfällig und bürokratisch beschriebene Haager Übereinkommen über die Beweisaufnahme im Ausland[481] sowie das – im Verhältnis zu Belgien, Griechenland, Irland und Österreich geltende – Haager Zivilprozessübereinkommen vom

---

[477] EG-Richtlinie 1206/2001 des Rates vom 28. Mai 2001 über die Zusammenarbeit zwischen den Gerichten der Mitgliedstaaten auf dem Gebiet der Beweisaufnahme in Zivil- oder Handelssachen, ABl. EG Nr. L 174 , S. 1.
[478] EG-Zustellungsdurchführungsgesetz vom 9. Juli 2001, BGBl. I 1536.
[479] EG-Beweisaufnahmedurchführungsgesetz vom 4. November 2003, BGBl I 54, 2166.
[480] Zusammenfassend *Jastrow*, IPRax 2004, S. 11 ff.
[481] Haager Übereinkommen vom 18. März 1970 über die Beweisaufnahme im Ausland in Zivil- und Handelssachen (HBÜ).

1. März 1954 ersetzt wird.[482] Vor allem gestattet die EuBVO nunmehr die unmittelbare Beweiserhebung durch das ersuchende Gericht im Ausland und stellt darin eine substantielle Änderung gegenüber dem HBÜ dar.[483] Nur unter engen Voraussetzungen ist der andere Staat, in dem die Beweisaufnahme stattfinden soll, berechtigt, die unmittelbare Beweisaufnahme abzulehnen. Die Zulässigkeit der unmittelbaren Beweisaufnahme und der damit einhergehende Souveränitätsverlust der Mitgliedstaaten führt zu einer erheblichen Vereinfachung der Zivilverfahrens, wenn es auch problematisch erscheint, dass die Verordnung zum Teil lückenhaft erscheint, da sie z.B. keinen Hinweis darüber enthält, wie ein Streit über Ablehnungsgründe beigelegt werden soll oder welche Rechte der Beweisperson zukommen.[484] Insgesamt dürfte die Verabschiedung der EUBVO gleichwohl zu einer Erleichterung der grenzüberschreitenden Beweisaufnahme führen.

Eine weitere wichtige Entwicklung auf europäischer Ebene betrifft den neu eingeführten „Europäischen Vollstreckungstitel". Am 21. April 2004 haben das Europäische Parlament und der Rat mit der EG-Verordnung 805/2004[485] die Einführung eines europäischen Vollstreckungstitels für unbestrittene Forderungen beschlossen. Die Verordnung gilt, abgesehen von einigen Sondervorschriften, ab dem 21. Oktober 2005. Ab diesem Zeitpunkt wird es dem Gläubiger möglich sein, die Vollstreckung unbestrittener Forderungen ohne das kostenträchtige Exequaturverfahren zu betreiben.[486] Bislang ist noch keine Anpassung der deutschen Vorschriften an die neue Verordnung erfolgt. Die Reaktion der juristischen Literatur war bislang eher von Skepsis geprägt als von

---

[482] *Schmidt, Uwe*, Europäisches Zivilprozessrecht, RZ 328 f. Die EuBVO gilt – wie auch die EUZVO – im Verhältnis zu allen Mitgliedstaaten außer Dänemark, vgl. 22. Erwägungsgrund der EUBVO; im Verhältnis zu Dänemark findet das HBÜ weiterhin Anwendung, wenn nicht Dänemark den Inhalt der EUBVO ins nationale Recht nachträglich umsetzt, vgl. dazu *Müller, Achim*, Grenzüberschreitende Beweisaufnahme, S. 91 f..

[483] Art. 17 EuBVO. Dazu ausführlich *Müller, Achim*, Grenzüberschreitende Beweisaufnahme, S. 112 ff.; *Schmidt, Uwe*, Europäisches Zivilprozessrecht, RZ 348 ff. Das HBÜ sieht zwar in Art. 17 HBÜ die unmittelbare Beweisaufnahme ebenfalls vor; gleichwohl bleibt ihr Anwendungsbereich insoweit stark eingeschränkt, da lediglich zwei Vertragsstaaten des HBÜ dazu ihre Zustimmung erklärten.

[484] Kritisch auch *Schmidt, Uwe*, Europäisches Zivilprozessrecht, RZ 351; *Müller, Achim*, Grenzüberschreitende Beweisaufnahme, S. 121: „lückenhaft und einseitig".

[485] Verordnung 805/2004 des Europäischen Parlaments und des Rates vom 21. April 2004 zur Einführung eines europäischen Vollstreckungstitels für unbestrittene Forderungen, ABl. EU 2004 L 143, S. 15. Ausführlich dazu z.B. *Rauscher*, Europäischer Vollstreckungstitel (München 2004).

[486] Kritisch insoweit *Stadler*, IPRax 2004, S. 2, 5; *Rauscher*, Europäischer Vollstreckungstitel, RZ 15 ff., besonders RZ 32 ff.

Begeisterung.[487] Zwar birgt der europäische Vollstreckungstitel sicherlich Vorteile für den vollstreckenden Gläubiger, indem das Vollstreckungsverfahren stark vereinfacht und beschleunigt wird; der völlige Verzicht auf eine Überprüfung der ausländischen Entscheidung, die auch im Versäumnisverfahren ergangen sein kann, erscheint vor dem Hintergrund des Schuldnerschutzes jedoch als nicht unbedenklich.[488] Insgesamt bleibt die Umsetzung des europäischen Vollstreckungstitels und seine Bewährung in der Praxis abzuwarten.[489]

e) Zwischenergebnis

Es ist festzuhalten, dass das europäische Zivilprozessrecht sich auch weiterhin in der Entwicklungsphase befindet. Die aktuellen Änderungen wie die neue Zustellungsverordnung, der Europäische Vollstreckungstitel und die Vereinfachung der grenzüberschreitenden Beweisaufnahme mögen grundsätzlich Schritte in die richtige Richtung bei der Herstellung einer größeren Rechtsicherheit für die europäischen Unternehmen darstellen. Dennoch können diese Schritte bislang nur einzelne Mosaiksteine in einer längst erforderlichen Umsetzung des Binnenmarktes darstellen, und es bleibt abzuwarten, wie sich die gesetzlichen Neuerungen in der Praxis bewähren. Die Erarbeitung eines effizienten Rechtsschutzes im Binnenmarkt ist daher bislang noch nicht zum Abschluss gekommen.

Die eingangs zitierte Einschätzung *Kegels,* nach welcher derjenige mehr Zeit, Kraft und Geld braucht, der sein Recht im Ausland sucht[490], gilt somit auch im europäischen Binnenmarkt in vollem Umfang: Die Prozessführung vor einem ausländischen Gericht dauert trotz der bereits erreichten Entwicklungen länger als ein vergleichbares inländisches Verfahren und kostet mehr. Die Ursachen für die erhöhten Kosten liegen insbesondere im intensiven Informationsbedarf und im erhöhten Prozessführungsaufwand, der sich insbesondere in der Erforderlichkeit von Zustellungen ins Ausland und von Übersetzungen widerspiegelt.

---

[487] Vor allem *Stadler*, IPRax 2004, S. 2 ff.; weitere Nachweise bei *Stein, Andreas*, IPRax 2004, 181 ff.

[488] So *Stadler*, IPRax 2004, S. 2, 6; *Rauscher*, Europäischer Vollstreckungstitel, RZ 15 ff., besonders RZ 32 ff.; relativierend *Stein, Andreas*, IPRax 2004, S. 181, 182.

[489] Einen kritischen Ausblick gibt vor allem *Rauscher*, Europäischer Vollstreckungstitel, RZ 188 ff., der praktische Schwierigkeiten durch weiterhin vorhandene Unsicherheiten angesichts fehlender Harmonisierung des nationalen Rechts befürchtet; er schließt seine Bearbeitung mit den Worten: „Geduld und systematische Konsequenz, so scheint es, sind in der Kommission wenig verbreitete Tugenden."

[490] *Kegel*, IPR, S. 805.

Nach Schätzungen können sich die Kosten der Geltendmachung des Anspruches vor einem ausländischen Gericht um ca. 50 % erhöhen.[491]

Die Kosten für die Geltendmachung eines vertraglichen Anspruches gehören zu den Kosten der grenzüberschreitenden Transaktion. Ihre Steigerung kann die Rentabilität der Transaktion verringern oder beseitigen. Selbst wenn die zugrunde liegenden Kostenvorschriften der unterliegenden Partei die Kosten des Rechtsstreites auferlegen, erfasst die Kostenerstattungspflicht unter Umständen nicht alle aufgewendeten Kosten der obsiegenden Partei.

Es ist daher davon auszugehen, dass die Geltendmachung eines Anspruchs vor einem ausländischen Gericht gegenüber der Geltendmachung vor dem inländischen Gericht für die ausländische Partei deutlich mehr Schwierigkeiten birgt und auf diese Weise zu einer Veränderung der Prozesssituation zum Nachteil der ausländischen Partei führt.[492] Die Klageerhebung an einem dritten, für beide Parteien neutralen Forum ohne sonstige Berührung zum inländischen Recht – zur Vermeidung der Benachteiligung der ausländischen Partei - ist aber nur in einigen Ländern wie in Frankreich, Deutschland, Österreich und dort zum Teil auch nur eingeschränkt[493] möglich. In anderen Ländern, wie zum Beispiel Großbritannien, ist die Zulässigkeit der Klage ungewiss.[494]

Vor diesem Hintergrund wird sich die ausländische Partei die Geltendmachung ihres Anspruches gut überlegen und unter Umständen auf die gerichtliche Geltendmachung des Anspruches verzichten.[495]

---

[491] So beispielsweise die Schätzungen für Großbritannien und Schweden, *V.Freyhold/Vial*, in: V.Freyhold/ Vial/Wagner (Hrsg.), Cost of Judicial Barriers for Consumers in the Single Market, No. AO-2600/94/00103, S. 100 f., S. 106 f.

[492] So auch *Stadler*, IPRax 2004, S. 2, 7.

[493] Siehe bspw. Art. 27 III EGBGB, der vorschreibt, dass in einem Sachverhalt, in dem der Bezug zu einer anderen Rechtsordnung fehlt und der Fall allein Berührung zum deutschen Recht aufweist, von zwingenden Vorschriften des deutschen Rechts nicht abgewichen werden kann. Umstritten und damit abträglich für die Rechtssicherheit ist hierbei insbesondere, welche Bezüge zu einer anderen Rechtsordnung ausreichen, um die Rechtsfolge des Art. 27 III EGBGB zu vermeiden, dazu *Schlechtriem*, FS Lorenz, S. 565, 574.

[494] Siehe Überblick bei *Weigand*, in: Weigand (Hrsg.), Practitioner`s Handbook on International Arbitration, Rn. 3 ff.

[495] Ebenso (aus Verbrauchersicht) *V. Freyhold/Vial*, in: V. Freyhold/Vial/Wagner (Hrsg.), Cost of Judicial Barriers for Consumers in the Single Market, No. AO-2600/94/00103, S.117.

2. Schwierigkeiten bei der Anwendung fremden Rechts

In einem internationalen Rechtsstreit kann es zu einer weiteren Schwierigkeit kommen, wenn der Gleichlauf zwischen Internationaler Zuständigkeit und anwendbarem Recht (*lex fori in foro proprio)* durch das Kollisionsrecht unterbrochen wird, weil - sei es aufgrund objektiver oder subjektiver Anknüpfung - nicht inländisches, sondern aus der Sicht des Gerichts ausländisches Recht anzuwenden ist.[496] Insbesondere bei einer objektiven Anknüpfung besteht dabei das Risiko, dass die fremde Rechtsordnung weder dem Richter noch den Parteien des Rechtsstreites einschließlich ihrer Rechtsberater bekannt ist.[497]

Der Inhalt der fremden Rechtsordnung gilt in Deutschland nicht als Tatsache, sondern als *Recht* und muss deshalb vom Gericht von Amts wegen selbst ermittelt und angewandt werden.[498] Der Grundsatz *Iura novit curia* wird somit auch bei der Anwendung des ausländischen Rechts soweit wie möglich aufrechterhalten.[499] Das ausländische Recht ist vom deutschen Richter grundsätzlich so anzuwenden, wie es auch das ausländische Gericht anwenden würde, also unter Berücksichtigung der Rechtsprechung und der Literatur.[500] Folglich erstreckt sich die Ermittlungspflicht in Deutschland nach § 293 ZPO nicht nur auf das Gesetzesrecht, sondern auch auf die Rechtspraxis, wie sie in der Rechtsprechung des jeweiligen Landes zum Ausdruck kommt.[501] Der Richter benötigt für seine zeitintensiven Recherchen den Zugang zu ausländischen Gesetzestexten und Literatur. Es bestehen jedoch erhebliche Zweifel, ob die staatlichen

---

496 Sehr kritisch gegenüber diesem Aspekt *Siehr*, IPR, S. 364.

497 *Stein*, in: Grundmann (Hrsg.), Systembildung und Systemlücken in Kerngebieten des Europäischen Privatrechts, S. 669, 674 f.; *Witz,*, in: Ranieri (Hrsg.), Europäisierung der Rechtswissenschaft, 219 (224). Zur Ersatzfähigkeit eines Privatgutachtens über eine fremde Rechtsordnung siehe *Mankowski*, MDR 2001, S. 194 ff.

498 St. Rechtsprechung, BGH Z 36, 348 (353); 77, 32 (38); jüngst etwa BGH, Urteil vom 23.4.2002 (XI ZR 136/01) = NZI 2002, S. 430, 431.

499 *Remien*, in: Basedow (Hrsg.), Aufbruch nach Europa, 617 f.

500 St. Rspr. des BGH, z.B. Urteil vom 23.4.2002 (XI ZR 136/01) = NZI 2002, S. 430, 431.

501 Zuletzt BGH, Urteil vom 23.4.2002 (XI ZR 136/01) = NZI 2002, S. 430, 431; *Schütze*, Rechtsverfolgung im Ausland, Rn. 205, *Schubert/Strohe*, in: Häberle (Hrsg.), Handbuch für Kaufrecht, S. 481, 503; *Kropholler*, IPR, S. 208. Bei Verletzung der Pflicht zur Amtsermittlung kann das Urteil mit der Verfahrensrüge angegangen werden, dazu jüngst BGH, Urteil vom 10.4.2002 – XII ZR 178/99, abgedruckt in NJW 2002, 3335 ff., zusammenfassend *Pfeiffer*, NJW 2002, S. 3306 ff. -
Zu den Schwierigkeiten der Anwendung fremden Rechts siehe zweites Kapitel C.II.2; außerdem *Kegel*, IPR, S. 363 ff.; *Ferid*, IPR, Rn. 4-105 ff, *Kropholler*, IPR, S. 208; *Schütze*, Rechtsverfolgung im Ausland, Rn. 205, *Schubert/Strohe*, in: Häberle (Hrsg.), Handbuch für Kaufrecht, S. 481, S. 503;. *Schmidtchen*, RabelsZ 59 (1995), S. 56, 84 ff.; *Herdegen*, Internationales Wirtschaftsrecht, Rn. 54 ff.

Gerichte auch der unteren Instanzen dafür die erforderliche Infrastruktur aufweisen. Zudem wird ein Großteil der Texte in einer fremden Sprache abgefasst sein. Der Richter muss also die zum Textverständnis notwendigen Sprachkenntnisse aufweisen, wenn er den Inhalt des Rechts selbst ermitteln möchte[502], oder einen Dolmetscher bestellen. Er kann aber auch ein unabhängiges Sachverständigengutachten einholen.[503] Dies erhöht die Gerichtskosten in erheblichem Umfang und verlängert das Verfahren.[504] Außerdem können bei der Anwendung ausländischen Rechts leicht Fehler unterlaufen, da sich dem Rechtsanwender die Einzelheiten des fremden Systems nicht auf die Schnelle erschließen.[505]

Möglich ist zudem die Einholung einer Rechtsauskunft bei einem anderen Staat selbst, z.B. nach dem Londoner Europäischen Übereinkommen betreffend die Auskünfte über ausländisches Recht vom 7. Juni 1968.[506] Häufig ist dieses Übereinkommen dem betreffenden Richter allerdings unbekannt.[507] Wird aber das Übereinkommen angewandt, berichten deutsche Gerichte von positiven Erfahrungen.[508] Allerdings sprechen die Zahlen der Anfragen deutscher Gerichte für sich: Deutsche Gerichte zwischen 1999 und 2000 insgesamt lediglich 32 Anfragen nach diesen Übereinkommen an ausländische Gerichte gesandt. Dabei entfällt der Großteil, nämlich fast die Hälfte, auf nordrhein-westfälische Gerichte und etwa ein Viertel auf bayerische Gerichte.[509] Die deutschen Gerichte sind folglich in einem beschränkten und von Bundesland zu Bundesland divergierenden Umfang bereit, eine Anfrage nach dem Auskunftsübereinkommen zu stellen. Ein Grund könnte darin liegen, dass auch eine auf diese Weise eingeholte Auskunft über eine fremde Rechtsordnung meist zu einer Verfahrensverlängerung führt, so dass die Informationsbeschaffung zwischen den Behörden der Mitgliedstaaten nicht oft genutzt wird.[510] Die geschätzte Erledigungsdauer liegt durchschnittlich bei zwei bis vier Monaten.[511] Zudem fallen bei Anfragen in

---

502 Zweifelnd bereits *Ferid*, IPR, Rn. 4-88.

503 *Ferid*, IPR, Rn. 4-94 ff.; *Siehr*, IPR, S. 468.

504 Vgl. *Siehr*, IPR, S. 364: "Die Anwendung ausländischen Rechts ist beschwerlich, teuer und gefährlich (...)."

505 *Siehr*, IPR, S. 364.

506 BGBl. 1974 II S. 938; abgedruckt bei *Jayme/Hausmann*, Internationales Privat- und Verfahrensrecht, Nr. 103.

507 *Weil*, in: Barrett (Hrsg.), Creating a European Judicial Space, S. 51, S. 57.

508 *Jastrow*, IPRax 2004, S. 402, 403.

509 *Jastrow*, IPRax 2004, S. 402, 403.

510 *Schubert/Strohe*, in: Häberle (Hrsg.), Handbuch für Kaufrecht, S. 481, 503; *Weil*, in: Barrett (Hrsg.), Creating a European Judicial Space, S. 51, 56 f.

511 *Jastrow*, IPRax 2004, S. 402, 403.

bestimmte Mitgliedstaaten, z.B. in Großbritannien, nicht unerhebliche Kosten an.[512]

Eine weitere Perspektive wird durch das Europäische Netz in Zivilsachen eröffnet.[513] Dieses baut auf sogenannten Kontaktstellen auf, die von den EU-Mitgliedstaaten benannt wurden. Dieses Netz dient jedoch nicht der Ermittlung konkreter Rechtsfragen ausländischen Rechts, sondern beschränkt sich auf allgemeine Fragen und Grundsätze der ausländischen Rechtsordnung. Außerdem können informell Sach- und Verfahrensstand einzelner Verfahren abgefragt werden. Zur Ermittlung ausländischen Rechts im Rahmen eines gerichtlichen Verfahren eignet sich daher das Europäische Netz nicht. Bislang halten sich die Anfragen im eher geringen Bereich.[514]

Nicht alle europäischen Rechtsordnungen verpflichten den Richter jedoch zur Ermittlung des ausländischen Rechts von Amts wegen:[515] Zu einer zusätzlichen Schwierigkeit für die ausländische Partei führt es, wenn sie sich, etwa wie in Frankreich, ausdrücklich auf das fremde Recht berufen muss.[516] In Frankreich wie auch in Großbritannien ist der Inhalt des fremden Rechts nicht wie geltendes Recht anzuwenden, sondern wie eine Tatsache zu behandeln und als solche zu beweisen.[517] Die Beweisführung erfolgt insbesondere im angelsächsischen Raum durch einen Parteisachverständigen[518], der aufgrund seines Auftrages durch eine Partei zu einer parteiischen Darstellung der Rechtsfrage tendieren kann. Besondere Probleme für den Richter entstehen dann, wenn ihm zwei gegensätzliche Parteigutachten vorgelegt werden.[519]

Ähnliche Schwierigkeiten wie bei der Anwendung ausländischen Rechts entstehen auch bei der Anwendung eines Staatsvertrages. Den staatlichen Gerichten werden hierbei zum Teil Kenntnislücken über den Inhalt und den Anwendungsbereich eines Staatsvertrages attestiert.[520] In der Folge kann dies dazu führen, dass die Anwendung des Staatsvertrages den Prozess in die Länge zieht. Außerdem ist aufgrund der Kenntnislücken der Richter die einheitliche

---

512 *Jastrow*, IPRax 2004, S. 402, 403.
513 Abrufbar unter: http://europa.eu.int/comm/justice_home/ejn/index_de-htm.
514 *Jastrow*, IPRax 2004, S. 402, 403.
515 Z.B. *Siehr*, IPR , S. 361.
516 *Herdegen*, Internationales Wirtschaftsrecht, Rn. 371 ff. m.w.Nachw.
517 *Herdegen*, Internationales Wirtschaftsrecht, Rn. 372 und 355, jeweils m.w.Nachw.
518 *Herdegen*, Internationales Wirtschaftsrecht, Rn. 355.
519 *Herdegen*, Internationales Wirtschaftsrecht, Rn. 206.
520 *V. Freyhold/Vial/Wagner*, Costs of Judicial Barriers for Consumers in the Single Market, No. AO-2600/94/00103, S. 112.

Anwendung des Staatsvertrages keineswegs gesichert.[521] Dasselbe Problem stellt sich auf der europäischen Ebene: In der Literatur wird darauf hingewiesen, dass selbst die Bundesgerichte das europäische Recht falsch anwenden oder es schlicht nicht berücksichtigen.[522]

Insgesamt stellt es sich für den Richter als ausgesprochen schwierig dar, fremdes Recht, sei es nun ausländischer, europäischer oder internationaler Natur, zu ermitteln und in sachgerechter Weise auf den zu entscheidenden Rechtstreit anzuwenden.

3. Ausbildung staatlicher Richter

Fraglich ist, ob sich die juristische Ausbildung auf den Rechtsschutz, der europäischen Unternehmen auf der nationalen Ebene geboten wird, auswirkt und ob sie die Richter angemessen auf ihre Aufgabe vorbereitet.

In Deutschland und auch in anderen Mitgliedstaaten ist die universitäre Ausbildung deutscher Juristen grundsätzlich am nationalen Recht ausgerichtet.[523] Die neben den Grundfächern angebotenen Wahl- und Wahlpflichtfächer betreffen nur zu einem kleinen Teil das internationale Recht oder fremde Rechtsordnungen Der Großteil der Veranstaltungen hingegen betrifft das nationale Recht. Der deutsche Jurist kann weitgehend unbehelligt das 2. Juristische Staatsexamen bestehen und dabei im Laufe seiner Ausbildung nur marginal in Berührung mit „exotischen" Fächern wie Rechtsvergleichung, Gemeinschaftsrecht, Völkerrecht zu kommen. [524]

In einem Land wie Deutschland, dessen wirtschaftliche Lage in hohem Maß vom Umfang des Außenhandels abhängt, entfällt jedoch ein erheblicher Anteil der

---

[521] So das Ergebnis der Untersuchung bei *V. Freyhold/Vial/Wagner,* Costs of Judicial Barriers for Consumers in the Single Market, No. AO-2600/94/00103, S. 112.

[522] *Pfeiffer*, in: Leible, Das Grünbuch zum Internationalen Vertragsrecht, S. 25, 30 f.

[523] *Böttcher*, Jahrbuch des öffentlichen Rechts, 1, 2; *Großfeld,* JuS 1993, S. 710 ff.; *Hirte,* Wege zu einem europäischen Zivilrecht, S. 54 ff.

[524] *Kötz*, in: Müller-Graff (Hrsg.), Gemeinsames Privatrecht in der Europäischen Gemeinschaft, S. 159; *ders.,* JZ 2002, S. 257, spricht nicht zu Unrecht vom *Provinzialismus* der deutschen Juristenausbildung. Die Prüfungsordnungen einiger Bundesländer, z.B. in Bayern und in Sachsen, sehen eine Pflichtprüfung im Europäischen Recht vor, beschränken sich dabei aber auf die Grundzüge. Zur bayrischen Prüfungsordnung *Böttcher*, Jahrbuch des Öffentlichen Rechts 2002, S. 9, der gleichzeitig einräumt, dass man beim durchschnittlichen Absolventen der Juristischen Staatsexamina nicht von vertieften Kenntnissen im Europarecht ausgehen kann.

durchgeführten Transaktionen auf internationale Geschäfte. Dies hat eine substanzielle Veränderung des Rechtskonfliktes zur Folge. Sachverhalte mit Berührungen zu mehreren Rechtsordnungen stellen andere Anforderungen an den Rechtsanwender. Viele Rechtsanwälte gerade in größeren Sozietäten haben sich auf die veränderten Anforderungen ihrer Mandanten eingestellt. Im Rahmen eines speziellen Studienprogramms, der Wahlstation oder eines Postgraduiertenstudienganges erwerben sie Auslandserfahrung, Sprachkenntnisse und erhalten häufig auch einen ersten Überblick über eine fremde Rechtsordnung. Für eine solche Ausbildung besteht im Bereich des internationalen Handels ein besonderes Bedürfnis.[525] Allerdings beruht sie in der Regel auf eigener Initiative, die nicht jeder ergreift.

Üblicherweise herrscht die Meinung, dass es für das Richteramt keiner solchen Erfahrungen bedürfe – was auch den formalen Anforderungen, die an Richter gestellt werden, entspricht. Darüber hinaus ist unter Studenten der Eindruck entstanden, dass Auslandsaufenthalte und das Studium fremder Rechtsordnungen unnötige Energie verschwendet und die Examensnote gefährdet. Damit disqualifiziere sich der Studierende (zumindest) für das Richteramt.[526] Selbst in Kammern für Handelssachen, die in besonderem Umfang mit internationalen Rechtssachen konfrontiert werden, sind Englischkenntnisse oder Kenntnisse in fremden Rechtsordnungen keine Voraussetzung für das Richteramt. [527]

Hirte[528] ist daher in vollem Umfang rechtzugeben, wenn er ausführt:

> „Je näher der in einem ordentlichen Zivilprozess Beteiligte an der zu treffenden Entscheidung steht, desto nationaler ist sein rechtliches Denken ausgerichtet."

---

[525] Dazu vgl. *Kötz*, in: Müller-Graff (Hrsg.), Gemeinsames Privatrecht in der Europäischen Gemeinschaft, S. 159 f.; *Hirte*, Wege zu einem europäischen Zivilrecht, S. 54; *Weil*, in: Barrett (Hrsg.), Creating a European Judicial Space, S. 51, S. 56; ähnlich auch *Basedow*, FS Stoll (2001), S. 405, 411; optimistischer *Gilard-Thuilier*, in: Barrett (Hrsg.), Creating a European Judicial Space, S. 59, 63.

[526] *Großfeld*, ZEuP 1998, S. 419, 430 f.: " Für den Eintritt in die Justiz zählen nur die Punkte im Examen – und für das Ausland gibt es keine Punkte."; *ders.*; JuS 1993, S. 710 f.

[527] Dafür plädiert *Hirte*, Wege zu einem europäischen Zivilrecht, S. 56.

[528] *Hirte*, Wege zu einem europäischem Zivilrecht, S. 54; aber auch bereits *Langen*, Transnationales Recht, Rn. 9: „Der Richter ist überfordert, wenn er außer dem eigenen Recht auch noch fremdes Recht kennen müsste; dafür ist er nicht ausgebildet; dazu kommen internationale Sachverhalte nicht oft genug auf seinen Tisch..."

In der Wissenschaft klingt zum Teil sogar der Verdacht an, dass der nationalstaatliche Richter voreingenommen ist und zugunsten der inländischen Partei entscheiden könnte.[529]

Es ist insgesamt davon auszugehen, dass die Mehrzahl der staatlichen Richter in ihrer Ausbildung auf die sachgerechte Entscheidungsfindung in internationalen Transaktionen nicht optimal vorbereitet werden.

4. Das "Heimwärtsstreben" nationaler Richter

Vor dem im vorangegangenen Abschnitt dargestellten Hintergrund erscheint es nur verständlich, dass Richter Indizien, die auf eine fremde Rechtsordnung oder auf einen Staatsvertrag hinweisen, unberücksichtigt lassen und in der Regel zur Anwendung ihres eigenen Sachrechts gelangen.[530] In einer Untersuchung über die internationalen Fälle vor den Landgerichten Bremen und Hamburg im Jahr 1988 wurde nachgewiesen, dass 86 % dieser Fälle nach deutschem Recht entschieden wurden. Nur zu einem äußerst geringen Prozentsatz kam eine fremde Rechtsordnung (7 % der Fälle) oder internationales Recht (7 % der Fälle) zur Anwendung.[531] Die Mehrheit der analysierten Urteile ließ außerdem jede kollisionsrechtliche Überlegung vermissen. So entstand der Eindruck, dass die deutschen Gerichte das deutsche Recht ohne besondere Argumentation anwendeten.[532] Die Wahl des Gerichtsstandes entspricht somit faktisch auch der Wahl der *lex causae*.

Außerdem fällt auf, dass es in 18,8 % der internationalen Streitsachen zu einer Klagerücknahme kam, während in den nationalen Rechtsstreiten nur in 12, 8 % der Fälle die Klage zurückgenommen wurde. Darin könnte ein Indiz für man-

---

529 Z.B. *Stein*, Lex mercatoria, S. 31 f. m.w.Nachw.; *Weigand*, in: Weigand (Hrsg.), Practioner's Handbook on International Arbitration, Rn. 2 spricht von " the desire to avoid possibly biased national courts to judge on a truly international matter"; *Herdegen*, Internationales Wirtschaftsrecht, Rn. 13.

530 *Weil*, in: Barrett (Hrsg.), Creating a European Judicial Space, S. 51, S. 56. Dieser keineswegs auf Deutschland beschränkten Trend, der auch als "Heimwärtsstreben" bezeichnet wird, beklagt die Literatur bereits über hundert Jahren, vgl. Nachweise bei *Kropholler*, IPR, S. 42 f.,

531 *Gessner*, in: V. Freyhold/Vial/Wagner (Hrsg.), Cost of Judicial Barriers for Consumers in the Single Market, No. AO-2600/94/00103, S. 217 ff.; *ders.*, Law and diffuse Interests in the European Legal Order, S. 170.

532 Dazu *Gessner*, in: V. Freyhold/Vial/Wagner (Hrsg.), Cost of Judicial Barriers for Consumers in the Single Market, No. AO-2600/94/00103, S.217 ff.; *ders.*, Law and diffuse Interests in the European Legal Order, S. 170.

gelnde Kommunikation, Missverständnisse und Verwirrung zwischen den Parteien liegen[533], die von den Gerichten nicht ausgeräumt werden konnten.

Das „Heimwärtsstreben" der staatlichen Richter und die hohe Anzahl von Klagerücknahmen beeinträchtigen den Umfang des Rechtsschutzes, den staatliche Gerichte europäischen Unternehmen bei grundsätzlicher Geltung ausländischen Rechts gewähren.

5. Inanspruchnahme der Schiedsgerichtsbarkeit

Das Bedürfnis der Unternehmen nach einem neutralen Forum führt zu einem weiteren Aspekt, der die Qualität der staatlichen Gerichtsbarkeit nachhaltig beeinflussen könnte, und zwar die intensive Inanspruchnahme der Schiedsgerichtsbarkeit für internationale Verträge.[534]

Die Mehrzahl der internationalen Handelsverträge enthält eine Schiedsklausel, während sich der Rest innerhalb der Europäischen Union auf die staatlichen Gerichte der Mitgliedstaaten verteilt.[535] Damit geht eine auf dem Willen der Vertragsparteien beruhende Kompetenzentziehung der staatlichen Gerichte gerade im Bereich der hohen Streitwerte bei internationalen Streitsachen einher. Daraus folgt, dass staatliche Gerichte nicht den gleichen Erfahrungsstand in internationalen Rechtssachen wie in nationalen haben. Als positive Ausnahmen werden die Landgerichte Bremen und Hamburg genannt, die immerhin einen Anteil von 10 % an internationalen Rechtsstreitigkeiten aufweisen können.[536] Gemessen am vergleichsweise starken Außenhandel der Bundesrepublik Deutschland und angesichts der speziellen Positionierung der Schifffahrts-

---

533 *Gessner,* in: V. Freyhold/Vial/Wagner (Hrsg.), Cost of Judicial Barriers for Consumers in the Single Market, No. AO-2600/94/00103, S. 223.

534 Zur Schiedsgerichtsbarkeit siehe drittes Kapitel.

535 *Berger*, Internationale Wirtschaftsschiedsgerichtsbarkeit, S. 8, Fn. 61, schätzt, dass etwa 90 % aller internationaler Wirtschaftsverträge eine Schiedsklausel enthalten, genauso *Stein*, Lex mercatoria, S. 27. *Gessner,* in: Krämer/Micklitz/Tonner (Hrsg.), Law and diffuse Interests in the European Legal Order, S. 165, weist nach, dass vor italienischen und deutschen Gerichten 2,6 % des gesamten Streitaufkommens internationale Sachen betrifft. Im Vergleich zu einer geschätzten Außenhandelsquote dieser beiden Länder von 30 % ist diese Anzahl gering.

536 Hier bestätigen aber (positive) Ausnahmen die (negative) Regel. Als erfolgreiches Beispiel werden zum Beispiel die Landgerichte Bremen und Hamburg genannt, die immerhin zu 10 % von internationalen Streitsachen in Anspruch genommen werden, *Gessner*, in: Krämer/Micklitz/Tonner (Hrsg.), Law and diffuse Interests in the European Legal Order, S. 175.

knotenpunkte Bremen und Hamburg kann dieser Prozentsatz jedoch nicht den grundsätzlichen Eindruck beseitigen, dass die staatlichen Gerichte mit einer überwiegenden Anzahl von nationalen Streitsachen beschäftigt sind und nur mit einer kleinen Anzahl internationaler Streitsachen.

Erschwerend kommt hinzu, dass schiedsgerichtliche Entscheidungen bestenfalls in nicht immer einfach zugänglichen, zum Teil ausländischen Spezialperiodika veröffentlich werden.[537] Die Kenntnisnahme einzelner Entscheidungen durch staatliche Richter mit dem Ziel der Fortbildung auf dem Gebiet des internationalen Wirtschaftsrechts ist somit erschwert.

6. Zwischenergebnis

Es bestehen erhebliche Zweifel daran, ob die Prozessordnungen der Mitgliedstaaten Verfahren bereitstellen, die auf die Bedürfnisse des internationalen Handels zugeschnitten sind. Bereits die Inanspruchnahme einer „fremden" staatlichen Gerichtsbarkeit stellt sich für die ausländische Prozesspartei als Nachteil dar. Sie muss sich auf eine fremde Rechtsordnung und eine fremde Verfahrensordnung einstellen; die sachgerechte Anwendung einer fremden Rechtsordnung ist angesichts des Wissens- und Erfahrungsstandes der staatlichen Richter nicht sichergestellt; Verfahrenskosten sind nur schwer zu kalkulieren. Außerdem erhöht sich die Wahrscheinlichkeit, dass das Sachrecht des Staates, in dem der Rechtsstreit betrieben wird, Anwendung findet.

Die staatlichen Richter sind außerdem in weitaus größerem Umfang mit nationalen Streitigkeiten beschäftigt als mit internationalen. Ihnen fehlt somit der erforderliche Erfahrungsstand im Umgang mit den oft hochkomplexen und auf Dauer angelegten internationalen Verträgen, auf deren Bearbeitung sie im Regelfall zudem durch ihre juristische Ausbildung im Regelfall nicht optimal nicht vorbereitet werden.

Diese Defizite beeinträchtigen die Effizienz der staatlichen Gerichtsbarkeit für den internationalen Handel in erheblichem Umfang.

---

[537] *Diedrich*, Jus 1998, S. 158.

D. Bewertung und Ergebnis

Der Unternehmer begegnet selbst im Geltungsbereich des Binnenmarkts zahlreichen Facetten fehlender Rechtssicherheit.

Das betrifft zunächst das Internationale Privatrecht. Zur Kalkulation der Vertragsrisiken und der Transaktionskosten ist die eindeutige Bestimmung des anwendbaren Rechts erforderlich. Trotz der erfolgten Vereinheitlichung durch das EVÜ sowie durch EG-Richtlinien mit kollisionsrechtlichem Inhalt ist eine eindeutige Festlegung des anwendbaren Rechts nicht immer zweifelsfrei möglich.

Rechtsunsicherheit begegnet dem Unternehmer außerdem im staatlichen Sachrecht. Die Rechtsordnungen der Mitgliedstaaten sind auf Binnensachverhalten ausgerichtet und entsprechen nicht den Anforderungen des internationalen Handelsverkehrs.

Ähnliche Schwierigkeiten ergeben sich beim Rechtsschutz vor den staatlichen Gerichten. Eine internationale Rechtssache dauert länger und kostet mehr als ein Prozess, der lediglich Berührungspunkte zu einem Staat aufweist. Die ausländische Partei wird durch das fremde Verfahrensrecht und die fremde Sprache gegenüber der inländischen Partei benachteiligt.

Die Analyse hat gezeigt, dass die Vorbereitung und Durchführung einer internationalen Transaktion im europäischen Binnenmarkt durch unübersichtliche, unklare Rechtsvorschriften im Kollisions-, Sach- und Verfahrensrecht erschwert wird und von Zufällen wie dem anwendbaren Recht oder dem entscheidenden Richter abhängen. Die Rechtssicherheit ist somit für den Bereich internationaler Transaktionen im europäischen Binnenmarkt im Vergleich zu einer rein inländischen Transaktion stark reduziert.[538] Im Ergebnis führt dies zu einer Erhöhung der Transaktionskosten von internationalen Handelsverträgen und zu einem Wiederaufleben des „Gefangenendilemmas". *Schmidtchen* beschreibt diesen Prozess als „internationales Tauschdilemma"[539], dessen Existenz sich hemmend auf den binneninternen Handelsverkehr auswirkt.

Neben anderen Hemmnissen – z.B. unzureichender rechtlicher Beratung, mangelnder Risiko- und Investitionsfreude, keine Gewinnerwartung auf fremden Märkten etc. – ist deswegen davon auszugehen, dass die Rechtssicherheit einen Grund dafür darstellt, dass insbesondere kleine und mittlere Unternehmen ihre

---

[538] Ebenso *Schmidtchen*, RabelsZ 59 (1995), S. 56, 89 f.

[539] *Schmidtchen*, RabelsZ 59 (1995), S. 56, 90.

Geschäftstätigkeit auf dem Binnenmarkt nicht oder nur geringfügig ausweiten.[540] Dies belegt auch eine Umfrage, welche die Kommission im Jahr 2001 in mehreren tausend europäischen Unternehmen durchgeführt hat. Ziel der Untersuchung war es, die These zu bestätigen, dass Vorschriften, die unzureichend auf die Bedürfnisse der Unternehmen zugeschnitten sind, für die Wirtschaftsakteure der EU einen bedeutenden Nachteil darstellen. Das Ergebnis zeigte, dass fast jedes zweite Unternehmen mit der Qualität der europäischen Rechtsvorschriften unzufrieden ist. Die Unternehmen halten es für möglich, dass sie durch „bessere" Rechtsvorschriften Einsparungen von 15 % erzielen können. [541] Dieses Resultat entspricht auch der Mitteilung der Kommission zum Europäischen Vertragsrecht an den Rat und das Europäische Parlament[542], welche die Grundlage für eine Diskussion über eine Vereinheitlichung des Vertragsrecht aus europäischer Ebene bildet. Die Kommission führt darin aus,

> „die Märkte [der EU] nicht so leistungsfähig sind, wie sie es sein könnten, und das stellt einen Nachteil für alle Betroffenen dar.[...] Insbesondere Verbraucher und KMU, die mit anderweitigen Vertragsrechtssystemen nicht vertraut sind, könnten vom Abschluss grenzüberschreitendender Geschäfte abgehalten werden.[...] Unterschiedliche nationale Regelungen können auch die mit einem Geschäft verbundenen Kosten (vor allem für die Einholung von Informationen und einen etwaigen Rechtsstreit) bei Unternehmen im Allgemeinen und KMU und Verbrauchern im Besonderen hochtreiben."[543]

Eine weitere Untersuchung, welche die Kommission im Nachgang zu ihrer Mitteilung an den Rat und das Europäische Parlament veröffentlicht hat, zeigt, dass durch eine bessere Informationspolitik über die Rechte der Unternehmen im Binnenmarkt und durch den Abbau von Hemmnissen die Zahl der Unternehmen, die vom Binnenmarkt profitieren können, erheblich erhöht werden könnte.[544] Auch die unterschiedlichen Rechtsordnungen der Mitgliedstaaten werden als Hemmschuh für den EU-Export angesehen: 87 % der europäischen Unternehmen plädieren dafür, dass seitens der EU sichergestellt wird, dass die

---

[540] Vgl. dazu European Business Survey 2002, S.2.
[541] Binnenmarkt-Anzeiger vom 19. November 2001; vgl. auch FAZ v. 27. 11.2001.
[542] Mitteilung der Kommission vom 11.7.2001 KOM (2001) 398 endg.
[543] Mitteilung der Kommission vom 11.7.2001 KOM (2001) 398 endg., RN 25 ff.
[544] Binnenmarktanzeiger, Sonderausgabe November 2002 (Nr. 11) : 10 Jahre Binnenmarkt ohne Grenzen, Abbildung 25.

Unternehmen nicht mehr auf der Grundlage von 15 bzw. nun 25 unterschiedlichen Regelwerken tätig werden müssen.[545]

Der europäische Binnenmarkt verpflichtet jedoch zum Abbau sämtlicher Hindernisse, da er bereits *per definitionem* allen Akteuren des Wirtschaftslebens in gleicher Weise zugänglich sein muss. Die Regelungsdefizite im europäischen Binnenmarkt, die aus den Unterschieden in den Rechtsordnungen der Mitgliedstaaten und aus ihrem teilweise schlechten Zuschnitt auf die Anforderungen des grenzüberschreitenden Handels entstehen, müssen daher reduziert werden, um dieses Hemmnis zu beseitigen und den Binnenmarkt für alle Wirtschaftsteilnehmer gleichermaßen öffnen zu können.

---

[545] Binnenmarktanzeiger, Sonderausgabe November 2002 (Nr. 11): 10 Jahre Binnenmarkt ohne Grenzen, Abbildung 27.

Drittes Kapitel: Beitrag der „privaten Regelsetzung" und der Schiedsgerichtsbarkeit zur Rechtssicherheit

Das europäische Kollisionsrecht und das Sachrecht der Mitgliedstaaten sind zur Herstellung der für grenzüberschreitende Transaktionen erforderlichen Rechtssicherheit, wie gezeigt, nicht oder nur schlecht geeignet. Auch bei der gerichtlichen Durchsetzung vertraglicher Ansprüche vor den Gerichten der Mitgliedstaaten erwarten den Unternehmer zahlreiche Unwägbarkeiten, welche die Rechtssicherheit beeinträchtigen und auf diese Weise die Funktionsfähigkeit des Binnenmarktes ebenfalls stören. Es stellt sich die Frage, ob diese durch Gesetzgeber und Justiz geschaffenen Rechtssicherheitsdefizite durch alternative Institutionen auf einer anderen Regelungsebene als der staatlichen aufgefangen werden können. In Betracht kommen die von der Wirtschaft entwickelten und somit – im Gegensatz zu den vom Staat verordneten - „privatisierten" Regeln und Rechtsschutzformen. Auch hier bietet sich eine Differenzierung zwischen mehreren Ebenen an, von denen sich die erste auf die Regeln zur Vereinheitlichung der rechtlichen Rahmenbedingungen (Teil 1.1) und die zweite auf die Durchsetzung der vertraglichen Ansprüche (Teil 1.2) bezieht.

A. Die „private" Regelsetzung

Für den Unternehmer besteht theoretisch die Möglichkeit, mit der Vertragsgestaltung auf alle Eventualitäten zu antworten und, dem Beispiel der amerikanischen Praxis folgend, umfassende Regelungen für die Wirksamkeit des Vertrags einschließlich Vertretungsregeln, für Auslegungsmaßstäbe, für Vertragsbeendigungstatbestände und für alle denkbaren Leistungsstörungen zu vereinbaren.[546] Dieser Ansatz, der die nationalen Rechtsordnungen ersetzt und damit letztlich den Vertrag zu seiner eigenen Rechtsordnung werden lässt, ist jedoch im Regelfall zu kostenintensiv. Denn die aufwendige Vertragsgestaltung für jeden einzelnen Vertrag mit individuellem Risiken steigert die Transaktionskosten erheblich und ist höchstens bei komplexen Langzeitverträgen ökonomisch vertretbar.[547]

---

[546] Zur Zulässigkeit und Ausgestaltung eines solchen „rechtsordnungslosen Vertrages" *Schröder/Wenner*, Internationales Vertragsrecht, S. 32 ff. Dazu auch *Stein*, Lex mercatoria, S. 41 ff. m.w.Nachw.; *Schäfer/Ott*, Lehrbuch der ökonomischen Analyse des Zivilrechts, S. 373 f.

[547] *Stein*, Lex mercatoria, S. 42; *dies.*, in: Grundmann (Hrsg.), Systembildung und Systemlücken in Kerngebieten des Europäischen Privatrechts, S. 669; kritisch auch *Hirte*, Wege zu

Als Alternative zu der vertraglichen Komplettlösung - aber häufig auf ihrer Grundlage - entwickelten in den vergangenen Jahren Vertreter der internationalen Wirtschaft Instrumente zur „Selbsthilfe".[548] Das Ziel dieser „privaten"[549] Instrumente liegt darin, die Anwendung gesetzlicher Regelungen zu vermeiden.[550] Daraus sind zum Teil hochkomplexe Verhaltensregeln entstanden, welche die internationalen Transaktionen entsprechend ihrem grenzüberschreitenden Charakter „de-nationalisieren" und dem Zugriff der nationalstaatlichen Rechtsordnungen entziehen. [551] Dazu zählen vor allem vertragliche Standards auf nicht-gesetzlicher Grundlage, die den Ansprüchen des freien Handelsverkehrs Rechnung tragen. Man diskutiert die nichtstaatliche Regelbildung unter einer Vielzahl von Stichworten wie „Systembildung"[552] und „paralegale Normbildung" [553], „Soft law des privaten internationalen Wirtschaftsrechts" [554] oder „Privatisierung der Rechtsbildung"[555].

Durch die immer größere Zahl grenzüberschreitender Transaktionen und der damit einhergehenden zunehmenden Erfahrung mit wiederkehrenden Vertragssituationen konnte man diese private Regelbildung optimieren und aktualisieren. Mittels einer permanenten spontanen Abstimmung der standardisierten Vertragslösungen mit den Erwartungen der freien Wirtschaft findet sie vor allem dort Anwendung, wo die nationalen Kodifikationen keine geeigneten Lösungen bereithalten und somit die erforderliche Rechtsicherheit nicht besteht.[556] Ein Vorteil dieser auf rechtsvergleichender Ermittlung allgemeiner Rechts-

---

einem europäischen Zivilrecht, S. 18 f., der die Länge der dem amerikanischen Vorbild folgenden Verträge als „ungenießbar" bezeichnet.

[548] *Stein*, Lex mercatoria, S. 35; *dies.*, in: Grundmann (Hrsg.), Systembildung und Systemlücken in Kerngebieten des Europäischen Privatrechts, S. 669, 675.

[549] Die Bezeichnung „private Regelwerke" ergibt sich aus der Gegenüberstellung mit „staatlichen" Kodifikationen. Jene beruhen nicht auf der Delegation von Normsetzungskompetenzen durch ein zuständiges Organ und wurden auch nicht in einem förmlichen Verfahren erlassen. Zur Einordnung der Regelwerke in das System der Rechtsquellen *Canaris*, in: Basedow, Europäische Privatrechtsvereinheitlichung und deutsches Recht, S. 5 ff.

[550] Dazu *Stein*, in: Grundmann (Hrsg.), Systembildung und Systemlücken in Kerngebieten des Europäischen Privatrechts, S. 669, 675 ff.

[551] Instruktiv *Mertens*, RabelsZ 56 (1992), S. 219 ff.; *Stein*, Lex mercatoria, S. 35 ff.

[552] *Grundmann* (Hrsg.), Systembildung und Systemlücken in Kerngebieten des Europäischen Privatrechts (2001).

[553] *Mertens*, RabelsZ 56 (1992), S. 219, 224.

[554] *Gildeggen*, Internationale Handelsgeschäfte, S. 9; *Drobnig*, in: Basedow (Hrsg.), Aufbruch nach Europa, S. 745.

[555] *Berger*, Formalisierte oder "schleichende" Kodifizierung des transnationalen Wirtschaftsrechts, S. 24 ff.

[556] *Grundmann*, in: Grundmann (Hrsg.), Systembildung und Systemlücken in Kerngebieten des Europäischen Privatrechts, S. 1.

grundsätze, Regeln und Standards erfolgenden Systembildung liegt insbesondere in der Flexibilität dieses Instruments, durch die sich die standardisierten Problemlösungen positiv von den nationalen Kodifikationen unterscheiden und die spontane Anpassung an geänderte Bedürfnisse erlaubt, die z.B. durch die Entwicklung moderner Kommunikationsformen oder durch technische Innovationen[557] entstehen.[558] Von erheblichem Vorteil gegenüber der zentralisierten und politisierten staatlichen Rechtsetzung ist auch die Beteiligung betroffener Fachkreise bei der „privatisierten" Regelbildung.[559] So können sich Handelsbräuche und Vertragsmodelle entwickeln, die auf den internationalen Handelsverkehr zugeschnitten sind.[560] Um ihren Beitrag zur Herstellung von Rechtssicherheit einschätzen zu können, gilt es zunächst, sich ein Bild von ihren wichtigsten Erscheinungsformen zu machen.

I. Standardisierte Vertragsklauseln

Sie bilden eine wichtige Erscheinungsform der privaten Regelbildung. Ein prominentes Beispiel sind die sogenannten „Incoterms". In den zwanziger Jahren veröffentlichte die Internationale Handelskammer Paris (ICC) auf der Grundlage eines Rechtsvergleichs mehrere Untersuchungen zur Auslegung von Vertragsklauseln in verschiedenen Ländern.[561] Auf der Grundlage dieser Untersuchungen erstellte man im Jahr 1936 eine international einheitliche Sammlung der Regelungen über Käufer- und Verkäuferpflichten, welche die Rechtssicherheit erhöhen und Missverständnisse unter den Vertragspartnern vermeiden sollen. Sie wurden als „Incoterms" bezeichnet.[562] Dieses erste Klauselwerk wurde in den folgenden Jahren mehrmals Gegenstand von

---

557 Siehe z.B. die Untersuchung bei: Schroeter, Die Auswirkungen tatsächlicher und technischer Veränderungen im Ablauf des Handelsverkehrs auf Handelsbräuche und „Incoterms", 1999.

558 *Grundmann*, in: Grundmann (Hrsg.), Systembildung und Systemlücken in Kerngebieten des Europäischen Privatrechts, S. 1 ff.

559 *Drobnig*, in: Basedow (Hrsg.), Aufbruch nach Europa, S. 745 f.

560 Überblick z.B. bei *Ferrari*, Unification of International Commercial Law, S. 62 ff. und *Piltz*, in: Häberle (Hrsg.), Handbuch des Kaufvertrags, S. 37 f.

561 Die Vertragsklauseln bestehen in der Regel aus abgekürzten Lieferklauseln, z.B. CIF (Cost, Insurance and Freight) oder FOB (Free On Board). Überblick bei *Bredow/Seiffert*, Incoterms 2000, S. 14 f., *Gildeggen*, Internationales Wirtschaftsrecht, S. 72. Diese Kürzel finden seit Jahrzehnten im Internationalen Handelsverkehr Verwendung. Ihre Kernaussage steht nur in groben Zügen fest und kann in den Einzelheiten von Land zu Land differieren, *Baumbach/Hopt*, HGB, (6), Rn. 1.

562 Der Begriff leitet sich ab aus **In**ternational **Co**mmercial **Terms**.

Revisionen.[563] Die Incoterms sind unter Beteiligung der Wirtschaft entwickelt worden und beruhen auf internationalen Handelsbräuchen. Ein besonderer Vorteil liegt in der Flexibilität ihres Änderungsverfahrens, das eine rasche Reaktion auf geänderte tatsächliche Rahmenbedingungen, z.B. der Transportpraktiken, oder auf besondere Interessen der betroffenen Wirtschaftskreise ermöglicht.[564] Die Internationale Handelskammer führte beispielsweise nach siebenjähriger Geltungsdauer der *Incoterms 1990* eine weltweite Umfrage in betroffenen Unternehmen durch. Das Ergebnis belegte, dass einige der Klauseln den Bedürfnissen der Praxis nicht ausreichend Rechnung trugen. [565] Es wurde daraufhin eine Arbeitsgruppe der ICC zusammengestellt, welche den Reformbedarf im einzelnen feststellte.[566] Diese Erkenntnisse setzte die *Drafting Group* in Textvorschläge um, die letztendlich der Kommission, nach entsprechender Einschaltung der ICC-Landesgruppen, zur Genehmigung vorgelegt wurden. Im ganzen benötigte die Internationale Handelskammer für das Revisionsverfahren 2 Jahre.[567]

Standardisierte Vertragsklauseln[568] wie die Incoterms konkretisieren Begriffe wie Leistungsverzug und Unmöglichkeit und entziehen sie damit dem Zugriff nationaler Definitionen. Für den Fall von Pflichtverletzungen sind Schadensersatzansprüche und Vertragsstrafen vorgesehen. Die vertraglichen Standardlösungen sind jedoch im Gegensatz zur vertraglichen Komplettlösung nicht auf Vollständigkeit angelegt. Die Incoterms z.B. regeln zwar die Beziehungen zwischen den Vertragspartnern bezogen auf Lieferung, Abnahme, Gefahrenübergang usw.[569] Andere wesentliche Vertragselemente erfassen sie hingegen nicht. So enthalten die Incoterms keine Regelung über das Zustandekommen des Vertrages, Mängelrügen und Gewährleistungsrechte und andere

---

[563] Die Revisionen erfolgten bisher regelmäßig in jedem neuen Jahrzehnt: 1953, 1967, 1980, 1990 und 2000, Baumbach/Hopt, HGB, (6), Rn. 1. Die aktuelle Version stammt aus dem Jahr 2000 und wird entsprechend als Incoterms 2000 bezeichnet, *Bredow/Seiffert*, Incoterms 2000 (Kommentar), Rn. 3

[564] *Schroeter*, Die Auswirkungen tatsächlicher und technischer Veränderungen im Ablauf des Handelsverkehrs auf Handelsbräuche und „Incoterms", S. 52 ff. m.w.Nachw.

[565] *Bredow/Seiffert*, Incoterms 2000 (Kommentar), Rn. 7.

[566] *Bredow/Seiffert*, Incoterms 2000 (Kommentar), Rn. 7.

[567] *Bredow/Seiffert*, Incoterms 2000 (Kommentar), Rn. 7 f.

[568] Weitere Klauselgruppen bei *Piltz*, in: Häberle (Hrsg.), Handbuch des Kaufvertrags, S.7 f.; auch *Gildeggen*, in: Gildeggen (Hrsg.), Internationales Handelsrecht, S. 9 ff.

[569] *Schroeter*, Die Auswirkungen tatsächlicher und technischer Veränderungen im Ablauf des Handelsverkehrs auf Handelsbräuche und „Incoterms", S. 67 f.; *Piltz*, in: Häberle (Hrsg.), Handbuch für Kaufrecht, S. 1, 38.

Bestandteile des Vertrages.[570] Ergänzend muss deswegen für die von den Vertragsstandards nicht erfassten Konstellationen eine Wahl des anwendbaren Rechts getroffen werden.[571]

II. Ausprägungen gemeinsamer Vertragsprinzipien

Zu der Kategorie der Vertragsprinzipien zählen vor allem zwei „private" Regelwerke, die sich durch ihren Anspruch auf Vollständigkeit und ihre vielfältigen Einsatzarten auszeichnen:[572]

1994 entstanden die UNIDROIT Principles of International Commercial Law, die vom International Institute for the Unification of Private Law in Rom entwickelt wurden.[573] Ziel dieses Regelwerkes ist es laut seiner Präambel, „allgemeine Regeln" für internationale Wirtschaftsverträge aufzustellen, die auf der Grundlage rechtsvergleichender Untersuchungen gewonnen wurden. Dabei wurden auch die Außenwirtschaftsgesetze vormals kommunistischer Rechtsordnungen und private Kodifizierungen wie die Incoterms miteinbezogen.[574] Aus

---

[570] *Schroeter*, Die Auswirkungen tatsächlicher und technischer Veränderungen im Ablauf des Handelsverkehrs auf Handelsbräuche und „Incoterms", S. 69 f.

[571] Dazu *Schroeter*, Die Auswirkungen tatsächlicher und technischer Veränderungen im Ablauf des Handelsverkehrs auf Handelsbräuche und „Incoterms", S. 69 f

[572] Aus diesem Grund ordnet *Drobnig,* in: Basedow (Hrsg.), Aufbruch nach Europa, S. 745, 746 ff. sowohl die Unidroit Principles als auch die Principles of European Contract Law den standardisierten Vertragsklauseln zu, die bereits unter 1. dargestellt wurden. Allerdings sind die Principles ersichtlich nicht als Musterverträge konzipiert, vgl. *Michaelis*, RabelsZ 63 (1998) S. 580, 591 f. So bezeichnen beide Regelwerke die Ausprägung „gemeinsamer Vertragsprinzipien" als ihr zentrales Ziel. Aus diesem Grund erscheint eine Subsumtion unter diesen Oberbegriff als gerechtfertigt.

[573] UNIDROIT, Principles of International Commercial Contracts (1994), abgedruckt in ZEuP 1997, S. 890 ff. Die UNIDROIT wird seit 1984 als selbständiges zwischenstaatliche Institution betrieben, dem mehr als 50 Staaten angehören und das die Aufgabe hat, „Methoden zur Harmonisierung und Koordination des Privatrechts von Staaten und staatlichen Zusammenschlüssen zu prüfen und die progressive Anwendung des vereinheitlichten Privatrechts vorzubereiten", *Berger*, Formalisierte oder „schleichende" Kodifizierung des transnationalen Wirtschaftsrechts, S. 139. Ausführlich *Frick*, RIW 2001, S. 416 ff.; *Berger*, ZVerglRWiss 94 (1995), S. 217 ff: ; *Kronke,* JZ 2001, S. 1149 ff.; *Wichard,* RabelsZ 60 (1996), 269 ff.; auch *Hirte*, Wege zu einem europäischen Zivilrecht, S. 36. Eine (positive) Bilanz der Tätigkeiten des Internationalen Institutes für die Vereinheitlichung des Privatrechts zieht *Kronke,* JZ 2001, S. 1149 ff.

[574] *Berger*, Formalisierte oder „schleichende" Kodifizierung des transnationalen Wirtschaftsrechts, S. 143 ff.

diesem Grund bezeichnet *Bonell* die UNIDROIT-Prinzipien als *„eine Art modernes Ius commune"*.[575]

Die nach ihrem Vorsitzenden *Ole Lando* benannte Lando-Kommission hat nach zehnjährigen Vorarbeiten im Jahre 1995 ein zweites wichtiges privates Regelwerk, die „Principles of European Contract Law" erarbeitet.[576] Bei der Kommission handelt es sich um eine nicht-staatliche Arbeitsgruppe von internationalen, rechtsvergleichend tätigen Rechtsprofessoren und Praktikern, deren Ziel die Ausformung gemeinsamer Rechtsprinzipien ist. Inhaltlich bestehen Überschneidungen mit den UNIDROIT Principles, wenngleich sich der räumlich-sachliche Anwendungsbereich unterscheidet: Die UNIDROIT Principles sollen weltweit Anwendung – falls von den Parteien vereinbart - auf internationale Handelsverträge finden, während die Principles of European Contract Law innerhalb Europas auch für Nichthandelsverträge und Binnensachverhalte geeignet sind.[577]

Regelwerke wie die dargestellten „Principles" zeichnen sich durch vielfältige Verwendungsmöglichkeiten aus. Ihre Geltung können die Vertragsparteien zunächst durch eine ausdrückliche Vereinbarung beschließen. Allerdings ist umstritten, ob die „Principles" bei einer kollisionsrechtlichen Verweisungsklausel das objektive Vertragsrecht darstellen können, ohne dass ein staatliches Recht zur Anwendung gelangt.[578] Diese Frage wird für den Bereich der Schiedsgerichtsbarkeit bejaht[579], für nationale Gerichte ist sie hingegen umstritten.[580] Eine gültige Rechtswahl im Anwendungsbereich des EVÜ setzt nach der wohl h. L. voraus, dass staatliches Recht gewählt wurde.[581] Damit

---

[575] *Bonell*, RabelsZ 1992, S. 274, 287.

[576] Abgedruckt in ZEuP 1995, S. 864 ff. Dazu: *Lando*, RabelsZ 38 (1974), S. 6 ff.; *ders.*, RabelsZ 56 (1992), S. 261 ff.; *ders.*, in: Müller-Graff (Hrsg.), Gemeinsames Privatrecht in der Europäischen Gemeinschaft, S. 567 ff.; *ders.*, RabelsZ 56 (1992), S. 261 ff; *Zimmermann*, ZEuP 2000, 391 ff; *ders.*, JZ 1995, S. 10 ff.; *Blaurock*, JZ 1994, S. 270, 271 ff.; *Busch/Hondius*, ZEuP 2001, S. 223 ff.; *Hirte*, Wege zu einem europäischem Zivilrecht, S. 36f.

[577] *Michaels*, RabelsZ 63 (1998) S. 580, 582.

[578] *Michaels*, RabelsZ (63) 1998, S. 580, 595 ff.; *Drobnig*, in: Basedow (Hrsg.), Aufbruch nach Europa, S. 745, 754.

[579] Dazu *Drobnig*, in: Basedow (Hrsg.), Aufbruch nach Europa, S. 745, 754; *Michaels*, RabelsZ (63) 1998, S. 580, 595 ff.

[580] Die grundsätzliche Möglichkeit einer solchen Rechtswahl bejahend *Siehr*, IPR, S. 122; a.A. die wohl herrschende Meinung, vgl. *Canaris*, in: Basedow. Europäische Privatrechtsvereinheitlichung und deutsches Recht, S. 17 ff.; *Kropholler*, IPR, S. 444 m.weit.Nachw.; *Drobnig*, in: Basedow (Hrsg.), Aufbruch nach Europa, S. 745, 754. Zum Meinungsstreit vgl. *Michaels*, RabelsZ (63) 1998, S. 580, 595 ff.

[581] Dies wird aus dem Wortlaut des Art. 1 Abs. 1 EVÜ abgeleitet, der sich auf die Wahl eines „Rechts zwischen Staaten" bezieht, vgl. *Canaris*, in: Basedow. Europäische Privatrechts-

besteht die Gefahr, dass eine Wahl der Principles als objektives Vertragsstatut vor einem nationalen Gericht keinen Bestand hat.[582] Allerdings steht es den Parteien offen, eine materiell-rechtliche Verweisung vorzunehmen, welche die Principles wie im Fall der Incoterms oder der Allgemeinen Geschäftsbedingungen unmittelbar zum Vertragsinhalt macht. In diesem Fall sind sie wie jede andere Vertragsklausel vom staatlichen Gericht anzuwenden. Die Principles können darüber hinaus auch als Auslegungs- oder Ergänzungshilfe für den Vertrag oder als komplementäres Regelsystem Anwendung finden.[583] Ferner können sie als Modellgesetz für legislative Reformen dienen, da sie eine Empfehlung enthalten, wie effizientes Recht ausgestaltet sein sollte.[584]

III. Bewertung und Ergebnis

Den Rechtsrahmen für grenzüberschreitende Transaktionen bilden heute nicht mehr allein gesetzliche Regelungen oder zwischenstaatliche Vereinbarungen in Staatsverträgen. Angesichts der von der Wirtschaft initiierten Regelbildung kann man durchaus von einer „Privatisierung" der Kodifizierung des Wirtschaftsrechts sprechen.[585] Zwar fehlt der „privaten" Rechtsbildung der verbindliche Charakter einer staatlichen Kodifikation.[586] Dennoch leistet sie einen Beitrag zur einheitlichen Kodifizierung internationalen Wirtschaftsrechts und liefert den Beweis dafür, dass Regelwerke wie die UNIDROIT Principles auch dann praktische Bedeutung erhalten können, wenn sie nicht mit Gesetzeskraft ausgestattet ist.[587] Die Zunahme derartiger "privater" Regelwerke manifestiert das Ausmaß

---

vereinheitlichung und deutsches Recht, S. 17 ff.; *Kropholler,* IPR, S. 444 m.weit.Nachw.; *Drobnig,* in: Basedow (Hrsg.), Aufbruch nach Europa, S. 745, 754.

[582] *Kropholler,* IPR, S. 444 m.weit.Nachw. *Siehr,* IPR, S. 122 bejaht zwar die grundsätzliche Zulässigkeit einer kollisionsrechtlichen Verweisung auf nichtstaatliches Recht, hält sie aber für „ungenügend" wegen der Lückenhaftigkeit des gewählten Rechts und wendet für die nicht erfassten Fragen im Wege der objektiven Anknüpfung ermitteltes staatliches Recht an.

[583] Für die UNIDROIT Principles *Frick,* RabelsZ 2001, S. 416, 417; vgl. außerdem *Stein,* in: Grundmann (Hrsg.), Systembildung und Systemlücken in Kerngebieten des Europäischen Privatrechts, S. 669, 677 f.

[584] S. ausdrückliche Zweckbestimmung in der Präambel der UNIDROIT-Prinzipien: [...] (Die Prinzipien) können als Modell für nationale und internationale Gesetzgeber dienen."

[585] So auch *Blaurock,* ZEuP 1993, S. 247, 266; Berger, Formalisierte oder „schleichende" Kodifizierung des transnationalen Wirtschaftsrechts, S. 25; *Basedow,* in: Europäische Privatrechtsvereinheitlichung und deutsches Recht, S. 2; *Drobnig,* in: Basedow (Hrsg.), Aufbruch nach Europa, S. 745.

[586] *Michaels,* RabelsZ (63) 1998, S. 580, 588 ff.

[587] *Berger,* Formalisierte oder „schleichende" Kodifizierung des transnationalen Wirtschaftsrechts, S. 3.

der ungeeigneten nationalen Rechtsordnungen zur Lösung internationaler Konfliktfälle. Gleichzeitig widerspricht aber die private Rechtsbildung auch dem verfassungsrechtlich festgelegten Ideal des staatlichen Gesetzgebungsmonopols.[588]

Im vorliegenden Zusammenhang ist jedoch die Frage zu stellen, ob die „private" Regelbildung einen positiven Beitrag zur Rechtssicherheit bei grenzüberschreitenden Transaktionen leisten kann. Dafür spricht, dass bereits die Erkenntnis und Formulierung übereinstimmender Regelungsansätze zu einer Typisierung und damit Konkretisierung der oftmals unbestimmten Vorstellungen der Vertragsparteien führt.[589] Die in Schriftform gefassten Ergebnisse und die zum Teil beigefügten Erläuterungen stehen den Wirtschaftsteilnehmern zur Verfügung.[590] Durch die Festlegung einheitlicher Maßstäbe in ihrem Anwendungsbereich dienen sie als Orientierungshilfe für die Vertragsverhandlungen.[591] Außerdem erhöht ein standardisierter Vertragsinhalt die Rechtssicherheit, da er vertragliche Rechte und Pflichten konkretisiert und vereinheitlicht.[592] Durch eindeutige Leistungsbestimmungen, die flexibel an die jeweiligen Bedürfnisse des Handelsverkehrs angepasst werden können, wird das Risiko reduziert, dass der Unternehmer mit der Nichterfüllung durch seinen Vertragspartner rechnet und aus diesem Grund selbst nicht leistet. Den Parteien wird somit eine bessere Einschätzung der Vertragsrisiken ermöglicht. Außerdem wird die Anwendung des unzulänglichen nationalen Rechts vermieden.[593] Die Beteiligung internationaler Fachleute und Vertreter der Wirtschaft, die sich aufgrund ihrer eigenen Erfahrungen gewöhnlich durch hohes Problembewusststein auszeichnen, erlaubt zudem eine Abstimmung auf die Bedürfnisse der betroffenen Marktakteure.[594]

Allerdings verursacht die Vertragsverhandlung auf der Grundlage „privater" Regelwerke beträchtliche Kosten. Für die Vertragsverhandlungen muss in der Regel die Hilfe von teuren Kautelarjuristen in Anspruch genommen werden. Auch die Loslösung von dem unzulänglichen nationalen Recht zugunsten der

---

[588] Zu Recht *Berger*, Formalisierte oder „schleichende" Kodifizierung des transnationalen Wirtschaftsrechts, S. 27.

[589] *Drobnig,* in: Basedow (Hrsg.), Aufbruch nach Europa, S. 745, S. 750; *Stein,* in: Grundmann (Hrsg.), Systembildung und Systemlücken in Kerngebieten des Europäischen Privatrechts, S. 669, 676.

[590] *Drobnig,* in: Basedow (Hrsg.), Aufbruch nach Europa, S. 745, 750.

[591] *Drobnig,* in: Basedow (Hrsg.), Aufbruch nach Europa, S. 745, 750.

[592] *Stein,* in: Grundmann (Hrsg.), Systembildung und Systemlücken in Kerngebieten des Europäischen Privatrechts, S. 669, 676.

[593] *Stein,* in: Grundmann (Hrsg.), Systembildung und Systemlücken in Kerngebieten des Europäischen Privatrechts, S. 669, 676.

[594] *Drobnig,* in: Basedow (Hrsg.), Aufbruch nach Europa, S. 745, 750.

Anwendung des nichtstaatlichen Rechts verursacht Informations-, Beratungs- und Vertragsgestaltungskosten in erheblicher Höhe.[595] Das ergibt sich bereits daraus, dass auch das „private" Recht beträchtliche Rechtsanwendungsrisiken birgt.

Als Beispiel dafür dienen kann die in der Praxis ausgesprochen relevante Frage, inwieweit (Schieds-) Gerichte die Pflicht haben, Eingriffsnormen des nationalen Rechts zu berücksichtigen, selbst wenn die Parteien die Geltung eines privaten Rechts vereinbart haben.[596] Einigkeit über eine entsprechende Anwendung des Art. 7 Abs. 1 EVÜ besteht im Schrifttum noch nicht.[597]

Ähnliche Unsicherheit besteht darüber, ob ein staatliches Gericht das durch eine Rechtswahl zur Anwendung berufene nichtstaatliche Recht anwenden muss. Die ablehnende Auffassung gelangt zu dem Ergebnis, dass eine solche Rechtswahl zumindest vor staatlichen Gerichten ungültig sei, und wendet das durch objektive Anknüpfung ermittelte Recht an.[598] Die gegensätzliche Ansicht geht von der grundsätzlichen Zulässigkeit einer Wahl „privaten" Rechts aus und wendet das staatliche Recht nur zur Lückenfüllung an.[599] Dieses Beispiel belegt, dass insbesondere das Zusammenspiel „privates Recht – staatliches Gericht" nicht frei von Rechtsanwendungsschwierigkeiten ist, die der Rechtssicherheit abträglich sind. Vor Schiedsgerichten geht man hingegen von der Zulässigkeit einer kollisionsrechtlichen Wahl nichtstaatlichen Rechts aus.[600] Darin liegt ein entscheidender Vorteil der Schiedsgerichtsbarkeit, da sich die Vertragsparteien bei einer Rechtsdurchsetzung vor staatlichen Gerichten nicht sicher sein können, ob die Rechtswahl nichtstaatlichen Rechts als gültig angesehen werden.

In der Praxis wird die „private" Rechtsetzung dementsprechend hauptsächlich durch die Rechtsprechung privater Schiedsgerichte konkretisiert.[601] Deren Entscheidungen werden jedoch in der Regel nicht veröffentlicht[602], denn ein

---

[595] *Stein*, in: Grundmann (Hrsg.), Systembildung und Systemlücken in Kerngebieten des Europäischen Privatrechts, S. 669, 681.

[596] Vgl. dazu bspw. *Girsberger*, in: Dicke/Hummer/Girsberger/Bolle-Woelki/Engel/Frowein (Hrsg.), Völkerrecht, S. 231, 241 ff. m.weit.Nachw.

[597] *Girsberger*, in: Dicke/Hummer/Girsberger/Bolle-Woelki/Engel/Frowein (Hrsg.), Völkerrecht, S. 231, 242 f.

[598] *Canaris*, in: Basedow. Europäische Privatrechtsvereinheitlichung und deutsches Recht, S. 17 ff.; *Kropholler*, IPR, S. 444 m.weit.Nachw.

[599] *Siehr*, IPR, S. 122.

[600] *Drobnig*, in: Basedow (Hrsg.), Aufbruch nach Europa, S. 745, 754; *Michaels*, RabelsZ (63) 1998, S. 580, 596 m.weit.Nachw.

[601] *Kropholler*, IPR, S. 95.

[602] *Lachmann*, Handbuch für die Schiedsgerichtspraxis, Rn. 134; *Hirte*, Wege zu einem europäischen Zivilrecht, S. 16.

wichtiger Grund für die Popularität des Schiedswesens liegt in seiner Diskretion.[603] Kontinuität und wissenschaftliche Aufarbeitung der Rechtspraxis sind deswegen im Bereich der „privaten" Regelbildung nicht gesichert.[604] Die Vertragsparteien können den Ausgang des Verfahrens daher kaum voraussehen.[605] Darin liegt ein weiterer entscheidender Nachteil der „privaten" Regelbildung gegenüber der staatlichen Gesetzgebung mit ihrer Kontrolle durch die verfassungsrechtlichen Bindungen. Staatliche Gesetzgebung ist in der Regel auf die Herstellung von Rechtsfrieden und Gerechtigkeit bedacht.[606] Dieser verfassungsrechtliche „Unterbau" fehlt dem nichtstaatlichen Recht. Bei der „privaten" Regelbildung geht es um einen praktischen Zweck, nämlich der Festlegung einheitlicher Maßstäbe, die den Bedürfnissen des internationalen Handels gerecht werden. Deren Ausarbeitung erfolgt unter Beteiligung der betroffenen Wirtschaftskreise[607], so dass Lobbyismus und unausgeglichene Interessenvertretung nicht ausgeschlossen werden können.

Insgesamt stellt die „private" Regelbildung ein „zweischneidiges Schwert" dar: Einerseits leistet sie durch die Festlegung eines einheitlichen vertragsrechtlichen Maßstabs, der den Vertragsparteien eine allgemein zugängliche Orientierung bei den Vertragsverhandlungen anbietet, einen Beitrag zur Konkretisierung der rechtlichen Rahmenbedingungen grenzüberschreitender Transaktionen und damit auch zur Rechtssicherheit. Andererseits ist die „private" Regelbildung der Kontrolle durch die verfassungsrechtlichen Bindungen des staatlichen Gesetzgebers und der Justiz weitgehend entzogen. Meinungsstreitigkeiten werden in der Regel nicht öffentlich ausgetragen; die einheitliche Durchsetzung der vertraglichen Rechte vor den staatlichen Gerichten ist im Vorfeld insbesondere dann nicht genau abzuschätzen, wenn das nichtstaatliche Recht Lücken enthält. Die vertragsrechtlichen Rahmenbedingungen müssen deswegen sorgfältig auf die Eigenarten des jeweiligen Vertragstyps und der konkreten Transaktion abgestimmt werden. Dies wiederum erhöht den Beratungs- und Gestaltungsaufwand für den Vertrag und damit die Transaktionskosten in erheblichem Umfang. Bei Handelsverträgen mit einem beträchtlichen Transaktionsvolumen ist dieser Kostenaufwand gerechtfertigt. Kleine und mittlere Unternehmen (KMU) mit geringerem Geschäftsumfang können sich diesen Aufwand meist nicht leisten.[608] Ihnen bleibt daher nur die Wahl, Verträge zu den vorgegebenen

---

[603] *Kropholler,* IPR, S. 95 f.
[604] *Lachmann,* Handbuch für die Schiedsgerichtspraxis, Rn. 135 f.; *Kropholler,* IPR, S. 96.
[605] *Lachmann,* Handbuch für die Schiedsgerichtspraxis, Rn. 136.
[606] Vgl. *Gündisch* , in: Basedow (Hrsg.), Aufbruch nach Europa, S. 109.
[607] *Drobnig,* in: Basedow (Hrsg.), Aufbruch nach Europa, S. 745, 748 f.
[608] *Stein,* in: Grundmann (Hrsg.), Systembildung und Systemlücken in Kerngebieten des Europäischen Privatrechts, S. 669, S. 682; *Hirte,* Wege zu einem europäischen Zivilrecht, S. 18.

Bedingungen zu schließen oder auf internationale Transaktionen zu verzichten.[609]

B. Die Schiedsgerichtsbarkeit

Nicht nur auf der Ebene der mitgliedstaatlichen Rechtsordnungen, sondern insbesondere auf der Ebene der Rechtsdurchsetzung fehlt es an der für internationale Transaktionen erforderlichen Rechtssicherheit. Das traditionelle System der Rechtsdurchsetzung krankt, wie oben gezeigt wurde, vor allem daran, dass internationale Rechtsfragen von einem in seine nationale Rechtskultur eingebetteten Forum nach einem nationalen Recht entschieden werden.

Die Abkehr der Wirtschaft von staatlichen Institutionen zeigt sich nun nicht nur in der „privaten" Regelbildung, sondern auch darin, dass die Durchsetzung der nichtstaatlichen Normen nicht vor staatlichen Gerichten erfolgt. Insbesondere die private[610] Schiedsgerichtsbarkeit hat sich in den vergangenen Jahren zu einem erfolgreichen Modell entwickelt, welches die „private" Regelbildung auf der Ebene der Rechtsdurchsetzung ergänzt. Das aus dieser Entwicklung resultierende Konkurrenzverhältnis[611] zwischen den Schiedsgerichten und der staatlichen Gerichtsbarkeit wurde zumindest im Bereich größerer, internationaler Transaktionen zugunsten des Schiedswesens entschieden: Die Schiedsgerichtsbarkeit hat seit dem Ende des 2. Weltkrieges einen enormen Aufschwung erfahren und im internationalen Handelsverkehr die staatliche Gerichtsbarkeit überholt.[612]

---

[609] Zu Recht *Stein*, in: Grundmann (Hrsg.), Systembildung und Systemlücken in Kerngebieten des Europäischen Privatrechts, S. 669, 682; *Hirte*, Wege zu einem europäischen Zivilrecht, S. 18; ähnlich auch *Schmid*, JZ 2001, S. 674, 675.

[610] Zur Abgrenzung von der öffentlich-rechtlichen Schiedsgerichtsbarkeit z.B. *Schiffer*, Wirtschaftsschiedsgerichtsbarkeit, S. 4 f.

[611] Die Schiedsgerichtsbarkeit ist bereits seit langem neben der staatlichen Gerichtsbarkeit zulässig. Tatsächlich ist sie sogar älter als die staatliche Gerichtsbarkeit: *Schütze*, ZVglRWiss 99 (2000), S. 241, 242.

[612] Statistiken über die tatsächliche Inanspruchnahme der Schiedsgerichtsbarkeit im Vergleich zur ordentlichen Gerichtsbarkeit fehlen weitgehend, vgl. *Lachmann*, Handbuch für die Schiedsgerichtspraxis, Rn. 65 ff. Es wird geschätzt, dass etwa 90 % der internationalen Wirtschaftsverträge eine Schiedsklausel enthalten, siehe *Berger*, Internationale Wirtschaftsschiedsgerichtsbarkeit, S. 8, Fn. 61; *Stein*, Lex mercatoria, S. 60: „Internationale Verträge ohne Schiedsvereinbarung sind heute die absolute Ausnahme."; *dies.*, in: Grundmann (Hrsg.), Systembildung und Systemlücken in Kerngebieten des Europäischen Privatrechts, S. 669, 679; vgl. auch *Weise*, Lex mercatoria, S. 30 f. m.w.Nachw.; *Sandrock*, ZVglRWiss 98 (1999), S. 227, 250; *Schubert/Strohe*, in: Häberle (Hrsg.), Handbuch für Kaufrecht, S. 325,

Im Folgenden ist zu untersuchen, ob die Schiedsgerichtsbarkeit geeignet ist, den Defiziten der staatlichen Justiz abzuhelfen und auf diese Weise einen Beitrag zur Herstellung von Rechtssicherheit im Europäischen Binnenmarkt zu leisten. Im Vordergrund steht dabei die Frage, inwieweit die Vertragsparteien durch Inanspruchnahme der Schiedsgerichtsbarkeit ihre vertraglichen Rechte in „effizienter" Weise durchsetzen können. Im internationalen Rechtsverkehr stehen für die Beurteilung der Effizienz eines Streitschlichtungssystem die Fragen nach der Qualifikation und Erfahrung der Richtern, nach klaren und transparenten Rahmenbedingungen des Schiedsverfahrens, nach dem Machtverhältnis zwischen den Verfahrensbeteiligten, nach der Motivation der unterliegenden Partei, den Schiedsspruch zu erfüllen und nach der Durchsetzung des

---

329. *Herdegen*, Internationales Wirtschaftsrecht, Rn. 5 ff.; *Hirte,* Wege zu einem europäischen Zivilrecht, S. 15 f.; relativierend (nur für den Bereich der Großprojekte) *Girsberger,* in: Dicke/Hummer/Girsberger/Bolle-Woelki/Engel/Frowein (Hrsg.), Völkerrecht, S. 231, 236.–
A.A. *Gessner*, in: V. Freyhold/Vial/Wagner (Hrsg.), Cost of Judicial Barriers for Consumers in the Single Market, No. AO-2600/94/00103, S. 183 ff.; *ders.;* in: Krämer/Micklitz/Tonner (Hrsg.), Law and diffuse Interests in the European Legal Order, S. 165, der nachgewiesen hat, dass allein die Landgerichte Bremen und Hamburg mehr internationale Streitfälle behandeln als eine der wichtigsten Schiedsinstitutionen der Welt, der ICC in Paris.
Allerdings ist diese an sich verblüffende Aussage wohl zu relativieren: *Gessner* räumt zunächst selbst ein, dass von allen Streitsachen vor (deutschen und italienischen) staatlichen Gerichten nur 2,6 % international seien, was im Vergleich zur Außenhandelsquote dieser beiden Länder von 30 % recht wenig ist. Außerdem wird das Kriterium „international" recht weit gefasst: ausreichend ist danach bereits, dass eine der Parteien im Ausland residiert. Zusätzliche Berührung zu anderen Rechtsordnungen sind nicht erforderlich. Entsprechend werden auch die Mehrzahl der Fälle als nur wenig komplexe, der nationalen Rechtanwendungspraxis angenähert beschrieben. Außerdem handelt es sich bei Bremen und Hamburg, deren Entscheidungspraxis in der vorgelegten Untersuchung analysiert werden, um ausgesprochene Seehandelszentren mit einem entsprechend hohen Aufkommen an Seehandelsrecht. Ferner ist im Auge zu behalten, dass die ICC nur eine von vielen Schiedsinstitutionen ist. Addiert man sämtliche Verfahren, die in der Schiedsgerichtsbarkeit verhandelt werden, und zwar sowohl vor Ad-hoc-Schiedsgerichten als auch vor Schiedsinstitutionen, dürfte dies die Anzahl der internationalen Streitigkeiten, die vor staatlichen Gerichten betrieben werden, weit übersteigen. Dazu fehlen zwar repräsentative Untersuchungen. Doch dafür spricht allein die Schätzung, dass die Mehrheit aller internationalen Verträge eine Schiedsklausel enthalten. Die von *Gessner* angeführte Untersuchung unterscheidet auch nicht zwischen Streitsachen, die nur vor den staatlichen Gerichten landen, und denen, die als Rechtsmittel zu einem Schiedsurteil vor das staatliche Gericht kommen. Insgesamt ist daher davon auszugehen, dass die Untersuchung von *Gessner* in ihrem Ergebnis relativiert werden muss und die Bedeutung der Schiedsgerichtsbarkeit für internationale Streitsachen auch weiterhin bedeutend größer ist als die der staatlichen Gerichtsbarkeit, vgl. auch *Lachmann,* Handbuch für die Schiedsgerichtspraxis, Rn. 66 ff.

Schiedsspruches im Vordergrund.[613] Der Maßstab der Effizienz muss sich dabei an den Parametern einer „sicheren, sachgerechten, raschen und relativ kostengünstigen Rechtsverfolgung“ orientieren.[614]

I. Vorzüge der Schiedsgerichtsbarkeit im Vergleich zur staatlichen Justiz

Die Schiedsgerichtsbarkeit unterscheidet sich von der staatlichen Gerichtsbarkeit vor allem dadurch, dass das Schiedsgericht nur durch eine Parteivereinbarung über die sachliche, örtliche und funktionale Zuständigkeit des Schiedsgerichts tätig werden kann.[615] Anders als bei alternativen Schlichtungstechniken[616] soll aber der Schiedsspruch für die Parteien eine gewisse Verbindlichkeit entfalten. Darin unterscheidet sich der Schiedsspruch von der Entscheidung eines Schlichters (*conciliator*), die für die Parteien regelmäßig nicht verbindlich ist. Schiedsverfahren über wirtschaftsrechtliche Streitigkeiten werden als Handelsschiedsbarkeit bezeichnet.[617] Daneben existiert außerdem die Verbandsschiedsgerichtsbarkeit.[618] Vereine und Verbände verfügen häufig über eigene Einrichtungen zur Streitschlichtung, zu deren Inanspruchnahme die Mitglieder verpflichtet sind.[619] Das internationale Schiedswesen ist zu einem erheblichen Umfang durch Staatsverträge geregelt. Diese verdrängen in der Regel entgegenstehende Sach- und Kollisionsrechte der Vertragsstaaten.[620]

---

613 *Girsberger*, in: Dicke/Hummer/Girsberger/Bolle-Woelki/Engel/Frowein (Hrsg.), Völkerrecht, S. 231, 235.

614 *Girsberger*, in: Dicke/Hummer/Girsberger/Bolle-Woelki/Engel/Frowein (Hrsg.), Völkerrecht, S. 231, 235.

615 *Weise*, Lex mercatoria, S. 34.

616 Die alternative Streitschlichtung (alternative dispute resolution – ADR) stellt die dritte Option der Konfliktlösung dar, dazu *Sandrock*, ZVerglRWiss 98 (1999), S. 227, 250 ff.; *Schütze*, ZVerglRWiss 99 (2000), S. 241 ff.; *ders.*, ZVglRWiss 97 (1998), S. 117 ff.; *Weigand*, in: Weigand (Hrsg.), Practitioner`s Handbook on International Arbitration, Rn. S. 223 ff., *Raeschke-Kessler/Berger*, Recht und Praxis des Schiedsverfahrens, Rn. 91 ff. Die ADR hat bisher im wesentlichen nur in den USA und in Großbritannien Verbreitung gefunden hat, während sie in Kontinentaleuropa bisher eine nur untergeordnete Rolle spielt und deswegen in der vorliegenden Untersuchung nicht berücksichtigt wird; vgl . *Sandrock*, ZVerglRWiss 98 (1999), S. 227, 250 f.

617 *Lionnet*, Handbuch der internationalen und nationalen Schiedsgerichtsbarkeit, S. 38.

618 *Lachmann*, Handbuch für die Schiedsgerichtspraxis, Rn. 18.

619 *Lachmann*, Handbuch für die Schiedsgerichtspraxis, Rn. 18.

620 Überblick über die wichtigsten multilateralen Staatsverträge einschließlich ihrer Vertragsstaaten bei *Schubert/Strohe*, in: Häberle (Hrsg.), Handbuch für Kaufrecht, S. 325, 332 ff..

1. Ad-Hoc Schiedsverfahren und Schiedsinstitution

Bei der Vereinbarung einer Schiedsklausel haben die Vertragsparteien die Wahl, ob sie auf eigene Initiative für einen speziellen Einzelfall ein Ad-hoc-Schiedsgericht bilden[621] oder ob sie ein institutionelles (ständiges) Schiedsgericht in Anspruch nehmen. Weltweit ist eine Vielzahl von Schiedsinstitutionen entstanden, die entweder selbstständig gegründet wurden oder auf Initiative verschiedener Handelskammern entstanden sind.[622] Die Inanspruchnahme einer Schiedsinstitution wird von den Parteien gewöhnlich bevorzugt, da der Schiedsspruch eines anerkannten institutionellen Schiedsgerichts von internationalem Ansehen in der Regel erfüllt wird.[623] Denn die Nichterfüllung spricht sich in Geschäftskreisen herum und führt angesichts der auf Dauer angelegten Geschäftsverbindungen zu einer kommerziellen Stigmatisierung des Geschäftspartners.[624] Darüber hinaus stellen die institutionellen Schiedsgerichte vorformulierte Schiedsordnungen zur Verfügung und bewirken auf diese Weise eine wesentliche Erleichterung des Verfahrensablaufes. Zudem leisten sie logistische und organisatorische Unterstützung (Sekretariat, Konferenzräume).[625]

---

[621] In diesem Fall enthält der Vertrag keinen Verweis auf eine bestimmte Schiedsinstitution und deren Verfahrensordnung, und das Verfahren muss erst festgelegt werden. Oftmals entschließen sich die Parteien auch erst nach dem Entstehen einer Streitigkeit, ein Schiedsgericht anzurufen, und bilden in diesem Fall ebenfalls ein Ad-hoc-Schiedsgericht, z.B. *Weigand,* in: Weigand (Hrsg.), Practitioner's Handbook on International Arbitration, Rn. 129 ff., *Raeschke-Kessler/Berger*, Recht und Praxis des Schiedsverfahrens, Rn. 59 ff.; *Diedrich*, JuS 1998, S. 158, 159; *Schiffer*, Internationale Wirtschaftsschiedsgerichtsbarkeit, S. 39 ff.; *Schütze/Tschernig/Wais*, Handbuch des Schiedsverfahrens, RZ 26.

[622] Die wichtigsten internationalen Schiedsgerichte sind die Internationale Handelskammer Paris (ICC), die Zürcher Handelskammer, das Internationale Schiedsgericht der Wirtschaftskammer Österreich und der Court of International Arbitration, Überblick dazu z.B. bei *Schütze*, Rechtsverfolgung im Ausland, Rn. 318 ff.; *Schiffer*, Internationale Wirtschaftsschiedsgerichtsbarkeit, S. 41. Hinzu kommen außerdem spezielle Schiedsgerichte für den Handel bestimmter Waren (z.B. Getreide: die Grade and Feed Trade Organisation, GAFTA), für seerechtliche Streitigkeiten hauptsächlich in New York und London, aber auch in Hamburg, sowie für sonstige besondere Rechtsgebiete, siehe den Überblick bei *Weigand,* in: Weigand (Hrsg.), Practitioner's Handbook on International Arbitration, Rn. 58 ff.

[623] *Girsberger,* in: Dicke/Hummer/Girsberger/Bolle-Woelki/Engel/Frowein (Hrsg.), Völkerrecht, S. 231, 238.

[624] *Girsberger,* in: Dicke/Hummer/Girsberger/Bolle-Woelki/Engel/Frowein (Hrsg.), Völkerrecht, S. 231, 238.

[625] *Schütze,* Rechtsverfolgung im Ausland, Rn. 317; *ders./Tschernig/Wais*, Handbuch des Schiedsverfahrens, RZ 28 f.; *Girsberger,* in: Dicke/Hummer/Girsberger/Bolle-Woelki/ Engel/Frowein (Hrsg.), Völkerrecht und Internationales Privatrecht in einem sich globalisierendem System, S. 231, 238.

2. Ablauf des Schiedsverfahrens

Das Schiedswesen beruht auf einem Konsens der Parteien, der Ausfluss des Prinzips der Parteiautonomie ist.[626] Dem eigentlichen Verfahren ist in der Regel eine ausführliche mündliche Verhandlung vorgeschaltet, die sich oft auf mehrere Tage erstreckt und bei denen bereits das Tor zu einem Vergleich geöffnet werden soll.[627] Der Ablauf des Schiedsverfahrens selbst ist weniger formalisiert als das Verfahren vor einem staatlichen Gericht. Viele Grundsätze der staatlichen Gerichtsbarkeit wie Öffentlichkeit des Verfahrens oder das Gebot des gesetzlichen Richters finden keine Anwendung. Die Vertragsparteien schätzen zudem vor allem die Vertraulichkeit des Verfahrens, da sie die Wahrung von Geschäftsgeheimnissen und eine Fortsetzung der Geschäftsbeziehungen zwischen den Vertragsparteien ermöglicht.[628] Das Schiedsverfahren ist im Gegensatz zur staatlichen Gerichtsbarkeit außerdem mobil: Die Schiedsrichter können den Sitzungsort frei wählen und z.B. eine Beweisaufnahme in einem anderen Land „vor Ort" ohne bürokratischen Aufwand durchführen.[629]

Außerdem haben die Parteien die Möglichkeit, die Verfahrenssprache zu wählen.[630] Dadurch entfällt ein bedeutender Nachteil der ordentlichen Gerichtsbarkeit, denn während vor einem staatlichen Gericht die Sprache des Forums Amtssprache ist [631], können die Schiedsparteien, ob sie nun in Zürich, Paris oder Wien sitzen, auf Englisch oder in einer anderen Sprache verhandeln. Auch werden die Termine in Absprache mit den Parteien bestimmt.[632] Zustellungen

---

626 Dazu *Lionnet*, Handbuch der internationalen und nationalen Schiedsgerichtsbarkeit, S. 46ff.

627 *Raeschke-Kessler/Berger*, Recht und Praxis des Schiedsverfahrens, Rn. 46 f.

628 Z.B. *Diedrich*, JuS 1998, S. 158; *Lionnet*, Handbuch der internationalen und nationalen Schiedsgerichtsbarkeit, S. 48.; *Schmidt-Trenz*, Außenhandel und Territorialität im Außenhandel, S. 278; *Schütze*, ZVglRWiss 99 (2000), S. 241, 249; *Schiffer*, Internationale Wirtschaftsschiedsgerichtsbarkeit, S. 16.; *Stein*, in: Grundmann (Hrsg.), Systembildung und Systemlücken in Kerngebieten des Europäischen Privatrechts, S. 669, 679.

629 *Schütze*, ZVglRWiss 99 (2000), S. 241, 247 f.

630 *Raeschke-Kessler/Berger*, Recht und Praxis des Schiedsverfahrens, Rn. 28 ff.; *Lionnet*, Handbuch der internationalen und nationalen Schiedsgerichtsbarkeit, S. 61, *Schütze*, Rechtsverfolgung im Ausland, Rn. 304 ff.; *Schubert/Strohe*, in: Häberle (Hrsg.), Handbuch für Kaufrecht, S. 325, 330; *Lachmann*, Handbuch für die Schiedsgerichtspraxis, Rn. 35 f.

631 Im deutschen Recht ergibt sich dies aus § 184 GVG.

632 *Lionnet*, Handbuch der internationalen und nationalen Schiedsgerichtsbarkeit, S. 47. Hierin kann aber auch gleichzeitig ein Nachteil des Schiedswesens liegen, da das Schiedsgericht nicht über die gleichen Zwangsmittel wie ein staatliches Verfahren verfügt und es somit zu Verzögerungen oder sogar zur Prozessverschleppung kommen kann, *Schubert/Strohe*, Handbuch für Kaufrecht, S. 325, 331.

und Beweisaufnahmen können formlos durchgeführt werden.[633] Das Parteivorbringen ist nicht innerhalb der gesetzlichen Ausschlussfristen zu ergänzen, die vor staatlichen Gerichten gelten.[634]

3. Zusammensetzung des Schiedsgerichts

Auch hinsichtlich der Zusammensetzung des Schiedsgerichts bestehen erhebliche Unterschiede zum staatlichen Gerichtswesen. In der ordentlichen Gerichtsbarkeit muss der berufene Richter nicht notwendigerweise fachliche Spezialkenntnisse bieten. Zwar wurde durch die Einrichtung von Kammern für Handelssachen versucht, diesem Manko abzuhelfen. Die Parteien haben allerdings nur im Rahmen mehrerer konkurrierender Gerichtsstände oder mittels einer Gerichtsstandsvereinbarung die Möglichkeit, die Zuständigkeit des Gerichts zu steuern. Dieser Einfluss ist jedoch auf die örtliche Zuständigkeit beschränkt. Weiterhin kann der Kläger zwar beim Landgericht beantragen, dass der Rechtsstreit vor der Kammer für Handelssachen verhandelt wird (§§ 93 ff. GVG). Aber auch die Einbindung von Handelsrichtern kann nicht gewährleisten, dass gerade derjenige Handelsrichter mit der Sache befasst wird, der für die einschlägige Rechtsmaterie ausreichend Erfahrung und Sachkunde besitzt.[635] Möglicherweise entscheiden dann ein Bankier und ein Verleger über die Qualität verderblicher Früchte.[636] Die Möglichkeit, einen bestimmten Richter zu wählen, würde indes dem Gebot des gesetzlichen Richters widersprechen.[637]

Im Schiedsverfahren hingegen können die Parteien die Schiedsrichter anhand ihrer Spezialkenntnisse, ihrer persönlichen Eignung und nicht zuletzt anhand ihres Engagements auswählen und sind dadurch in der Lage, die Qualität der Richter für den Einzelfall optimal zu bestimmen.[638] Bei vielen Schiedsgerichten können oder müssen die Parteien aus einer Liste besonders qualifizierte Experten auswählen, die oft eine Schiedsrichterschulung durch die jeweilige Institution

---

[633] *Schütze*, Rechtsverfolgung im Ausland, Rn. 305.

[634] *Raeschke-Kessler/Berger*, Recht und Praxis des Schiedsverfahrens, Rn. 40.

[635] *Lachmann*, Handbuch für die Schiedsgerichtspraxis, Rn. 33.

[636] So das Beispiel bei *Weil/Horstmann*, Der Handelsrichter und sein Amt, S. 35.

[637] Für das deutsche Recht ergibt sich dieses Gebot aus Art. 101 Abs. 1 S. 2 GG; *Classen*, in: v.Mangoldt/Klein/Starck, GG III, Art. 101, Rn. 18 ff.

[638] *Schütze*, ZVglRWiss 99 (2000), S. 241, 247; *ders.*, Rechtsverfolgung im Ausland, Rn. 304; *Lionnet*, Handbuch der internationalen und nationalen Schiedsgerichtsbarkeit, S. 60 f; *Raeschke-Kessler/Berger*, Recht und Praxis des Schiedsverfahrens, Rn. 20; *Von Bernstorff*, Rechtsprobleme im Auslandsgeschäft, S. 306; *Diedrich*, JuS 1998, S. 158, 159.

erfahren haben.[639] Der Einsatz von Experten kann zu einer Kostenreduzierung führen und außerdem die Verfahrenszeit verkürzen, da eine lange Einarbeitungszeit oder die Inanspruchnahme kostspieliger Sachverständigengutachten entfallen.[640] Außerdem entwickelt sich dadurch ein System der Qualitätssicherung: schlecht vorbereitete oder ungeeignete Richter werden herausgefiltert.

Allerdings stellt die Wahl zum Schiedsrichter für diesen ein lukratives und renommiertes Amt dar.[641] Daher besteht die Gefahr, dass der gewählte Schiedsrichter sich parteilich zugunsten der ihn wählenden Partei verhält, um sich den nächsten Einsatz zu sichern.[642] Diese Gefahr wird aber dadurch relativiert, dass im Regelfall das Schiedsgericht mit drei Richtern besetzt ist. Auf den Vorsitzenden des Schiedsrichters einigen sich die Parteien, während die zwei übrigen Schiedsrichter jeweils von einer Partei benannt werden.[643] Wird vereinbart, dass ein Einzelrichter entscheiden soll, müssen sich beide Parteien auf ihn einigen.[644] Die Zuständigkeit des Schiedsrichters wird allein durch die Vereinbarung zwischen den Parteien begründet. Folgerichtig kann sie ihm durch übereinstimmende Vereinbarung auch wieder entzogen werden. Auf diese Weise können die Parteien die Wahl eines ungeeigneten Schiedsrichters rückgängig machen.[645] Dies dürfte sich auch auf die Sorgfalt von Vorbereitung und Arbeitsweise des Schiedsrichters sowie auf sein Streben nach Neutralität auswirken. Tatsächlich wird die Neutralität der Schiedsrichter im internationalen Handelsverkehr gewöhnlich nicht angezweifelt.[646]

Die freie Besetzung des Schiedsgerichts wird ergänzt durch die Freiheit bei der Auswahl der Verfahrensbevollmächtigten. Die Wahl unterliegt keinen nationalen Schranken oder Zulassungsbeschränkungen: ein deutscher Rechtsanwalt kann vor einem Schiedsgericht in London oder Zürich auftreten.[647]

---

[639] *Stein*, Lex mercatoria, S. 66 f.

[640] Die angebliche Schnelligkeit des Schiedsverfahrens wird entsprechend oft als weiterer Vorteil gegenüber der staatlichen Gerichtsbarkeit hervorgehoben, zum Beispiel *Diedrich*, JuS 1998, S. 158. – Siehe aber *Sandrock*, ZVglRWiss 98 (1999), S. 227, 250, der darauf hinweist, dass auch im Schiedswesen lange Verfahren möglich sein können, die sich für die Beteiligten zu einem „Alptraum" entwickeln; ähnlich *Stein*, Lex mercatoria, S. 30 f.

[641] *Lachmann*, Handbuch für die Schiedsgerichtspraxis, Rn. 90 ff.

[642] So *Gottwald*, in: Gottwald (Hrsg.), Internationale Schiedsgerichtsbarkeit, S. 9 m.w.Nachw.

[643] Zu potenziellen Nachteilen dieser Lösung bei Mehr-Parteien-Schiedsverfahren aber *Herdegen*, Internationales Wirtschaftsrecht, Rn. 5.

[644] *Raeschke-Kessler/Berger*, Recht und Praxis des Schiedsverfahrens, Rn. 21.

[645] *Raeschke-Kessler/Berger*, Recht und Praxis des Schiedsverfahrens, Rn. 23 f.

[646] *Lachmann*, Handbuch für die Schiedsgerichtspraxis, Rn. 93.

[647] *Raeschke-Kessler/Berger*, Recht und Praxis des Schiedsverfahrens, Rn. 17 m.w.Nachw.

II. Zwischenergebnis

Die Parteien des Schiedsverfahrens können sowohl den Ablauf des Schiedsverfahrens als auch die Zusammensetzung des Schiedsgerichts beeinflussen.[648] In dieser Flexibilität liegt ein wesentlicher Vorteil des Schiedswesens. Der hochspezialisierte, im Gegensatz zum staatlichen Richter dem Leistungsprinzip unterliegende Schiedsrichter ist zudem im Regelfall optimal auf das Verfahren vorbereitet. Es ist deshalb davon auszugehen, dass er gewöhnlich zu einer von den Parteien als sachgerecht empfundenen Lösung des Streits kommen wird.[649] Von besonderer Bedeutung für die Parteien ist dabei der Umstand, dass die Geschäftsbeziehungen nach Beendigung des Schiedsverfahrens häufig fortgesetzt werden.[650] Außerdem wird ein Großteil der Schiedssprüche von den Parteien freiwillig erfüllt.[651]

III. Auswirkungen der Kosten des Schiedsverfahrens

Fraglich ist aber, ob die Kosten des Schiedsverfahrens und ihre Kalkulierbarkeit einen aus ökonomischer Sicht effizienzreduzierenden Nachteil des Schiedsverfahrens darstellen.

1. Effizienz des Schiedsverfahrens: Festlegung des Bewertungsmaßstabes

Das Schiedswesen trägt aufgrund seiner Flexibilität und dem Vorrang der Parteiautonomie den Bedürfnissen der Wirtschaft Rechnung und führt in den meisten Fällen auch zu den wirtschaftlich vernünftigeren Lösungen. Die Vorzüge des Schiedsverfahrens sind für die Unternehmen von erheblicher

---

[648] *Lachmann*, Handbuch für die Schiedsgerichtspraxis, Rn. 96 ff.; 109 ff.

[649] *Jagenburg*, FS Oppenhoff, S. 147, 164.

[650] *Diedrich*, JuS 1998, S. 158; *Lionnet*, Handbuch der internationalen und nationalen Schiedsgerichtsbarkeit, S. 61.; *Schmidt-Trenz*, Außenhandel und Territorialität im Außenhandel, S. 278; *Schütze*, ZVglRWiss 99 (2000), S. 241, 249; *Schiffer*, Internationale Wirtschaftsschiedsgerichtsbarkeit, S. 16.; *Stein*, in: Grundmann (Hrsg.), Systembildung und Systemlücken in Kerngebieten des Europäischen Privatrechts, S. 669, 679.

[651] In diesem Zusammenhang fehlen genaue statistische Angaben, doch geht man davon aus, dass mindestens 90 % der Schiedssprüche erfüllt werden, z. B. *Berger*, Internationale Wirtschaftsschiedsgerichtsbarkeit, S. 17; ähnlich *Schmidt-Trenz*, Außenhandel und Territorialität im Außenhandel, S. 276 m.w.Nachw.; *Stein*, Lex Mercatoria, S. 34, Fn. 88, aber auch S. 30, Fn. 63; *dies.*, in: Grundmann (Hrsg.), Systembildung und Systemlücken in Kerngebieten des Europäischen Privatrechts, S. 669, 679; *Raeschke-Kessler/Berger*, Recht und Praxis des Schiedsverfahrens, Rn. 51.

Bedeutung, lassen sich aber nicht beziffern. Die Festlegung eines Bewertungsmaßstabes, der die Effizienz des Schiedsverfahrens eruieren kann, ist somit schwierig.

Die Kosten für die Durchsetzung eines vertraglichen Rechts sind zu den Transaktionskosten zu zählen. Sie werden somit von der Kalkulation des wirtschaftlich denkenden Unternehmers erfasst.[652] Aus ökonomischer Sicht muss das dem Vertragsverhältnis zugrundeliegende Recht folglich in einer sachgerechten und raschen Entscheidungsfindung durchgesetzt werden können, die sich in einem angemessenen Verhältnis zu den Kosten für die Rechtsverfolgungskosten befinden sollte. Entsprechend ist auch die grundsätzliche Kalkulationsfähigkeit von beträchtlicher Bedeutung für die Vertragsparteien.[653] Folglich ist zu untersuchen, auf welche Höhe sich die Kosten des Schiedsverfahrens belaufen und ob sie für den Unternehmer im Vorfeld zu kalkulieren sind, um die Effizienz des Schiedsverfahrens beurteilen zu können.

2. Kosten der Schiedsvereinbarung

Fraglich ist, inwieweit die Vereinbarung einer Schiedsklausel den Gestaltungsaufwand und damit die Transaktionskosten des Vertrages erhöht.

Die Parteien müssen den Ort des Schiedsverfahrens[654], die Zahl der Schiedsrichter, das auf die Schiedsvereinbarung anwendbare Recht und die Verfahrenssprache vereinbaren. Der Inhalt der Schiedsklausel muss mit den Parteien auf den Zweck des Hauptvertrages abgestimmt sein. Es ist außerdem sinnvoll, eine bestimmte Schiedsgerichtsordnung und die Pflicht des Schiedsgerichts zur Begründung des Schiedsspruches[655] festzulegen.[656]

Hier besteht für den juristischen Laien zunächst ein erheblicher Informationsbedarf, der entsprechende Kosten verursacht. Bereits die Vereinbarung einer Schiedsklausel erhöht folglich den Gestaltungsaufwand und damit die Kosten des Vertrages. Doch nach dem Abschluss einiger Verträge kann der Unternehmer auf seine gewonnene Erfahrung mit Schiedsklauseln

---

[652] Ebenso *Lachmann*, Handbuch für die Schiedsgerichtspraxis, Rn. 44.

[653] A.A. ohne Begründung *Jagenburg*, FS Oppenhoff, S. 147, 164.

[654] Andernfalls wird er ersatzweise durch Dritte, nämlich in der Regeln das Schiedsgericht, bestimmt, z.B. § 1043 Abs. 1 S. 2. ZPO.

[655] Die Pflicht zur Begründung des Schiedsspruches ist allerdings in viele Schiedsordnungen aufgenommen worden. Dies gilt jedoch im Regelfall nicht für den angloamerikanischen Rechtskreis; *Stein*, Lex mercatoria, S. 66, Fn. 125 m.w.Nachw.

[656] *Lionnet*, Handbuch der internationalen und nationalen Schiedsgerichtsbarkeit, S. 142 ff.

zurückgreifen. Außerdem besteht für diesen Bereich ein breites Angebot an hochwertiger Literatur auf dem neuesten Stand, auf deren Vertragsmuster und praxisnahen Instruktionen mit Vertragsmustern auch der juristisch ungeschulte Unternehmer zurückgreifen kann.[657] Die Erhöhung der Transaktionskosten durch die Vereinbarung einer Schiedsklausel dürfte daher nicht allzu stark ins Gewicht fallen.

3. Das Kostenrisiko des Schiedsverfahrens

Fraglich ist aber, ob die Durchführung eines Schiedsverfahren selbst nicht ein beträchtliches Kostenrisiko für die Vertragsparteien darstellt. Es bestehen erhebliche Zweifel daran, ob die Kosten des Schiedsverfahrens im Vorfeld zu kalkulieren sind. Das hätte zur Folge, dass die Durchsetzung der vertraglichen Rechte vor einem Schiedsverfahren zwar zu einer angemessenen Lösung führen, aber gleichzeitig ein beträchtliches Kostenrisiko für den Unternehmer darstellen würde, das ihn von der Geltendmachung seiner Ansprüche abhielte. Ist jedoch die Durchsetzbarkeit der eigenen vertraglichen Rechte nicht gesichert, besteht Rechtsunsicherheit, die dazu führt, dass die Erfüllung der eigenen vertraglichen Pflichten keine sinnvolle Handlungsstrategie für den wirtschaftlich denkenden Unternehmer darstellt. Dies würde die Effizienz des Schiedsverfahrens beträchtlich vermindern.

a) Kosten des Schiedsverfahrens

Die Kosten der Schiedsverfahrens setzen sich aus folgenden Kostenfaktoren zusammen:

(1) Vergütungen der Schiedsrichter (Schiedsrichtergebühren)

Die Vergütung der Schiedsrichter, die für eine Schiedsinstitution wie der ICC oder dem DIS tätig sind, richtet sich nach der jeweiligen Schiedsordnung. Die vom Deutschen Anwaltsverein vorgesehene Mustervereinbarung über die

---

[657] Z.B. *Lionnet*, Handbuch der internationalen und nationalen Schiedsgerichtsbarkeit (2001); *Kessler/Berger*, Recht und Praxis des Schiedsverfahrens (1999); *Lachmann*, Handbuch für die Schiedsgerichtspraxis (1998), *Schütze*, Rechtsverfolgung im Ausland (2002); *Gottwald*, in: Gottwald (Hrsg.), Internationale Schiedsgerichtsbarkeit (1997)

Vergütung der Schiedsrichter[658], die einem Ad-hoc-Schiedsgericht zugrundegelegt werden kann, sieht vor, dass der Vorsitzende Schiedsrichter eine 15/10-Gebühr und die beisitzenden Schiedsrichter 13/10-Gebühren erhalten.

(2) Auslagen für Schiedsrichter, Zeugen und Sachverständige

Die Auslagen für Schiedsrichter, Zeugen und, falls erforderlich, Sachverständige sind nach dem tatsächlichen Aufwand (z.B. Reiseaufwand) zu erstatten und deshalb im Vorfeld schwer kalkulierbar. Gerade in internationalen Verfahren können die Auslagen wegen der Kosten für Anreise und Unterbringung der Beteiligten ganz erheblich ins Gewicht fallen.[659]

(3) Gebühren der jeweiligen Schiedsorganisation

Die Bearbeitungsgebühren der Schiedsorganisationen hängen vom Streitwert ab und weisen z.B. bei der ICC durch Minimal- und Maximalwerte eine erhebliche Schwankungsbreite auf.[660]

(4) Kosten der Parteien einschließlich für anwaltliche Vertretung.

Zu den Kosten des Schiedsverfahrens kommen außerdem die Kosten hinzu, die den Parteien durch ihre eigene Anwesenheit bei mündlichen Verhandlungen und für ihre anwaltliche Vertretung entstehen.

b) Kostenvergleich

Mit den Kosten des Schiedsverfahrens sind die Kosten eines staatlichen Gerichtsverfahrens zu vergleichen. Diese bestehen aus den außergerichtlichen Kosten (in erster Linie Anwaltsgebühren) sowie den Gerichtskosten, die sich aus dem Gerichtskostengesetz in Verbindung mit dem Kostenverzeichnis ergeben. *Lachmann* hat einen Kostenvergleich zwischen den Kosten, die bei Inanspruchnahme der staatlichen Gerichtsbarkeit im Vergleich zu einem Ver-

---

[658] Abgedruckt bei: *Lachmann*, Handbuch der Schiedsgerichtspraxis, Rn. 2295.
[659] *Lionnet*, Handbuch der internationalen und nationalen Schiedsgerichtsbarkeit, S. 64.
[660] Kostendarstellung bei *Lachmann*, Handbuch der Schiedsgerichtspraxis, Rn. 2220 ff.

fahren vor einem Ad-hoc-Schiedsgericht entstehen, vorgenommen.[661] Dabei ging er davon aus, dass der Rechtsstreit vor dem staatlichen Gericht am Landgericht geführt wird und dass dabei in der 1. Instanz eine dreifache Gebühr anfällt.[662]

Die Schiedsgerichtsbarkeit stellt sich im Ergebnis als regelmäßig teurere Alternative zur staatlichen Gerichtsbarkeit dar. Je nach der besonderen Konstellation im Einzelfall (Vertretung durch eigene Anwälte oder Einschaltung externen juristischen Sachverstands, Gang durch mehrere Instanzen oder lediglich durch eine Instanz, Höhe des Streitwertes usw.) ist die Inanspruchnahme eines Ad-hoc-Schiedsgerichts im Regelfall erheblich teurer oder aber, in Ausnahmefällen, zumindest genauso kostenträchtig wie die Prozessführung vor der staatlichen Gerichtsbarkeit.

Stellt sich das Schiedsverfahren nun im Einzelfall als die kostenintensivere Variante der Rechtsdurchsetzung dar, wirkt sich dies zwar auf die Effizienz des Schiedswesens aus. Nach Auffassung *Lachmanns*[663] kann jedoch der Preisunterschied durch eine erheblich bessere Qualität der Konfliktlösung gerechtfertigt sein. Es müssen also überzeugende Gründe bestehen, um ein Schiedsgericht anzurufen. Wie gezeigt wurde, weist die Schiedsgerichtsbarkeit im Vergleich zur staatlichen Gerichtsbarkeit zahlreiche Vorteile auf, die im Regelfall dazu führen, dass die Entscheidung des Schiedsgerichts die spezifischen Interessen der Vertragsparteien angemessen berücksichtigt und zu einer sachgerechten Entscheidung kommt, die mit großer Wahrscheinlichkeit von der unterliegenden Partei erfüllt wird. Es können daher im Einzelfall durchaus ausreichende Gründe bestehen, welche eine höhere Kostenintensität des Schiedsverfahrens rechtfertigen. Die Kosten des Schiedsverfahrens können folglich für sich genommen die Effizienz des Schiedsverfahrens noch nicht maßgeblich beeinträchtigen.

---

[661] *Lachmann*, Handbuch für die Schiedsgerichtspraxis, Rn 2220 ff.

[662] Vgl. *Lachmann*, Handbuch der Schiedsgerichtspraxis, Rn. 2215. *Schütze/Tscherning/Wais*, Handbuch des Schiedsverfahrens, RZ 10, kommen grundsätzlich zu demselben Ergebnis, plädieren aber dafür, beim Kostenvergleich mit der staatlichen Gerichtsbarkeit die Kosten für die zweite Instanz miteinzuberechnen, was sich freilich im Ergebnis zugunsten der Schiedsgerichtsbarkeit auswirkt. Eine solche Kalkulation wäre aber nur sachgerecht, wenn auch die Kosten für die Anerkennung und Vollstreckung des Schiedsspruches ebenfalls nebeneinander gestellt würden: Es mag zwar in einer Vielzahl der Verfahren vor dem staatlichen Gericht zu einer Überprüfung in einer zweiten Instanz kommen; andererseits kann beim Schiedsverfahren eine solche Überprüfung ebenfalls, allerdings erst im Exequaturverfahren. Die Berücksichtigung der Kosten für eine zweite Instanz erfordert daher auch die Berücksichtigung der Kosten für Anerkennung und Vollstreckung des Schiedsspruches, selbst wenn es im Rahmen der staatlichen Gerichtsbarkeit tendenziell öfter zu einer zweiten Instanz kommen mag als zu der Notwendigkeit einer Vollstreckung aus dem Schiedsspruch.

[663] *Lachmann*, Handbuch für die Schiedsgerichtspraxis, Rn. 2254.

c) Mangelnde Kalkulierbarkeit der Kosten

Die Effizienz des Schiedsverfahrens könnte jedoch dadurch beträchtlich verringert werden, dass die Kosten des Schiedsverfahrens vom Unternehmer im Vorfeld nur schwer kalkuliert werden können. *Lionnet* hält sogar die Errechnung der Kosten des Schiedsverfahrens für „im voraus gar nicht möglich."[664]

Dies zeigt sich auch bei dem bei *Lachmann* durchgeführten Kostenvergleich: dieser musste, um überhaupt zu einem Ergebnis zu gelangen, einen Teil der entstehenden Kosten völlig vernachlässigen, und beschränkt sich somit auf die Gebühren des Schiedsverfahrens selbst. Die Auslagen von Schiedsrichtern und Zeugen wurden nicht in den von *Lachmann* durchgeführten Kostenvergleich einbezogen. Sie hängen von den Umständen des Einzelfalls ab, z.B. vom Ort des Verfahrens, von der Verfahrensdauer, der Notwendigkeit einer Inaugenscheinnahme etc. ab und sind daher im Vorfeld nicht einzukalkulieren, können aber eine beträchtliche Höhe erreichen.[665]

Außerdem geht der Kostenvergleich bei *Lachmann* von der Inanspruchnahme eines Ad-hoc-Schiedsgerichts aus.[666] Bei Inanspruchnahme einer Schiedsinstitution müssen jedoch noch deren Bearbeitungsgebühren hinzugerechnet werden.[667] Aufgrund der Schwankungsbreite der Gebühren bei der ICC etwa besteht hier ein erhebliches Kostenrisiko, da sich die Gebühren gegenüber einem Ad-hoc-Schiedsgericht mehr als verdoppeln können.[668] Zwar enthalten die Schiedsordnungen in der Regel eine starke Kostendegression bei höheren Streitwerten. Im Bereich geringer und mittlerer Streitwerte hat aber die Inanspruchnahme einer Schiedsinstitution eine erhebliche Erhöhung der anfallenden Kosten zur Folge.[669]

In der Praxis der ICC entscheidet der Gerichtshof über die Kostenhöhe. Bemessungskriterien sind die Schwierigkeit des Sachverhalts, der erforderliche Zeitaufwand und der persönliche Einsatz der Schiedsrichter.[670] Die Parteien haben darauf grundsätzlich keinen Einfluss: Abweichende Parteivereinbarungen

---

664 *Lionnet*, Handbuch der internationalen und nationalen Schiedsgerichtsbarkeit, S. 64.
665 *Lionnet*, Handbuch der internationalen und nationalen Schiedsgerichtsbarkeit, S. 64.
666 *Lachmann*, Handbuch der Schiedsgerichtspraxis, Rn. 2219.
667 *Lachmann*, Handbuch für die Schiedsgerichtspraxis, Rn. 2217.
668 *Lachmann*, Handbuch für die Schiedsgerichtspraxis, Rn. 2220 ff.; Abbildungen 1a und 1b. Etwas anderes gilt für die Inanspruchnahme der Verbandschiedsgerichtsbarkeit, die häufig weniger kostenintensiv ist als die institutionelle Schiedsgerichtsbarkeit. Vgl. zur Verbandschiedsgerichtsbarkeit *Lachmann*, Handbuch für die Schiedsgerichtspraxis, Rn. 18.
669 *Lachmann*, Handbuch für die Schiedsgerichtspraxis, Rn. 2220 ff
670 *Lachmann*, Handbuch der Schiedsgerichtspraxis, Rn. 2221.

entfalten keine Wirkung. Für eine Einschätzung des Kostenrisikos müssen sowohl die Minimal- als auch die Maximalwerte der Vergütung der Schiedsrichter des ICC zugrundegelegt werden.[671] Dieser Ermessensspielraum des Gerichtshofes erschwert ebenfalls die Kalkulation der Schiedsgebühren.[672] Zudem sehen die Schiedsverfahrensordnungen zum Teil keine mit § 91 ZPO vergleichbare Regelung vor, nach der die unterlegene Partei die Kosten des Rechtsstreites tragen muss. Es gilt vielmehr der Grundsatz der Kostenteilung, wenn auch meistens ein Ermessen des Schiedsrichters besteht, die Verfahrenskosten der unterlegenen Partei aufzubürden.[673] Das entstehende Kostenrisiko kann das Unternehmen erheblich belasten. In der Tat können somit die Schiedsgebühren im Vorfeld nicht oder nur höchst ungenau bestimmt werden.[674]

Ein zusätzliches Problem der Kostenkalkulation besteht darin, dass die anwaltliche Tätigkeit entweder nach den Grundsätzen des gesetzlichen Kostenrechts, in Deutschland also nach dem bundesrechtlichen Rechtsanwaltsvergütungsgesetz (RVG), oder - was der gängigen Praxis eher entspricht - nach vereinbarten Stundensätzen abgerechnet werden kann. Da die Stundensätze aber von der Reputation der mandatierten Anwaltskanzlei und von der Komplexität des Sachverhaltes abhängen, sind durchschnittliche Vergütungen nicht zu ermitteln, sondern richten sich nach dem jeweiligen Einzelfall.[675] *Lachmann* hat sowohl für die Vergütung der Rechtsanwälte als auch für die der Schiedsrichter die Gebührensätze des RVG zugrundegelegt. In der Praxis entstehen jedoch durch die in Wirtschaftskanzleien übliche Vereinbarung von Stundensätzen zuzüglich der zu addierenden Reisekosten der Schiedsrichter und Anwälte häufig erheblich höhere Kosten.[676]

Insgesamt ist *Lionnet* mit seiner Einschätzung recht zu geben, dass die Vertragsparteien die Kosten des Schiedsverfahrens nicht im Vorfeld kalkulieren können.[677] Gerade im Bereich geringer und mittlerer Streitwerte besteht die Möglichkeit, dass das Schiedsverfahren zu einer erheblichen Erhöhung der Transaktionskosten führt, was den Unternehmer von der Durchsetzung des Anspruches abhalten kann. Das Schiedsverfahren stellt folglich für den Unternehmer ein beachtliches Kostenrisiko dar, das die Effizienz des schiedsgerichtlichen Verfahrens für die Unternehmen stark reduziert.

---

[671] *Lachmann,* Handbuch der Schiedsgerichtspraxis, Rn. 2221.
[672] *Eßer/Mossmayer*, EuZW 1998, S. 490, 494.
[673] *Diedrich*, JuS 1998, S. 158, 159 und S. 165.
[674] Zu diesem Ergebnis kommt auch *Lionnet*, Handbuch der internationalen und nationalen Schiedsgerichtsbarkeit, S. 64
[675] *Lionnet*, Handbuch der internationalen und nationalen Schiedsgerichtsbarkeit, S. 64.
[676] *Lionnet*, Handbuch der internationalen und nationalen Schiedsgerichtsbarkeit, S. 64.
[677] *Lionnet*, Handbuch der internationalen und nationalen Schiedsgerichtsbarkeit, S. 64.

C. Bewertung und Ergebnis

Die von der Wirtschaft oder in Zusammenarbeit mit der Wirtschaft entwickelten nichtlegislatorischen Regelwerke konkretisieren durch die Festlegung vereinheitlichter Standards die Rechte und Pflichten der Vertragsparteien und tragen so in ihrem Anwendungsbereich zur Rechtssicherheit im grenzüberschreitenden Verkehr bei. Auf diese Weise erleichtern sie die Vertragsverhandlungen und die Einschätzung der spezifischen Vertragsrisiken. Die nichtstaatliche Regelbildung enthält jedoch auch Elemente, die der Rechtssicherheit abträglich sind. Die „private" Regelbildung ist der Kontrolle durch die verfassungsrechtlichen Bindungen des staatlichen Gesetzgebers und der Justiz weitgehend entzogen, da Schiedssprüche in der Regel freiwillig erfüllt werden und somit nicht von staatlichen Gerichten überprüft werden. Mangels rechtsstaatlicher Bindung ist die Kontinuität der „privaten" Regelbildung nicht gesichert. Die Schiedssprüche und ihre Begründungen werden außerdem regelmäßig nicht veröffentlicht, so dass die rechtliche Diskussion darüber nicht öffentlich ausgetragen wird. Auch erfolgt in der Regel keine ***regelmäßige*** wissenschaftliche Aufarbeitung in der Praxis.[678] Bei der Anwendung nichtstaatlichen Rechts besteht ein hoher Informationsbedarf. Somit stellt sich der Beitrag der nichtstaatlichen Rechtsetzung im Ergebnis als ambivalent dar: Sie trägt zwar grundsätzlich zur Rechtssicherheit bei, erhöht aber den Gestaltungs- und den für den Vertrag aufzubringenden Beratungsaufwand in erheblichem Umfang. Dieser Aufwand lohnt sich jedoch nicht für kleinere und mittlere Unternehmen (KMU) mit geringerem Geschäftsumfang.[679]

In der Praxis wird ein Großteil der Verträge, die sich auf nichtstaatliches Recht beziehen, durch eine Schiedsklausel ergänzt. Die Inanspruchnahme eines Schiedsgerichtes zur Geltendmachung eines vertraglichen Anspruches kann die Transaktionskosten beträchtlich erhöhen. Diese hohen Kosten können sich jedoch vor allem bei größeren Geschäftsvolumina „rechnen", da das Schiedsverfahren im Vergleich zur staatlichen Gerichtsbarkeit über beträchtliche Vorzüge verfügt und im Regelfall zu einer adäquaten Entscheidung kommt, die von den Vertragsparteien in der Mehrzahl der Fälle erfüllt wird. Wirtschaftlich bedeutende Unternehmen können um dieser Vorteile willen erhöhte Transaktionskosten in Kauf nehmen, zumal die Inanspruchnahme der Schiedsgerichtsbarkeit mit zunehmendem Streitwert kostengünstiger ist als die Geltendmachung eines Anspruches vor den staatlichen Gerichten. Im Bereich geringer und mittlerer Streitwerte kann jedoch die Inanspruchnahme der

---

[678] *Kropholler*, IPR, S. 96.
[679] *Stein*, in: Grundmann (Hrsg.), Systembildung und Systemlücken in Kerngebieten des Europäischen Privatrechts, S. 669, 682; ähnlich auch *Schmid*, JZ 2001, S. 674, 675.

Schiedsgerichtsbarkeit im Vergleich zur staatlichen Gerichtsbarkeit zu einer deutlichen Erhöhung der Transaktionskosten führen.[680] Besonders problematisch ist dabei, dass die Kosten des Schiedsverfahrens im Vorfeld nicht zu kalkulieren sind. Das Kostenrisiko eines Schiedsverfahrens ist beträchtlich und kann insbesondere im Bereich geringer und mittlerer Streitwerte dazu führen, dass die gesamte Transaktion unrentabel wird. In diesem Fall entfällt der finanzielle Anreiz für die Transaktion, und das Unternehmen verzichtet auf die Durchführung. Gerade kleinere und mittlere Unternehmen (KMU) entscheiden sich dafür, die Nachteile der staatlichen Gerichtsbarkeit bei den Vertragsverhältnissen, die tatsächlich in einen Rechtsstreit münden, in Kauf zu nehmen und selbst internationale Streitigkeiten nicht im Wege eines Schiedsverfahrens, sondern vor staatlichen Gerichten entscheiden zu lassen.[681] Noch geringer ist die Bedeutung der Schiedsgerichte für die Streitsachen, bei denen Privatpersonen beteiligt sind. Auch solche Streitigkeiten werden in den meisten Fällen vor staatlichen Gerichten verhandelt und nicht vor Schiedsgerichten.[682] Wie gezeigt wurde, ist jedoch auch die Effizienz der staatlichen Gerichten in internationalen Rechtssachen deutlich beeinträchtigt[683], so dass die „Lösung" für KMU und für Privatpersonen darin liegen kann, den Konflikt mit dem Vertragspartner nicht durch neutrale Dritte lösen zu lassen. Die Akteure des Binnenmarktes haben folglich bei der Geltendmachung eines vertraglichen Anspruches die Wahl zwischen der staatlichen Gerichtsbarkeit, die den Bedürfnissen des internationalen Handels nicht gerecht wird, und der Schiedsgerichtsbarkeit, die zwar auf diese Bedürfnisse abgestimmt ist, aber deren Inanspruchnahme für den Unternehmer ein beträchtliches Kostenrisiko birgt. Insbesondere bei kleinen Streitwerten führt daher die Kalkulation des Unternehmers zu einem Verzicht auf die Durchführung der Transaktion oder zum Verzicht auf die Durchsetzung der vertraglichen Rechte. Auch die von der Wirtschaft zur „Selbsthilfe" entwickelten Instrumente der nichtstaatlichen Regelbildung und der Schiedsgerichtsbarkeit stehen folglich den Akteuren des Binnenmarktes nur eingeschränkt zur Verfügung.[684] Ihr Beitrag zur Rechtssicherheit, der aus der Festlegung international geltender, auf den internationalen Handel abgestimmter Standards und der Bereitstellung der Schiedsgerichte als

---

680 *Diedrich*, JuS 1998, S. 158, 165 spricht von einem „Pyrrhussieg".

681 *Gessner*, in: Krämer/Micklitz/Tonner (Hrsg.), Law and Diffuse Interests in the European Legal Order, S. 165.

682 *Gessner*, in: Krämer/Micklitz/Tonner (Hrsg.), Law and Diffuse Interests in the European Legal Order, S. 165.

683 Dazu oben zweites Kapitel Abschnitt C.

684 Ebenso *Stein*, in: Grundmann (Hrsg.), Systembildung und Systemlücken in Kerngebieten des Europäischen Privatrechts, S. 669, S. 682; *Schmid*, JZ 2001, S. 674, 675; ähnlich *Witz*, in: Ranieri (Hrsg.), Europäisierung der Rechtswissenschaft, S. 219, 225.

einer flexiblen, diskreten und sachgerechten Form der Rechtsdurchsetzung besteht, kommt somit primär den Großkonzernen und multinationalen Unternehmen zugute.[685] So können „private" Regelbildung und Schiedsgerichtsbarkeit keinen ausreichenden Beitrag dazu leisten, dass auch kleine und mittlere Unternehmen und Verbraucher die Vorteile des Binnenmarktes in vollem Umfang nutzen können.

---

685 *Gessner*, in: Krämer/Micklitz/Tonner (Hrsg.), Law and Diffuse Interests in the European Legal Order, S. 165; *Stein*, in: Grundmann (Hrsg.), Systembildung und Systemlücken in Kerngebieten des Europäischen Privatrechts, S. 669, 682 ff.

Viertes Kapitel: Rechtssicherheit durch ein „Europäisches Vertragsrecht"?

Für die europäischen Unternehmen besteht auf dem europäischen Binnenmarkt eine beträchtliche Rechtsunsicherheit bei grenzüberschreitenden Transaktionen, die sich aus der strukturellen Unzulänglichkeit des nationalen Rechts einerseits und aus der Ineffizienz der staatlichen Gerichtsbarkeit ergibt. Wie nachgewiesen, können diese Rechtssicherheitsdefizite auch nicht durch „private" Instrumente der Wirtschaft, d.h. weder durch nichtstaatliches Recht noch durch Rechtsverfolgung vor Schiedsgerichten aufgefangen werden, da die Inanspruchnahme dieser Instrumente insbesondere bei geringem Geschäftsvolumen einen unverhältnismäßigen Aufwand bedeuten, dessen Umfang im Vorfeld kaum zu berechnen ist.

Die rechtlichen Rahmenbedingungen sind jedoch von erheblicher Bedeutung für den Unternehmer, der eine grenzüberschreitende Transaktion plant.[686] Im Bereich des Binnenmarktes besteht somit gerade für kleinere und mittlere Unternehmen (KMU) ein erheblicher Handlungsbedarf für die Herstellung von Rechtssicherheit. Es ist daher zu untersuchen, ob Maßnahmen auf der europäischen Ebene einen Beitrag dazu leisten können.

In Betracht dafür kommt die gemeinschaftsweite Angleichung der rechtlichen Rahmenbedingungen grenzüberschreitender Transaktionen.

A. Vorüberlegung: Die Unterschiede in den Rechtsordnungen der Mitgliedstaaten

Walter Hallstein führte bereits 1963 vor dem Max-Planck-Institut in Hamburg seine Vision von der Fortentwicklung der Europäischen Wirtschaftsgemeinschaft vor dem Hintergrund der Rechtsangleichung folgendermaßen aus:

> „In dem ganzen großen Gemeinschaftsraum müssen gleiche Tatbestände gleich behandelt werden, und zwar Rechtens!... Das Trennende, das wenig Jahrhunderte lang mehr Geltung hatte als das Einende, hat seine Autorität eingebüßt; die verloren geglaubte Einheit des europäischen Wesens tritt wieder ans Licht."[687]

---

[686] Z.B. *Hinz,* ZEuP 1994, S. 553.

[687] *Hallstein*, RabelsZ 28 (1964), S. 211, 230.

Auch vierzig Jahre nach dem Ausspruch *Hallsteins* und über fünfzig Jahre nach der Gründung der Europäischen Wirtschaftsgemeinschaft ist diese Vision noch nicht Wirklichkeit geworden. Zwar stellt insbesondere die Errichtung des Binnenmarktes im Jahr 1993 einen Meilenstein der europäischen Integration dar, der zu einem faktischen Abbau der Grenzen zwischen den Mitgliedstaaten geführt hat. Von einem Raum ohne *Rechts*grenzen aber ist die Europäische Union zumindest aus der Sicht eines Unternehmers weit entfernt. Die Privatrechtssysteme der Mitgliedstaaten sind in ihrer Gesamtheit - abgesehen von den Auswirkungen des primären Gemeinschaftsrechts[688] und einer Vielzahl an punktuellen Gesetzgebungsmaßnahmen, die vor allem den Verbraucherschutz betreffen - unberührt geblieben. Der zivil- und handelsrechtliche Rahmen, in dem ein Unternehmer seine Geschäfte betreibt, divergiert folglich von Mitgliedstaat zu Mitgliedstaat. Zwar lassen sich einige gemeinsame Prinzipien erkennen und auch strukturelle Ähnlichkeiten einzelner Gruppen der Mitgliedstaaten darstellen[689] - aber weder Zivil- noch Handelsrecht sind bisher Gegenstand einer umfassenden Rechtsangleichung geworden. Die europaweite Kodifikation eines einheitlichen „europäischen Privatrechts" wird indes in Deutschland von einem kaum mehr zu überschauenden Kreis von Wissenschaftlern und Praktikern[690] und auch in der Öffentlichkeit diskutiert.[691]

---

[688] Insbesondere die Grundfreiheiten des EG-Vertrags (Warenverkehrsfreiheit, Freizügigkeit, Freiheit des Dienstleistungsverkehrs und des Kapitalverkehrs und das freie Niederlassungsrecht), das Diskriminierungsverbot des Art. 12 EG-Vertrag sowie die in diesen Zusammenhängen ergangene Rechtsprechung des EuGH prägen die Entwicklung der Privatrechtsordnungen der Mitgliedstaaten, *Coester-Waltjen*, JURA 1998, S. 320, 321.

[689] *Blaurock*, JZ 1994, S. 270 ff.

[690] Z.B. *Basedow*, Europäisches Vertragsrecht für Europäische Märkte (1996); *Blaurock*, JZ 1994, S. 270 ff.; *Collins*, ERevPL 1995, S. 353 ff.; *ders.*, ERevPL 2000, S. 211 ff.; *Dreher*, JZ 1999, S. 105 ff.; *Drobnig*, in: FS Steindorff, 1141 ff.; *Grundmann*, NJW 2002, S. 393 ff.; *ders.* ZHR 1999, S. 635 ff.; *Hauschka*, JZ 1990, S. 521, 523; *Hirte*, Wege zu einem europäischen Zivilrecht (1996); *Leible*, EWS 2001, S. 471 ff., *Lehne*, Perspektiven eines Europäischen Privatrechts (2002); *Markesinis*, ERevPL 1997, S. 519 ff.; *Matthei*, ERevPL 1997, S. 537 ff.; *Mosiek-Urban*, ZRP 2000, S. 297 ff.; *Puttfarken*, RabelsZ 45 (1981), S. 91 ff.; *Remien*, RabelsZ 62 (1998), 627 ff.; *ders.* JZ 1992, S. 277, 281; *Sandrock*, JZ 1996, S. 1, 8; *Schmid*, JZ 2001, S. 674 ff.; *Schulze*, ZEuP 1993, S. 442, 443; *Schwintoski*, JZ 2002, S. 205 ff.; *Sonnenberger*, JZ 1998, S. 982, 986 f.; *Tichy*, in: Basedow (Hrsg.), Aufbruch nach Europa, S. 1037 ff.; *Tilmann*, in: Müller-Graff (Hrsg.) Gemeinsames Privatrecht in der Europäischen Gemeinschaft (1999) S. 579 ff; *Timme*, ZRP 2000, S. 301 ff.; *Ulmer*, JZ 1992, S. 1, 2 ff.; *Witz*, in: Ranieri (Hrsg.), Die Europäisierung der Rechtswissenschaft (2002), S. 219 ff.; Zu Nachweisen italienischer, niederländischer und belgischer Literatur: *Remien*, ZfRV 1995, S. 116, Fn. 6 und 7.

[691] *FAZ* vom 28.12.2001, S. 13.

Die Idee eines einheitlichen europäischen Privatrechts ist indes nicht neu. Über Jahrhunderte hinweg bestand in den west- und mitteleuropäischen Ländern ein gemeinsames Recht (*Ius commune).*[692] Im 11. und 12. Jahrhundert hatten italienische Juristen in Bologna das römische Recht wiederentdeckt und erarbeiteten für das justianische Recht ein Rechtssystem auf diesen Grundlagen.[693] Etwa zeitgleich sammelten die Kanonisten kirchliche Rechtssätze.[694] Die zu diesem Zeitpunkt in Frankreich, Spanien, später auch in Deutschland, Ungarn, Skandinavien und Schottland gegründeten Universitäten sorgten mit Unterstützung der katholischen Kirche für die Verbreitung dieses subsidiär gegenüber dem lokalen Recht geltenden Rechtssystems.[695] So gelang der Aufbau und die Verbreitung eines „von der europäischen Wissenschaftspraxis errichtete[n] Gedankengebäude[s]"[696], das ungeachtet einiger regionaler Unterschiede die Erarbeitung eines einheitlichen Rechtstoffes in einer gemeinsamen Rechtssprache (Latein) und auf der Grundlage einer einheitlichen Methodik ermöglichte.[697] Mit dieser Entwicklung ging auch eine einheitliche Rechtsanwendungspraxis einher, denn die hoch geschätzten Rechtsgelehrten dieser Zeit prägten eine vielbeachtete *communis opinio doctorum*, von der die Gerichte in der Regel nicht abwichen.[698] Im 19. Jahrhundert schließlich bildeten sich die nationalen Rechtsordnungen aus, bis die Bedeutung des *Ius Commune* zuneh-

---

[692] Ausführlich *Coing*, in: Hopt (Hrsg.), Europäische Integration als Herausforderung des Rechts, S. 17 ff.; *Müller-Gugenberger*, in: David/Grassmann, Einführung in die großen Rechtssysteme der Gegenwart, S.81 ff., *Zweigert/Kötz,* Einführung in die Rechtsvergleichung, S. 28 m.w.Nachw.; instruktiv auch *Schulze*, in: Müller-Graff (Hrsg.), Gemeinsames Privatrecht in der Europäischen Gemeinschaft, S. 127 ff. und *Jansen*, Binnenmarkt, Privatrecht und europäische Identität, S. 23 ff. *Kreuzer,* in: Müller-Graff (Hrsg.), Gemeinsames Privatrecht in der Europäischen Gemeinschaft, S. 457, S. 459, spricht auch nicht von der „Europäisierung" des [Internationalen Privat-] Rechts, sondern von seiner „Re-Europäisierung".

[693] Ausführlich *Bürge*, in: Ranieri (Hrsg.), Die Europäisierung der Rechtswissenschaft, S. 19, 27f.

[694] Inhaltlich erstreckt sich damit der Begriff des *Ius commune* nicht nur auf das *Ius civile* (= weltliches Recht), sondern auch auf das *Ius canonicum*, *Schulze*, in: Müller-Graff (Hrsg.), Gemeinsames Privatrecht in der Europäischen Gemeinschaft, S. 124. S. 130 f.. Dazu *Müller-Gugenberger*, in: David/Grassmann, Einführung in die großen Rechtssysteme der Gegenwart, S. 9190 f.

[695] *Rittner*, JZ 1995, S. 849, 853.

[696] *Müller-Gugenberger*, in: David/Grassmann, Einführung in die großen Rechtssysteme der Gegenwart, S. 91.

[697] *Coing*, in: Hopt (Hrsg.), Europäische Integration als Herausforderung des Rechts, S. 20.

[698] *Coing*, in: Hopt (Hrsg.), Europäische Integration als Herausforderung des Rechts, S. 20; *Knütel*, ZEuP 1994, S. 244, 245.

mend geringer wurde und schließlich bis auf die Existenz einiger übernommener Rechtsinstitute schwand.[699]

Heute stehen sich innerhalb des Europäischen Binnenmarktes zahlreiche Rechtsordnungen gegenüber, die Ausfluss des Souveränitätsanspruches der Staaten sind und deren räumlicher Geltungsbereich in der Regel durch die Staatsgrenzen gekennzeichnet sind („Territorialität" des Rechts[700]). Der Rat der Europäischen Gemeinschaft hat zwar eine Vielzahl von Richtlinien mit privatrechtsbezogenem Inhalt erlassen. Dabei handelt es sich jedoch nur um eine punktuelle Rechtsangleichung, die zudem zum Gegenstand deutlicher Kritik geworden ist.[701] Der auf diese Weise erzielte Rechtsangleichungserfolg ist auf einige Teilbereiche des Privatrechts beschränkt. Eine umfassende Rechtsangleichung im Bereich des Zivil- und Handelsrechts ist jedoch bisher nicht erfolgt.

B. Der Bedarf für eine materielle Rechtsangleichung aus der Sicht der europäischen Unternehmen

Eine materielle Rechtsangleichung der rechtlichen Rahmenbedingungen für grenzüberschreitende Transaktionen mit dem Ziel der Herstellung von mehr Rechtssicherheit soll in erster Linie europäischen Unternehmen zugute kommen, die bereits international tätig sind oder es in Zukunft sein wollen, um von den Vorteilen des Binnenmarktes uneingeschränkt profitieren zu können. Es stellt sich die Frage, ob aus ihrer Sicht ein Bedarf für eine Annäherung der privatrechtlichen Rahmenbedingungen besteht.

Von der Kommission initiierte Untersuchungen weisen nach, dass das Vertrauen der Wirtschaft in den Binnenmarkt und sein rechtliches Umfeld zwar insgesamt gestiegen ist. Gleichzeitig aber zeigt sich, dass sich die Zufriedenheit der Wirtschaft mit der Entwicklung des Binnenmarktes und seiner rechtlichen Rahmenbedingungen in engen Grenzen hält. Besonders deutlich manifestierte sich dies in einer Umfrage der Europäischen Kommission, die sie im Jahre 2001 durchgeführt hat.[702] Zwischen 23 % (in Bezug auf niederländische

---

[699] *Coing*, in: Hopt (Hrsg.), Europäische Integration als Herausforderung des Rechts, S. 25 ff.; *Schulze*, in: Müller-Graff (Hrsg.), Gemeinsames Privatrecht in der Europäischen Gemeinschaft, S. 127, 133 ff..

[700] Zum Begriff *Schmidt-Trenz*, Außenhandel und Territorialität des Rechts, S. 209 ff.; *Schmidtchen*, RabelsZ 59 (1995), S. 56, 69 ff.; *Behrens*, Jahrbuch für neue politische Ökonomie, Band 18 (1999) S. 9, 17; *Herdegen*, Internationales Wirtschaftsrecht, Rn. 39.

[701] Siehe dazu die Ausführungen im dritten Kapitel Abschnitt B. IV.

[702] Binnenmarktanzeiger vom 19.11.2001, Download unter: www.europa.eu.int/comm/internal

Rechtsvorschriften) und 44 % Unternehmen (in Bezug auf deutsche und französische Rechtsvorschriften) qualifizierten die für sie geltenden Rechtsvorschriften entweder als völlig veraltet oder als unzureichend auf die Marktgegebenheiten abgestimmt. In fast sieben Prozent der Fälle führte die fehlende Zufriedenheit mit dem ordnungspolitischen Regelungsrahmen zu einer Einschränkung oder Einstellung des grenzüberschreitenden Handelsverkehrs. Diese Reaktion betraf vor allem wichtige Handelsländer wie Deutschland und Frankreich. Außerdem stellte sich heraus, dass allein die bessere Abstimmung der Rechtsvorschriften auf die Bedürfnisse der Wirtschaft die Transaktionskosten der Unternehmen durchschnittlich um 15 % senken könnte. Daraus würde sich eine geschätzte Einsparung in Höhe von 50 Mrd. Euro für die gesamte Europäische Union ergeben.[703]

Eine weitere Umfrage, welche die Kommission im Jahr 1999 in 4000 europäischen Unternehmen durchführte, ergab, dass zwar insgesamt 44 % der befragten Unternehmen der Ansicht waren, die Hindernisse auf dem Binnenmarkt hätten sich in den letzten beiden Jahren verringert. Gleichzeitig gaben aber auch 27 % der Unternehmen an, die Einrichtung des Binnenmarkts habe hinsichtlich des Abbaus von Hindernissen für grenzüberschreitende Geschäfte keine Wirkung erzielt. Das größte Hindernis für den Binnenhandel stellt nach dem Ergebnis der Studie der unterschiedliche Rechtsrahmen der Mitgliedstaaten (insbesondere technische Vorschriften, Genehmigungsverfahren, Mehrwertsteuersysteme, Restriktionen des Marktzugangs) und Diskriminierungen (z.B. staatliche Beihilfen zugunsten von Wettbewerbern, diskriminierende Besteuerung) dar. Für 17 % aller befragten Unternehmen bildet auch die fehlende Rechtssicherheit bei internationalen Transaktionen ein erhebliches Hindernis auf dem Binnenmarkt.[704] Im Vergleich zu einer ähnlichen Umfrage der Kommission aus dem Jahr 1998 hat sich diese Einschätzung nicht signifikant verändert: Bei jener Umfrage gaben 18 % der befragten Unternehmen an, dass die mangelnde Rechtssicherheit bei grenzüberschreitenden Verträgen ein Hindernis für ihre Durchführung darstelle.[705]

---

market/de/update/score/busisum9.htm; dazu: FAZ vom 27.11.2001, S. 27.

[703] Die Umfrage bezog sich in erster Linie auf das ordnungspolitische Umfeld der Unternehmen und unterteilte nicht nach gemeinschaftsrechtlichen und mitgliedstaatlichen Vorschriften. Dabei wurden die Vorschriften über Produktkonformität, das Arbeits- und Steuerrecht von den Unternehmen als wichtigste Hindernisse genannt. Die Frage nach der Zufriedenheit mit den geltenden Rechtsvorschriften unterschied nicht näher nach der Art der Vorschriften.

[704] Binnenmarktanzeiger vom 2.12.1999; Download unter:
www.http: //europa.eu.int/comm/internal_market/de/update/score/score5.htm.

[705] Binnenmarktanzeiger vom 3.11.1998, Download unter:

In einer weiteren Umfrage der Kommission aus dem Jahr 2000[706] sprachen sich mehr als 85 % der befragten Unternehmen für die Durchführung der folgenden drei Maßnahmen aus:

- Vereinfachung von Verwaltungsvorschriften für die Unternehmen;
- Vereinheitlichung von Vorschriften in den Mitgliedstaaten;
- Ausbau von Kooperation und Handel mit der Welt.

Diese Untersuchungen zeigen, dass seitens der Wirtschaft ein Bedarf für eine gemeinschaftsweite Rechtsangleichung durch qualitativ hochwertige Rechtsvorschriften gesehen wird, wenn diese mehr Rechtssicherheit produzieren.[707]

C. Stand der Entwicklung auf Gemeinschaftsebene und nationaler Ebene

Das Europäische Parlament reichte bereits in den Jahren 1989 und 1994 zwei Entschließungen über eine umfassende Angleichung des Privatrechts der Mitgliedstaaten ein.[708] Darin äußerte es seine Zweifel daran, ob die bisherige fragmentarische Rechtsangleichung den Erfordernissen und Zielsetzungen des Binnenmarktes entspreche. Die Voraussetzungen für ein Eingreifen der Kompetenzvorschriften seien erfüllt, wenn die Rechtsunterschiede in den Mitgliedstaaten das reibungslose Funktionieren des Binnenmarktes beeinträchtigen würden. Insbesondere ging es dem Parlament dabei um eine Kodifikation des Schuldrechts. Die Kommission reagierte zunächst mit einer finanziellen Unterstützung der sich zu diesem Zeitpunkt formierenden Lando-Kommission.[709] Das Europäische Parlament gab außerdem eine Studie über den Bedarf für eine Vereinheitlichung wesentlicher Gebiete des Privatrechts in Auftrag, die 1999 vorgelegt werden konnte.[710] Ziel dieser Untersuchung war es, die Unter-

---

www.http: //europa.eu.int/comm/internal_market/de/update/score/buside.htm.

706 Binnenmarktanzeiger vom 24.11.2000, Download unter: www.http: //europa.eu.int/comm/internal_market/de/update/score7score7.htm.

707 Ähnlich auch *Tilmann*, in: Müller-Graff (Hrsg.), Gemeinsames Privatrecht in der Europäischen Gemeinschaft, S. 579, 592.

708 1. Entschließung A2-157/98 vom 26.5.1989, ABl. C 158 vom 26.6.1989, S. 400, abgedruckt in: ZEuP 1993, 613 ff; 2. Entschließung A3-0329/94 vom 6.5.1994, ABl. C 205 vom 25.7.1994, S. 518, abgedruckt in: ZEuP 1995, S. 669 ff. Dazu: *Tilmann*, ZEuP 1995, S. 535 ff.

709 Die Unterstützung wurde als Folge der Finanzkrise der EU im Jahr 1995 wieder eingestellt, *Tilmann*, ZEuP 1995, S. 534, 542, *ders.*, ZEuP 1997, S. 595, 596; *Berger*, JZ 1999, S. 369, 374.

710 Europäisches Parlament, Generaldirektion Wissenschaft (Hrsg.), *Von Bar/Barendrecht/ Basedow/Drobnig/Van Gerven/Hondius/Kerameus/Koussoulis/Lando/Loos/Tilmann*:

schiede in den Rechtsordnungen der Mitgliedstaaten in Bezug auf das allgemeine Vertragsrecht, das Recht der Dienstleistungsverträge, gesetzliche Schuldverhältnisse und das Recht der Kreditsicherheiten festzustellen und die Kompetenz der Gemeinschaft zur Schaffung eines einheitlichen Europäischen Vermögensrechtes zu überprüfen. Ende 2000 fand außerdem vor dem Europäischen Parlament eine erste Expertenanhörung über die Erforderlichkeit eines einheitlichen europäischen Vertragsrechts statt.[711] Als Ergebnis wurde am 15. November 2001 eine Resolution „zur Annäherung des Zivil- und Handelsrechts der Mitgliedstaaten“[712] verabschiedet. Darin stellt das Parlament ausdrücklich fest, dass (i) vor allem die kleinen und mittleren Unternehmen „grenzüberschreitende Vertragsabschlüsse aufgrund der Unklarheiten in Bezug auf das anzuwendende Recht und auf die oft unvorhersehbaren Kosten der Rechtsverfolgung scheuen“, (ii) die gemeinschaftsrechtlichen Richtlinien „nicht optimal aufeinander abgestimmt sind und (iii) dass die einheitliche Anwendung des europäischen Rechts „in einer auf 500 Mio. Einwohner erweiterten Union immer schwieriger wird“. Vor diesem Hintergrund entwirft die Entschließung einen als „atemberaubend ehrgeizig“ bezeichneten Zeitplan[713], der bereits für das Jahr 2010 die Ausarbeitung und Verabschiedung eines Regelwerkes zum Vertragsrecht der EU vorsieht.[714]

Parallel zu der vom Parlament initiierten Entwicklung wurde auch der Europäische Rat aktiv. In seiner Abschlusserklärung zur Sitzung in Tampere im Oktober 1999 diskutierte er erstmals die Notwendigkeit einer Annäherung der mitgliedstaatlichen Privatrechtsordnungen.[715]

Untersuchung der Privatrechtsordnungen der EU im Hinblick auf Diskriminierungen und die Schaffung eines Europäischen Zivilgesetzbuches, JURI 103 DE, 1999.

[711] Dazu *Schmid*, JZ 2001, S. 674.

[712] Entschließung A 5-0384/2001 des Europäischen Parlamentes zur Annäherung des Zivil- und Handelsrechts der Mitgliedstaaten, ABl. EG C I 40 E vom 13.6.2002, S. 538, abgedruckt in ZeuP 2002, S. 634 ff.

[713] *V. Bar*, ZeuP 2002, S. 629, 632.

[714] Entschließung des Europäischen Parlamentes zur Annäherung des Zivil- und Handelsrechts der Mitgliedstaaten, ZeuP 2002, S. 634, 638 f. Dieser Zeitraum wird als unrealistisch eingeschätzt, vgl. *V. Bar*, ZeuP 2002, S. 629, S632.Z.B. *Kötz* , ZeuP 2002, S. 431, 433, schätzt die realistische Dauer für dieses Projekt auf 30 Jahre.

[715] Europäischer Rat (Tampere), 15./16.Okober 1999, Schlussfolgerungen des Vorsitzes, SI (1999), S. 800 ff. Tz. 39. Von der Sitzung des Europäischen Rates von Laeken, die im Dezember 2001 stattfand, wurde eine Konkretisierung der Vorgehensweise zur Rechtsvereinheitlichung erwartet. Angesichts der Terroranschläge vom 11. September 2001 wurde das Thema jedoch von Fragen der Terrorismusbekämpfung sowie der Osterweiterung in den Hintergrund gedrängt, Schlussfolgerungen des Rates (Laeken), 14./15. Dezember 2001, Schlussfolgerungen des Vorsitzes; Download unter:

Die Aktivitäten des Europäischen Parlaments und des Europäischen Rates wurden von zahlreichen wissenschaftlichen Untersuchungen vorbereitet und flankiert. Dazu zählen besonders die Arbeiten der Lando-Kommission[716] und der Pavia-Gruppe[717] sowie die Veröffentlichung der UNIDROIT-Prinzipien[718].

Einige wissenschaftliche Stimmen gehen über die Forderung nach einer Angleichung des allgemeinen Vertragsrechts hinaus und setzen sich für eine spezielle Rechtsangleichung in Sondergebieten, z.B. im Versicherungsvertragsrecht[719], im Haftungs- und Deliktsrecht[720] sowie im Handelsrecht[721] ein.

---

http: //europa.eu.int/council/off/conclu/index.htm.

[716] Die von der Lando-Kommission entwickelten „Principles of European Contract Law" sind abgedruckt in ZEuP 1995, S. 864 ff.
Aus der mittlerweile zahlreichen Literatur zu einem Europäischen Privatrecht z.B. *Lando*, RabelsZ 1974, S. 6 ff.; *ders*., RabelsZ 56 (1992), S. 261 ff.; *ders*., in: Müller-Graff (Hrsg.), Gemeinsames Privatrecht in der Europäischen Gemeinschaft, S. 567 ff.; *Zimmermann*, JZ 1995, S. 10 ff.; *ders*. ZEuP 2000, S. 391 ff.; *Blaurock*, JZ 1994, S. 270, 271 ff.; *Busch/Hondius*, ZEuP 2001, S. 223 ff.; *Gandolfi*, ZEuP 2002, S. 1 ff.; *Hirte*, Wege zu einem europäischem Zivilrecht, S. 36 f.; *Jansen*, Binnenmarkt, Privatrecht und europäische Identität, S. 1 ff.; *Kötz*, ZEuP 2002, S. 431 ff.; *Schlechtriem*, ZEuP 2002, S. 213 ff.; *Schmid*, JZ 2001, S. 674 ff.; *Schwintowski*, JZ 2002, S. 205 ff.; *Sonnenberger*, RIW 2001, S. 409; *Witz*, in: Ranieri (Hrsg.), Europäisierung der Rechtswissenschaft, S. 219 ff) - Kritisch z.B. *Timmermaans*, ZEuP 1999, S. 1, 2, der den Wert der Vorarbeiten für die Verabschiedung eines Europäischen Zivilgesetzbuches auf „wissenschaftliche Fingerübungen" reduziert.

[717] Die Akademie Europäischer Privatrechtswissenschaftler wurde 1992 in Pavia gegründet und veröffentlichte im Jahr 2001 einen Vorentwurf eines Europäischen Vertragsgesetzbuches. Von den UNIDROIT Principles und den European Contract Law Principles der Kommission unterscheidet sich der Entwurf dadurch, dass er sich nicht auf die Aufstellung allgemeingültiger Prinzipien beschränkt, sondern das Gesetz selbst formulieren will. Zugrunde liegt der Versuch, durch einen Brückenschlag zwischen den unterschiedlichen Rechtstraditionen Europas eine selbständige Synthese aus den europäischen Privatrechtsordnungen zu bilden. Dabei beschränkt sich der Entwurf auf das Schuldvertragsrecht, da auf diesem Gebiet das Bedürfnis für eine Rechtsangleichung besonders stark sei. Dazu *Gandolfi*, ZEuP 2002, S. 1 ff.; *Schulte-Nölke*, JZ 2001, S. 917 ff.; *Sonnenberger*, RIW 2001, S. 409 f.; *Sturm*, JZ 2001, S. 1097 ff.

[718] Abgedruckt in ZEuP 1997, S. 890 ff..

[719] Untersuchung der Privatrechtsordnungen der EU im Hinblick auf Diskriminierungen und die Schaffung eines Europäischen Zivilgesetzbuches im Auftrag des Europäischen Parlamentes, JURI 103 DE, S. 159 ff.

[720] Dazu *v. Bar*, ZEuP 2001, S. 515 ff.; *ders*,. ZfRV 1994, S. 221 ff.; *Magnus*, ZEuP 1998, S. 603 ff.; *Jansen*, ZEuP 2001, S. 30 ff.; auch *Joerges/Brüggemaier*, in: Müller-Graff (Hrsg.), Gemeinsames Privatrecht in der Europäischen Gemeinschaft, 301 ff. sowie die Untersuchung der Privatrechtsordnungen der EU im Hinblick auf Diskriminierungen und die Schaffung eines Europäischen Zivilgesetzbuches im Auftrag des Europäischen Parlamentes, JURI 103 DE, S. 43 ff.

Auch die Mitgliedstaaten, darunter auch Deutschland[722], haben allmählich erkannt, dass ein einheitliches Privatrecht eine sinnvolle Ergänzung des Binnenmarktes sein könnte. Eine Vorreiterrolle übernahm die niederländische Regierung und lud bereits am 28. Februar 1997 zu einem Symposium „Towards a European Civil Code" ein.[723]

Auf diese zunehmende Dynamik reagierte die Europäische Kommission im Jahr 1998 mit der Einrichtung eines Netzwerkes, das den Titel „Common Principles of European Private Law" trägt.[724] Außerdem verabschiedete die Kommission schließlich eine Mitteilung an den Rat und das Europäische Parlament, die sich mit der Möglichkeit eines einheitlichen Europäischen Privatrechts befasst.[725] Insbesondere geht es dabei um die Frage, ob es umfassenderer EG-Maßnahmen auf dem Gebiet des Vertragsrechts bedarf. Die Kommission fordert in ihrer Mitteilung alle „interessierten Kreise" – Mitgliedstaaten, Wirtschaft, Juristen aus Praxis und Wissenschaft, Verbraucherverbände etc. - zu einer Einschätzung auf, inwieweit durch die unterschiedlichen Rechtsordnungen der Mitgliedstaaten das reibungslose Funktionieren des Binnenmarktes gefährdet sei oder der Wettbewerb im Binnenmarkt verzerrt würde. Hintergrund dieser Fragestellung ist das sogenannte „Tabak-Urteil" des EuGH, nach dessen Auffassung die Unterschiede in den Rechtsordnungen der Mitgliedstaaten für sich nicht ausreichen, um eine Gemeinschaftskompetenz für eine Harmonisierung zu begründen. Vielmehr bedürfe es einer darüber hinausgehenden spürbaren schädlichen Wirkung auf den Wettbewerb.[726]

Die Kommission legte vier Lösungsansätze vor, die sich durch das Maß der Einflussnahme durch die Europäische Gemeinschaft voneinander unterscheiden und von einer Lösung durch den Markt selbst (ohne regulierenden Einfluss der Europäischen Gemeinschaft) bis hin zu einer umfassenden Kodifikation eines Europäischen Zivilgesetzes reichen. Die Reaktionen auf die Mitteilung der Kommission wurden von Regierungsvertretern der Mitgliedstaaten, Verbänden,

---

721 *Magnus*, FS Drobnig, 57 ff.; *Grundmann*, ZHR 163 (1999) 635 ff., im Ergebnis auch *Reinhart*, in Müller-Graff/Roth (Hrsg.), Recht und Rechtswissenschaft, S. 329, 349.

722 Die Bundesrepublik Deutschland hat sich der Forderung nach einem europäischen Zivilrecht erst nämlich auf die substantielle Kritik der hier zitierten juristischen Autoren hin angeschlossen, vgl. *Basedow*, in: Zimmermann (Hrsg.), Rechtsgeschichte und Privatrechtsdogmatik, S. 79, 82.

723 Vgl. die Berichte von *Tilmann*, ZEuP 1997, S. 595 ff.; *Jayme*, IPrax 1997, S. 375.

724 Dazu *Coßmann*, ZEuP 1998, S. 379 ff.

725 Mitteilung der Kommission vom 11.7.2001, abgedruckt in Beilage zur EuZW 2001, Heft Nr. 16. Dazu *Staudenmeyer*, EuZW 2001, S. 485 ff.; *Leible*, EWS 2001, S. 471 ff.

726 EuGH, Urteil vom 5.10.2000 - Rs. 376-98, Slg. 2000, S. I-8419, abgedruckt in: NJW 2000, S. 3701 – *Deutschland/Parlament und Rat;* Anmerkung von *Burgi*, JZ 2001, S. 1071 ff.

Wissenschaftlern, Anwälten und anderen Stellen eingereicht und fielen höchst unterschiedlich aus. Die über 160 Beiträge aus den interessierten Kreisen, von denen die Mehrzahl aus Deutschland und Großbritannien stammt[727], reichten von der Ablehnung gemeinschaftlicher Einflussnahme und der Verneinung von Marktzugangsproblemen bis hin zur bereitwilligen Annahme des Vorschlages über ein Europäisches Zivilgesetzbuch.[728]

D. Möglicher Beitrag einer gemeinschaftsweiten Kodifizierung des Vertragsrechts zur Rechtssicherheit

Die Idee eines einheitlichen Vertragsrechts für den europäischen Binnenmarkt wird kontrovers diskutiert.[729] Es stellt sich daher die Frage, ob sich eine einheitliche Kodifizierung zum Abbau der Rechtssicherheitsdefizite eignet und daher ausreichend wäre, um für sämtliche Wirtschaftsteilnehmer, also auch KMU, echte Binnenmarktbedingungen herzustellen. Zur Klärung dieser Frage gilt es insbesondere, sich mit den in der Literatur vorgebrachten Bedenken gegen eine Vereinheitlichung zu beschäftigen.

I. In der Diskussion vorgebrachte grundsätzliche Bedenken

Gegen eine umfassende Rechtsangleichung des Privatrechts der Mitgliedstaaten werden zunächst praktische Bedenken geltend gemacht: Die erforderliche Abstimmung zwischen den Mitgliedstaaten könnte zu einer verwässerten Kompromisslösung führen[730]. Dies wiederum würde zu Akzeptanzproblemen in der Wirtschaft führen und, damit einhergehend, den Versuch nach sich ziehen, die Anwendung des europäischen Vertragsrechts zu vermeiden.

---

[727] Mitteilung der Kommission an das Europäische Parlament und den Rat "Ein kohärenteres europäisches Vertragsrecht. Ein Aktionsplan", vom 12. Februar 2003, KOM (2003) 68 endg., Anlage: „Stellungnahmen zur Mitteilung über ein europäisches Vertragsrecht".

[728] Download: www.europa.eu.int/comm/consumers/policy/developments/contract_law/ comments/index_en.html. Eine Zusammenfassung der Reaktionen findet sich in der Mitteilung der Kommission an das Europäische Parlament und den Rat "Ein kohärenteres europäisches Vertragsrecht. Ein Aktionsplan", vom 12. Februar 2003, KOM (2003) 68 endg., Punkt 3 und Anlage „Stellungnahmen zur Mitteilung über ein europäisches Vertragsrecht".

[729] Während in Deutschland die Mehrheit der juristischen Stimmen eine Privatrechtsangleichung befürworten, herrscht in Frankreich und Großbritannien Skepsis, vgl. *Jansen*, Binnenmarkt, Privatrecht und europäische Identität, S. 5 (m.w.Nachw.).

[730] *Neuhaus/Kropholler*, RabelsZ 45 (1981) S. 72, S. 80, *Behrens*, RabelsZ 50 (1986) S. 19, 26.

Allerdings kann die Durchführung der erforderlichen, insbesondere rechtsvergleichenden Vorarbeiten diese Bedenken durchaus ausräumen. Zu diesem Zweck ist es ratsam, auf die bereits durchgeführten Untersuchungen zurückzugreifen, also vor allem auf die Arbeiten der Lando-Kommission[731], von UNIDROIT[732], der Pavia-Gruppe[733] und der im Auftrag des Europäischen Parlamentes zustande gekommenen Berichte.[734] Außerdem kann durch Beteiligung der betroffenen Wirtschaftskreise sichergestellt werden, dass die Interessen dieser Kreise gewahrt bleiben.

Weiterhin wird die Gefahr einer Versteinerung[735] befürchtet, hervorgerufen durch die langwierigen Entscheidungsprozesse der Gemeinschaft, die bei jeder geringfügigen Änderung der Kodifikation durchlaufen werden müssen. Angesichts dieser Bedenken ist die Europäische Gemeinschaft gefordert, den Anforderungen von Demokratie, Transparenz und Effizienz des gemeinschaftlichen Systems durch Reformen des institutionellen Systems Rechnung zu tragen. Die Untersuchung dieser Anforderungen würde jedoch den Rahmen der vorliegenden Arbeit sprengen.[736] Allerdings wurden bereits beachtliche Schritte in diese Richtung unternommen. Dazu zählt insbesondere die Veränderung der Abstimmungsverhältnisse. Die Einflussnahmemöglichkeiten des Europäischen Parlamentes als eines demokratisch legitimierten Gemeinschaftsorgans wurden insbesondere durch den Amsterdamer Vertrag erheblich erweitert. Die Mitwirkung des Europäischen Parlamentes ist entweder in Form einer Anhörung oder einer Mitbestimmung, die bis zum Zustimmungserfordernis reichen kann,

---

731 "Principles of European Contract Law", abgedruckt in ZEuP 1995, S. 864 ff.

732 UNIDROIT, Principles of International Commercial Contracts (1994), abgedruckt in ZEuP 1997, S. 890 ff.

733 Vorentwurf eines Europäischen Vertragsgesetzbuches , veröffentlicht von der Akademie Europäischer Privatrechtswissenschaftler Dazu *Gandolfi*, ZEuP 2002, 1 ff.; *Schulte-Nölke*, JZ 2001, S. 917 ff.; *Sonnenberger*, RIW 2001, S. 409 f.; *Sturm*, JZ 2001, S. 1097 ff.

734 Europäisches Parlament, Generaldirektion Wissenschaft (Hrsg.), *Von Bar/ Barendrecht/ Basedow/Drobnig/Van Gerven/Hondius/Kerameus/Koussoulis/ Lando / Loos / Tilmann*: Untersuchung der Privatrechtsordnungen der EU im Hinblick auf Diskriminierungen und die Schaffung eines Europäischen Zivilgesetzbuches, JURI 103 DE, 1999

735 Diese Bedenken werden von vielen geteilt, bspw. *Behrens*, RabelsZ 50 (1986), S. 19, S26 f.; *Blaurock*, JZ 1994, S. 270, 276; *Everling*, RabelsZ 50 (1986) S. 193, 196 f ; *Kötz*, RabelsZ 50 (1986), S. 19, 26 f., *ders.* in: Müller-Graff (Hrsg.), Gemeinsames Privatrecht in der Europäischen Gemeinschaft, S. 150 f; *Mertens*, RabelsZ 56 (1992), S. 219, 220 f.; *Neuhaus/Kropholler*, RabelsZ 45 (1981), S. 72, 80 f.; *Stein*, in: Grundmann (Hrsg.), Systembildung und Systemlücken in Kerngebieten des Europäischen Privatrechts, S. 669, 688.

736 Vgl. dazu *Beutler/Bieber/Pipkorn/Streil*, Europäische Union, Rn. 1308 ff. Im übrigen bestehen diese Bedenken ebenfalls bei jedem bereits existierenden Rechtsakt in der Europäischen Gemeinschaft, deren Anzahl bereits die Schwelle der 700.000 überschritten haben soll. Zu dieser Zahl *Hatje*, EuR-Beiheft 1/1998, S. 7, 24.

ausgestaltet.[737] Die Gefahr der Versteinerung auf der Gemeinschaftsrechtsebene ist zwar möglicherweise gegeben. Jedoch besteht sie, wenn auch in kleinem Umfang, auch im nationalen Recht. Auch hier gilt zudem, dass der Nutzen der Rechtsangleichung die Übernahme dieses Risikos rechtfertigen mag.

II. Andere Binnenmärkte

Es existieren Binnenmärkte, die offenbar auch ohne Rechtsangleichung gut funktionieren. Als Beispiel werden vor allem die USA genannt [738]:

> „The American experience [...] shows that an effective free trade area can survive and, indeed, thrive, despite a considerable degree of legal diversity."[739]

Auch beim Vereinigten Königreich, bei Australien, Mexiko oder der Sowjetunion handelt es sich um einheitliche Märkte ohne einheitliches Privatrecht. Dies wirft die Frage nach dem generellen Erfordernis eines angeglichenen Vertragsrechts zur Herstellung der in einem Binnenmarkt erforderlichen Rechtssicherheit auf. Denn warum sollte gerade die Europäische Gemeinschaft eine umfassende Rechtsangleichung benötigen, wenn in diesen Ländern der Binnenmarkt doch anscheinend auch so funktioniert?

Die Antwort liegt im Ausmaß der Unterschiedlichkeit der betroffenen Privatrechtsordnungen. Zu dessen Bestimmung gibt es verschiedene Ansätze, die jedoch sämtlich zu dem Ergebnis kommen, dass im europäischen Raum trotz aller Annäherung[740] höchst unterschiedliche Rechtssysteme gleichberechtigt nebeneinander stehen. Nach *Zweigert*/Kötz werden insgesamt vier, vor dem Fall der Sowjetunion mit dem sozialistischen Rechtskreis fünf verschiedene Rechtskreise unterschieden, die zwar ursprünglich auf einer gemeinsamen Rechtstradition beruht haben mögen, im Laufe der Zeit aber zunehmend unterschiedlicher geworden sind. Dazu zählen innerhalb der Europäischen Union der romanische,

---

[737] *Beutler/Bieber/Pipkorn/Streil*, Europäische Union, Rn. 443.

[738] So *Kötz*, RabelsZ 50 (1986), S. 1, 9; *ders*, RabelsZ 56 (1992), S. 215, 216; auch *Schwintowski*, JZ 2002, S. 205, 207 f.; *Ulmer*, JZ 1992, S. 1, 2 und S. 7; *Drobnig*, FS Steindorff, S. 1141, 1145 ff.; *Lando*, in: Müller-Graff (Hrsg.), Gemeineuropäisches Privatrecht in der Europäischen Gemeinschaft, S. 567, 568; *Markesinis*, ERevPL 1997, S. 519, 522.

[739] *Markesinis*, ERevPL 1997, S. 519, 522. Skeptisch *Tilmann*, ZEuP 1995, S. 534, 531: „...die USA, die es zum eigenen Nachteil unterlassen haben, frühzeitig eine bundesweite Privatrechtskodifikation zu schaffen."

[740] Für das Privatrecht *Hirte*, Wege zu einem europäischem Zivilrecht, S. 11 ff.

der deutsche, der skandinavische und der angloamerikanische Rechtskreis.[741] Auch *David/Grasmann*[742] treffen eine Unterscheidung nach Rechtskreisen. Sie unterscheiden allerdings zunächst nur nach zwei Rechtskreisen, und zwar nach dem kontinentaleuropäischen Rechtskreis[743] und nach dem angloamerikanischen Rechtskreis. Wie auch der angloamerikanische Rechtskreis wird jedoch der kontinentaleuropäische Rechtskreis Gegenstand einer weiteren Untergliederung. Danach zerfällt er in drei weitere Untergruppen: eine westliche, eine zentraleuropäische und eine nordische.[744] Auch nach dieser Ansicht stehen sich also in der Europäischen Union mehrere höchst unterschiedliche Rechtsordnungen gegenüber.[745] Diese Unterschiede werden durch unterschiedliche Sprachen mit entsprechend abgewandelter Rechtsterminologie verstärkt.[746]

Somit unterscheidet sich der europäische Raum erheblich von den übrigen Binnenmärkten. Die Zivilrechtsordnungen dieser Teilstaaten beruhen in der Regel auf nur einem Rechtskreis, allenfalls auf zweien: Die mexikanischen Staaten sind im gleichen Maße von der spanischen Rechtstradition geprägt wie die australischen von der englischen Rechtstradition. Auch in den Vereinigten Staaten und in Kanada beruhen die Zivilrechte der Einzelstaaten in erster Linie auf dem englischen Recht, so dass von einer „Art gemeinamerikanischem Common law“ gesprochen wird.[747] Zwar sind in Louisiana und in Quebec auch

---

[741] *Zweigert/Kötz,* Einführung in die Rechtsvergleichung, S. 73 ff; 130 ff., 177 ff., 270 ff.. Auf dieser Grundlage unterscheidet *Remien,* JZ 1992, S. 277, 278, zudem noch eine weitere Ländergruppe, die sowohl von der romanischen Tradition als auch vom deutschen Recht beeinflusst wurden. Zur Kritik an der Lehre von den Rechtskreisen und zur ihrer Rechtfertigung *Kötz,* ZEuP 1998, S. 493 ff.

[742] *Neumayer*; in: David/Grasmann, Einführung in die großen Rechtssysteme der Gegenwart, S. 55 ff., genauso: *Sandrock*, JZ 1996, S. 1, 6. Zur sozialistischen Rechtsfamilie *Neumeyer*, in: David/Grasmann, Einführung in die großen Rechtssysteme der Gegenwart, S. 64 ff.

[743] Synonym wird der Ausdruck „römisch-germanischer Rechtskreis“ verwendet, *Neymayer,* in: David/Grasmann, Einführung in die großen Rechtssysteme der Gegenwart, S. 55

[744] *Neumayer*, in: David/Grasmann, Einführung in die großen Rechtssysteme der Gegenwart, S. 57 f.: Zu der „westlichen Untergruppe“ werden das französische, das belgische, luxemburgische, italienische, spanische und portugiesische Recht gezählt, außerdem noch das niederländische Recht, wobei dieses eine starke Annäherung an die „westliche Untergruppe“ kennzeichnet. Diese Untergruppe erfasst primär das deutsche, österreichische und das Schweizer Recht, daneben außerdem das griechische und das türkische Recht. Die skandinavischen Rechtsordnungen bilden die „nordische Untergruppe“.

[745] Dies entspricht der allgemeinen, nicht weiter problematisierten Auffassung, bspw. *Gierke/Sandrock*, Handels- und Wirtschaftsrecht, Band I, S. 84 ff.; *Rittner*, JZ 1995, S. 849, 854, *Basedow,* AcP 200 (2000), S. 445, 457.

[746] *Drobnig,*, FS Steindorff, S. 1141, 1150.

[747] *Schindler*, ZEuP 1998, S. 277, 293; ähnlich *Coing,* NJW 1990, S. 937, 940; *Kötz*, RabelsZ 56 (1992), S. 215, 217.

französische Einflüsse spürbar, doch haben sich hier die beiden Rechtsfamilien gegenseitig befruchtet, was zu einer Annäherung geführt hat.[748] Eine ähnliche Entwicklung hat im Vereinigten Königreich stattgefunden. Hier existiert das der romanistischen Tradition entstammende schottische Recht neben dem Common Law von England und Irland. Im Verlauf der Zeit hat jedoch die angloamerikanische Rechtskultur zunehmend das schottische Recht geprägt.[749]

Die Mitgliedstaaten dieser Binnenmärkte profitieren somit von der Existenz strukturgleicher oder zumindest ähnlicher Teilstaatenrechtsordnungen auf der Grundlage einer dominierenden Sprache, dem Englischen. Der Einwand, dass diese Märkte auch ohne Rechtsangleichung funktionieren und über die erforderliche Rechtssicherheit verfügen, überzeugt folglich nicht. Insbesondere in den USA kommt hinzu, dass die Methode der Rechtsfindung in jedem Einzelstaat gleich ist.[750] In diesen Binnenmärkten besteht also ein geringerer Bedarf für die Rechtsangleichung als im EG-Binnenmarkt.

Zudem darf man nicht aus den Augen verlieren, dass es selbst in diesen Fällen strukturähnlichen Einzelstaatenrechts innerhalb eines Binnenmarktes Bemühungen gibt, größere Rechtssicherheit durch bundesweit einheitliche Maßnahmen herzustellen:[751] 1923 wurde in Washington das American Law Institute (ALI) gegründet, da man befürchtete, von der Masse an Gerichtsurteilen „lebendig begraben“ zu werden.[752] Aufgabe des ALI ist es, die den Einzelstaaten gemeinsamen Rechtsprinzipien des Common Law zu sammeln und - unverbindlich - als präzise Rechtsregeln mit knappen Leitlinien zu veröffentlichen. Die ersten Restatements konnten 1944 veröffentlicht werden; mittlerweile ist bereits die dritte Generation in Bearbeitung.[753] Offenbar konnten sich die Restatements insbesondere in den Bereichen gut durchsetzen, für welche die Einzelstaaten der USA keine Regelung getroffen hatten. Auf diese Weise führte

---

[748] *Neumayer,* in David/Grasmann, Einführung in die großen Rechtssysteme der Gegenwart, S: 63, *Drobnig,* FS Steindorff, S. 1141, 1155, 1146 f.; im Ergebnis auch *Lando,* in: Müller-Graff (Hrsg.), Gemeineuropäisches Privatrecht in der Europäischen Gemeinschaft, S. 567, 568.

[749] *Neumayer,* in: David/Grasmann, Einführung in die großen Rechtssysteme der Gegenwart, S. 61, 63; *Zimmermann,* in: Basedow (Hrsg.), Aufbruch nach Europa, S. 851, 857 ff.; im Ergebnis auch *Remien,* JZ 1992, S. 277, 278; *Lando,* in: Müller-Graff (Hrsg.), Gemeineuropäisches Privatrecht in der Europäischen Gemeinschaft, S. 567, 568.

[750] *Markesinis,* ERevPL 1997, S. 519, 522; *Schwintowski,* JZ 2002, S. 205, 208 und 210.

[751] *Lando,* in: Müller-Graff (Hrsg.), Gemeineuropäisches Privatrecht in der Europäischen Gemeinschaft, S. 567, 569; *Summers,* ZEuP 1999, S. 201, 202.

[752] *Joseph Story,* Progress of Jurisprudence, in: W.W. Story, Miscellancous Writings of Joseph Story, 1852, S. 237; zitiert nach *Schindler,* ZEuP 1998, S. 277.

[753] *Schindler,* ZEuP 1998, S. 277, 284.

die Rechtsfortbildung mit Hilfe der Restatements seit der Veröffentlichung der ersten Generation der Restatements im Jahre 1944 zu einer Rechtsvereinheitlichung.[754] Neben den Restatements gibt es seit den fünfziger Jahren in den USA außerdem einen bundesweit geltenden *United States Uniform Commercial Code.*[755] Hinzu kommt, dass die Einzelstaaten der USA ihre Gesetze auf der Grundlage unverbindlicher Entwürfe einander annähern.[756] Auch in Kanada wird versucht, durch eine Adaption des UN-Kaufrechts eine Vereinheitlichung der innerkanadischen Kaufrechtsregelungen zu erreichen.[757] Selbst in Binnenmärkten, die bereits über ein strukturell ähnliches Rechtssystem verfügen, hat man somit das Bedürfnis nach Rechtsvereinfachung und Rechtseinheit erkannt.

Innerhalb der Europäischen Union, in der wesentlich größere Rechtsunterschiede aufeinander treffen und darüber hinaus auch eine gemeinsame Ausbildungstradition fehlt, ist daher auch das Bedürfnis nach Rechtssicherheit und Rechtseinheit erheblich stärker ausgeprägt. In der Europäischen Gemeinschaft existieren nicht nur verschiedene Rechtskreise nebeneinander, sondern zusätzlich auch noch eine Vielzahl von Sprachen. Dies stellt jedoch nicht ein Argument gegen, sondern gerade *für* eine umfassende Kodifizierung einheitlichen Vertragsrechts dar.[758]

Der Einwand, dass in anderen Binnenmärkten keine Rechtsangleichung erfolgt ist und dass diese trotzdem funktionieren, ist somit mangels Vergleichbarkeit der Verhältnisse kein überzeugender Einwand gegen die materielle Rechtsangleichung im europäischen Binnenmarkt.

---

[754] *Schindler*, ZEuP 1998, S. 277, 291 ff.

[755] Dazu *Summers*, ZEuP 1999, S. 201, 202 ff.; *Drobnig*, FS Steindorff, S. 1141, 1146 f.; *Magnus*, FS Drobnig (1998), S. 57, 58. Der *Uniform Commercial Code* entstand aus der amerikanischen Diskussion über eine umfassende Kodifikation, die bereits Ende des 17. Jh. begann. Da diese Idee politisch nicht durchzusetzen war, beschränkte man sich, allerdings erst 1940, auf eine Kodifikation des Handelsrechts, um sicherzustellen, dass zumindest „jeder mit demselben Buch arbeitet.", *Schwintowski*, JZ 2002, S. 205, 207.

[756] *Zuleeg*, ZEuP 1998, S. 506, 516.

[757] *Reinhard*, in: Müller-Graff/Roth (Hrsg.), Recht und Rechtswissenschaft, S. 329, 342 m.w.Nachw.

[758] Zu Recht *Schwintowski*, JZ 2002, S. 205, 209. Das Beispiel Schweden und Finnland zeigt zudem, dass auch Länder, in denen äußerst unterschiedliche Sprachen gesprochen werden, einem gemeinsamen Rechtskreis angehören können, vgl. *Zimmermann*, Savignys Vermächtnis, S. 52.

III. Mögliche Vorteile einer materiellen Rechtsangleichung

Die gemeinschaftsweite Kodifizierung des Vertragsrechts wird enorme Kosten verursachen.[759] Dies betrifft neben den Mitgliedstaaten, welche die Kosten der Rechtsangleichung primär zu tragen haben, auch die europäischen Unternehmen, die durch die Umstellung auf ein europäisches Vertragsrecht vor allem am Anfang einen erhöhten Beratungs- und Gestaltungsaufwand haben werden. Es ist deshalb danach zu fragen, ob diese Kosten den Nutzen der materiellen Rechtsangleichung übersteigen könnten. Ist dies der Fall, so ist eine Kodifizierung nicht zu empfehlen, sondern nach anderen Alternativen zur Herstellung von Rechtssicherheit zu suchen.[760] Es ist allerdings schwierig, den ökonomischen Nutzen einer Zukunftsinvestition zu kalkulieren.[761] Im folgenden kann daher lediglich eine prognostische Einschätzung der sich ergebenden Folgen angestrebt werden.

1. Einheitliche rechtlichc Rahmenbedingungen

Es stellt sich zunächst die Frage, wie sich die Existenz einheitlicher rechtlicher Rahmenbedingungen auf die europäischen Unternehmen auswirken würden.

Aus der Annäherung der rechtlichen Rahmenbedingungen ergeben sich zwar Umstellungskosten für die Unternehmen, gleichzeitig aber auch Einsparungsmöglichkeiten, da Informationsbedarf und Rechtsunsicherheit auf Dauer reduziert werden. Gelten im gesamten europäischen Raum annähernd gleiche rechtliche Bedingungen, kann ein Unternehmen eine einzige Internationalisierungsstrategie anwenden. Dies führt zu einer erheblichen Senkung der Transaktionskosten.[762] Dementsprechend kam die von der Kommission im Herbst 2001 durchgeführte Untersuchung zu dem Ergebnis, dass besser auf die Bedürfnisse der Wirtschaft zugeschnittene Rechtsvorschriften die Transaktionskosten der Unternehmen durchschnittlich um 15 % senken könnten, was

---

[759] Dazu *Kötz*, RabelsZ 186 (1986), S. 1 ff.; *ders.*, in: Müller-Graff (Hrsg.), Gemeinsames Privatrecht in der Europäischen Gemeinschaft, S. 153 f.; *Behrens*, RabelsZ 50 (1986), S. 19.

[760] So *Kötz*, RabelsZ 186 (1986), 1 ff.; *ders.*, in: Müller-Graff (Hrsg.), Gemeinsames Privatrecht in der Europäischen Gemeinschaft, S. 153 f.; *Zweigert/ders.*; Einführung in die Rechtsvereinheitlichung, S. 27; *Behrens*, RabelsZ 50 (1986), S. 19 ff.; *Everling*, in: Unterwegs zur Europäischen Union, S. 15, 28, *Mattei*, ERevPL 1997, S. 537 ff.; *Wagner*, FS Peters, S. 221, 247 f.

[761] Ebenso *Schmid*, JZ 2001, S. 674, 675.

[762] *Perlitz*, Jahrbuch für neue politische Ökonomie, Band 18 (1999) S. 213, 219.

insgesamt eine Einsparung in Höhe von 50 Mrd. Euro für die gesamte Europäische Union möglich machen würde.[763]

2. Abstimmung auf die Bedürfnisse des Binnenhandels

Die nationalen Sachrechte sind heute durch den einseitigen Zuschnitt auf nationale Sachverhalte gekennzeichnet. Die Kodifizierung eines einheitlichen Privatrechts böte die Chance, diese Schwächen zu beseitigen. Durch intensive Zusammenarbeit der betroffenen Interessenkreise - Vertreter der Wirtschaft, der Verbraucherverbände und der mitgliedstaatlichen Regierungen - bestände die Möglichkeit, zu einem gerechten Interessenausgleich zu kommen und auf diese Weise auf den internationalen Handelsverkehr zugeschnittene Lösungen zu erarbeiten. Der Sachverstand und das breitere Erfahrungsspektrum internationaler Experten könnten verknüpft und auf sinnvolle Weise im Gesetzgebungsprozess genutzt werden.[764]

Gleichzeitig würde die Privatrechtsangleichung die bisherigen Defizite der punktuellen Rechtsangleichung durch Richtlinien beseitigen: Durch eine umfassende Kodifikation könnte der Bruch mit den bestehenden Privatrechtssystemen der Mitgliedstaaten ausgeräumt werden. Begriffliche Unsicherheiten und widersprüchliche Regelungen, wie sie heute in den Richtlinien bestehen, könnten vermieden werden. Auf diese Weise würde es gelingen, ein in sich stimmiges und auf die Bedürfnisse des internationalen Handelsverkehrs abgestimmtes Vertragsrecht zu schaffen. Ferner könnte ein supranational geltendes Vertragsrecht auch im Anwendungsbereich des nichtstaatlichen Rechts lückenfüllend angewendet werden und so - im Gegensatz zu dem für den Binnenhandel unzulänglichen nationalen Recht - zu dessen Stabilisierung beitragen.[765]

Durch eine einheitliche Kodifizierung eines europäischen Vertragsrechts entfiele folglich das bestehende Risiko des Unternehmers, im Handelsverkehr mit den Tücken eines ihm unbekannten Rechtssystems konfrontiert zu werden, da sich der Geltungsbereich des ihm vertrauten nationalen Vertragsrechts auf den Binnenmarkt erweitern würde, ohne dass die bisherigen Rechtsgrenzen den Binnenmarkt weiter aufteilten. Damit reduzierten sich der Beratungsbedarf und,

---

[763] Binnenmarktanzeiger vom 19.11.2001, Download unter:
www.http: //europa.eu.int/comm/internal_market/de/update/score/busisum9.htm;
dazu. FAZ vom 27.11.2001, S. 27.

[764] *Neuhaus/Kropholler*, RabelsZ 45 (1981), S. 72, 77.

[765] *Schmid*, JZ 2001, S. 674, 675.

damit einhergehend, die Transaktionskosten für die Vertragsgestaltung.[766] Gleichzeitig entfiele die Benachteiligung der Vertragspartei, deren Recht vormals durch Rechtswahl abbedungen wurde.[767] Vielmehr befänden sich nunmehr beide Vertragsparteien - einschließlich ihrer Rechtsberater - auf vertrautem Terrain.

Insgesamt stellt sich die Rechtsangleichung des Vertragsrechts als vorteilhaft für die europäischen Unternehmen dar.[768]

3. Relativierung der Mängel des europäischen Kollisionsrechts

Ein einheitliches europäisches Vertragsrecht könnte zudem die Schwächen des Kollisionsrechts kompensieren.[769] Zwar kann das einheitliche Recht nicht sämtliche Fragen zu dem Vertragsverhältnis beantworten.[770] Für Rechtsfragen, die über den Regelungsgehalt des angeglichenen Rechts hinausgehen, wäre das anwendbare Sachrecht durch Kollisionsrecht weiterhin zu ermitteln. Doch für die wichtigsten Vertragsfragen würde sich die Antwort aus dem europäischen Recht ergeben. Somit reduzierte sich das Ausmaß der Rechtsunsicherheit beträchtlich. Dies würde das Vertrauen in einen funktionierenden Binnenmarkt stärken[771] und so die Investitionsfreude der europäischen Unternehmen erhöhen.

IV. Zwischenergebnis

Die dargestellten Vorzüge einer gemeinschaftsweiten Rechtsangleichung lassen das Urteil zu, dass die Annäherung der rechtlichen Rahmenbedingungen auf dem Binnenmarkt von erheblichem Vorteil für die europäischen Unternehmen wäre.

---

766 *Hirte*, Wege zu einem europäischen Privatrecht, S. 18.
767 *Neuhaus/Kropholler*, RabelsZ 45 (1981), S. 72, 77.
768 Ebenso besonders *Schmid*, JZ 2001, S. 674, 676.
769 *Stein*, Lex mercatoria, S. 23 f.; *Leible*, in: Leible (Hrsg.), Das Grünbuch zum internationalen Vertragsrecht, S. 1,8.
770 Siehe *Neuhaus/Kropholler*, RabelsZ 45 (1981), S. 72, 77 und *Kreuzer*, in: Müller-Graff (Hrsg.), Gemeinsames Privatrecht in der Europäischen Gemeinschaft, S. 457, 472.
771 Zu Recht *Basedow*, Europäisches Vertragsrecht für Europäische Märkte, S. 23 f. und S. 27.

E. Kompetenz der EG für eine umfassende materiellrechtliche Rechtsangleichung

Einer Rechtsvereinheitlichung ständen von vorneherein keine Hindernisse entgegen, wenn die Europäische Gemeinschaft bereits eine Kompetenz zur Verabschiedung einer umfassenden materiellrechtlichen Rechtsangleichung besitzt und nicht lediglich zur bislang praktizierten punktuellen Rechtsangleichung berechtigt ist.

I. Ausweitung des „traditionellen" Kompetenzverständnisses

Hintergrund für die bisherige punktuelle Rechtsangleichung ist die traditionelle Leseart der kompetenzrechtlichen Vorschriften in den Gemeinschaftsverträgen. Die Rechtsetzungskompetenz der Gemeinschaft wird durch das Prinzip der begrenzten Ermächtigung beschränkt. Die Gründungsverträge kennen keine generelle Ermächtigung zum Erlass von Rechtshandlungen, sondern beschränken die Zuständigkeit der EG auf Teilbereiche. Die rechtssetzenden Organe der Gemeinschaft dürfen dabei grundsätzlich weder über im einzelnen geregelte Kompetenzen hinausgehen noch Bereiche regeln, die von den Verträgen nicht erfasst sind.[772]

Traditionell bezog man die Kompetenz der Gemeinschaft auf öffentlichrechtliche Vorschriften; an eine Europäisierung des Privatrechts dachte man ursprünglich noch nicht.[773] Diese restriktive Lesart wurde jedoch zunehmend modifiziert. Das Verständnis dafür, welche Maßnahmen für einen funktionsfähigen Binnenmarkt erforderlich sind, hat sich in den vergangenen Jahren wesentlich erweitert.[774]

Für eine Rechtsangleichung der Rechtsvorschriften der Mitgliedstaaten kommen grundsätzlich die allgemeinen, in funktionaler Hinsicht begrenzten Rechtsangleichungskompetenzen der Art. 94 - 97 EG in Betracht.[775] Die kompetenzrechtlichen Vorschriften werden durch das Prinzip der begrenzten Einzelermächtigung beschränkt (Art. 5 EU). Danach kann die Europäische

---

[772] Statt vieler *Schweitzer/Hummer*, Europarecht, Rn. 335 ff.

[773] *Klauer*, Europäisierung des Privatrechts, S. 17 f.; ähnlich *Blaurock*, JZ 1994, S. 270, 271.

[774] *Blaurock*, JZ 1994, S. 270, 271.

[775] *Kahl*, in: Calliess/Ruffert (Hrsg.), EUV/EGV, Art. 94 EG-Vertrag, Rn. 3. Hinzu kommen außerdem die sogenannten speziellen, sektorial begrenzten Kompetenzgrundlagen, die insbesondere der Durchsetzung der Grundfreiheiten und der Gemeinschaftspolitiken dienen, Übersicht bei *Kahl*, in: Calliess/Ruffert (Hrsg.), EUV/EGV, Art. 95 EG-Vertrag, Rn. 3.

Gemeinschaft nur in den Bereichen und nur in den Rechtsformen regelnd tätig werden, die ihnen die Verträge im einzelnen zuweisen.[776] Sie ist also nur zur Regelung von Einzelfragen zur Verwirklichung und Vollendung des Binnenmarktes berechtigt. Damit besteht die Kompetenz der Gemeinschaft grundsätzlich bei einer integrativen Zielsetzung, also zum Zwecke der Marktintegration oder, anders ausgedrückt, zur tatsächlichen Verwirklichung der Marktfreiheiten.[777]

II. Gemeinschaftskompetenz für eine Kodifikation des Vertragsrechts?

Die Frage, ob die Europäische Gemeinschaft für eine Rechtsangleichung des Vertragsrechts zuständig ist, wird kontrovers diskutiert.[778] Im Folgenden ist zunächst zu untersuchen, welche Gestaltungsmöglichkeiten bei einer gemeinschaftsweiten Rechtsangleichung in Betracht kommen und in welchem Umfang sie vorgenommen werden sollte. Anschließend wird geprüft, ob eine Kompetenz des EG-Gesetzgebers besteht. Wäre diese Frage zu verneinen, würde eine Kodifizierung des Vertragsrechts auf europäischer Ebene zumindest mittelfristig als unrealistisch erscheinen.[779]

1. Gestaltungsmöglichkeiten und Umfang der Rechtsangleichung

Bevor geprüft werden kann, ob eine Gemeinschaftskompetenz für die einheitliche Kodifizierung des Vertragsrechts vorliegt, ist darzustellen, welche gesetzgeberischen Gestaltungsmöglichkeiten bestehen und in welchem Umfang die Rechtsangleichung vollzogen werden sollte.

---

[776] *Wichard*, in: Calliess/Ruffert (Hrsg.), EUV/EGV, Art. 5 EU-Vertrag, Rn. 3.

[777] EuGH, Urteil vom 5.10.2000, Slg. 2000, S. I-8419, abgedruckt in: NJW 2000, S. 3701, 3702 (Rs. 376/98) – *(Deutschland/Parlament und Rat)*, Rz. 84 mit Anmerkung von *Streinz*, JuS 2001, S. 288 ff.

[778] Eine EG-Kompetenz bejahend trotz Bedenken *Schmid*, JZ 2001, S. 674, 677; offengelassen bei *Rittner*, JZ 1995, 849, 850 f.; kritisch *Müller-Graff* in: Müller-Graff (Hrsg.), Gemeinsames Privatrecht in der Europäischen Gemeinschaft, S. 267, 289 ff.; *Taschner*, in: Müller-Graff (Hrsg.), Gemeinsames Privatrecht in der Europäischen Gemeinschaft, S. 225, 227, skeptisch auch *Sonnenberger*, JZ 1998, S. 982, 985; ablehnend *Hauschka*, JZ 1990, S. 521, 526 ff. ; *Hirte*, Wege zu einem europäischen Zivilrecht, S. 16.

[779] Gleichwohl ist der Auffassung von *Sonnenberger*, JZ 1998, S. 982, 988 zuzustimmen: „Wenn ein einheitliches Bürgerliches Gesetzbuch notwendig ist, wird es eines Tages gemacht werden."

a) Gesetzgeberische Gestaltungsmöglichkeiten

In Betracht kommt zunächst entweder, ein europäisches Privatrecht zu entwickeln, das die nationalen Privatrechtsordnungen verdrängen würde, oder eine zusätzliche Privatrechtsordnung zu entwerfen, die neben den nationalen Modellen existieren könnte. Gerade während einer gewissen Übergangszeit erscheint es zweckmäßig, eine „26. Privatrechtsordnung" für grenzüberschreitende Transaktionen zu schaffen. Dies hat den Vorteil, dass die Mitgliedstaaten für inländische Sachverhalte nach wie vor auf das dafür geeignete eigene Recht zurückgreifen können und insofern ein erträglicher Souveränitätsverlust eintritt, da nur im Bereich internationaler Verträge, in denen die nationalen Rechtssysteme nur unzulängliche Regelungen anbieten, ein Sonderrecht geschaffen wird, das die europäischen Unternehmen durch eine Rechtswahl zur Anwendung kommen lassen. Im Bereich rein nationaler Sachverhalte kann - vorbehaltlich abweichender Parteivereinbarung – nach wie vor das nationale Recht angewendet werden.

Weiterhin stellt sich bei jeder Rechtsangleichung die Frage nach dem möglichen Vorgehen des EG-Gesetzgebers.[780] Das angeglichene Recht könnte z.B. den „kleinsten gemeinsamen Nenner" der Rechtsordnungen der Mitgliedstaaten darstellen. Diese Lösung erscheint nicht als sinnvoll, da die Akzeptanz eines europäischen Rechts in erster Linie von seiner Qualität und seiner Eignung zur Konfliktlösung abhängt.[781] Es könnte auch die überlegene Lösung eines Mitgliedstaates gewählt werden. Bei dieser Methode muss mit dem starken Widerstand der übrigen Mitgliedstaaten gerechnet werden. Folglich ist sie aller Wahrscheinlichkeit nach politisch nur unter erheblichen Schwierigkeiten durchzusetzen. Sinnvoller erscheint daher die dritte Möglichkeit, nach gelungenen Teillösungen der Mitgliedstaaten zu suchen und die Ergebnisse konsequent aufeinander abzustimmen, um so zu einer optimalen Lösung jenseits des Rechts der Mitgliedstaaten zu gelangen und eine auf die Bedürfnisse des internationalen Handels zugeschnittene Lösung zu finden.[782]

b) Umfang der Rechtsangleichung

Zu klären ist außerdem, in welchem Umfang eine Rechtsangleichung als sinnvoll erscheint. Kernstück einer Kodifizierung, die dem Zweck der Angleichung der rechtlichen Rahmenbedingungen des Binnenhandels dient,

---

[780] Dazu *Behrens*, RabelsZ 50 (1986), S. 19, 23 f.
[781] Vgl. *Hinz*, ZEuP 1994, 553, 554 f.
[782] *Behrens*, RabelsZ 50 (1986), S. 19, 23 f.

muss das Vertragsrecht sein. Ausgeschlossen von einer Rechtsangleichung, da nicht primär binnenmarktsrelevant, sind das Familien- und das Erbrecht. [783]

Fraglich ist, inwieweit das Sachenrecht in eine europäische Kodifizierung integriert werden kann. Das Europäische Parlament hat eine Studie in Auftrag gegeben, die den Bedarf für eine europäische Rechtsangleichung überprüft.[784] Im einzelnen untersucht die Studie den Vereinheitlichungsbedarf und –optionen in den Bereichen Allgemeines Vertragsrecht, Recht der Dienstleistungsverträge, Versicherungsvertragsrecht, außervertragliche Schuldverhältnisse, Kreditsicherungsrecht und Zivilverfahrensrecht.[785] Sie empfiehlt eine Kodifizierung auf europäischer Ebene für „binnenmarktsnahe Bereiche des Privatrechts" , die als „Vermögensrecht" beschrieben werden.[786]

Dieser Begriff erstreckt sich auch auf das Schuld- und Mobiliarsachenrecht. Angesichts der dargestellten Unterschiede, welche die Privatrechts-rechtsordnungen der Mitgliedstaaten im Bereich des Mobiliarsachenrechts aufweisen und die zu Hindernissen internationaler Transaktionen werden können[787], erscheint eine Ausdehnung der Rechtsangleichung auf diesen Bereich als sinnvoll.

2. Kompetenz des EG-Gesetzgebers nach Art. 95 EG

Für eine materielle Rechtsangleichung im Bereich des Privatrechts stellt Art. 95 EG die zentrale Kompetenzvorschrift dar und kommt daher auch für die Rechtsangleichung des Vertragsrechts in Betracht. Art. 95 EG (Art. 100 a EGV) wurde durch den Amsterdamer Vertrag erheblich modifiziert.[788]

---

[783] So auch *Schmid,* JZ 2001, S. 674, 676.

[784] Untersuchung der Privatrechtsordnungen der EU im Hinblick auf Diskriminierungen und die Schaffung eines Europäischen Zivilgesetzbuches, Europäisches Parlament, Generaldirektion Wissenschaft, Reihe Rechtsfragen, JURI 103 DE (Oktober 1999), Gesamtleistung: Christian v. Bar.(Im folgenden: Studie des EP JURI 103 DE).

[785] *V. Bar,* Studie des EP JURI 103 DE, S. 136 f.

[786] *Tilmann/V. Gerven,* Studie des EP JURI 103 DE, S. 203.

[787] Dazu bereits oben im dritten Kapitel Abschnitt B.II.

[788] Dazu im einzelnen *Gundel,* JuS 1999, 1171 ff.; *Kahl,* in: Calliess/Ruffert (Hrsg.), EUV/EGV, Art. 95 EG-Vertrag, Rn. 1 ff.; *Geiger,* Kommentar zum EUV/EGV, Art. 95 EGV, Rn. 1 ff.

a) Verhältnis des Art. 95 EG zu anderen Kompetenzvorschriften

Art. 95 Abs. 1 S. 1 EG enthält eine Subsidiaritätsklausel („soweit in diesem Vertrag nichts anderes bestimmt ist") und stellt daher eine Generalkompetenz für die Rechtsangleichung dar, die hinter spezielleren Vorschriften zurücktritt. Daher ist zu prüfen, ob andere Kompetenzgrundlagen zur privatrechtsbezogenen Rechtsangleichung vorrangig anzuwenden sind.

(1) Verhältnis zu Art. 94 EG

Art. 94 EG stellt ab auf den „Gemeinsamen Markt", während Art. 95 EG auf den „Binnenmarkt" Bezug nimmt. Der EuGH hat festgestellt, dass der Unterscheidung keine eigenständige Bedeutung für die Abgrenzung der Kompetenzvorschriften zukommt.[789] Die Abgrenzung erfolgt vielmehr nach dem unverändert gebliebenen Bereichsvorbehalt des Art. 95 Abs. 2 EG, der eine Zuständigkeit des EG-Gesetzgebers nach Art. 95 EG für die Bereiche Steuern, Freizügigkeit und Rechte und Interessen der Arbeitnehmer ausschließt.[790] Für diese Bereiche ist Art. 94 EG einschlägig, der Einstimmigkeit in der Beschlussfassung voraussetzt. Eine Angleichung des Vertragsrechts kann in dem hier zu behandelnden Umfang somit nicht auf der Grundlage von Art. 94 EG erfolgen.

(2) Verhältnis zu Art. 65 EG i.V.m. Art. 67 EG

In Art. 65 EG hat der Vertrag von Amsterdam ebenfalls eine binnenmarktsbezogene Kompetenzvorschrift eingefügt. Sie ermächtigt jedoch zum Erlass von Vorschriften zur Angleichung des Internationalen Privatrechts der Mitgliedstaaten, nicht aber zur einer materiellrechtlicher Angleichung und scheidet daher als Kompetenzgrundlage für eine umfassende Angleichung des Vertragsrechts aus.

(3) Verhältnis zu Art. 308 EG

Art. 308 EG stellt eine allgemeine Kompetenzergänzungsvorschrift dar, die dem Rat die Verabschiedung von Rechtsakten unter bestimmten Voraussetzungen

---

[789] EuGH, Urteil vom Slg. 1995, I – 1985 = EuZW 1995, S. 666.
[790] *Gundel,* JuS 1999, S. 1171, 1172.

auch dann gestattet, wenn der Vertrag keine diesbezügliche ausdrückliche Kompetenzzuweisung enthält.[791] Art. 308 EG kommt damit als Auffangkompetenz in Betracht und ist im Rahmen der Reichweite des Art. 95 EG subsidiär.[792]

b) Zwischenergebnis

Art. 95 EG ist im Rahmen einer Kodifizierung des Vertragsrechts grundsätzlich anwendbar.

3. Der Regelungsinhalt des Art. 95 EG vor dem Hintergrund des „Tabak-Urteils" des EuGH

Die Gemeinschaftsorgane werden zu „Maßnahmen zur Angleichung der Rechts- und Verwaltungsvorschriften, welche die Schaffung und das Funktionieren des Binnenmarktes zum Gegenstand haben", ermächtigt. Das Anwendungsfeld des Art. 95 EG ist auf die in Art. 14 EG festgelegten Ziele ausgerichtet (Art. 95 Abs. 1 S. 1 EG).[793] Somit ist die Kompetenzgrundlage „Mittel zum Zweck der Verwirklichung des Binnenmarktes".[794]

Art. 95 EG beschränkt die gemeinschaftsrechtliche Gesetzgebungskompetenz nicht auf den Erlass von Richtlinien. Für die Rechtsangleichung nach Art. 95 EG kommen vielmehr sämtliche Rechtsakte gemäß Art. 249 EG in Betracht.[795]

Die Ermächtigung der Gemeinschaft zu einer umfassenden Kodifikation eines europäischen Vertragsrechts werden in der Literatur kontrovers diskutiert.[796] So

---

[791] *Geiger*, EUV/EGV (Kommentar), Art. 308 EGV, Rn. 1.
[792] *Geiger*, EUV/EGV (Kommentar), Art. 308 EGV, Rn. 9.
[793] *Beutler/Bieber/Pipkorn/Streil*, Die Europäische Union, Rn. 705.
[794] *Kahl*, in: Calliess/Ruffert (Hrsg.), EUV/EGV, Art. 95 EG-Vertrag, Rn. 4.
[795] *Kahl*, in: Calliess/Ruffert (Hrsg.), EUV/EGV, Art. 95 EG-Vertrag, Rn. 8; *Geiger*, Kommentar zum EUV/EGV, Art. 95 EGV, Rn. 3. Zwar haben die Regierungsvertreter bei Verabschiedung der Einheitlichen Europäischen Akte eine Erklärung angenommen, wonach die Kommission der Umsetzung in Form von Richtlinien den Vorzug geben soll. Dies soll jedoch nur dann gelten, wenn die Richtlinie in gleichem Umfang geeignet ist, die Rechtsangleichung zu erreichen. Kann die angestrebte Rechtsangleichung hingegen nicht durch eine Richtlinie erreicht werden, sondern lediglich durch eine Verordnung, kann die Kommission eine Verordnung vorgeschlagen, dazu *Basedow*, AcP 200 (2000), S. 445, 479.
[796] Dagegen *Kirchner*, in: Grundmann (Hrsg.), Systembildung und Systemlücken in Kerngebieten des Europäischen Privatrechts, 99, 108.

ist zu prüfen, ob die materiellen Voraussetzungen für eine Ermächtigung nach Art. 95 EG vorliegen.

a) Errichtung und Funktionieren des Binnenmarktes

Gegenstand der Rechtsangleichung sind (auch nicht existente)[797] Rechts- und Verwaltungsvorschriften der Mitgliedstaaten. Materielle Voraussetzung ist zunächst, dass sie die „Errichtung und das Funktionieren des Binnenmarktes zum Gegenstand" haben. Hierbei ist eine substantielle und konkrete Auswirkung auf den Binnenmarkt (positiver Binnenmarkteffekt) ausreichend, die auch nur mittelbar sein kann.[798] Der EuGH führte im „Tabak-Urteil" vom 5.10.2000 im Zusammenhang mit Art. 95 EG aus, dass ein auf dieser Rechtsgrundlage ergangener Rechtsakt „tatsächlich den Zweck haben [muss], die Voraussetzungen für die Einrichtung und das Funktionieren des Binnenmarkes zu verbessern."[799] Die bloße Feststellung von Unterschieden zwischen den nationalen Vorschriften und die abstrakte Gefahr von Beeinträchtigungen der Grundfreiheiten oder die Möglichkeit von Wettbewerbsverzerrungen genügen somit nicht.[800] Die Wettbewerbsverzerrungen, auf deren Beseitigung der Rechtsakt zielt, müssen außerdem spürbar, d.h. nicht nur geringfügig sein.[801]

Die Ermächtigung zur Kodifizierung eines europäischen Vertragsrechts setzt folglich voraus, dass die Anwendung des nationalen Vertragsrechts im grenzüberschreitenden Vertragsverhältnis zu einer konkreten, spürbaren Störung der Funktionstüchtigkeit des Binnenmarktes führt, die über eine abstrakte Gefahr hinausgeht. Wie oben dargestellt[802], ist das nationale Recht im wesentlichen auf nationale Sachverhalte zugeschnitten. Dennoch findet es Anwendung auf einen grenzüberschreitenden Vertrag, der gerade durch die Berührungspunkte zu mehreren Rechtsordnungen gekennzeichnet ist. Außerdem hält das nationale Recht z.T. veraltete Regelungen bereit. Die Unterschiede im Recht der Mitgliedstaaten können weiter dazu führen, dass Rechtsverhältnisse nach einer

---

[797] *Kahl*, in: Calliess/Ruffert (Hrsg.), EUV/EGV, Art. 95 EG-Vertrag, Rn. 9.
[798] *Kahl*, in: Calliess/Ruffert (Hrsg.), EUV/EGV, Art. 95 EG-Vertrag, Rn. 10.
[799] EuGH, Urteil vom 5.10.2000, Slg. 2000, S. I-8419, NJW 2000, 3701, 3702 (Rs. 376/98) – (*Deutschland/Parlament und Rat)*, Rn. 84.
[800] EuGH, Urteil vom 5.10.2000, Slg. 2000, S. I-8419, NJW 2000, S. 3701, 3702 (Rs. 376/98) – (*Deutschland/Parlament und Rat)*, Rn. 84.
[801] EuGH, Urteil vom 5.10.2000, Slg. 2000, S. I-8419, NJW 2000, S. 3701, 3702 (Rs. 376/98) – (*Deutschland/Parlament und Rat)*, Rn. 106 f.; vgl. dazu *Kahl*, in: Calliess/Ruffert (Hrsg.), EUV/EGV, Art. 95 EG-Vertrag, Rn. 10 c.
[802] Siehe zweites Kapitel Abschnitt B.II.

Rechtsordnung als gültig beurteilt werden, nach einer anderen jedoch nicht. Die Vereinbarung einer aus der Sicht der Parteien ausländischen Rechtsordnung eines Mitgliedstaates führt außerdem in der Regel für die ausländische Partei zu einer Benachteiligung und damit zu einer Wettbewerbsverzerrung, da sie sich auf fremden Terrain zurechtfinden muss.

Im Geltungsbereich des Binnenmarkts führen diese Defizite des nationalen Rechts dazu, dass bei grenzüberschreitenden Transaktionen Rechtsunsicherheit im Hinblick auf die vertraglichen Rechte und Pflichten der Vertragsparteien und ihre Durchsetzbarkeit besteht. Rechtsunsicherheit stellt ein nicht-tarifäres Handelshemmnis dar.[803] Seine Existenz verzerrt die Wettbewerbsbedingungen der europäischen Unternehmen und stört folglich die Funktionstüchtigkeit des Binnenmarktes.

Die Rechtsunsicherheit, die durch die Anwendung der nationalen Rechtsordnungen entsteht, kann durch individualvertragliche Mittel und durch die Anwendung nichtstaatlichen Rechts aufgefangen werden. Dies erhöht jedoch den Gestaltungsaufwand des Vertrages und somit die Transaktionskosten erheblich.[804] Bei beträchtlichen Transaktionsvolumina sind diese Kosten angemessen, nicht jedoch bei einem geringen Geschäftsumfang von kleineren und mittleren Unternehmen (KMU). Die KMU können daher nicht in gleichem Umfang von den Vorteilen des Binnenmarktes profitieren. Auch darin liegt eine Verzerrung des Wettbewerbes. Die Statistiken beweisen, dass die Anzahl der KMU, denen der Binnenmarkt nicht offen steht, beträchtlich ist.[805] Damit ist diese Wettbewerbsverzerrung auch nicht nur unerheblich, also spürbar.

Folglich sprechen gewichtige Gründe dafür, dass die Funktionstüchtigkeit des Binnenmarktes durch die nationalen Privatrechtssysteme der Mitgliedstaaten konkret gefährdet ist und dass folglich eine umfassende Rechtsangleichung des Vertragsrechts tatsächlich den Zweck verfolgt, die Funktionstüchtigkeit des Binnenmarktes durch Beseitigung der spürbaren Wettbewerbsverzerrungen sicherzustellen.[806]

---

[803] Siehe dazu die Ausführungen im zweiten Kapitel Abschnitt C.
[804] Siehe erstes Kapitel Abschnitt C.
[805] European Business Survey 2002, durchgeführt und hrsg. von Grant Thornton GmbH, zu beziehen über: Grant Thornton GmbH, Ganghoferstrasse 31, 80339 München; Download einer Zusammenfassung unter: http: //www.grantthornton.com/downloads/2002_EBS_Summary_General_61637.pdf.
[806] Genauso *Schmid,* JZ 2001, S. 674, 676.

b) Wahrung des Verhältnismäßigkeitsgrundsatzes

Außerdem muss der Rechtsakt, der auf der Kompetenzgrundlage des Art. 95 EG erlassen wird, dem Grundsatz der Verhältnismäßigkeit (Art. 5 Abs. 3 EG) genügen, d.h. geeignet, erforderlich und angemessen sein.[807] Der Verhältnismäßigkeitsgrundsatz ist als allgemeiner Rechtsgrundsatz, der auf den Rechtsordnungen der Mitgliedstaaten basiert, vom EuGH in ständiger Rechtsprechung anerkannt und konkretisiert worden.[808]

Die Prüfung der Geeignetheit einer Maßnahme spielt in der Rechtsprechung des EuGH nur eine geringe Rolle. Lediglich extreme, offensichtliche Zweckverfehlungen werden als ungeeignet bezeichnet.[809] Die grundsätzliche Eignung der umfassenden Vertragsrechtsangleichung zur Verbesserung der Funktionstüchtigkeit des Binnenmarktes wurde bereits oben dargestellt.[810]

Im Rahmen der Erforderlichkeit prüft der EuGH, ähnlich wie es die deutschen Gerichte tun, ob das Ziel nicht ebenso wirksam durch eine andere Maßnahme erreicht werden kann, die das zu schützende Gut weniger beeinträchtigten.[811]

Eine vertragliche Vereinbarung der Rechtsangleichung nach Art. 293 EG kommt nicht in Betracht, weil dessen begrenzte Ermächtigungen nicht für eine umfassende Kodifizierung des Vertragsrechts ausreichen.[812] Es bleibt den Mitgliedstaaten jenseits von Art. 293 EG die Möglichkeit, auf eigene Initiative einen zwischenstaatlichen Vertrag zu schließen. Gegen die Wirksamkeit einer zwischenstaatlichen Vereinbarung sprechen jedoch erhebliche Bedenken. Zunächst besteht angesichts der Erfahrungen mit den zwischen den Mitgliedstaaten geschlossenen Übereinkommen eine hohe Wahrscheinlichkeit, dass sich nicht alle Mitgliedstaaten an einem derartigen Verfahren beteiligen. Somit wäre die gemeinschaftsweite Angleichung des Vertragsrechts nicht sichergestellt. Zudem birgt die Umsetzung eines völkerrechtlichen Vertrages in das nationale Recht die Gefahr divergierender Ratifikationen, wie vor allem die Erfahrungen mit dem Römischen EWG-Übereinkommen über das auf vertragliche

---

807 So die h.M; vgl. zum Meinungsstreit *Kahl*, in: Calliess/Ruffert (Hrsg.), EUV/EGV, Art. 95 EG-Vertrag, Rn. 11.

808 *Calliess*, in: Calliess/Ruffert (Hrsg.), EUV/EGV, Art. 5 EG-Vertrag, Rn. 45.

809 Nachweise bei *Calliess*, in: Calliess/Ruffert (Hrsg.), EUV/EGV, Art. 5 EG-Vertrag, Rn. 46.

810 Siehe dazu bereits die Ausführungen im fünften Kapitel Abschnitt D.

811 *Calliess*, in: Calliess/Ruffert (Hrsg.), EUV/EGV, Art. 5 EG-Vertrag, Rn. 46.

812 *Tilmann/V. Gerven*, Studie des EP JURI 103 DE, S. 193.

Schuldverhältnisse anzuwendende Recht (EVÜ)[813] gezeigt haben.[814] Dem Ziel der Rechtsangleichung wäre damit nicht Genüge getan. Damit ist eine Angleichung des Vertragsrechts, die wegen eines völkerrechtlichen Vertrages zwischen den Mitgliedstaaten zustande kommt, nicht genauso effektiv wie eine Verabschiedung eines Rechtsaktes auf gemeinschaftsrechtlicher Ebene. Das nichtstaatliche Recht kommt als Alternative ebenfalls nicht in Betracht, da es nicht geeignet ist, die erforderliche Rechtssicherheit im Binnenmarkt herzustellen.

Andere Maßnahmen kommen nicht in Betracht. Insbesondere können eine Angleichung des Kollisionsrechts, eine Harmonisierung der zwingenden Vorschriften, das Konzept der Mindestharmonisierung und insbesondere das bisher praktizierte Rechtsetzungssystem der punktuellen Rechtsangleichung durch Richtlinien die Rechtssicherheit im Binnenmarkt nicht in gleichem Umfang abbauen wie eine umfassende Kodifizierung des Vertragsrechts.[815]

Somit erscheint die Kodifizierung des europäischen Vertragsrechts grundsätzlich erforderlich.

Die Prüfung der Angemessenheit, also der Verhältnismäßigkeit im engeren Sinn, erfordert eine Abwägung zwischen dem Nutzen einer Maßnahme für die Allgemeinheit und der Einschränkung geschützter Rechtspositionen der Gemeinschaftsbürger.[816]

Der Nutzen einer umfassenden Kodifikation für die Allgemeinheit liegt in der Beseitigung eines nicht-tarifären Handelshemmnisses mit dem Ziel der Sicherstellung der Funktionsfähigkeit des Binnenmarktes.

„Eingeschränkt“ würden die Rechtspositionen europäischer Unternehmer, da auf internationale Transaktionen ein neues Recht Anwendung fände. Diese Einschränkung würde jedoch dadurch kompensiert, dass die Kodifizierung des europäischen Vertragsrechts gleichzeitig die Defizite des nationalen Rechts beseitigte, weshalb sie für die europäischen Unternehmer einen Vorteil darstellte. Außerdem wäre die Anwendung eines europäischen Vertragsrechts nicht zwingend, sondern es bestünde für die Vertragsparteien die Möglichkeit, dieses „europäische“ Recht zugunsten einer anderen Rechtsordnung abzuwählen. Der

---

[813] BGBl. 1986 II, S. 810 idF des 3. Beitrittsübereinkommen vom 29.11.1996 (BGBl. 1999 II, S. 7); abgedruckt bei *Jayme/Hausmann*, Internationales Privat- und Verfahrensrecht, Nr. 70. Übersicht über weitere Staatsverträge bei *Kropholler*, IPR, S. 50 ff.

[814] Siehe dazu im dritten Kapitel unter Abschnitt A.I.

[815] So auch *Schmid*, JZ 2001, S. 674, 676.

[816] *Calliess*, in: Calliess/Ruffert (Hrsg.), EUV/EGV, Art. 5 EG-Vertrag, Rn. 46.

Nutzen eines europäischen Vertragsrechts übersteigt somit den Nachteil einer Einschränkung der Rechtspositionen der europäischen Unternehmen.

c) Beachtung des Subsidiaritätsprinzips

Der Rechtsakt muss .außerdem dem Subsidiaritätsprinzip (Art. 5 Abs. 2 EG) entsprechen.[817] Dabei handelt es sich um eine die Gemeinschaft bindende Kompetenzausübungsschranke.[818] Der materielle Gehalt des Subsidiaritätsprinzips lässt sich bei Anwendung auf die EU dahingehend konkretisieren, dass der kleineren Einheit – der einzelnen Mitgliedstaaten - der Vorrang im Handeln gegenüber der größeren Einheit - die Europäische Gemeinschaft - nach Maßgabe ihrer Leistungsfähigkeit zukommt.[819]

In diesem Rahmen stellt sich die Frage, ob die einzelnen Mitgliedstaaten auch ohne Aktion des EG-Gesetzgebers die bestehenden Rechtssicherheitsdefizite im Binnenmarkt lösen könnten. Dagegen spricht bereits, dass diese Defizite zu einem beträchtlichen Teil auf der Territorialität des nationalen Rechts beruhen. Abgesehen von der zwischenstaatlichen Einigung der Mitgliedstaaten, die sich als nicht ausreichend herausgestellt hat, kann sich die Durchbrechung des Geltungsbereichs eines Rechtssystems folglich nur auf supranationaler Ebene, hier auf Gemeinschaftsebene, vollziehen.

Der Subsidiaritätsgrundsatz würde daher gewahrt.

III. Zwischenergebnis

Die Europäische Gemeinschaft besitzt die Kompetenz zur Kodifizierung eines europäischen Vertragsrechts.

---

[817] So die h. M., vgl. *Kahl,* in: Calliess/Ruffert (Hrsg.), EUV/EGV, Art. 95 EG-Vertrag, Rn. 7, 11. Die andere Ansicht vertritt die Auffassung, dass es sich bei Art. 95 EG nicht um eine konkurrierende Zuständigkeit handelt, sondern um eine ausschließliche Kompetenz der EG und wendet das Subsidiaritätsprinzip aus diesem Grund nicht an, vgl. z.B. *Dreher,* JZ 1999, S. 105, 108 (zu Art. 100 und 100 a EGV); *Kahl,* in: Calliess/Ruffert (Hrsg.), EUV/EGV, Art. 95 EG-Vertrag, Rn. 7, Fn. 25 m.weit.Nach.

[818] *Calliess,* in: Calliess/Ruffert (Hrsg.), EUV/EGV, Art. 5 EG-Vertrag, Rn. 2; *Geiger,* Kommentar zum EUV/EGV, Art. 5 EGV, Rn. 6.

[819] *Calliess,* in: Calliess/Ruffert (Hrsg.), EUV/EGV, Art. 5 EG-Vertrag, Rn. 1 m.weit.Nachw..

F. Bewertung und Ergebnis

Die Verabschiedung eines einheitlichen Europäischen Zivilgesetzbuches birgt gegenüber der bisherigen Rechtsetzungspraxis der Mitgliedstaaten und der EG erhebliche Vorteile für die europäischen Unternehmen. Das einheitliche Vertragsrecht, für dessen Verabschiedung der europäische Gesetzgeber auch kompetent ist, könnte die Rechtssicherheitsdefizite im nationalen Sachrecht und im Kollisionsrecht überwinden und erheblich zu einer Effizienzsteigerung des Rechts beitragen. Wenn der Unternehmer weiß, dass auf dem Binnenmarkt die Nichterfüllung des Vertrages durch seinen Vertragspartner durch gemeinschaftsweite einheitlich geltende Regeln sanktioniert wird, dann kann er folglich mit der Erfüllung des Leistungsversprechens durch die Vertragsgegenseite rechnen. Gleichzeitig stellt es sich auch für ihn nicht als ökonomisch sinnvollere Lösung dar, selbst nicht zu leisten, um die Verluste zu reduzieren, sondern er wird den Vertrag erfüllen, um den angestrebten Gewinn zu realisieren. Im Idealfall kann somit die einheitliche Kodifikation durch die Erarbeitung optimaler rechtlicher Rahmenbedingungen[820] die Rechtssicherheit deutlich erhöhen und gleichzeitig die Transaktionskosten erheblich senken. Folglich könnten die europäischen Unternehmen uneingeschränkt von den Vorteilen des Binnenmarktes profitieren.[821] Zwingende Voraussetzung ist insoweit, dass das europäische Vertragsrecht Lösungen anbietet, die an die Bedürfnisse des internationalen Handelsverkehrs angepasst sind und auf den Binnenmarkt einheitlich angewandt werden.

Außerdem können die dargelegten Vorteile des europäischen Vertragsrechts nur dann realisiert werden, wenn seine einheitliche Anwendung durch die nationalen Behörden und Gerichte in allen Mitgliedstaaten gesichert ist. Nur in diesem Fall kann die Rechtsangleichung ihr Ziel erreichen. Eine divergierende Anwendung des Gemeinschaftsrechts durch die Gerichte und Behörden der Mitgliedstaaten würde indes die für internationale Transaktionen erforderliche Rechtssicherheit gefährden. Die Ungewissheiten. welche die Vertragssituation des Unternehmers prägen, würden dann zwar reduziert, aber bis zu einem gewissen Umfang bestehen bleiben. Somit würde die Rechtsangleichung zwar einen großen Schritt in die richtige Richtung, tatsächlich aber nur den halben Weg zu der Herstellung einheitlicher rechtlicher Rahmenbedingungen für den innereuropäischen Handel darstellen.

---

[820] In diesem Zusammenhang mit einer instruktiven „Checklist" für legislative Vorhaben *Timmermans*, CMLR 1997, S. 1229, 1237 ff. Skeptisch aber *Mertens*, RabelsZ 56 (1992), S. 219, 220.

[821] *Seidel*, FS Steindorff, 1455, S. 1473 ff.

Fünftes Kapitel: Gefahr divergierender Rechtsprechung im Gemeinschaftsrecht

Jedem Einheitsrecht wohnt die systemimmanente Gefahr inne, dass es uneinheitlich angewandt wird. Die Gefahr der divergierenden Anwendung und Auslegung[822] stellt als „altes Desiderat der Rechtsangleichung"[823] die Achillesferse des angeglichenen Rechts dar: Durch die umfassende Kodifikation von Einheitsrecht wird lediglich der äußere Handlungsrahmen der weiterhin flexiblen Rechtspraxis geschaffen.[824] Gemeinschaftsrecht wird von den staatlichen Gerichten vollzogen.[825] Dies begründet die Gefahr, dass der im vorangegangenen Kapitel untersuchte und per se überzeugende Vorschlag, die rechtlichen Rahmenbedingungen für die europäischen Unternehmen zu vereinheitlichen, nur theoretisch umgesetzt wird, während in der Praxis weiterhin unterschiedliche Systeme zur Anwendung gelangen.[826] In der Literatur wird zwar teilweise darauf hingewiesen, dass eine divergierende Anwendung der auf Gemeinschaftsebene angeglichenen Vorschriften in Kauf genommen werden könne.[827] Für einige Rechtsgebiete mag dies auch durchaus zutreffen, und zwar insbesondere dann, wenn die abweichenden Konfliktlösungen die unterschiedlichen äußeren – sozialen, politischen oder historischen - Umstände reflektieren, in deren Zusammenhang die unterschiedliche Bewertung eines Sachverhalts auch gerechtfertigt ist.[828] Vor dem Hintergrund des Bedürfnisses der europäischen Wirtschaft nach

---

[822] *Berger*, ZEuP 2001, S. 4, 7; *Timme*, ZRP 2000, S. 301, 303; *Hirte*, Auf dem Weg zu einem europäischen Zivilrecht, S. 41; Kohler, in: Jayme (Hrsg.) Ein internationales Zivilverfahrensrecht für Gesamteuropa, S. 11, 12 („Die Re-Nationalisierung des vereinheitlichten Rechts ist die Lebenslüge der Rechtsvereinheitlichung..."); *Martiny* (im Hinblick auf die Angleichung des Europäischen Zivilprozessrechts), RabelsZ 45 (1981), 427; *Ulmer*, JZ 1992, S. 1, 6; *Zuleeg*, ZEuP 1998, 505, 519; besonders skeptisch auch (im Hinblick auf eine Angleichung des Europäischen Zivilprozesses) *Schlosser*, JURA 1998, S. 65 („Frommer Wunsch").

[823] *Remien*, RabelsZ 62 (1998), S. 627, 642.

[824] Zu Recht *Neumayer*, in: David/Grasmann, Einführung in die großen Rechtssysteme der Gegenwart, S. 73.

[825] Zu Recht die Anmerkung von *Rodrìguez Iglesìas*, Der Europäische Gerichtshof und die Gerichte der Mitgliedstaaten – Komponenten der richterlichen Gewalt in der Europäischen Union, S.3: „Jeder nationale Richter ist auch ein Richter des Gemeinschaftsrechts."

[826] *Rittner*, JZ 1995, S. 849, 854, 856; *Sonnenberger*, JZ 1998, S. 982, 989; *Hinz*, ZEuP 1998, S. 553, 554:

[827] Z.B. *V. Bar*, FS Henrich, S.1, 8 weist darauf hin, dass in der Regel „ein einheitlicher Text noch keineswegs die gleichen Ergebnisse [...] hervorbringen soll"; ähnlich *Biondi*, CMLRev 1999, S. 1271, 1282 m.w.Nachw..

[828] In diesen Fällen unterscheiden sich bei genauerer Betrachtung aber auch die Umstände des Einzelfalls, so dass die Forderung nach Gleichbehandlung nicht mehr greift, da nur gleiche Fälle gleich zu behandeln sind, nicht aber ungleiche Fälle. Dies übersieht *V. Bar*, FS Henrich, S. 1, 8, m. E. bei seiner Aufzählung von mehreren Beispielen, die regional eine unterschied-

mehr Rechtssicherheit aber dient eine Rechtsangleichung im Bereich des Privat- und gegebenenfalls auch des Handelsrechts gerade dazu, strukturgleiche Sachverhalte im Binnenhandel gleich zu behandeln. Anderenfalls müssten Unternehmen weiterhin damit rechnen, dass die - gleichen - vertraglichen Pflichten in Großbritannien selbst bei Vorliegen identischer Einzelfälle anders beurteilt werden als in Deutschland oder in Luxemburg. Die für das reibungslose Funktionieren des Binnenmarktes erforderliche Rechtssicherheit wäre in diesem Fall nicht gewährleistet und damit der Wirkungsmechanismus und das reibungslose Funktionieren des EG-Binnenmarktes weiterhin gefährdet.[829]

Die Angleichung der rechtlichen Rahmenbedingungen für den innereuropäischen Handel zur Herstellung von Rechtssicherheit kann folglich sein Ziel nur erreichen, wenn die einheitliche Anwendung dieser Rahmenbedingungen durch die Gerichte und Behörden der Mitgliedstaaten sichergestellt ist. Wie im folgenden darzulegen ist, stellen jedoch Auslegung und Anwendung von Gemeinschaftsrecht den nationalen Rechtsanwender vor eine besonders schwierige Aufgabe. Die Gründe dafür liegen einerseits in der Existenz unterschiedlicher Auslegungsgrundsätze in den Mitgliedstaaten, welche die Gefahr divergierender Rechtsprechung erhöhen, und andererseits in der Komplexität der europäisch geprägten Auslegungsmaterie bei gleichzeitigem Fehlen allgemeinverbindlicher Orientierungshilfen für die Auslegung. Die Unterschiede in den Mitgliedstaaten sollen durch einen kurzen Exkurs in die Auslegungsmethoden und die Arbeitstechniken der staatlichen Gerichte verdeutlicht werden.

A. Auslegung und Rechtsanwendung in den Mitgliedstaaten

Ziel und Aufgabe der Gesetzesauslegung ist es, den Sinn und den normativen Gehalt von Rechtsvorschriften oder von Vertragsregeln festzustellen, um eine

---

liche Behandlung erfahren. Wenn z.B. die üblichen Gebrauchtwagenpreise in einem Land im Buchladen leicht erhältlich sind, in einem anderen der potenzielle Käufer nicht an diese Informationen herankommt, so ist dieser Umstand bei der Bewertung des Käuferverhaltens mit einzubeziehen, da aufgrund der im Sachverhalt vorliegenden Informationsasymmetrie es sich dann eben nicht mehr um den gleichen Sachverhalt handelt.

[829] Z.B. *Sonnenberger*, JZ 1998, S. 982, 989; *Berger,* ZEuP 2001, S. 4, 6 ff.; *Mansel,* JZ 1991, S. 529, 531 (Gefahr der „nationalen Auslegungs-Alleingänge"); Hatje, EuR 1998, Beiheft 1, 7 ff.; *Hinz*, ZEuP 1994, S. 553, S. 554; ähnlich auch *Kötz*, JZ 2002, S. 257, 260 („einheitsstiftendes wissenschaftliches Gespräch unter den europäischen Juristen"); *Zweigert/Kötz,* Einführung in die Rechtsvergleichung, S. 28 ff. (S. 31: „Eine gewaltige Aufgabe!"); *Flessner,* JZ 2002, S. 14 ff.; *Meier*, EuZW 1990, S. 81, 83, beschreibt die Richterschaft als „Schienenwärter" der einheitlichen Anwendung des Gemeinschaftsrechts; sehr skeptisch hinsichtlich der Bewältigung dieser Aufgabe *Collins*, ERevPL 1995, S. 353, 356.

sachgerechte Anwendung der Vorschrift sicherzustellen.[830] Die europäischen Staaten besitzen mit dem ursprünglichen Ius Commune eine gemeinsame Rechtstradition und damit auch übereinstimmende Grundsätze für die Rechtsauslegung.[831] In der deutschen Methodenlehre - wie auch in anderen Ländern[832] - unterscheidet man heute klassischerweise die grammatische, die systematische, die historische und die objektiv-teleologische Auslegung.[833] Trotz der gemeinsamen Wurzeln unterscheiden sich die Auslegungsmethoden und Arbeitstechniken der mitgliedstaatlichen Gerichte jedoch zum Teil erheblich voneinander.[834]

I. Auslegungsmethode

Die Rechtsprechung der Mitgliedstaaten misst den klassischen Auslegungsgrundsätzen ein unterschiedliches Gewicht zu, was das Rechtsanwendungsergebnis erheblich beeinflussen kann.

Dies belegt beispielhaft der Vergleich der Auslegungsmethoden des englischen und des deutschen Richters auf anschauliche Weise. Trotz einer gewissen Lockerung der vormals rigorosen Gesetzesbindung des englischen Richters in den vergangenen Jahren[835] ist die traditionelle Auslegungsmethode des Common Law im Grundsatz wesentlich restriktiver als etwa die deutsche. Sie richtet sich primär nach Gesetzeswortlaut und Gesetzgebungshintergrund und tut sich vergleichsweise schwer mit der Einbeziehung objektiv-teleologischer Über-

---

[830] *Grundmann*, Auslegung von Gemeinschaftsrecht durch den EuGH, S. 8 und 13 m.w.Nachw. Der EuGH hat sich dieser klassischen Auffassung im Grundsatz angeschlossen und führte 1979 aus: „Durch die Auslegung einer Vorschrift des Gemeinschaftsrechts [...] wird erläutert und erforderlichenfalls verdeutlicht, in welchem Sinn und mit welcher Tragweite diese Vorschrift seit ihrem Inkrafttreten zu verstehen und anzuwenden ist oder gewesen wäre.“, EuGH, Urteil vom 27.3.1980 - Rs. 61/79, Slg. 1980, S. 1205, Rn. 2 (*Ammistrazione delle finanze dello Stato/Denkavit italiana).*

[831] *Zweigert/Kötz,* Einführung in die Rechtsvergleichung, S. 28. Zu den historischen Verknüpfungen des Common law mit dem Civil law ausführlich *Zimmermann*, in: Müller-Graff (Hrsg.), Gemeinsames Privatrecht in der Europäischen Gemeinschaft, S. 103 ff. Dazu oben V.

[832] *Grundmann*, JuS 2001, S. 529; *ders.*, Auslegung von Gemeinschaftsrecht durch den EuGH, S. 8, 17 ff.

[833] *Larenz*, Methodenlehre der Rechtswissenschaft, S. 320 ff.

[834] *Remien*, ZfRV 1995, S. 116, 124; *Ulmer*, JZ 1992, S. 1, 6 ; *Rittner*, JZ 1995, S. 849, 854; *Everling*, Unterwegs zur Europäischen Union, S. 291, 299; *ders.*, ebenda, S. 368, 372 f.; *Triebel/Balthasar*, NJW 2004, S. 2190, 2191 f.; besonders nachdrücklich *Flessner*, JZ 2002, S. 14, 16 ff.

[835] *Kötz*, ZEuP 1998, S. 493, 499. Allgemein zur britischen Rechtsprechung: *Zweigert/Kötz*, Einführung in die Rechtsvergleichung, S. 251 ff.; 259 ff.

legungen in die Entscheidung.[836] Dieser Methode entspricht die autoritären Vorgehensweise des englischen Gesetzgebers, der für einige Gesetze gleichzeitig eine Art „Interpretationshilfe" für den Richter in Form eines gesonderten Gesetzestextes verabschiedet hat, um die einheitliche Auslegung einzelner unbestimmter Rechtsbegriffe sicherzustellen. Zudem wurde in Großbritannien 1978 ein „Interpretation Act" verabschiedet, zu dessen Inhalt sowohl Definitionen als auch Auslegungsgrundsätze zählen. Durch diese vergleichsweise klaren Vorgaben bleibt dem Rechtsanwender des Common Law in der Regel nur ein kleiner, oftmals aber gar kein Spielraum zur Gesetzesauslegung.[837]

Eine ähnliche Bindung an den Wortlaut der gesetzlichen Vorschrift kennt man im deutschen Recht allenfalls aus dem Strafrecht. Für den deutschen Juristen besitzt neben der grammatischen, der systematischen und der historischen Auslegung auch die teleologische Auslegung ein erhebliches Gewicht. Nach der objektiven Auslegungstheorie kommt es auch auf den normativen Sinn der fraglichen Rechtsvorschriften an.[838] Der Umfang des Auslegungsspielraumes spiegelt sich auch im Selbstverständnis der Juristen wieder: Während daher nach der Auffassung des Bundesgerichtshofes die Aufgabe des deutschen Richters darin besteht, Sinn und Zweck des Gesetzes der Rechtsanwendung im Einzelfall „nutzbar zu machen" und danach den Streitfall „unter Berücksichtigung von Treu und Glauben (...) einer billigen und vernünftigen Lösung zuzuführen"[839], sehen sich die britischen Kollegen als *servant of the law*[840].

Aber auch auf dem europäischen Kontinent unterscheiden sich Auslegungsmethoden und Anwendungsspielraum der staatlichen Richter voneinander. Im nordischen Rechtskreis findet zum Beispiel die objektive Auslegung nicht die gleiche vorbehaltslose Anerkennung wie im deutschen Recht, was in Einzelfällen durchaus zu unterschiedlichen Ergebnissen bei ähnlicher Tatbestandsgestaltung führen kann.[841]

---

836 *Klauer,* Europäisierung des Privatrechts, S. 29, bringt die britische, am Wortsinn orientierte Auslegungsmethode auf die prägnante Formel: ...If parliament wants something, it should say so.". Außerdem *Zweigert*, RabelsZ 51 (1987), S. 387, 397; *Blaurock*, JZ 1994, S. 270, 275; *Timme*, ZRP 2000, 301, 302.

837 *Grundmann*, Auslegung des Gemeinschaftsrechts durch den EuGH, S. 23. Noch enger ist die Bindung des Richters an den Wortlaut des Gesetzes im Bereich des Statute Law, die vor allem darauf beruht, dass es sich hierbei um restriktiv zu handhabende Ausnahmeregelungen handelt, *Everling*, Unterwegs zur Europäischen Union, S. 368, 377 m.w.Nachw.

838 *Ehricke*, RabelsZ 59 (1995), S. 598, 609 m.w.Nachw.

839 BGH Z 2, 176, 184.

840 *Grundmann*, Auslegung des Gemeinschaftsrechts durch den EuGH, S. 42.

841 *Grundmann*, Auslegung des Gemeinschaftsrechts, S. 43 ff.

II. Arbeitstechnik und Aufbau des Urteils

Ähnliche Unterschiede zwischen den Rechtskreisen lassen sich feststellen, wenn es um die Arbeitstechnik der staatlichen Richter geht.

Der englische Richter zum Beispiel nähert sich dem Sachverhalt in Form eines „reasoning from case to case" und untersucht aufmerksam die existierenden Präjudizien auf der Grundlage einer induktiven Analyse.[842] An die Präjudizien ist er dabei eng gebunden.[843] Dieser Denkstil liegt dem kontinentaleuropäischen Richter grundsätzlich fern, da seiner Vorstellung nach der Rechtsprechungsakt aus der Subsumtion des Sachverhaltes unter einen Rechtssatz besteht.[844]

Die unterschiedliche Herangehensweise der Richter führt dazu, so dass sich die Urteile bereits in ihrem äußerlichen Aufbau unterscheiden.[845] Dies zeigt sich beispielhaft in der Darstellung des Tatsachenstoffes. Sie reicht von der ausführlichen Behandlung des Streitstoffes, wie in England praktiziert, über die gemäß § 313 II ZPO knapp zu haltende Version im deutschen Recht hin zu den „kryptischen Andeutungen" der französischen *Cour de Cassation.*[846]

Auch bei der Zitierweise bestehen erhebliche Unterschiede, da die staatlichen Gerichte die Stellungnahmen des Schrifttums in unterschiedlichem Umfang in die Entscheidung integrieren. Während in Italien das Zitieren von Schrifttumszitaten sogar gesetzlich verboten[847] und beim französischen Cour de Cassation unüblich ist[848], zitiert der BGH durchschnittlich 13 Schrifttumsstellen pro Urteil.[849] Dazwischen liegen die englischen Gerichte, die zwar zitieren, aber doch im Durchschnitt weniger als eine Quelle pro Urteil.[850] Auch hier zeigt sich, wie stark die Arbeitstechniken der Richter divergieren.

---

842 *Ulmer*, JZ 1992, S. 1, 6.

843 Zur engen Bindung des englischen Richters an Präjudizien besonders *Van Dam-Lely/ Kottenhagen*, in: Snijders (Hrsg.), Access to Civil Procedure Abroad, S. 85 f.

844 *Zweigert/Kötz*, Einführung in die Rechtsvergleichung, S. 258.

845 *Ulmer*, JZ 1992, S. 1, 6; *Zweigert/Kötz*, Einführung in die Rechtsvergleichung, S. 257 f.

846 *Zweigert/Kötz*, Einführung in die Rechtsvergleichung, S. 258.

847 *Kötz*, RabelsZ 52 (1988), S. 644, 647 ff.

848 *Kötz*, RabelsZ 52 (1988), S. 644, 647 ff.

849 *Kötz*, RabelsZ 52 (1988), S. 644, 657 ff.

850 *Kötz*, RabelsZ 52 (1988), S. 644, 649 ff.; *Ulmer*, JZ 1992, S. 1, 6.

III. Art und Umfang der juristische Begründung

Auch Art und Umfang der juristischen Begründung durch die Gerichte der Mitgliedstaaten weisen erhebliche Unterschiede auf.

Ähnlich knapp wie bei der Behandlung des Tatsachenstoffes fassen sich die französischen Gerichte auch, wenn es um die juristische Begründung ihrer Falllösung geht.[851] Der Tenor am Ende der Entscheidung folgt eher aus formelhaften Prämissen als aus einer argumentativen Auseinandersetzung mit dem Einzelfall. Dies gilt insbesondere für die Urteile des Conseil d'Etat.[852] Hinweise auf Änderungen der eigenen Rechtsprechung fehlen zum Teil vollständig, ebenso wie rechts- oder gesellschaftspolitische Erwägungen. Insgesamt präsentiert sich die Entscheidung als die zwingende Deduktion aus dem angewandten Recht, die ohne Überzeugung von ihrer materiellen Richtigkeit auskommt.[853]

Die juristischen Erläuterungen eines britischen Richters hingegen sind vor allem im Bereich des Common law ausführlicher und erörtern mit großer Genauigkeit die für die Entscheidung wesentlichen Präzedenzfälle (*precedents*).[854] Eine Auseinandersetzung mit dem juristischen Schrifttum findet jedoch in England nicht statt.[855] Da die Urteilsbegründung mündlich vorgetragen wird, ist sie zudem durch rhetorische Stilmittel bereichert.[856] Der englische Richter ist vor allem deshalb um eine glaubwürdige Begründung seines Urteils bemüht, weil es sich um *seine* Entscheidung handelt, die mit seinem Namen gekennzeichnet ist.[857]

Im Gegensatz dazu ergeht das deutsche Urteil „im Namen des Volkes" als Entscheidung eines anonymisierten Gerichts. Anders als in englischen Entscheidungen werden keine persönlichen Wertungen des Richters dargelegt.[858] Der Begründungsstil ist vielmehr unpersönlich und objektiviert und ähnelt vor allem

---

[851] *Kötz*, RabelsZ 52 (1988), S. 644, 648; *Everling*, Unterwegs zur Europäischen Union, S. 368, 373 f.; ausführlich *Röttgen*, Die Argumentation des Europäischen Gerichtshofes, S. 16 ff.

[852] *Everling*, Unterwegs zur Europäischen Union, S. 368, 373 ff. m.weit.Nachw.

[853] *Everling*, Unterwegs zur Europäischen Union, S. 368, 373 ff., der nicht zu Unrecht daran zweifelt, ob die französische Art der Urteilsbegründung den Anforderungen der „modernen und pluralistischen Demokratie" entspricht (S. 375).

[854] *Everling*, Unterwegs zur Europäischen Union, S. 368, 377.

[855] *Triebel/Hodgson/Kellenter/Müller*, Englisches Handels- und Wirtschaftsrecht, Rn. 48.

[856] *Röttgen*, Die Argumentation des EuGH, S. 28 ff.; *Flessner*, ZEuP 2000, S. 1, bezeichnet den Begründungsstil des englischen Richters als „gesprächig und unterhaltsam", während er den französischen Begründungsstil als „lakonisch und autoritär" charakterisiert.

[857] *Röttgen*, Die Argumentation des EuGH, S. 31; *Everling*, Unterwegs zur Europäischen Union, S. 368, 377.

[858] *Röttgen*, Die Argumentation des EuGH, S. 44 ff.

bei höchstrichterlichen Entscheidungen stärker einer lehrbuchhaften Abhandlung[859] als einer bloßen Einzelfallentscheidung, wenn auch der zugrundeliegende Einzelfall zur Begründung herangezogen wird.

Gemäß § 551 Nr. 7 ZPO ist ein absoluter Revisionsgrund gegeben, wenn die Entscheidung „nicht mit Gründen versehen ist." Dies gilt auch für eine unzulängliche juristische Begründung. Daher setzt sich der deutsche Richter in der Regel ausführlich mit Rechtsprechung und einschlägigen Äußerungen des Schriftums auseinander und versucht, seine Entscheidung argumentativ zu rechtfertigen.[860]

IV. Ergebnis

Zwar basierte die Rechtsanwendung der Mitgliedstaaten ursprünglich auf dem gemeinsamen Konzept des *Ius Commune*. Im Laufe der Zeit haben jedoch vor allem die Auslegungsgrundsätze vor dem Hintergrund der sozialen, politischen und historischen Unterschiede[861] divergierende Ausprägungen erhalten. Der Vergleich hat gezeigt, dass in Bezug auf Auslegungsmethode, Arbeitstechnik, Aufbau des Urteils und juristischen Begründungsstil der nationalen Richter gravierende Unterschiede bestehen. Sie bewirken und verstärken die abweichende Rechtsanwendungspraxis in den Mitgliedstaaten.[862] Ohne eine gleichzeitige Angleichung der Auslegungsmethoden und Arbeitstechniken birgt eine

---

[859] *Flessner*, ZEuP 2000, S. 1.

[860] Dazu *Everling*, Unterwegs zur Europäischen Union, S. 368, 375 ff., der die Gründe für die deutsche Methodik der Urteilsfindung in der deutschen Geschichte sucht: „Die meisten Mitgliedstaaten sind weitgehend gefestigte Nationalstaaten, die davon ausgehen gehen, dass ihre Institutionen einschließlich der Gerichte von einem allgemeinen Konsens getragen sind. Von den deutschen Gerichten wird dies offensichtlich nicht als selbstverständlich vorausgesetzt.[...] Deutsche Gerichte bemühen sich, durch Rationalität und Überzeugungskraft die Basis dafür zu schaffen, dass die Rechtsprechung insgesamt als Verwirklichung von Recht akzeptiert wird." (S. 376).

[861] *Zweigert/Kötz*, Einführung in die Rechtsvergleichung, S. 251 ff.; zustimmend *Schmidt*, RabelsZ 59 (1995), S. 569, 572 ff.; *Röttgen*, Die Argumentation des EuGH, S. 53. Vgl. auch *Zimmermanns* Abhandlung über „Savignys Vermächtnis" (1998).

[862] Ähnlich *Gündisch*, Rechtsschutz in der Europäischen Gemeinschaft, S. 89. Nachweise bei *Blaurock*, JZ 1994, S. 270, 274; Beispiele speziell zur unterschiedlichen Auslegung und Anwendung des auf einer EG-Richtlinie beruhenden Handelsvertreterrechts bei *Sellhorst*, EWS 2001, S. 481 ff. Allgemein zur unterschiedlichen Rechtsanwendungspraxis *Kötz*, ZEuP 1998, S. 493, 503.

gemeinschaftsweite materielle Rechtsanwendung eine erhebliche Gefahr divergierender Rechtsprechung.[863]

B. Auslegung internationalen und europäischen Rechts

Eine Annäherung der Auslegungsmethoden und Arbeitstechniken in den Mitgliedstaaten könnte durch die Formulierung gemeinsamer Auslegungsgrundsätze vollzogen werden. Der EuGH hat im Laufe seiner Tätigkeit eine Reihe derartiger Prinzipien entwickelt. Auch auf völkerrechtlicher Ebene existieren solche Prinzipien für die Anwendung des zwischenstaatlichen Rechts. Es ist daher zu untersuchen, ob diese Auslegungsgrundsätze für die staatlichen Gerichte eine ausreichende Orientierungshilfe anbieten, um Rechtsfragen des Gemeinschaftsrechts möglichst einheitlich lösen zu können. Ist dies nicht der Fall, besteht in den Mitgliedstaaten die Gefahr, dass auch das angeglichene Recht unterschiedlich angewandt wird.

I. Die Auslegung internationalen und europäischen Rechts

Bei der Auslegung internationalen und europäischen Rechts besteht in der Regel darüber Einigkeit, dass der Richter das supranationale Recht *nicht* wie nationales Recht anwenden darf, sondern sich des internationalen Kontextes bewusst sein muss. Eine für das supranationale Recht entwickelte und eindeutige Regeln festlegende Rechtsdogmatik für Auslegungsfragen fehlt jedoch.

David/Grasmann fassen die darauf fußenden Schwierigkeiten eines Richters bei der Anwendung internationalen Rechts wie folgt zusammen:

---

[863] So auch *Collins*, ERevPL 1995, S. 353, 356, *Basedow*, AcP 200 (2000), S. 445, 468 schreibt: "...Denn die Kodifikation setzt im allgemeinen nur die früheren Rechts*regeln* außer Kraft, nicht dagegen das Rechts*denken*.(...) Es ist daher auch nicht zu erwarten, dass das Inkrafttreten eines künftigen europäischen Zivilgesetzbuches das Denken der Juristen in den Mitgliedstaaten über Nacht gleichschaltet."

> „Worauf also soll sich ein Richter bei der Anwendung eines künstlich geschaffenen und obendrein im Wege diplomatischer Kompromisse immer wieder geänderten, gegenüber der ursprünglichen Konzeption zugrundegelegten Systembegriffen immer aufs Neue verwässerten Einheitsrechts stützen?“[864]

Behrens urteilt nicht minder skeptisch, dass

> „eine dem Einheitsrecht gemäße Auslegung vom nationalen Richter ein Maß an rechtsvergleichender Schulung und Gespür für fremde Rechtsordnungen verlangt, das schlichtweg unrealistisch ist.“[865]

Im Gemeinschaftsrecht entsteht eine zusätzliche Herausforderung für die Rechtsanwendung durch die Tatsache, dass bei der Angleichung des Privatrechts europäisches Recht und nationales Recht aufeinandertreffen. Nach *Schulze* kommt dem Rechtsanwender als „dem Diener zweier Herren“ die Aufgabe zu, „die Ziele und Maßstäbe zweier Rechtsordnungen [...] zu koordinieren.“[866] Erschwerend kommt hinzu, wie noch zu zeigen ist, dass die Auslegung auch einen Rechtsvergleich mit dem Recht anderer Mitgliedstaaten erfordern kann und dass dann drei und mehr Rechtsordnungen in die Auslegung einzubeziehen sind.

II. Das Beispiel des UN-Kaufrechts

Die Eigenart des Völkerrechts und die daraus resultierende Schwierigkeit des Umgangs mit internationalen Verträgen beruht insbesondere darauf, dass - wie auch im Fall der Europäischen Gemeinschaft – der Völkerrechtsvertrag in den Vertragsstaaten möglichst einheitlich gelten soll. Außerdem sind in der Regel mehrere Vertragssprachen für den Völkerrechtsvertrag verbindlich. Unter Berücksichtigung dieser Besonderheiten wurden in den Art. 31 - 33 Wiener Vertragsrechtskonvention (WVK)[867] durch Rechtsvergleichung erarbeitete Auslegungsgrundsätze festgelegt, die von der Mehrzahl der Rechtsordnungen anerkannt werden und die dem Rechtsanwender bei der Auslegung des auf

---

864 *Neumayer*, in: David/Grasmann (Hrsg.), Einführung in die großen Rechtssystem der Gegenwart, S. 74.
865 *Behrens*, RabelsZ 50 (1986), S. 19, 27.
866 *Schulze*, in: Schulze (Hrsg.), Auslegung europäischen Privatrechts und angeglichenen Rechts, S. 9, 11.
867 Konvention über das Recht der Verträge vom 23.05.1969, abgedruckt in ZaöRV 29 (1969), S. 711 ff.

Völkerrecht beruhenden nationalen Rechts eine Orientierungshilfe an die Hand geben sollen.[868]

1. Auslegungsgrundsätze der Art. 31 – 33 WVK

Nach der allgemeinen Interpretationsregel des Art. 31 WVK soll die Auslegung sich am „ordinary meaning to be given by the terms of the Treaty in their context and in the light of its objects and purpose"[869] orientieren. Auf diese Weise wird das objektive Textverständnis mit einer teleologischen bzw. subjektiv geprägten Interpretation verknüpft.[870] Bei der Auslegung soll auch der Grundsatz des guten Glaubens (good faith - de bonne foie) berücksichtigt werden. Allerdings enthält die Wiener Vertragsrechtskonvention keine Legaldefinition dieses Begriffes.[871] Angesichts des Interpretationsspielraums, den Art. 31 WVK dem Rechtsanwender einräumt, kann es zu mehrdeutigen oder sogar sinnwidrigen Ergebnissen kommen. In diesen Fällen kann gemäß Art. 32 WVK ein Rückgriff auf die Vorarbeiten für den Vertrag und die Umstände des Vertragsabschlusses erfolgen.[872] Dieses Korrektiv führt allerdings in der Praxis zu einer Vielzahl an Interpretationsmöglichkeiten, da sich, je länger die Vertragshandlungen dauern und je komplexer sie sich gestalten, immer auch Hinweise für eine kontroverse Interpretation finden lassen.[873]

---

[868] Die Geltungskraft dieser Auslegungsregeln ist umstritten. Einigkeit besteht lediglich darüber, dass die Aufzählung der Auslegungsgrundsätze nicht abschließend gemeint sein kann und dass diesen *mindestens* der Charakter von unverbindlichen Leitlinien zukommen muss, ausführlich *Grundmann*, Auslegung des Gemeinschaftsrechts durch den EuGH, S. 142 ff.

[869] Die französische Version lautet : „...le sens ordinaire a attribuer aux termes du traité dans leur contexte et à la lumière de son objet et de son but. »

[870] *Herdegen*, Völkerrecht, Rn. 29. Das Verhältnis zwischen den beiden gegensätzlichen Auffassungen wird indes durch Art. 31 WVK nicht geklärt, vgl. *Grundmann*, Auslegung des Gemeinschaftsrechts durch den EuGH, S. 151 f; *Buck*, Über die Auslegungsmethoden des Gerichtshofes der Europäischen Gemeinschaft, S. 84 ff., jeweils m.w.Nachw. Es erscheint als wahrscheinlich, dass durch die Vorschrift sowohl einer streng am Wortlaut orientierten als auch einer rein subjektiven Interpretation eine Absage erteilt werden sollte, so *Grundmann*, Auslegung des Gemeinschaftsrechts, S. 164.

[871] *Grundmann*, Auslegung des Gemeinschaftsrechts, S. 153 ff.

[872] Nach der englischen Version: "Recourse may be had to supplementary means of interpretation, including the preparatory work of the treaty and the circumstances of its conclusion (...)". Die französische Version lautet: "Il peut etre fait appel à des moyens complémentaires aux travaux préparatoires et aux circonstances dans lesquelles le traité a été conclu (...). »

[873] Ebenso *Grundmann*, Auslegung des Gemeinschaftsrechts, S. 173.

Bei völkerrechtlichen Verträgen besteht die spezifische Schwierigkeit, dass die Verträge in der Regel in mehreren Sprachen verabschiedet werden und die Versionen in allen offiziellen Sprachen des Vertrags verbindlich sind.[874] Bei einer unterschiedlichen Bedeutung der Wörter in den verbindlichen Sprachen stellt sich nun die Frage, welcher Begriff für die Auslegung maßgeblich ist.[875] Nach Art 33 WKV ist ohne besondere Parteivereinbarung der Text in jeder Sprache in gleicher Weise maßgebend. Aber selbst wenn sich die Parteien auf eine sprachliche Version geeinigt haben, wird durch Art. 33 WVK nicht eindeutig geklärt, ob der Vorrang der vereinbarten Textversion die Beachtung der anderen Sprachfassungen ausschließt oder ob diese subsidiär noch zur Interpretation herangezogen werden können.[876]

2. Divergierende Auslegung im UN-Kaufrecht

Als Beleg für die Gefahr divergierender Auslegung trotz Existenz völkerrechtlicher Auslegungsgrundsätze soll das UN-Kaufrecht (CISG)[877] dienen.

Ziel des UN-Kaufrechts ist die Vereinheitlichung der materiellen Vorschriften zum internationalen Handelskauf. Art. 7 CISG verpflichtet zur Beachtung des internationalen Charakters der Konvention und zur Wahrung der einheitlichen Anwendung.[878] Eine Untersuchung[879] hat ergeben, dass zwar eine Vielzahl der Vorschriften durch staatliche Gerichte und Schiedsgerichte in ähnlicher Weise interpretiert wurden. Somit scheint das UN-Kaufrecht „auf dem Wege zu einer einheitlichen Auslegung" zu sein.[880]

Dennoch zeitigt die Schwierigkeit der Anwendung von internationalem Einheitsrecht die befürchteten Folgen divergierender Rechtsprechung, wie die zitierte Untersuchung nachwies. Erhebliche Abweichungen in der internationalen Rechtspraxis haben sich beispielsweise in den Entscheidungen zur

---

874 *Bleckmann*, Völkerrecht, Rn. 351.

875 *Bleckmann*, Völkerrecht, Rn. 351.

876 Ausführlich *Bleckmann*, Völkerrecht, Rn. 351; *Grundmann*, Auslegung des Gemeinschaftsrechts, S. 179 ff.

877 Wiener UN-Übereinkommen über Verträge über den internationalen Warenkauf vom 11.4.1980, BGBl. 1989 II, S. 588.

878 Ausführlich zur Entstehungsgeschichte des Art. 7 CISG: *Schmid, Gudrun*, Einheitliche Anwendung von internationalem Einheitsrecht, S. 37 ff.

879 *De Lukowicz*, Divergenzen in der Rechtsprechung zum CISG (2001).

880 So die abschließende Wertung bei *De Lukowicz*, Divergenzen in der Rechtsprechung zum CISG, S.135.

Bemessung der Rügefrist (Art. 39 I CISG) gezeigt[881], ebenso bei der Beurteilung der Vertragsmäßigkeit der gelieferten Ware.[882] Für die Bestimmung der Zinshöhe (Art. 79 CISG) haben die mit der Anwendung des UN-Kaufrechts befassten Gerichte nicht etwa nur zwei kontroverse Ansätze herausgebildet, sondern mehrere unterschiedliche Bemessungsgrenzen.[883] Auch die Einbeziehung von Allgemeinen Geschäftsbedingungen und die Gültigkeit von Rechtswahl- und Gerichtsstandsklauseln haben die Gerichte unterschiedlich bewertet.[884]

Insbesondere hat eine weitere Untersuchung ergeben, dass die überwiegende Anzahl der Entscheidungen zum CISG ausländische Rechtsprechung

Somit besteht in wichtigen Bereichen, deren Vereinheitlichung durch das UN-Kaufrecht angestrebt wurde, auch weiterhin eine stark divergierende Rechtsanwendungspraxis in den Vertragsstaaten. Eine weitere Untersuchung hat als wesentlichen Grund für diesen Umstand die Tatsache ausgemacht, dass die überwiegende Anzahl der Entscheidungen zum CISG ausländische Rechtsprechung und Literatur völlig unberücksichtigt läßt.[885] Eine einheitliche Methodik zur Anwendung des CISG hat sich folglich bislang nicht herausbilden können. Die Vertragsparteien, die das CISG als anwendbares Recht gewählt haben, können die Entscheidung des konkreten Gerichts im Vorfeld folglich kaum einschätzen. Dies führt zu einer erheblichen Rechtsunsicherheit im Anwendungsbereich des UN-Kaufrechts.

---

881 Nach Art. 39 I CISG hat der Käufer die Vertragswidrigkeit der Leistung innerhalb einer angemessenen Frist nach deren tatsächlichen bzw. möglichen Feststellung anzuzeigen. Die Entscheidungen über die Angemessenheit der Frist schwankten zwischen „wenigen Stunden" (bei verderblicher Ware), einem Tag bis hin zu einem Monat. Nachweise bei *De Lukowicz*, Divergenzen in der Rechtsprechung zum CISG, S. 101 ff.

882 Hier soll nach der Ansicht von Gerichten des Common Law genügen, dass eine Ware *handelbar* ist, während Vertreter des Civil Law davon ausgehen, dass die Ware eine durchschnittliche Qualität aufweisen muss. Nachweise bei *De Lukowicz*, S. 86 ff.

883 Nach Art. 78 CISG hat die Vertragspartei bei Verzug der Kaufpreiszahlung gegen die andere Seite einen Anspruch auf Zahlung der Zinsen. Zur Bestimmung der Zinshöhe wurden mehrere Lösungswege entwickelt. Sie orientieren sich entweder am unvereinheitlichten nationalen Recht, bestimmen aber das maßgebliche Recht nach unterschiedlichen Grundsätzen, oder aber bemessen die Zinshöhe autonom, d.h. ohne Rückgriff auf ein nationales Recht. Dazu ausführlich *De Lukowicz*, Divergenzen in der Rechtsprechung zum CISG, S. 129 ff.

884 Hierbei wurde entweder der Maßstab des CISG zugrunde gelegt oder die Vorschriften des nationalen unvereinheitlichten Rechts, Nachweise bei *De Lukowicz*, Divergenzen in der Rechtsprechung zum CISG, S. 81 ff.

885 *Schmid*, Gudrun, Einheitliche Anwendung von Einheitsrecht, S. 181 f.

3. Zwischenergebnis

Die Auslegungsvorschriften der Wiener Vertragsrechtskonvention tragen zwar der „Notwendigkeit einer hinreichend flexiblen, sich den jeweiligen Einzelfällen nach deren Lage anpassenden Regelung“[886] ausreichend Rechnung. Dennoch bergen solche flexiblen und weitgehend abstrakt gehaltenen Auslegungsgrundsätze die Gefahr eines (zu) weiten Anwendungsspielraumes. Sie können folglich im Idealfall zu einer Annäherung der Rechtsanwendungspraxis in den unterschiedlichen Vertragsstaaten führen; die einheitliche Anwendung der supranationalen Vorschriften wird jedoch auf diese Weise nicht sichergestellt. Dies hat das Beispiel des UN-Kaufrechts deutlich gezeigt. Die völkerrechtlichen Auslegungsgrundsätze bieten den Gerichten folglich keine ausreichende Orientierungshilfe an. Die Anwendung supranationalen Rechts stellt somit den Richter auch weiterhin vor eine komplexe Aufgabe. In der Vergangenheit hat sich die Anwendungspraxis als ausgesprochen heterogen erwiesen, und es bestehen keine Anhaltspunkte, dass sich künftig etwas an diesem Missstand ändern könnte.

III. Auslegungsgrundsätze des EuGH für das Gemeinschaftsrecht

Die skizzierten Schwierigkeiten bei der Anwendung supranationalen Rechts erfahren im Gemeinschaftsrecht angesichts seiner besonderen Rechtsnatur noch eine gewisse Steigerung. Auch das Gemeinschaftsrecht ist zwar zunächst in einem supranationalen Gesetzgebungsverfahren einer supranationalen Organisation entstanden und bildet eine supranationale Rechtsordnung. [887] Nach der ständigen Rechtsprechung des EuGH ist aber der *„[EWG-] Vertrag mehr [...] als ein Abkommen, das nur wechselseitige Verpflichtungen zwischen den vertragsschließenden Staaten begründet.“*[888] Es handelt sich also nicht um reines Völkerrecht. Später ergänzte der EuGH, dass es sich beim Gemeinschaftsrecht um eine Rechtsordnung sui generis handele, da im Gegensatz zu *„gewöhnlichen internationalen Verträgen“* der EWG-Vertrag zu der

> „Gründung einer Gemeinschaft auf unbegrenzte Zeit [geführt hat], die mit eigenen Organen, mit der Rechts- und Geschäftsfähigkeit, mit internationaler Handlungsfähigkeit und insbesondere mit echten, aus der

---

[886] So *Grundmann*, Auslegung des Gemeinschaftsrechts, S. 187.

[887] Zu Recht *Lutter*, JZ 1992, S. 593, 593.

[888] EuGH, Urteil vom 5.2.1963, RS. 26/62, Slg. 1963, S. 1, 24 ff. (*Van Gend & Loos/Niederländische Finanzverwaltung*) .

Beschränkung der Zuständigkeit der Mitgliedstaaten oder Übertragung von Hoheitsrechten ausgestattet ist".[889]

Diese Besonderheit rückt das Gemeinschaftsrecht in die Mitte zwischen das nationale Recht und das Völkerrecht. Ihr muss bei der Auslegung und Anwendung des europäischen Rechts durch die nationalen Behörden Rechnung getragen werden.[890] Die in der Wiener Vertragsrechtskonvention festgelegten Auslegungsprinzipien für das Völkerrecht können folglich von den Gerichten der Mitgliedstaaten nur eingeschränkt für die Auslegung des Gemeinschaftsrechts herangezogen werden.[891] Vielmehr wurde die Erarbeitung modifizierter Auslegungsgrundsätze erforderlich, die sich eher an den Auslegungsgrundsätzen des nationalen Rechts orientieren als an der für das Völkerrecht entwickelten Auslegungsmethode.[892]

Die vom EuGH anlässlich dieser Erkenntnis erarbeiteten Auslegungsgrundsätze erscheinen als so komplex, dass sie eine Vielzahl an wissenschaftlichen Äußerungen hervorgerufen haben.[893] Es stellt sich daher die Frage, ob sie als Orientierungshilfe für die staatlichen Gerichte bei der Anwendung des Gemeinschaftsrechts geeignet sind. Dazu sollen sie zunächst kurz dargestellt werden.

1. Gemeinschaftsrechtskonforme und richtlinienkonforme Auslegung

Die Gerichte der Mitgliedstaaten haben nach der ständigen Rechtsprechung des Europäischen Gerichtshofes die Pflicht, unter mehreren Auslegungsalternativen

---

[889] EuGH, Urteil vom 15.6.1964, Rs. 6/64, Slg. 1964, S. 1253, 1269 (*Costa/ENEL)*. Dazu ausführlich die Habilitationsschrift von *Schroeder,* Das Gemeinschaftsrechtssystem, S. 104 ff.

[890] Zur Diskussion über die bestehenden Auslegungsmöglichkeiten *Buck*, Über die Auslegungsmethoden des Gerichtshofes der Europäischen Gemeinschaft, S. 131 ff.

[891] *Beutler/Bieber/Pipkorn/Streil*, Die Europäische Union, Rn. 525.

[892] *Schulze*, in: Schulze (Hrsg.), Auslegung europäischen Privatrechts und angeglichenen Rechts, 9 (12); *Lutter*, JZ 1992, 593 (598); a.A. wohl *Bleckmann*, NJW 1982, 1177 ff.

[893] Bspw. folgende jüngere Literatur: *Buck*, Über die Auslegungsmethoden des Gerichtshofes der Europäischen Gemeinschaft (1998); *Grundmann*, Die Auslegung des Gemeinschaftsrechts durch den EuGH (1997); *ders./Riesenhuber*, Die Auslegung des Europäischen Privat- und Schuldrechts, JuS 2001, S. 529 ff.; Frisch, Die richtlinienkonforme Auslegung nationalen Rechts (2000); *Hellert*, Der Einfluss des EG-Rechts auf die Anwendung des nationalen Rechts (2001), *Manger*, Richtlinienkonforme Auslegung im Privatrecht in Literatur und Rechtsprechung (2001); *Schulze* (Hrsg.), Die Auslegung europäischen Rechts und angeglichenen Rechts (1999); *Röttgen*, Die Argumentation des EuGH (2001) .

diejenige zu wählen, die mit dem Gemeinschaftsrecht in Einklang steht (gemeinschaftsrechtskonforme Auslegung).[894]

Ein wichtiger Anwendungsfall dieses Auslegungsgrundsatzes ist die richtlinienkonforme Auslegung.[895] Danach ist das auf einer Richtlinie beruhende nationale Recht im Lichte des Wortlautes und des Zweckes der Richtlinie auszulegen und anzuwenden.[896] Die Pflicht zur richtlinienkonformen Auslegung ergibt sich zum einen aus der allgemeinen Treuepflicht der Mitgliedstaaten nach Art. 10 EG und zum anderen aus der Pflicht der Mitgliedstaaten, die in der Richtlinie vorgegebenen Ziele gemäß Art. 249 III EG zu erreichen.[897] Im Fall eines Normkonfliktes zwischen nationalem und europäischem Recht ist zugunsten des Gemeinschaftsrechts zu entscheiden.[898]

2. Modifizierte Anwendung der „klassischen" Auslegungsregeln

Neben der gemeinschaftsrechtskonformen Auslegung werden auch die „klassischen Auslegungsregeln" – Wortlaut der Norm, Entstehungsgeschichte, systematischer Zusammenhang der Norm, objektiver Zweck – in der Rechtsprechung des EuGH herangezogen.[899] Grundsätzlich greift er dabei die aus dem nationalen Recht und dem Völkerrecht bekannten Auslegungsprinzipien auf, setzt allerdings unterschiedliche Schwerpunkte.[900]

---

[894] Ausführlich dazu *Zuleeg*, in: Schulze (Hrsg.), Auslegung europäischen Privatrechts und angeglichenen Rechts, S. 163 ff.

[895] *Kahl*, in: Callies/Ruffert (Hrsg.), EUV/EGV, Art. 10, Rn. 40.

[896] EuGH, Urteil vom 13.11.1990 – Rs. C-106/89, Slg. 1990, I-4135 (*Marleasing)*, Rn 7 ff.; zum Grundsatz der richtlinienkonformen Auslegung z.B. *Frisch*, Die richtlinienkonforme Auslegung nationalen Rechts (2000); *Ehricke*, RabelsZ 59 (1995), 598 ff.; *Manger*, Richtlinienkonforme Auslegung im Privatrecht in Literatur und Rechtsprechung unter Heranziehung ausgewählter Entscheidungen des Zweiten Senats des BGH in Zivilsachen und des House of Lords (2002); *Schulze*, in: Schulze (Hrsg.), Auslegung europäischen Privatrechts und angeglichenen Rechts, 9 (14); *Grundmann*, ZEuP 1996, 399 ff.; *ders./Riesenhuber*, JuS 2001, S. 529 ff.; kritisch gegenüber diesem Auslegungsgrundsatz *Di Fabio*, NJW 1990, S. 947 ff.

[897] EuGH, Urteil vom 10.4.1984, Rs. 14/83, Slg. 1984, S. 1891, Rn. 26 (*von Colsen und Kamann/Land Nordrhein-Westfalen)*.

[898] St. Rspr. des EuGH, vgl. EuGH, Urteil vom 9.3.1978, Rs. 106/77, Slg. 1978, 629 (Rn. 13 ff.) (*Simmenthal II); dazu* m.w.Nachw. *Röttgen*, Die Argumentation des EuGH, S. 145 ff.

[899] *Schmidt*, RabelsZ 59 (1995) S. 569, 582; *Ehricke*, RabelsZ 59 (1995) S. 598, 623 ff.

[900] Allgemeine Auffassung, *Grundmann*, Auslegung des Gemeinschaftsrechts, S. 202; *Gündisch*, Rechtsschutz in der Europäischen Gemeinschaft, S. 139.

a) Modifizierte grammatische Auslegung

Wie auch im nationalen Recht ist Ausgangspunkt der Auslegung zunächst der Wortlaut der fraglichen Vorschrift.[901] In der Entscheidung *C.I.L.F.I.T.*[902] legte der EuGH fest, dass bei der Berücksichtigung des Wortlautes dem Umstand Rechnung getragen werden müsse, dass die gemeinschaftsrechtlichen Vorschriften in mehreren Sprachen abgefasst seien, aber gleichzeitig – wie auch im Völkerrecht – die einzelnen Versionen in gleicher Weise verbindlich seien. Die Auslegung einer europäischen Norm verpflichtet daher zum Vergleich der sprachlichen Fassungen. Jedoch kommt aufgrund dieser Besonderheit des Gemeinschaftsrechts der grammatischen Auslegungsmethode eine geringere Bedeutung zu als im nationalen Recht.[903]

Eine weitere Besonderheit des Gemeinschaftsrechts im Vergleich zum nationalen Recht entsteht durch das zum Teil sprachlich unpräzise Gemeinschaftsrecht, das den ausschließlichen Rückgriff auf den Wortlaut verbietet.[904] Die Gründungsverträge und auch das Sekundärrecht der EG verwenden häufig unbestimmte Rechtsbegriffe und offene Formeln, ohne diese durch das EG-Recht in materieller Hinsicht auszufüllen. Mit Hilfe eines wertenden Rechts-

---

[901] Z.B. die Schlussanträge des General Roemer vom 13. Oktober 1970 zur Rs. 16/70 *(Necomout/Hoofdproduktschap)*, Slg. 1970, S. 935 (938), der dazu ausführt: „Beginnen wir deshalb – wie stets bei Interpretationsbemühungen – mit dem *Wortlaut* der fraglichen Bestimmung, um zu sehen, welche Aussage ihm entnommen werden kann." Dazu auch *Lutter*, JZ 1992, S. 593, 599. Zu Abweichungen von der Orientierung am Wortlaut siehe *Grundmann*, Auslegung des Gemeinschaftsrechts, S. 192 ff.

[902] EuGH, Urteil vom 06.10.1982 – Rs. 283/81, Slg. 1982, 3415, Rn. 18 *(C.I.L.F.I.T. ./. Ministerio della Sanità)*. Siehe auch am Wortlaut orientierte Entscheidung des EuGH vom 17.3.1998 – Rs. C-45/96, Slg. 1998, I-1199 ff. *(Bayerische Hypotheken- und Wechselbank AG/Edgar Dietzinger)*, dazu z.B. *Schulte-Nölke*, in: Schulze (Hrsg.), Auslegung europäischen Privatrechts und angeglichenen Rechts, S. 143 ff.; *Roth*, CMLRev 1998, S. 1013 ff.; *Joerges*, ERevPL 2000, S. 1, 6 ff.; *Flessner*, JZ 2002, S. 14, 20 f.

[903] Ebenso *Gündisch*, Rechtsschutz in der Europäischen Gemeinschaft, S. 139; *Buck*, Über die Auslegungsmethoden des Gerichtshofes der Europäischen Gemeinschaft, S. 152 ff. m.w.Nachw.; *Schulte-Nölke*, in: Schulze (Hrsg.), Auslegung europäischen Privatrechts und angeglichenen Rechts, S. 143, 157 ff.; *Frisch*, Die richtlinienkonforme Auslegung nationalen Rechts, S. 19 f; *Lutter*, JZ 1992, S. 593, 599. In keiner Entscheidung, soweit ersichtlich, hat der EuGH eine Auslegung expressis verbis vorgenommen und den Rückgriff auf andere Auslegungsmethoden unterlassen, *Grundmann*, Auslegung des Gemeinschaftsrechts, S: 200 f; ähnlich *Buck*, Über die Auslegungsmethoden des Gerichtshofes der Europäischen Gemeinschaft, S. 169 f.

[904] *Grundmann*, Auslegung des Gemeinschaftsrechts, S. 200 f.; 236 ff., ähnlich *Buck*, Über die Auslegungsmethoden des Gerichtshofes der Europäischen Gemeinschaft, S. 154.

vergleichs[905] hat der EuGH aus diesem Grund anerkannt, dass das Gemeinschaftsrecht über eine „eigene, besondere Terminologie" verfügt.[906] In bestimmten Fällen ist daher nicht auf den allgemeinen, üblichen oder speziellen Wortlaut einer Vorschrift abzustellen, sondern auf ihre spezielle gemeinschaftsrechtliche Bedeutung. Durch diese *autonome* Auslegung wird der Rückgriff auf das nationale Recht vermieden.[907] Im Einzelfall kann die autonome Auslegung sogar zu einer berichtigenden Auslegung, also zu einer Abweichung vom Wortlaut führen.[908]

b) Systematische und teleologische Auslegung unter Beachtung des Grundsatzes „Effet utile"

Der EuGH legt besonderes Gewicht auf die systematische und teleologische Auslegung. Danach ist jede Vorschrift „in ihrem Zusammenhang zu sehen und im Lichte des gesamten Gemeinschaftsrechts, seiner Ziele und seines Entwicklungsstandes zur Zeit der Anwendung der betreffenden Vorschrift auszulegen."[909]

Aus der Existenz von Richtlinien, den ihnen zugrundeliegenden Kompetenzvorschriften und den allgemeinen Grundsätzen des Gemeinschaftsrechts ergibt sich ein spezielles gemeinschaftsrechtliches Wertungsgefüge, in das die auslegungsbedürftige Vorschrift systematisch einzuordnen ist.[910] Auch die in den Privatrechtssystemen der Mitgliedstaaten enthaltenen übereinstimmenden Grundsätze können in die Auslegung des EuGH einfließen.[911]

---

[905] *Lutter*, JZ 1992, S. 593, 599 m.w.Nachw.; *Luttermann*, EuZW 1999, S. 401, 403 ff.; *Frisch*, Die richtlinienkonforme Auslegung nationalen Rechts, S. 22; *Rösler*, JuS 1999, S. 1084, 1088 m.w.Nachw.

[906] EuGH, Urteil vom 6.10.1982 - Rs. 283/81, Slg. 1982, 3415, Rn. 19 *(C.I.L.F.I.T. ./. Ministerio della Sanità)*.

[907] Z.B. EuGH, Urteil vom 19.3.1964, Rs. 75/63 (*Unger/Bedriifsvereniging*), Slg. 1964, S. 381 (397): „Nach alldem ist der Begriff „ein Arbeitnehmer oder ihm Gleichgestellter" vom Gemeinschaftsrecht her zu verstehen. Er erstreckt sich auf alle Personen, die in dieser Eigenschaft, gleichviel unter welcher Bezeichnung, von den verschiedenen Systemen des innerstaatlichen Sozialversicherungsrechts erfasst werden"; dazu Grundmann, Auslegung des Gemeinschaftsrechts, S. 208 ff.

[908] Beispiele bei *Schmidt*, RabelsZ 59 (1995), S. 569, 567 f.

[909] EuGH vom 6.10.1982 – Rs. 283/81, Slg. 1982, 3415, Rn. 20 (C.I.L.F.I.T. ./. Ministerio della Sanità).

[910] *Schmidt*, RabelsZ 59 (1995) S. 569, 577.

[911] Dazu *Schmidt*, RabelsZ 59 (1995) S. 569, 577.

Einen weitaus größeren Raum als die systematische Auslegung nimmt die teleologische Auslegung in der Rechtsprechung des EuGH ein.[912] Sie orientiert sich am objektiven Sinn und Zweck der Bestimmung.[913] Dabei ist vor allem ein gemeinschaftsrechtsspezifischer Grundsatz zu berücksichtigen, der als Grundsatz der Effektivität des Gemeinschaftsrechts (*effet utile*)[914] bezeichnet wird und der auch dem Völkerrecht bekannt ist.[915] Nach diesem Prinzip ist die betreffende Vorschrift so auszulegen, dass sie zugunsten des Gemeinschaftsrechts die maximale Wirkung entfalten kann. Grundsätzlich ist dabei das Gemeinschaftsrecht dem nationalen Recht gegenüber vorrangig.[916] Ausnahmen werden in Übereinstimmung mit dem völkerrechtlichen Auslegungsgrundsatz nur zugelassen, wenn sie durch das Gemeinschaftsrecht klar und eindeutig festgelegt werden. Gemäß dem Prinzip des *effet utile* sind solche Ausnahmen jedoch restriktiv auszulegen, damit die Effektivität des europäischen Rechts nicht durch ausufernde Annahme von Ausnahmetatbeständen beeinträchtigt werden kann.[917]

c) Historische Auslegung

Der historischen Auslegung, die sich in erster Linie an den Vorarbeiten zu einem Gesetz orientiert, kommt im Gemeinschaftsrecht eine geringere Bedeutung als beispielsweise im deutschen Recht zu.[918] Was die Entstehung des Primärrechtes betrifft, so liegt dies daran, dass die entsprechenden *travaux préparatoires* nicht veröffentlicht wurden.[919] Im Gegensatz dazu sind zum Sekundärrecht der

---

[912] Die Auswertung sämtlicher EuGH-Entscheidungen aus dem Jahr 1999 ergab, dass der EuGH die teleologische Auslegung doppelt so oft anwandte wie die systematische Auslegung, dazu *Dederichs*, Die Methodik des EuGH, S. 80 ff., S.90.

[913] Statt vieler *Beutler/Bieber/Pipkorn/Streil*, Die Europäische Union, Rn. 536.

[914] Zum *effet utile*: *Beutler/Bieber/Pipkorn/Streil*, Die Europäische Union, Rn. 158 m.w.Nachw.

[915] Vgl. *Bleckmann*, NJW 1982, S. 1177, 1180; *Herdegen*, Völkerrecht, Rn. 32.

[916] Z.B. EuGH, Urteil vom 9.3.1978, Rs. 106/77, Slg. 1978, 629 (Rn. 13 ff.) (*Simmenthal II*); dazu m.w.Nachw. *Röttgen*, Die Argumentation des EuGH, S. 145 ff.; *Koenig/Haratsch*, Europarecht, RZ 75.

[917] *Bleckmann*, NJW 1982, S. 1177, 1180 m.w.Nachw.

[918] *Dederichs*, Die Methodik des EuGH, S. 118 ff.: nur in etwa 6 % der EuGH-Entscheidungen aus dem Jahr 1999 verwandte der EuGH die historische Auslegung; vgl. außerdem *Grundmann/Riesenhuber*, JuS 2001, S. 529, 530.

[919] So auch *Gündisch*, Rechtsschutz in der Europäischen Gemeinschaft, S. 140; *Buck*, Über die Auslegungsmethoden des Gerichtshofes der Europäischen Gemeinschaft, S.143 ff., Einzelheiten bei *Grundmann*, Auslegung des Gemeinschaftsrechts, S. 241 ff.; *Frisch*, Die richtlinienkonforme Auslegung nationalen Rechts, S. 23 ff.; *Bleckmann*, NJW 1982, S. 1177, 1178 sieht darin, soweit das Primärrecht betroffen ist, eine „bewusste Entscheidung" des EuGH für eine rein objektive Auslegung sieht.

Gemeinschaft die Vorarbeiten in größerem Umfang zugänglich. Dennoch greift der EuGH nur selten und in der Regel ergänzend auf die von der Kommission verfasste Begründung, auf die Erwägungsgründe der ergangenen Rechtsakte oder auf andere Materialien zurück, um seine Auslegung zu stützen.[920]

3. Eignung der vom EuGH entwickelten Auslegungsgrundsätze als Orientierungshilfen für die staatlichen Gerichte

Der EuGH wendet in ständiger Rechtsprechung sowohl Auslegungsgrundsätze an, die bereits aus dem Völkerrecht bekannt sind, als auch (modifizierte) „klassische" Auslegungsregeln aus dem nationalen Recht. Einen breiten Raum in der Rechtsprechung des EuGH nimmt der Grundsatz der gemeinschaftsrechtskonformen Auslegung ein. Die Grenzen dieses Grundsatzes sowie des Interpretationsspielraumes bei seiner Anwendung hat der EuGH zumindest im Bereich der richtlinienkonformen Auslegung bis jetzt nicht eindeutig festgelegt.[921] Auch jenseits der richtlinienkonformen Auslegung hat der EuGH eine eindeutige Konkretisierung der von ihm angewandten Auslegungsmethoden bis jetzt unterlassen[922] und statt dessen stark einzelfallbezogen entschieden. Dies gilt im besonderen Maß für die teleologische Auslegung, die bei Auslegungsergebnissen, die den Vertragszielen entgegenstehen, ein wichtiges Korrektiv für die Anwendung des Gemeinschaftsrechts darstellt.[923] Sie hat sich im

---

[920] Zur Häufigkeit dieser Auslegungsmethode vgl. *Dederichs*, Die Methodik des EuGH, S. 118 ff. („nahezu bedeutungslos"; *Buck*, Über die Auslegungsmethoden des Gerichtshofes der Europäischen Gemeinschaft, S. 147 ff.; *Grundmann*, Auslegung des Gemeinschaftsrechts, S. 257 ff., *Schmidt*, RabelsZ 59 (1995), S. 569, 582 f.; *Lutter*, JZ 1992, S. 593, 599.

[921] *Schulze*, in: Schulze (Hrsg.), Auslegung europäischen Privatrechts und angeglichenen Rechts, S. 9, 15 f.

[922] Ähnlich auch *Schulze*, in: Schulze (Hrsg.), Auslegung europäischen Privatrechts und angeglichenen Rechts, S. 9, 12.

[923] Sie wird aus diesem Grund von der überwiegenden Meinung als „der mit Abstand wichtigste Auslegungsschritt" angesehen, bspw. *Schulte-Nölke*, in: Schulze (Hrsg.), Auslegung europäischen Privatrechts und angeglichenen Rechts, S. 143, 159 („das uneingeschränkte Primat der teleologischen Auslegung"), *Lutter*, JZ 1992, S. 593 (602); *Everling*, Unterwegs zur Europäischen Union, S. 291, 298, und *Schmidt*, RabelsZ 59 (1995), S. 569, 579 m.w.Nachw., letzterer mit dem Hinweis, dass der EuGH keine dogmatische Trennung zwischen Rechtsprechung und Rechtsfortbildung vornimmt. Dieses Modell entspricht sowohl der französischen Konzeption, *Schulze*, in: Schulze (Hrsg.), Auslegung europäischen Privatrechts und angeglichenen Rechts, S. 9 (12), als auch der britischen Lehre, *Hellert*, Einfluss des EG-Rechts, S. 203. Ablehnend gegenüber dieser Tendenz *Grundmann/ Riesenhuber*, JuS 2001, S. 529, 535. Zur Rolle der Rechtsfortbildung auch *Wagner*, Funktion und praktische Auswirkungen der richterlichen Vorlagen an den Gerichtshof der EG, S. 52 ff. und *Everling*, Unterwegs zur Europäischen Union, S. 385, 398 ff. ; *ders.*, Unterwegs zur Europäischen

Anwendungsbereich von EG-Richtlinien im wesentlichen an deren Begründungserwägungen sowie an den gemeinschaftsrechtlichen Vertragszielen, z.B. das reibungslose Funktionieren des Binnenmarktes, zu orientieren.[924] Problematisch ist der Rückgriff auf die Vertragsziele jedoch deshalb, weil die Europäische Union keine „erstarrte" Völkerrechtsgemeinschaft mit festgelegten Zielen, sondern eine Staatengemeinschaft darstellt, deren Zielsetzung dynamisch ist und von dem jeweiligen Stand der betroffenen Gemeinschaftspolitik abhängt.[925] Dies erschwert den staatlichen Gerichten die Vornahme der teleologischen Auslegung.[926]

Die spezifischen Ziele des Rechtsinstrumentes „Richtlinie", an denen sich die teleologische Auslegung ebenfalls orientieren soll, können außerdem widersprüchlich sein. So soll die Richtlinie einerseits zu einer Rechtsangleichung der mitgliedstaatlichen Rechtsordnungen führen. Andererseits soll gerade durch die Wahl des Instruments der Richtlinie und durch den damit einhergehenden Umsetzungsakt die dem nationalen Recht innewohnende Systematik gewahrt werden.[927] Die staatlichen Gerichte stehen nun vor der Frage, welches Ziel für sie das ausschlaggebende ist. Dies erschwert den Rückgriff auf die Zielsetzung der konkreten Richtlinie.[928]

Der grammatischen Auslegung kommt eine im Vergleich zum nationalen Recht modifizierte Bedeutung zu, da sämtliche Textversionen europäischer Rechtsakte in den offiziellen Sprachen der Mitgliedstaaten verbindlich sind.[929] Manches Auslegungsproblem löst der EuGH zugunsten des Textverständnisses, das sich in der Mehrzahl der sprachlichen Versionen wiederfindet.[930] Macht der Sachverhalt einen derartigen Vergleich der unterschiedlichen Textversionen erforderlich, ist fraglich, ob auch der staatliche Richter diese Aufgabe angesichts zeitlicher und persönlicher Grenzen bewältigen kann und will. Der britische Supreme Court of Judicature in the Appeal Court zum Beispiel hat in seinem Urteil vom 23.7.1999 den ausdrücklichen Hinweis des britischen Klägers auf die

---

Union, S. 448 ff.- *Beutler/Bieber/Pipkorn/Streil*, Die Europäische Union, Rn. 534 ordnet die Berücksichtigung der Vertragsziele nicht nur der teleologischen, sondern auch der systematischen Auslegung zu.

924 Ausführlich *Schmidt*, RabelsZ 59 (1995), S. 569, 579 ff.

925 *Schulte-Nölke*, in: Schulze (Hrsg.), Auslegung europäischen Privatrechts und angeglichenen Rechts, S. 143, 159; *Everling*, RabelsZ 50 (1986), S. 193, 207, 210.

926 *Everling*, RabelsZ 50 (1986), S. 193, 207.

927 *Frisch*, Die richtlinienkonforme Auslegung nationalen Rechts, S. 34.

928 *Everling*, RabelsZ 50 (1986), S. 193, 207, 210.

929 Zur Häufigkeit dieser Auslegungsmethode vgl. *Dederichs*, Die Methodik des EuGH, S. 64ff.

930 Nachweise bei *Frisch*, Die richtlinienkonforme Auslegung nationalen Rechts, S. 17 ff.

(weiter gefasste) deutsche Textversion der Handelsvertreterrichtlinie („Vermitteln“) und die (großzügigere) deutsche Rechtsprechung vollständig unberücksichtigt gelassen und einzig auf der Grundlage der (enger gefassten) englischen Version („To negotiate“) einen Ausgleichsanspruch des Klägers als unbegründet erachtet. [931] Im übrigen ist aber auch der EuGH selbst in dieser Hinsicht nicht immer ein gutes Vorbild, denn er weist der Rechtsvergleichung häufig nicht - oder zumindest nicht für den Leser erkennbar - die Rolle zu, die ihr gebührt.[932]

Die Auslegungsmethode des EuGH stellt sich insgesamt als stark einzelfallbezogenes und flexibles, im Wandel begriffenes Konzept dar, das sich primär an den Zielen der Gemeinschaft orientiert, was häufig auf Kosten einer nachvollziehbaren juristischen Methode geschieht. Zugunsten der teleologischen Argumente werden die grammatische sowie die systematische Auslegung vernachlässigt.[933] Da aber auch die Geschichte der Europäischen Union eine dynamische, in der Entwicklung stehende ist, ohne dass ein endgültiges, konkretes *telos* besteht[934], kann diese Orientierung nur bedingt hilfreich für die staatlichen Gerichte sein. Die Auslegungsgrundsätze sind darüber hinaus zum Teil ungenau oder variieren von einer auslegungsbedürftigen Vorschrift zur nächsten. Da sich der EuGH in seiner Rechtsprechungspraxis in Anlehnung an die angelsächsische Tradition von einem Fall zum nächsten „hangelt“, kann er nur schwer allgemeingültige Aussagen treffen.[935]

---

[931] Dazu mit weiteren Beispielen divergierender staatlicher Rechtsprechung *Sellhorst*, EWS 2001, S. 481. Auch den deutschen Gerichten wird eine starke Zurückhaltung bei der Verwendung der rechtsvergleichenden Methode bescheinigt, *Rösler*, JuS 1999, S. 1083, 1088 m.w.Nachw. Allgemein zum Rechtsvergleich durch Richter auch *Kötz*, JZ 2002, S. 257, 258.

[932] *Grundmann/Riesenhuber*, JuS 2001, S. 529, 533; *Remien*, RabelsZ 62 (1998), 6 S. 27, 646; kritisch auch *Schultz*, Die relative Autonomie des EuGH, S. 69.
Offenbar wird die Rechtsvergleichung zwar in den Urteilsberatungen des EuGH praktiziert, doch dies wird in der Urteilsbegründung nicht evident, *Everlings*, RabelsZ 50 (1986), S. 193, 211; *ders.*, ZEuP 1997, 796, 802; *Hirsch*, MDR 1999, S. 1, 3; ebenso *Rodríguez Iglesías*, NJW 1999, S. 1, 8. Tatsächlich verfügt der EuGH über eine eigene Forschungsabteilung, die mit der Sonderaufgabe betraut ist, rechtsvergleichende Untersuchungen für den Gerichtshof zu erstellen, *Rodríguez Iglesías*, NJW 1999, S. 1, 8.

[933] Vgl. Beispiele zur Unionsbürgerschaft bei *Hailbronner*, NJW 2004, S. 2185 ff.

[934] Ebenso *Everling*, RabelsZ 50 (1986), 193, 207, 210; *ders.*, in: Unterwegs zur Europäischen Union, S. 291, 293; *Röttgen*, Die Argumentation des EuGH, S. 58 ff.; ähnlich auch *Grundmann/Riesenhuber*, JuS 2001, S. 529, 531 f. Kritisch *Frisch*, Die richtlinienkonforme Auslegung nationalen Rechts, S. 46 f.

[935] *Wagner*, Funktion und Auswirkungen der richterlichen Vorlagen an den EuGH, S. 147; *Röttgen*, Die Argumentation des EuGH, S. 55; *Everling*, Unterwegs zur Europäischen Union, S. 291, 297 ; *Berger*, JZ 1999, S. 369, 372; *Biondi*, CLMR 1999, S. 1271, 1281: „...the Court

Insgesamt bestehen erhebliche Zweifel daran, dass die Auslegungsmethodik des EuGH für die staatlichen Gerichte eine große Hilfe darstellt. Diese Zweifel werden bei einer Betrachtung der Arbeitstechnik des EuGH noch verstärkt

4. Besondere Kritik an der Arbeitstechnik des EuGH

Der Transparenz der Urteilsfindung kommt für die Akzeptanz der Rechtsprechung des Gerichtshofes und für ihre Überzeugungskraft eine zentrale Bedeutung zu. Sind die Urteile aus der Sicht des staatlichen Richters unverständlich, so sind sie nicht als Orientierungshilfe geeignet.

Das Verständnis der EuGH-Urteile wird durch den knappen Begründungsstil seiner Rechtsprechung erschwert.[936] Zwar sind in der Regel die Ausführungen des Generalanwaltes, die ebenfalls veröffentlicht werden, hilfreich. Doch bei den häufig unbegründeten Abweichungen des EuGH von dessen Ausführungen wäre eine ausführlichere Darlegung der Entscheidungsgründe zum Verständnis erforderlich.[937] Auch bei inhaltlichen Abweichungen von der eigenen Rechtsprechung lässt der EuGH manche verständnisfördernde Begründung vermissen.[938] Selbst Argumentationsketten, die in der Beratung eine erhebliche Rolle gespielt haben, werden häufig nicht mitgeteilt.[939] Auch rechtspolitische und integrationspolitische Überlegungen werden in der Regel nicht sichtbar. Urteile

---

gets too involved in the facts of the case..." Ähnlich *Odersky,* ZEuP 1998, S. 485, 489 f.; *Stadler*, IPRax 2004, S. 2, 5 zur Auslegung von EUGVÜ bzw. EUGVO: „So bleibt statt systematischer Auslegung of eine reichhaltige, manchmal überraschende Kasuistik."

[936] Mit Beispielen *Everling*, Unterwegs zur Europäischen Union, 368, S. 370; 379; differenzierend aber *ders.*, ZEuP 1997, S. 796, 804 f. *Hailbronner*, NJW 2004, S. 2185, 2186 (zum Beispiel der Entscheidungen des EuGH über die Bedeutung der Unionsbürgerschaft): „Man kann nur rätseln, auf Grund welcher juristischen Methodik der EuGH dazu kommt, eine vorher klar getroffene Aussage [...] zu relativieren".

[937] Ebenso *Wagner*, Funktion und Auswirkungen der richterlichen Vorlagen an den EuGH, S. 170; *Everling*, Unterwegs zur Europäischen Union, 368, 379; *Steindoff,* ZHR 158 (1994), S. 149, 152;

[938] Ausführliche Nachweise mit differenzierter Bewertung bei *Röttgen*, Die Argumentation des EuGH, S. 95 ff., der zum Teil zwar Verständnis für die uneinheitliche Einbindung der Präjudizien durch den EuGH zeigt, sie insgesamt aber als „gravierenden Mangel" in der Entscheidungsbegründung des EuGH bezeichnet (S. 118). Weitere Beispiele für eine uneinheitliche Verwendung der Präjudizien im Bereich der Warenverkehrsfreiheit bei *Oliver*, EuZW 2001, S. 257. Auch *Everling*, Unterwegs zur Europäischen Union, S. 368, 379 f.; *Hailbronner*, NJW 2004, S. 2185 ff.

[939] *Schack,* ZZP 108 (1995), S. 47, 58; *Flessner*, ZEuP 2000, S. 1, 3.

der staatlichen Gerichte werden – mit Ausnahme der Stellungnahmen des vorlegenden Gerichts – nicht zitiert.[940]

Das Verständnis für die Entscheidungen des EuGH wird außerdem dadurch erschwert, dass sie von den jeweiligen Richterpersönlichkeiten geprägt sind und somit unterschiedlichen nationalen und persönlichen Einflüssen ausgesetzt sind, während die Verständigung der Richterpersönlichkeiten untereinander und die Abstimmung unter den verschiedenen Rechtsordnungen nur selten für den Leser offen zutage tritt.[941]

Verfahrenssprache ist außerdem jeweils die Sprache des Mitgliedstaates, der im Wege der Direktklage verklagt wird oder dessen Gericht eine Vorlagefrage eingereicht hat. Interne Arbeitssprache des EuGH ist das Französische. Alle Dokumente des Verfahrens werden in diese Sprache übersetzt. Berichte und Stellungnahmen der Richter sowie der Urteilsentwurf und schließlich das Urteil werden auf Französisch abgefasst und dann in die Verfahrenssprache rückübersetzt. In der Spruchpraxis des EuGH kann dieser Vorgang der Übersetzung und Rückübersetzung zu erheblichen Mängeln des Urteils führen.[942] Hierfür dient das Urteil „Brasserie du pêcheur“ [943]als prominentes Beispiel.[944] In diesem Urteil geht es (auch) um die „drittgerichtete Amtspflicht“. Dieser Begriff ist dem Französischen unbekannt und war daher durch eine erläuternde Umschreibung in die Amtssprache des EuGH zu übertragen. Bei der Rückübersetzung zwecks Veröffentlichung verwendete man – entsprechend der französischen Vorlage – nicht den Begriff der „drittgerichteten Amtspflicht“, sondern die Übersetzung der Umschreibung des Begriffes. Erst nach deutlicher Kritik des deutschen Schrifttums wurde schließlich der Fachbegriff eingesetzt.[945]

Die Vorgaben des EuGH sind aufgrund ihres zum Teil nur geringen Argumentationswertes für den Rechtsanwender nur schwer nachzuzeichnen und erfüllen ihren Zweck als Orientierungshilfe für den staatlichen Richter folglich nur eingeschränkt. [946]

---

[940] *Everling*, Unterwegs zur Europäischen Union, S. 368, 379.

[941] Dazu *Röttgen*, Die Argumentation des EuGH, S. 75; *Hirsch*, MDR 1999, S. 1, 2; *Martiny*, ZEuP 1998, S. 227, 238 f.; ähnlich *Everling*, Unterwegs zur Europäischen Union, S. S. 368, 382; *ders.*, ZEuP 1997, S. 796, 803 f.

[942] *Hirsch*, MDR 1999, S. 1, 2.

[943] EuGH , Urteil vom 5.3.1996 – Rs. C-46/93 und C – 48/93 („Brasserie du pecheur“).

[944] *Hirsch*, MDR 1999, S. 1, 2 m.weit.Nachw.

[945] *Hirsch*, MDR 1999, S. 1, 2.

[946] Ebenso *Kochs*, in: Schulze (Hrsg.), Auslegung europäischen Privatrechts und angeglichenen Rechts, S. 211, 214 ff.; *Schultz*, Die relative Autonomie des EuGH, S. 69; genauso

IV. Ergebnis

Die sachgerechte Anwendung von Normen völkerrechtlichen und gemeinschaftsrechtlichen Ursprungs stellt die staatlichen Gerichte vor eine komplexe, schwierige Aufgabe, da das supranationale Recht nicht selten mit Problemlösungen und Rechtsinstituten aufwartet, die einem anderen Rechtskreis entstammen oder neu entwickelt wurden und sich folglich nicht einfach in die nationale Rechtssystematik integrieren lassen.[947] Wie das Beispiel des UN-Kaufrechts gezeigt hat, ist eine einheitliche Rechtsanwendungspraxis im Bereich des Internationalen Warenkaufs trotz der Festlegung von Auslegungsgrundsätzen für völkerrechtliche Rechtsregeln in der Weimarer Vertragsrechtskonvention nur eingeschränkt zu verwirklichen.

Bei der Anwendung des Gemeinschaftsrechts bestehen infolge seines spezifischen Rechtscharakters, der das Gemeinschaftsrecht zwischen nationalem Recht und Völkerrecht ansiedelt, besondere Schwierigkeiten. Der EuGH hat die aus dem Völkerrecht und dem nationalen Recht bekannten Auslegungsgrundsätze modifiziert, um dieser Eigenart des Gemeinschaftsrecht gerecht werden zu können. Allerdings eignen sich diese modifizierten Auslegungsgrundsätze nur eingeschränkt als Orientierungshilfe für die staatlichen Gerichte bei der Anwendung von Normen gemeinschaftsrechtlichen Ursprungs. Vielmehr erweist sich die Auslegungsmethode des EuGH als stark einzelfallbezogenes, flexibles und ergebnisorientiertes Konzept, das dynamisch auf die vom jeweiligen Stand der Entwicklung abhängende Zielsetzung der Europäischen Gemeinschaft abstellt. Das Verständnis der Entscheidungen des EuGH wird außerdem dadurch erschwert, dass er einen knappen Begründungsstil pflegt, der Abweichungen von der eigenen Rechtsprechung oder von den Ausführungen des Staatsanwaltes zum Teil nicht kenntlich macht.

Angesichts dieser Defizite in den Auslegungsgrundsätzen und in der Arbeitstechnik des EuGH spricht vieles dafür, dass die Versuchung, die bei der Anwendung von europäisiertem Recht entstehende Normkonflikte nach nationalen Auslegungsgrundsätzen aufzulösen, deswegen groß ist, weil sich der Rechtsanwender dabei auf vertrautem Terrain mit weniger komplexen, ihm

---

Biondi, CMLRev 1999, S. 1271, 1277, in Bezug auf die Ausführungen des EuGH zum Gebot der Funktionsfähigkeit des Gemeinschaftsrechts: „vagueness and the lack of any real guidance which it provides to national courts...“; ähnlich *Schack*, ZZP 108 (1995), S. 47, 57 f.. *Hailbronner*, NJW 2004, S. 2185 ff. Relativierend *Schulze*, in: Schulze (Hrsg.), Auslegung europäischen Privatrechts und angeglichenen Rechts, S. 9, 13 f.; *Ehricke*, RabelsZ 95 (1995), S. 598, 642; *Steindorff*, ZHR 158 (1994) S. 149, 152; (aus österreichischer Perspektive) *Posch*, ZEuP 1998, S. 521 ff.; *Hailbronner*, NJW 2004, S. 2185 ff.

[947] *Brandner*, FS 50 Jahre Bundesgerichtshof, S. 299.

vertrauten Auslegungsgrundsätzen befindet.[948] Dieses Vorgehen kann jedoch vor allem dann zu widersprüchlichen Auslegungsergebnissen führen, wenn eine Norm gemeinschaftsrechtlichen Ursprungs dem Vorbild einer nationalen Regelung folgt, die in den übrigen Mitgliedstaaten unbekannt ist.[949]

In der Tat haben sich in der Praxis insbesondere bei der Rechtsangleichung durch Richtlinien erhebliche Unterschiede in der Auslegung und Anwendung des Gemeinschaftsrechts gezeigt.[950] Besondere Schwierigkeiten bei der Anwendung von Normen, die auf EG-Richtlinien beruhen, entstehen für das staatliche Gericht dann, wenn der Mitgliedstaat die Umsetzung der Richtlinie versäumt hat. In diesem Fall müssen die Gerichte das nationale Recht richtlinienkonform auslegen.[951] Die Richter stehen dabei vor der Frage, wie die EG-Richtlinie auszulegen ist und auf welche Weise ihre Vorgaben in das nationale Recht zu „übersetzen" sind. Dies stellt den Rechtsanwender vor eine besonders schwierige Aufgabe.[952] Auch die Anwendung primären Gemeinschaftsrechts, z.B. des Grundsatzes der Freiheit des Warenverkehrs oder des Diskriminierungsverbotes, erweist sich für den staatlichen Richter als hochkomplex und wirft zahlreiche Fragen auf, zum Beispiel, ob die Begriffe des Gemeinschaftsrechts immer autonom auszulegen sind oder auch nach dem nationalen Begriffsverständnis, wie das System und der Zweck des Gemeinschaftsrechts zu beschreiben sind oder ob historische Quellen im Einzelfall zur Auslegung herangezogen werden dürfen oder nicht.[953] Insgesamt erweisen sich die Anforderungen, die bei der Anwendung von Vorschriften gemeinschaftsrechtlichen Ursprungs an den Rechtsanwender gestellt werden, als ausgesprochen hoch. Bisher ist es dem EuGH nicht gelungen, durch einheitliche Auslegungsgrundsätze die Anwendung des Gemeinschaftsrechts zu vereinfachen. Es besteht daher grundsätzlich immer die Gefahr divergierender Anwendung des Gemeinschaftsrechts in den Mitgliedstaaten.

Auch die Kodifizierung eines europäischen Vertragsrechts kann folglich nicht sicherstellen, dass die Rechte und Pflichten eines Vertragsverhältnis in allen Mitgliedstaaten in der Praxis gleich beurteilt werden. Das Ziel einer solchen

---

[948] Ähnlich *Schmidt*, RabelsZ 59 (1995), S. 569, 572.
[949] Beispiele bei *Lutter*, JZ 1992, S. 593, 601.
[950] *Blaurock*, JZ 1994, 270, 274; Beispiele zur unterschiedlichen Auslegung und Anwendung des auf einer EG-Richtlinie beruhenden Handelsvertreterrechts bei *Sellhorst*, EWS 2001, S. 481 ff. Allgemein *Kötz*, ZEuP 1998, S. 493, 503.
[951] EuGH, Urteil vom 13.11.1990, Rs. C – 106/89 (Marleasing), Slg. 1990, S. I – 4135.
[952] *Brandner*, FS 50 Jahre BGH, S. 299, 308.
[953] Anschaulich *Kochs*, in: Schulze (Hrsg.), Auslegung europäischen Privatrechts und angeglichenen Rechts, S. 211, 214.

Kodifizierung, das aus der Angleichung der rechtlichen Rahmenbedingungen für internationale Transaktionen besteht, kann daher nicht erreicht werden.

C. Abhilfe durch das Vorlageverfahren?

Die nationalen Gerichte haben nach Art. 234 lit a EG das Recht und unter Umständen auch die Pflicht, bei Zweifeln über die Anwendung des Gemeinschaftsrechts den EuGH anzurufen und ihn um eine Entscheidung über die Auslegungszweifel zu bitten (Vorabentscheidungs- oder Vorlageverfahren). Es stellt sich die Frage, ob dieses Verfahren dazu geeignet ist, die Gefahr der divergierenden Auslegung eines auf europäischer Ebene angeglichenen Vertragsrechts für grenzüberschreitende Transaktionen zu reduzieren. Die Antwort auf diese Frage hängt auch davon ab, ob sich das Vorlageverfahren als effizient darstellt.

Die Effizienz des Vorlageverfahrens ist danach zu bewerten, ob durch das Vorlageverfahren dem nationalen Richter in angemessener Zeit eine ausreichend konkrete Antwort auf seine Auslegungsfragen gegeben werden kann. Erweist sich diese Forderung aufgrund bestehender Effizienzdefizite als unrealistisch, so kann die Gefahr divergierender Auslegung durch das Vorlageverfahren nicht beseitigt werden.

I. Bedürfnis für eine zentrale Auslegungsinstanz

Die aus völkerrechtlichen Regelwerken wie dem UN-Kaufrecht gewonnenen Erfahrungen machen den Bedarf für eine zentrale Auslegungsinstanz deutlich. Für die Wahrung der Rechtseinheit im europäischen Binnenmarkt ist die Existenz eines der einzelstaatlichen Rechtspflege übergeordneten Gerichts, das für Auslegungs- und Gültigkeitsfragen zuständig ist, unabdingbar. Dass auch auf Seiten der staatlichen Gerichte ein Bedürfnis dafür besteht, zeigen die Statistiken über die Inanspruchnahme des Vorabentscheidungsverfahrens. Die Erfolgsgeschichte des Verfahrens begann im Jahr 1961 mit dem ersten und in diesem Jahr noch einzigen Vorabentscheidungsersuchen, das von den Niederlanden eingereicht wurde.[954] Im Laufe der Jahrzehnte wuchs die Anzahl der Anträge an

---

[954] Jahresbericht des EuGH (2001), Rechtsprechungsstatistiken, Übersicht 17. Angeblich freute sich der EuGH zu diesem Zeitpunkt noch so über die erste Vorlage, die immerhin erst drei Jahre nach Inkrafttreten des EWG-Vertrages eintraf, dass er sie mit Champagner feierte, *Barnard/Sharpston*, CMLRev 1997, S. 1113, 1117.

den EuGH stetig. 1978 wurde die Anzahl von 100 Anträgen pro Jahr das erste Mal überschritten.[955] Mit 264 Anträgen im Jahr 1998 erreichte das Vorabentscheidungsverfahren seinen vorläufigen Höhepunkt und nahm dabei gegenüber dem Vorjahr um 10 % und gegenüber 1990 um 85 % zu.[956]

Im Jahr 2001 wurden 237 Vorabentscheidungsersuchen rechtshängig. Im Vergleich zu den übrigen Verfahren vor dem EuGH, der insgesamt 434 Neueingänge verzeichnete, macht das Vorabentscheidungsverfahren 42 % aller Verfahren vor dem EuGH aus. Berücksichtigt man die Verbindungen einzelner Rechtssachen wegen Sachzusammenhangs, machte das Vorabentscheidungsverfahren im Jahr 2001 knapp 40 % der gesamten Tätigkeit des EuGH aus.[957]

Dabei machen Fragen zur Auslegung von Normen gemeinschaftsrechtlichen Ursprungs einen großen Teil der Vorabentscheidungsersuchen aus. 19 % der richterlichen Vorlagen betreffen Fragen der Rechtsangleichung.[958]

Angesichts dieser positiven Bilanz wird die Einrichtung des EuGH und die Entwicklung des Vorabentscheidungsverfahrens als Erfolg der europäischen Integration verbucht.[959]

II. Grundlagen des Vorabentscheidungsverfahrens

Nach dem aktuellen Rechtsanwendungssystem der EG obliegt die Anwendung des europäischen Rechts primär den staatlichen Gerichten. Über die Einheitlichkeit dieser dezentralisierten Anwendung des Gemeinschaftsrechts durch die Mitgliedstaatlichen Träger des öffentlichen Rechts wacht der Gerichtshof der Europäischen Gemeinschaften (Art. 220 EG).[960] Primäre

---

[955] Jahresbericht des EuGH (2001), Rechtsprechungsstatistiken, Übersicht 17. Anmerkung: Die angegebenen Zahlen verstehen sich als Bruttoangaben, d.h. dass jede Rechtssache mit eigener Nummer unabhängig von ihrem Sachzusammenhang mit anderen Rechtssachen, mit denen sie im Verbund behandelt wird, als eine Rechtssache gezählt wird.

[956] Jahresbericht des EuGH (2001), Rechtsprechungsstatistiken, Übersicht 17.; vgl. auch Reflexionspapier des EuGH, S. 6.

[957] Jahresbericht des EuGH (2001), Rechtsprechungsstatistiken, Übersicht 1; Übersicht 17.

[958] Jahresbericht des EuGH (2001), Rechtsprechungsstatistiken, Übersicht 11.

[959] Z.B. *Remien*, ZfRV 1995, S. 116, 123; *Behrens*, RabelsZ 50 (1986), S. 19, 27.

[960] Das ergibt sich für den EG-Vertrag und für das auf seiner Grundlage ergangene Sekundärrecht aus dem Wortlaut des Art. 22 EGV. Entscheiden sich die Mitgliedstaaten gegen die Kodifizierung im Form einer Richtlinie oder Verordnung, sondern gehen den Weg eines multilateralen Abkommens zwischen den Mitgliedstaaten, kann dem EuGH eine Ausle-

Aufgabe des EuGH ist folglich die Wahrung der Rechtseinheit durch die Kontrolle der Auslegung des Gemeinschaftsrechts.[961]

Der Begriff des Gemeinschaftsrechts ist weit aufzufassen: Der EuGH judiziert über das primäre und sekundäre, geschriebene und ungeschriebene Gemeinschaftsrecht, über europäisches Gewohnheitsrecht und über seine eigene Rechtsprechung.[962] Folglich steht ihm das Auslegungsmonopol für Gemeinschaftsrecht zu.[963] Dem EuGH obliegt damit die Auslegung des Gemeinschaftsrechts, während die staatlichen Gerichte für die Anwendung des Gemeinschaftsrechts zuständig sind.[964] Im Wege der Vorabentscheidung entscheidet der Gerichtshof gemäß Art. 234 EG über die Auslegung und Gültigkeit dieses Vertrages. Bei diesem Verfahren handelt es sich nicht um ein Rechtsbehelfsverfahren, sondern um ein objektives Zwischenverfahren im Rahmen des Verfahrens vor dem staatlichen Gericht.[965] Zwischen dem vorlegenden Gericht und dem EuGH besteht folglich ein „Kooperationsverhältnis".[966]

Das vorlegende Gericht und die übrigen Gerichte, die in derselben Sache entscheiden müssen, sind an den Tenor der Entscheidung des EuGH gebunden.[967] Aus der Treuepflicht der Mitgliedstaaten folgt darüber hinaus, dass sämtliche Gerichte und Behörden der Mitgliedstaaten ebenfalls an diese Rechtsprechung gebunden sind. Möchte ein Gericht hingegen anders entscheiden als der Gerichtshof, so hat es eine Vorlage einzureichen.[968]

---

gungskompetenz durch ein zusätzliches Vertragsprotokoll eingeräumt werden, so geschehen beim EuGVÜ sowie beim EVÜ.

[961] Statt vieler zum Auftrag des EuGH: *Everling*, in: Unterwegs zur Europäischen Union, S. 291, 292.

[962] *Borchardt*, Der Europäische Gerichtshof, Art. 220, Rn. 5.

[963] *Everling*, RabelsZ 50 (1986), 193, 208; *Lenz*, DRiZ 1995, S. 215.

[964] In der Praxis ist diese Aufgabentrennung jedoch nicht immer so eindeutig, *Rodrìguez Iglesias*, Der Europäische Gerichtshof und die Gerichte der Mitgliedstaaten, S. 7 f.

[965] *Beutler/Bieber/Pipkorn/Streil*, Die Europäische Union, Rn. 592.

[966] *Everling*, in: Unterwegs zur Europäischen Union, S. 291, 294. Die Errichtung eines *obersten* Gerichtshofes hätte zu einem Hierarchieverhältnis zwischen dem EuGH und den nationalen Gerichten geführt. Bei Gründung der Europäischen Gemeinschaften war diese Konstruktion nicht durchsetzbar, so dass ihm eine dualistische Struktur, die zu einem Kooperationsverhältnis zwischen den mitgliedstaatlichen Gerichten und dem EuGH geführt hat, vorgezogen wurde, *Brück*, Das Vorabentscheidungsverfahren vor dem Europäischen Gerichtshof, S. 29.

[967] Dazu *Lenz*, DRiZ 1995, S. 215, 217.

[968] Dazu *Everling*, Unterwegs zur Europäischen Union, S. 291, 307.

III. Erstes Effizienzdefizit: die überlange Verfahrensdauer des Vorabentscheidungsverfahrens

Aufgrund der Verfahrensdauer des Vorabentscheidungsverfahrens bestehen erhebliche Zweifel an seiner Effizienz. Die Kehrseite des Erfolgs des Vorlageverfahrens zeigt sich nämlich in einer Verlängerung der Verfahrensdauer dieses Verfahrens um ein Vielfaches.

1. Folgen überlanger Verfahrensdauer

Es ist zunächst zu untersuchen, wie sich die überlange Dauer eines Verfahrens auf den geltendgemachten Anspruch und auf die Durchführung des Rechtstreites auswirkt.

Die überlange Dauer eines Verfahrens führt außer zu ansteigenden Kosten für die Durchführung des Zivilprozesses dazu, dass das Urteil für mindestens eine Partei, nämlich der klägerischen, „entwertet" wird.[969] Die Gründe für diese Entwertung liegen auf der Hand: Die Unsicherheit über den Ausgang des Prozesses (auch in zeitlicher Hinsicht) und die bis zum Prozessausgang hinausgeschobene Möglichkeit, die eingeklagte Summe für Investitionen einzusetzen, gewinnbringend anzulegen oder zur Abzahlung von Krediten zu verwenden, verhindern die Nutzung des klägerischen Kapitals. Schäden, deretwegen Ansprüche auf Schadensersatz entstehen, sind zunächst aus eigener Tasche oder durch Versicherungen zu bezahlen. Wegen des brachliegenden Kapitals erhöht sich die Insolvenzgefahr auf Seiten des Klägers und auf Seiten des Beklagten, was zu einer vollständigen Aushöhlung der klägerischen Forderung führt.[970] Zudem steigert eine lange Verfahrensdauer die jedem Zivilprozess innewohnenden Beweisschwierigkeiten, da ein streitiger Sachverhalt umso schwerer bewiesen werden kann, je größer der Zeitraum zwischen dem streitgegenständlichen Geschehen und der Beweisaufnahme ist. Die Gefahr überlanger Verfahrensdauer wirkt folglich abschreckend und kann den Kläger davon abhalten, berechtigte Ansprüche überhaupt gerichtlich geltend zu machen.[971]

---

[969] *Schmidtchen*, in: ders./Weth (Hrsg.), Der Effizienz auf der Spur, S. 23.
[970] *Schlette*, Der Anspruch auf gerichtliche Entscheidung in angemessener Frist, S. 14; *Gerking*, in: ders./Weth (Hrsg.), Der Effizienz auf der Spur, S. 38 ff.
[971] *Gerking*, in: ders./Weth (Hrsg.), Der Effizienz auf der Spur, S. 38 ff.

Eine überlange Verfahrensdauer kann somit die klägerische Forderung in einem solchen Umfang entwerten, dass sich der für ihre Geltendmachung betriebene Aufwand nicht mehr zu lohnt.

2. Dauer des Vorabentscheidungsverfahrens

Fraglich ist, ob das Vorabentscheidungsverfahren eine „überlange" Verfahrensdauer aufweist.

Da es sich um ein Zwischenverfahren handelt, ist die Dauer des Verfahrens zu der Dauer des staatlichen Instanzenzuges zu addieren. Derzeit ist bei Vorabentscheidungsersuchen mit einer Verfahrensdauer von durchschnittlich 22,7 Monaten zu rechnen. Bei ca. 27 Vorabentscheidungsersuchen hat im Jahr 2001 die Verfahrensdauer sogar 27 Monate überschritten.[972]

In Deutschland dauert das (durch streitiges Urteil beendete) erstinstanzlich geführte Verfahren vor dem Amtsgericht im Durchschnitt 6,5 Monate [973], vor dem Landgericht 10,8 Monate.[974] Für eine Berufungssache vor dem Landgericht ergibt sich eine durchschnittliche Gesamtdauer des Verfahrens von 15,3 Monaten, während das gesamte Verfahren bei einer Berufung vor dem Oberlandesgericht 25 Monate in Anspruch nimmt.[975]

Daraus ergibt sich, dass in Deutschland die Verfahrensdauer des Vorabentscheidungsverfahrens die Dauer eines Zivilverfahrens ungefähr verdoppelt. Aus Sicht des Unternehmers bedeutet dies, dass er bei der Geltendmachung eines vertraglichen Anspruches durch zwei Instanzen mit einer richterlichen Vorlage etwa 37 Monate (Berufung vor dem Landgericht) oder knapp 48 Monate (Oberlandesgericht) auf das streitige Urteil warten muss, also je nach den Umständen des Einzelfalls zwischen drei und vier Jahren, gegebenfalls auch fünf Jahre.[976]

---

972 Jahresbericht des EuGH (2001), Rechtsprechungsstatistiken, Grafik I.

973 Arbeitsunterlage des Statistischen Bundesamtes, Zivilgerichte (2000), S. 26.

974 Arbeitsunterlage des Statistischen Bundesamtes, Zivilgerichte (2000), S. 50.

975 Verfahrensdauer jeweils wiederum für Beendigung durch streitiges Urteil, Quelle: Arbeitsunterlage des Statistischen Bundesamtes, Zivilgerichte (2000), S. 68 und 88.

976 Ebenso *Heß*, ZZP 108 (1995), S. 57, 101.

3. Ergebnis

Gerade im Handelsverkehr ist man auf rasche Konfliktlösungen angewiesen, bei deren Fehlen es zu einer Entwertung der eingeklagten Forderung kommt.[977] Die Verfahrensdauer von drei bis vier Jahren, die sich bei einer Entscheidung durch den Bundesgerichtshof noch verlängern kann, ist zu lang und reduziert die Effizienz des Konzepts des Vorabentscheidungsverfahrens erheblich.[978] Wünschenswert wäre eine ungefähre Verfahrensdauer von höchstens einem halben bis zu einem Jahr. [979]

Die Aussicht auf eine derartige Verfahrensdauer wird Unternehmen in der Regel davon abhalten, den Klageweg einzuschlagen.[980] Außerdem besteht die Gefahr, dass bis zur endgültigen Klärung der Vorlagefrage andere Gerichte divergierende Urteile fällen können, so dass sich die Ungewissheiten potenzieren.

Das Effizienzdefizit der überlangen Verfahrensdauer hat bereits auf europäischer Ebene Beachtung gefunden. Eine von der Kommission eingesetzte „Reflexionsgruppe über die Zukunft des Gerichtssystems der Gemeinschaften"[981] kommt zu dem Ergebnis, dass die Gemeinschaftsgerichte „seit Ende 1998 nicht mehr in der Lage sind, die ständige Zunahme von Streitsachen zu bewältigen und die ihnen übertragenen Rechtssachen binnen einer angemessenen Frist zu bewältigen."[982] Die Kommission schließt sich dieser Auffassung an und stellt fest, „dass die heutigen Strukturen nicht mehr zeitgemäß sind und eine großangelegte Reform unumgänglich ist, wenn die Gemeinschaft als Rechts-

---

[977] Die überlange Verfahrensdauer kann zudem auch aus Rechtsschutzgründen von Bedeutung sein, vgl. die Untersuchung bei *Brück*, Das Vorabentscheidungsverfahren vor dem Europäischen Gerichtshof als Bestandteil des deutschen Zivilprozesses: Rechtsschutzhemmendes Integrationsproblem oder kohärente Rechtsschutzerweiterung? (2001); auch: *Heß*, ZZP 108 (1995), S. 57, 102 ff.. Allgemein zur Rechtsverhinderung durch überlange Verfahrensdauer: *Lansnicker/Schwirtzek*, NJW 2001, S. 1969 ff.

[978] Bereits *Voss*, CMLRev 1993, S. 1119 ff. (bezogen auf eine durchschnittliche Vorlagedauer von 18 Monaten), ebenso *Joerges/Brüggemaier*, in: Müller-Graff (Hrsg.), Gemeinsames Privatrecht in der Europäischen Gemeinschaft, 301, 356; *Schmid*, JZ 2001, S. 674, 679.

[979] Ähnlich *Everling*, Das Vorabentscheidungsverfahren vor dem Gerichtshof der Europäischen Gemeinschaften – Praxis und Rechtsprechung, S. 60, der darauf hinweist, dass in den vergangenen Zeiten angemessener Belastung des EuGH eine Vorlage innerhalb von acht Monaten entschieden werden konnte.

[980] *Everling*, Unterwegs zur Europäischen Union, S. 332, 334.

[981] Den Bericht nahm die Reflexionsgruppe am 18./19.1.2000 an. Er ist abgedruckt in: Beilage zur NJW, Heft 19/2000 oder zur EuZW Heft 9/2000.

[982] Reflexionsgruppe der EG-Kommission, Bericht vom 18./19.1.2000, NJW 19/2000, Sonderbeilage, S. 6.

gemeinschaft nicht in Gefahr gebracht werden soll."[983] Mit der zu erwartenden Osterweiterung der Europäischen Union wird außerdem die Zahl der Vorlagen sowie der übrigen Rechtssachen weiter steigen. Die Prognose einer zumindest mittelfristigen[984] weiteren Verfahrensverlängerung kann also mit hinreichender Sicherheit gestellt werden.

IV. Zweites Effizienzdefizit: Der Ablauf des Verfahrens

Ein weiteres Effizienzdefizit könnte sich aus dem Ablauf des Vorabentscheidungsverfahrens ergeben. Der Verfahrensablauf richtet sich im wesentlichen nach der Verfahrensordnung des EuGH (EuGH-VO)[985]

Kritik wird vor allem am Verhältnis zwischen Europäischem Gerichtshof und vorlegendem Gericht geübt. In diesem Zusammenhang spricht man von einem „Kooperationsverhältnis", das zwischen den nationalen Gerichten und dem EuGH herrschten soll und in dessen Rahmen „staatliches Gericht und Gerichtshof – jeweils in den Grenzen der eigenen Zuständigkeit [...] gemeinsam und unmittelbar zur Rechtsfindung beizutragen haben"[986]. Ab dem Zeitpunkt, in dem die Vorlagefrage vorgelegt wird, besteht jedoch zwischen dem vorlegenden Gericht und dem EuGH kaum eine Möglichkeit zum Dialog. Der EuGH kann somit den Inhalt eines unklaren Vorlagebeschlusses nicht klären lassen, während das vorlegende Gericht auf den Gang des Vorabentscheidungsverfahrens nur in beschränktem Umfang Einfluss nehmen kann.[987] Die Kooperation zwischen

---

[983] Ergänzender Beitrag der Kommission zur Regierungskonferenz über die institutionellen Reformen – Reform des Gerichtssystems der Gemeinschaft, S. 2.

[984] Erfahrungsgemäß wird in einem neuen Mitgliedstaat eine gewisse Übergangszeit benötigt, bevor er Vorlagen und andere Rechtssachen in größerer Zahl dem EuGH vorlegt, Reflexionspapier des EuGH: Die Zukunft des Gerichtssystems der Europäischen Union, S. 7; Reflexionsgruppe der EG-Kommission, Bericht vom 18./19.1.2000, NJW 19/2000, Sonderbeilage, S. 6; *Lenz*, DRiZ 1995, S. 215, 219. Instruktiv zu den im Zusammenhang mit der Osterweiterung aufgeworfenen Sonderfragen: *Isak*, EuR 1998 - Beiheft 1, 73 ff.

[985] Verfahrensordnung des EuGH vom 19.6.1991, ABl. Nr. L 176/7, ber. ABl. 1992 Nr. L 383/117; geändert am 21.2.1995, ABl. Nr. L 44/61 vom 28.2. 1995 und am 11.3.1997, ABl. Nr. L 103/1 v. 19.4.1997, ber. ABl. Nr. L 351/72 vom 23.12.1997.

[986] Z.B. *Reflexionspapier des EuGH*: Die Zukunft des Gerichtssystems der Europäischen Union, S. 28. Rodrìguez Iglesias, Der Europäische Gerichtshof und die Gerichte der Mitgliedstaaten – Komponenten der Richterlichen Gewalt in der Europäischen Union, S. 3 und S. 7; *Barnard/Sharpston*, CMLRev 1997, S. 1113, 1116 m.w.Nachw.; *Heß*, ZZP 108 (1995), 57, S. 66 f.; *Odersky*, ZEuP 1998, S. 485, 489.

[987] *Everling*, Das Vorabentscheidungsverfahren vor dem Gerichtshof der Europäischen Gemeinschaften – Praxis und Rechtsprechung, S. 7 Das Vorabentscheidungsverfahren vor

Vorlagegericht und Gerichtshof ist jedoch für das Gelingen des Vorabentscheidungsverfahrens von erheblicher Bedeutung[988], da andernfalls die konkreten Auslegungsfragen des staatlichen Gerichts nicht geklärt werden können.

Die Parteien des Ausgangsverfahrens, die Mitgliedstaaten, die Europäische Kommission und der Rat können sich indes nur einmal durch Schriftsatz innerhalb von zwei Monaten äußern.[989] Die Einhaltung der Zwei-Monatsfrist ist die einzige Möglichkeit, sich vor der mündlichen Verhandlung zu äußern. Jedoch kann eine angemessene Stellungnahme in der Regel erst nach Kenntnisnahme der Äußerung der Kommission abgegeben werden. [990] Das Vorabentscheidungsverfahren stellt indes kein kontradiktorisches schriftliches Verfahren dar, in dem eine Erwiderung auf die Schriftsätze anderer Beteiligter vorgesehen wäre. Eine Reaktion auf das Vorbringen der Beteiligten ist somit erst in der mündlichen Verhandlung möglich.[991] Dies erschwert die sachgerechte und angemessene Verhandlung durch die Beteiligten.

Auch für den europäischen Richter birgt der Verfahrensablauf Schwierigkeiten. Durch die erforderliche Berichterstattung des Generalanwaltes liegen insbesondere bei komplexen Fragestellungen oft mehrere Monate zwischen der mündlichen Verhandlung und der Urteilsberatung. Der unmittelbare Eindruck des Richters von der mündlichen Verhandlung verblasst in der Zwischenzeit; der Richter muss die für die Wiedereinarbeitung notwendige Zeit aufbringen.[992] Auch dies führt zu einer Verfahrensverlängerung und erschwert im übrigen die sachgerechte Entscheidung des EuGH.

---

dem Gerichtshof der EG, S. 745; *Wagner*, Funktion und praktische Auswirkungen der richterlichen Vorlagen an den Gerichtshof der EG, S. 42

[988] Zu Recht *Wagner*, Funktion und praktische Auswirkungen der richterlichen Vorlagen an den Gerichtshof der EG, S. 42. Ähnlich *Heß*, ZZP 108 (1995), S. 57, 66.

[989] Art. 130 § 1 EuGH-VO i.V.m. Art. 20 des Protokolls über die Satzung des Gerichtshofes der Europäischen Gemeinschaften.

[990] *Everling*, Das Vorabentscheidungsverfahren vor dem Gerichtshof der Europäischen Gemeinschaften – Praxis und Rechtsprechung, S. 74.

[991] *Wagner*, Funktion und praktische Auswirkungen der richterlichen Vorlagen an den Gerichtshof der EG, S. 45.

[992] Aus eigener Erfahrung *Everling*, Unterwegs zur Europäischen Union, S. 403, 408.

V. Drittes Effizienzdefizit: Unterschiedliche Vorlagepraxis der Mitgliedstaaten und fehlenden Sanktionsmöglichkeiten auf nationaler und europäischer Ebene

Bedenken gegen die Effizienz des Vorlageverfahrens ergeben sich auch weiterhin daraus, dass in den Mitgliedstaaten eine divergierende Vorlagepraxis der einzelstaatlichen Gerichte herrscht.[993]

1. Das System der Vorlagepflicht

Zur Verdeutlichung ist das System der Vorlagepflicht kurz darzustellen: Einzelstaatliche Gerichte, deren Urteile mit Rechtsmitteln angegriffen werden können, haben ein Vorlage*recht*. Bei Urteilen, die nicht mehr angegriffen werden können, besteht eine Vorlage*pflicht*.[994]

Nach der vom französischen Conseil d'Etat entwickelten sogenannten „Acte-claire"-Doktrin besteht die Vorlagepflicht dann nicht, wenn kein vernünftiger Zweifel an der Gültigkeit oder an der Auslegung der betroffenen gemeinschaftsrechtlichen Norm besteht.[995] Der EuGH hat in seinem Urteil *C.I.L.F.I.T.*[996] zu dieser Doktrin Stellung genommen und sie in ihrem Anwendungsbereich stark eingeschränkt: Hat der EuGH einen gleichartigen Fall bereits entschieden oder eine gesicherte Rechtsprechung zu einem Problem entwickelt, entfällt die Vorlagepflicht. Gleiches gilt bei fehlender Entscheidungserheblichkeit der Frage.

---

993 Früh bereits *Everling*, RabelsZ 50 (1986), S. 193, 208; *ders.*, Das Vorabentscheidungsverfahren vor dem Gerichtshof der Europäischen Gemeinschaften – Praxis und Rechtsprechung, S. 76 f.; *Hirte,* Wege zu einem europäischen Zivilrecht, S. 41 ff.; *Timme*, ZRP 2000, S. 301, 302; ebenso zumindest für kleine verbraucherrechtliche Streitigkeiten *Remien*, JZ 1992, S. 277, 280.

994 Dies entspricht der heute gängigen sogenannten funktionalen bzw. konkreten Betrachtungsweise, nach der nicht nur die letztinstanzlichen Gerichte zur Vorlage verpflichtet sind, *Wagner*, Funktion und praktische Auswirkungen richterlicher Vorlagen an den Gerichtshof der EG, S. 38 m.w.Nachw. Eine Vorlagepflicht eines Untergerichts kann sich zusätzlich auch dann ergeben, wenn es eine europäische Vorschrift für ungültig hält und sie aus diesem Grund nicht anwenden möchte. Da das nationale Gericht keine Verwerfungskompetenz für gemeinschaftsrechtliche Vorgaben besitzt, muss es in diesem Fall die Vorschrift dem EuGH vorlegen, *EuGH,* Urteil vom 22.10.1987, Rs. 314/85, Slg. 1987, S. 4199, Rn. 15 ff. (*Foto-Frost/Hauptzollamt Lübeck-Ost)*

995 *Heß*, ZZP 108 (1995), S. 57, 80.

996 EuGH, Urteil vom 06.10.1982, Rs. 283/81, Slg. 1982, 3415 (*C.I.L.F.I.T.)*

Anderenfalls kann nur dann von der Vorlage abgesehen werden, wenn die Anwendung des Gemeinschaftsrechts *„derart offenkundig ist, dass für einen vernünftigen Zweifel keinerlei Raum besteht“*.[997] Das ist nur dann der Fall, wenn für alle Gerichte der übrigen Mitgliedstaaten und für den EuGH selbst die gleiche Gewissheit bestünde, d.h. wenn alle Mitgliedstaaten und der EuGH die betreffende Vorschrift genauso auslegen würden. Diese Restriktion der „Acte-claire“-Doktrin hat dazu geführt, dass die Vorlagepflicht faktisch nur dann entfällt, wenn eine gesicherte EuGH-Rechtsprechung zu einer identischen Frage in einem gleichwertigen Sachverhalt besteht.[998] Die Beantwortung der Frage nach der Vorlagepflicht erfordert folglich eine Auslegung in Verbindung mit einer rechtsvergleichenden Recherche und Analyse des ausländischen Materials.[999] In der Konsequenz handelt es sich bereits bei der Beurteilung, ob Zweifel bestehen, wiederum um eine Rechtsfrage, über die der EuGH zu entscheiden hat.[1000] Zu einer Zurückweisung einer richterlichen Vorlage durch den EuGH mit der Begründung, die Rechtslage sei klar, ist es übrigens, soweit ersichtlich, noch nicht gekommen.[1001]

2. Unterschiedliche Vorlagepraxis in den Mitgliedstaaten

Die Vorlagebereitschaft der staatlichen Gerichte im Verhältnis zu den Einwohnerzahlen ist unterschiedlich stark ausgeprägt.[1002] Deutschland und die Beneluxländer gelten als besonders „vorlagefreudig“, während aus

---

[997] EuGH, Urteil vom 06.10.1982, Rs. 283/81, Slg. 1982, 3415 (*C.I.L.F.I.T.)*

[998] *Hirte*, Wege zu einem europäischem Zivilrecht, S. 48 f., führt dazu aus: „Nimmt man dies [die Vorgaben des EuGH, Anm. d.Verf.] wörtlich, lässt sich kaum eine Frage des Gemeinschaftsrechts vorstellen, in der die Zuständigkeit des EuGH als einer Art Divergenzinstanz **nicht** gegeben wäre.“. Instruktiv zur Rechtsprechung des EuGH in dieser Frage auch *Barnard/Sharpston*, CMLRev 1997, S. 1113, 1125 ff. und *Heß*, ZZP 108 (1995), S. 57, 80 ff.

[999] EuGH, Urteil vom 6.10.1982, Rs. 283/81, Slg. 1982, 3425 (*C.I.L.F.I.T.)*, Rn. 16 ff. Dazu *Borchardt*, Der Europäische Gerichtshof, Art. 234, Rn. 41; *Röttgen*, Die Argumentation des EuGH, S. 93 f.; *Hirte*, Wege zu einem europäischen Zivilrecht, S. 49; *Vogel*, RabelsZ 65 (2001), S. 591, 608.

[1000] *Joerges/Brüggemeier,*, in: Müller-Graff (Hrsg.), Gemeinsames Privatrecht in der Europäischen Gemeinschaft, S. 301, 355.

[1001] *Wagner*, Funktion und Auswirkungen richterlicher Vorlagen an den Gerichtshof der EG, S. 40.

[1002] *Everling*, RabelsZ 50 (1986), S. 193, 208; *ders.*, Das Vorabentscheidungsverfahren vor dem Gerichtshof der Europäischen Gemeinschaften – Praxis und Rechtsprechung, S. 76 f.; *Hirte,* Wege zu einem europäischen Zivilrecht, S. 41 ff.; *Timme*, ZRP 2000, S. 301, 302; auch *Blaurock*, JZ 1994, S. 270, 275; ebenso zumindest für kleine verbraucherrechtliche Streitigkeiten *Remien*, JZ 1992, S. 277, 280

Großbritannien nur vergleichsweise wenige Vorlagen kommen.[1003] Unterschiede bestehen ebenfalls innerhalb der verschiedenen Gerichtszweige. In Deutschland zum Beispiel legen die ordentlichen Gerichte, die im Verhältnis zu den übrigen Gerichtszweigen die Mehrheit darstellen, eine deutliche Zurückhaltung an den Tag. Den weitaus größten Anteil haben die Finanzgerichte, gefolgt von der Verwaltungsgerichtsbarkeit.[1004] Der Bundesgerichtshof als oberstes Zivilgericht zeichnet sich hingegen nicht durch eine besondere Vorlagefreude aus.[1005] Es spricht sogar einiges dafür, dass der Bundesgerichtshof in einigen Fällen in der Vergangenheit darauf verzichtet hat, Vorabentscheidungsersuchen einzureichen, obwohl eine Vorlagepflicht bestanden hat.[1006]

3. Mögliche Gründe für die Verletzung der Vorlagepflicht

Für die Nichteinhaltung der Vorlagepflicht und die daraus resultierende unterschiedliche Vorlagepraxis kommen mehrere Gründe in Betracht.

Eine Ursache für die Tendenz der staatlichen Gerichte, ein Vorabentscheidungsverfahren nicht zu betreiben, liegt mit großer Wahrscheinlichkeit in der abschreckenden Wirkung der langen Verfahrensdauer.[1007] Zu einer weiteren

---

[1003] Statistiken des EuGH, Übersicht 18.

[1004] *Gündisch*, Rechtsschutz in der Europäischen Gemeinschaft, S. 93.

[1005] Der Bundesfinanzhof hat im Jahr 2001 185 Vorabentscheidungsanträge gestellt, während der Bundesgerichtshof lediglich 82 Vorlagen gemacht hat, siehe den Jahresbericht des EuGH (2001), Rechtsprechungsstatistiken, Übersicht 18. Zwischen 1974 und 1994 hat der II. Zivilsenat des BGH überhaupt keine Vorlage eingereicht, *Hirte*, Wege zu einem europäischen Zivilrecht, S. 41. Auch Everling, Das Vorabentscheidungsverfahren vor dem Gerichtshof der Europäischen Gemeinschaften – Praxis und Rechtsprechung, S. 76 f. Wohlwollender aber *Rodrìguez Iglesìas,* Der europäische Gerichtshof und die Gerichte der Mitgliedstaaten – Komponenten der Richterlichen Gewalt in der Europäischen Union, S. 1 (aus Anlass des 50-jährigen Jubiläums des Bundesgerichtshofes)

[1006] Nachweise bei *Everling*, Das Vorabentscheidungsverfahren vor dem Gerichtshof der Europäischen Gemeinschaften – Praxis und Rechtsprechung, S. 76 f..; vgl. im übrigen auch: *ders.*, Unterwegs zur Europäischen Union, S. 294 und S. 334; *Basedow,* AcP 200 (2000), S. 445, 465 f.; *ders.,* EuZW 1996, S. 97; *Lipp,* NJW 2001, S. 2657, 2658; *Beutler/ Bieber/Pipkorn/Streil*, Die Europäische Union, Rn. 178; *Rodrìguez Iglesias*, Der Europäische Gerichtshof und die Gerichte der Mitgliedstaaten – Komponenten der Richterlichen Gewalt in der Europäischen Union, S. 25; *ders.*, NJW 1999, S. 1, 4; *Rösler*, ZRP 2000, S. 52, 55. Einschränkend *Odersky,* ZEuP 1998, S. 485, 489.

[1007] *Voss*, CMLRev 1993, S. 1119, 1124; *Everling,* Das Vorabentscheidungsverfahren vor dem Gerichtshof der Europäischen Gemeinschaften – Praxis und Rechtsprechung, S. 73; 76 f.; *ders.*; Unterwegs zur Europäischen Union, S. 332, 334, *ders.;* Unterwegs zur Europäischen

Verlängerung der Verfahrensdauer führt, dass die Beurteilung der Vorlagepflicht nach den Vorgaben des EuGH eine zeitintensive rechtsvergleichende Bewertung der Rechtsprechungspraxis *sämtlicher* Mitgliedstaaten erfordert, um zu klären, ob die Ausnahme der „Acte-Claire"-Doktrin eingreift.[1008] Die Rechtsvergleichung spielt in der Entscheidungspraxis der Gerichte und in der Ausbildung der Richter jedoch bisher eine geringe Rolle.[1009] Der staatliche Richter wäre daher einer erheblichen zeitlichen Belastung ausgesetzt. Zudem ist die Infrastruktur der staatlichen Gerichte für eine rechtsvergleichende Untersuchung nicht immer ausreichend: Eine adäquate Ausstattung auch der unterinstanzlichen Gerichte mit fremdsprachlicher Sachliteratur, Zugang zu Datenbanken mit gemeinschaftsweiter Rechtsprechung oder zum Internet sind keine Selbstverständlichkeit.[1010] Dies erschwert dem Richter die Prüfung seiner Vorlagepflicht.

Außerdem ist der europäische Ursprung von Rechtsnormen für den Rechtsanwender nicht ohne weiteres ersichtlich, so dass er sich der Anwendung von Gemeinschaftsrecht nicht immer bewusst ist.[1011]

Nicht zuletzt mag auch ein weiterer Grund ursächlich für die Verletzung der Vorlagepflicht sein: Allgemein herrscht eine erhebliche Unzufriedenheit mit der Qualität und Aussagekraft der Rechtsprechung des EuGH. Dies betrifft vor allem den Bereich des Privatrechts.[1012] Angesichts der Länge des Vorlageverfahrens ist es deshalb leicht nachzuvollziehen, dass die nationalen Richter von einer Vorlage absehen, von der sie befürchten, sie könne „erfolglos" sein. Dabei handelt es sich lediglich um die Reaktion der staatlichen Gerichte auf die Ineffizienz dieses Verfahrens.

Union, S. 403, 407.; *Meier*, EuZW 1990, S. 81, 83; ähnlich auch *Odersky*, ZEuP 1998, S. 485, 489.

[1008] *Schulze*, in: Schulze (Hrsg.), Auslegung des europäischen Rechts, S. 9, 16 ff.; *Hirte*, Wege zu einem europäischem Zivilrecht, S. 48 f.

[1009] *Remien*, JZ 1992, S. 277, 280; die Bedeutung der Rechtsvergleichung bereits in der Ausbildung europäischer Juristen betont auch *Coing*, NJW 1990, 9 S. 37, 940.

[1010] *Kochs*, in: Schulze (Hrsg.), Auslegung des europäischen Rechts, S. 211, 212 f.. Ähnlich auch *Hirte*, Wege zu einem Europäischem Zivilrecht, S. 46 ff.

[1011] *Voss*, CMLRev 1993, 1119, 1124; *Rodriguez Iglesias*, NJW 1999, S. 1,4; auch *Müller-Graff*, in: Müller-Graff (Hrsg.), Gemeinsames Privatrecht in der Europäischen Gemeinschaft, S. 9, 12, 49 ff.; *Hirte*, Wege zu einem europäischem Zivilrecht, S. 45 f.; *Roth*, CMLRev 1998, S. 1013, 1014 ff.; *Meier*, EuZW 1990, S. 81, 83.

[1012] Dazu *Schmidt*, JZ 2001, S. 674, 678; dazu auch *Joerges/Brüggemaier*, in: Müller-Graff (Hrsg.), Gemeinsames Privatrecht in der Europäischen Gemeinschaft, S. 301, 356.

4. Sanktionsmöglichkeiten bei Verletzung der Vorlagepflicht

Der EuGH kann dem ihm durch die Gründungsverträge aufgegebenen Auftrag zur Wahrung der Rechtseinheit nur dann nachkommen, wenn ihm alle wesentlichen gemeinschaftsrechtsbezogenen Fragen zur Vorabentscheidung vorgelegt werden.[1013] Es ist jedoch fraglich, ob die Vorlagepflicht der staatlichen Gerichte durchgesetzt werden kann.

Für die Kommission besteht bei einer Verletzung der gegen die aus Art. 234 EG resultierenden Vorlagepflicht durch das staatliche Gericht die Möglichkeit, ein Vertragsverletzungsverfahren gegen den Mitgliedstaat anzustrengen, dem das Verhalten des Gerichts zugerechnet wird. Diese Option zeitigt jedoch nur eine beschränkte praktische Wirkung, da der betreffende Mitgliedstaat wegen des Gebotes der Unabhängigkeit der Gerichte und des Gewaltenteilungsprinzips den staatlichen Gerichten keine Anweisungen erteilen darf.[1014] Auch kann das Vertragsverletzungsverfahren nicht die Rechtswirkung eines bereits rechtskräftigen Urteils rückgängig machen. [1015] Bisher hat deshalb die Kommission von der Erhebung einer Klage wegen Nichteinhaltung der Vorlagepflicht durch ein staatliches Gericht abgesehen.[1016]

Die Parteien des Ausgangsstreites haben selbst nicht die Möglichkeit, dieses Vertragsverletzungsverfahren aus eigener Initiative zu betreiben.[1017] Sie können auch die Vorlage an den EuGH durch das staatliche Gericht nicht erzwingen.[1018] Lediglich im Fall einer objektiv willkürlichen Nichtvorlage wird das Recht der Partei auf den gesetzlichen Richter nach Art. 101 Abs. 1, S. 2 GG verletzt. In Deutschland kann die Nichtvorlage trotz bestehender Vorlagepflicht außerdem unter Umständen einen Revisionsgrund darstellen[1019], was aber die Prozess-

---

[1013] Zu Recht *Everling*, in: Unterwegs zur Europäischen Union, S. 291, 294.

[1014] *Beutler/Bieber/Pipkorn/Streil*, Die Europäische Union, Rn. 178; *Borchardt*, Der Europäische Gerichtshof, Art. 234, Rn. 45; *Heß*, ZZP 108 (1995), 57, 82 ff.; *Hirte*, Wege zu einem europäischem Zivilrecht, S. 43. ; *Wagner*, Funktion und Auswirkungen richterlicher Vorlagen an den Gerichtshof der EG, S. 41.

[1015] *Borchardt*, Der Europäische Gerichtshof, Art. 234, Rn. 44.

[1016] *Borchardt*, Der Europäische Gerichtshof, Art. 234, Rn. 44; auch *Heß*, ZZP 108 (1995), S. 57, 67.

[1017] *Wagner*, Funktion und Auswirkungen richterlicher Vorlagen an den Gerichtshof der EG, S. 40.

[1018] *Gündisch*, Rechtsschutz in der Europäischen Gemeinschaft, S. 91.

[1019] *Wagner*, Funktion und Auswirkungen richterlicher Vorlagen an den Gerichtshof der EG, S. 41; *Borchardt*, Der Europäische Gerichtshof, Art. 234, Rn. 45 f.; *Hirte*, Wege zu einem europäischen Zivilrecht, S. 43; Füßer, DVBL. 2001, S. 1574 ff.; *Beutler/Bieber/Pipkorn/Streil*, Die Europäische Union, Rn. 178.

führung in einer weiteren Instanz erforderlich macht und daher das gerichtliche Verfahren weiter verlängert.

Somit bestehen weder auf nationaler noch auf europäischer Ebene ausreichende Instrumente zur Durchsetzung der Vorlagepflicht.[1020]

5. Zwischenergebnis

Die staatlichen Gerichte ersuchen den EuGH in unterschiedlichem Ausmaß um eine Vorlageentscheidung. Das lässt vermuten, dass der Vorlagepflicht nicht in allen Fällen nachgekommen wird. Gegen eine Verletzung der Vorlagepflicht durch das Gericht bestehen jedoch, soweit nicht der Nachweis einer willkürlichen Verletzung des Art. 101 I GG geführt werden kann, keine wirksamen Sanktionsmöglichkeiten. Die Vorlagepflicht besteht daher lediglich in der Theorie, so dass die Gerichte insbesondere unter dem Druck der Prozessökonomie von einer Vorlage absehen können und dies auch tun, wie die Praxis zeigt. Diese Umstände beeinträchtigen die Effizienz des Vorlageverfahrens erheblich.

VI. Bewertung

Das Vorabentscheidungsverfahren stellt grundsätzlich ein sinnvolles Konzept dar, das für die Sicherstellung der einheitlichen Anwendung des Gemeinschaftsrechts zwingend erforderlich ist. Auch auf Seiten der staatlichen Gerichte besteht ein Bedürfnis für eine zentrale Instanz, die für die Auslegung des Gemeinschaftsrechts zuständig ist. Dies belegen die Statistiken des EuGH über die Inanspruchnahme des Vorlageverfahrens in eindrucksvoller Weise. Der Nachteil dieser an sich positiven Bilanz liegt in einer beträchtlichen Verlängerung des Vorlageverfahrens. Entschließt sich das staatliche Gericht zu einer Vorlage an den EuGH, verlängert diese Entscheidung den Ausgangsprozess im Durchschnitt um knapp zwei Jahre. Ein Zivilprozess in Deutschland, der über drei Instanzen geführt wird, kann somit insgesamt länger als fünf Jahre dauern. Gerade im Handelsverkehr sind die Prozessparteien jedoch auf eine schnelle Entscheidung des Rechtsstreits angewiesen. Die Verlängerung des Hauptverfahrens durch die Einleitung eines Vorlageverfahrens führt zu einer Entwertung des geltend gemachten Anspruches und erhöht insbesondere das Insolvenzrisiko der Prozessparteien. Dieser Umstand verringert die Effizienz des

---

[1020] *Hirte*, Wege zu einem europäischen Zivilrecht, S. 43 ff.

Vorabentscheidungsverfahrens erheblich und führt außerdem dazu, dass staatliche Gerichte unter Berücksichtigung des Gebotes der Prozessökonomie ihre Vorlagepflicht verletzen.

Die Vorlagepraxis der einzelnen Gerichte in den Mitgliedstaaten ist dementsprechend unterschiedlich stark ausgeprägt. Dies birgt die Gefahr, dass auch Fragestellungen von erheblicher Bedeutung für die Entwicklung des Gemeinschaftsrechts nicht vom EuGH, sondern vom staatlichen Richter in Eigenregie entschieden werden. Der EuGH kann jedoch dem ihm durch die Gründungsverträge erteilten Auftrag zur Wahrung der Rechtseinheit nur dann nachkommen, wenn ihm alle wesentlichen gemeinschaftsrechtsbezogenen Fragen zur Vorabentscheidung vorgelegt werden.[1021] Weder auf Gemeinschaftsebene noch im nationalen Recht besteht jedoch eine wirksame Sanktionsmöglichkeit bei der Verletzung der Vorlagepflicht.

Auch andere Faktoren wie zum Beispiel die im wesentlichen fehlende Kooperation zwischen vorlegendem Gericht und EuGH und der Verfahrensablauf im einzelnen führen zu einer Reduktion der Effizienz des Vorlageverfahrens.

Damit krankt die Effizienz des Vorabentscheidungsverfahrens an der Praxis. Erhebliche Effizienzdefizite führen dazu, dass das Vorlageverfahren die Gefahr divergierender Anwendung eines „europäischen Vertragsrechts" nicht beseitigen kann.

D. Ergebnis

Auslegungsmethode und Arbeitstechnik weichen in den Mitgliedstaaten erheblich voneinander ab. Aus diesem Grund stellt das supranationale Recht den Rechtsanwender vor eine schwierige Aufgabe, da er bei dessen Auslegung und Anwendung nicht allein die für das eigene Recht formulierten Auslegungsmaßstäbe zugrunde legen darf. Das Beispiel des UN-Kaufrechts hat gezeigt, dass trotz der Formulierung einheitlicher Auslegungsgrundsätze für Normen völkerrechtlichen Ursprungs in der Weimarer Vertragskonvention eine einheitliche Anwendung der CISG-Vorschriften nicht gesichert ist.

Besonders schwierig gestaltet sich die Anwendung des Gemeinschaftsrechts, das eine eigene Kategorie zwischen nationalem Recht und Völkerrecht bildet. Eine gemeinschaftsweite Auslegungsmethodik hat sich bisher nicht in ausreichendem

---

[1021] Zu Recht *Everling*, in: Unterwegs zur Europäischen Union, S. 291, 294.

Umfang ausbilden können. Die zum Teil nur schwer nachzuvollziehende, stark auf den Einzelfall bezogene Auslegungsmethode des EuGH und sein knapper Begründungsstil stellen nur eine unzureichende Orientierungshilfe bei der Anwendung des Gemeinschaftsrechts dar. Außerdem erfordert die sachgemäße Auslegung und Anwendung des Gemeinschaftsrechts rechtsvergleichende Vorarbeiten und zeitraubende Recherchen. Die Ausstattung der staatlichen Gerichte ist dafür nicht immer ausreichend.

Die Komplexität der Anwendung des Gemeinschaftsrechts birgt die Gefahr divergierender Rechtsanwendungspraxis. Selbst eine Kodifizierung des europäischen Vertragsrechts kann somit nicht sicherstellen, dass es auch in der Praxis zu einer Angleichung der rechtlichen Rahmenbedingungen für grenzüberschreitende Transaktionen kommt.

Das Risiko einer divergierenden Rechtsprechung kann auch nicht durch das Vorabentscheidungsverfahren beseitigt werden. Insbesondere die beträchtliche Verfahrensverzögerung, die mit einem Vorabentscheidungsersuchen einhergeht, reduziert die Effizienz dieses Instrumentes stark.

Sechstes Kapitel: Größere Rechtssicherheit durch eine Europäische Schiedsinstitution?

Rechtssicherheit verlangt ein funktionierendes Rechts- und Rechtsdurchsetzungssystem. Für den europäischen Unternehmer bestehen bei der Durchführung einer grenzüberschreitenden Transaktion Rechtssicherheitsdefizite, die vor allem die Ebene des materiellen Rechts und die Rechtsdurchsetzungsebene betreffen. Die Defizite des materiellen Rechts können, wie die vorangegangenen Ausführungen gezeigt haben, durch eine Angleichung des europäischen Vertragsrechts verringert werden, sofern dessen einheitliche Anwendung sichergestellt ist. Doch darf ein Reformansatz, der das Ziel verfolgt, die für einen funktionstüchtigen Binnenmarkt erforderlichen Rechtssicherheit herzustellen, die festgestellten Defizite des Rechtsschutzes nicht außer acht lassen. Vielmehr ist es insoweit notwendig, den für europäische Unternehmen in der EU bestehenden Rechtsschutz erheblich zu verbessern.

In der Literatur hat man sich bereits seit längerem mit der Frage auseinandergesetzt, ob und wie das bislang im Binnenmarkt herrschende Rechtsschutzsystem reformiert werden könne. Im Vordergrund dieser Überlegungen steht die Reform der europäischen Gerichtsbarkeit, bestehend aus EuGH und EuG, und ihres Verhältnisses zu den nationalen Gerichten.[1022] Die

---

[1022] *Allkemper*, ZRP 1994, S. 301 ff.; *Brück*, Das Vorabentscheidungsverfahren vor dem Europäischen Gerichtshof als Bestandteil des deutschen Zivilprozesses: Rechtsschutzhemmendes Integrationsproblem oder kohärente Rechtsschutzerweiterung? (2001); *Dauses*, Gutachten zum 60. Juristentag (1994); *Everling*, Stand und Zukunftsperspektiven der Europäischen Gerichtsbarkeit, in: Unterwegs zur Europäischen Union, S. 332 ff.; *ders.*, Die Zukunft der europäischen Gerichtsbarkeit in einer erweiterten Europäischen Union, EuR 1997, S. 398 ff.; *Hakenberg*, Vorschläge zur Reform des Europäischen Gerichtssystems, ZEuP 2000, S. 860 ff.; *Hirsch*, Dezentralisierung des Gerichtssystems der Europäischen Union, ZRP 2000, S. 57 ff.; *Huff*, Nachdenken über das Gerichtssystem beim Europäischen Gerichtshof und beim Europäischen Gericht erster Instanz, EuZW 2000, S. 97 ff.; *Rodriguez Iglesias*, Der EuGH und die Gerichte der Mitgliedstaaten – Komponenten der richterlichen Gewalt in der Europäischen Union, NJW 2000, S. 1889 ff.; *Lipp*, Europäische Justizreform, NJW 2001, S. 2657 ff.; *ders.*; Entwicklung und Zukunft der europäischen Gerichtsbarkeit, JZ 1997, S. 326 ff.; *Pirrung*, Zur Zukunft der europäischen Gerichtsbarkeit in Zivilsachen, FS Hans Stoll, hrsg. von Gerhard Hohloch (2001), S. 647 ff.; *Rabe*, Zur Reform des Gerichtssystems der Europäischen Gemeinschaften, S. 811 ff.; *Rösler*, Zur Zukunft des Gerichtssystems der EU, ZRP 2000, S. 52 ff.; *Sack*, Zur zukünftigen europäischen Gerichtsbarkeit nach Nizza, EuZW 2000, S. 77 ff.; *ders.*, Die Reform der europäischen Gerichtsbarkeit in der Perspektive der Erweiterung, (2001).

Gemeinschaftsorgane haben bereits konkrete Vorschläge zu einer Reform vorgelegt.[1023]

Diese Vorschläge werden im folgenden auf ihre Eignung zur Herstellung von Rechtssicherheit untersucht. Dazu ist zunächst darzulegen, welchen grundsätzlichen Anforderungen eine Reform des in der EU existierenden Gerichtssystems genügen muss, um dieses Ziel zu erreichen.

A. Grundsätzliche Anforderungen an die Verbesserung des Rechtsschutzes

Eine Reform des in der EU existierenden Gerichtssystems, bestehend aus den nationalen Gerichten und der europäischen Gerichtsbarkeit, muss sich im Rahmen dieser Untersuchung daran messen lassen, ob sie zur Beseitigung der nachgewiesenen Defizite des aktuellen europäischen Systems geeignet ist:

Zum einen muss Abhilfe für den unzulänglichen Rechtsschutz auf der nationalen Ebene geschaffen werden. Denn darin liegt eine wichtige Ursache für das im Binnenmarkt herrschende Rechtssicherheitsdefizit. Die Tendenz der Gerichte, die internationalen Aspekte des Sachverhaltes nicht ausreichend zu berücksichtigen und ohne weitere Differenzierung das eigene Recht anzuwenden, beeinträchtigt die Rechtsposition der Unternehmen.

Zum anderen darf eine institutionelle Reform des Gerichtssystems in der EU die bereits bestehende Überlastung des EuGH nicht steigern, sondern sollte sie im Idealfall vermindern. Vor allem das Vorlageverfahren vor dem Europäischen Gerichtshof ist für die Herausbildung einer einheitlichen Auslegungsmethode innerhalb der Europäischen Gemeinschaft von erheblicher Bedeutung. Wie gezeigt wurde, leidet dieses Verfahren jedoch an beträchtlichen Effizienzdefiziten, vor allem an der überlangen Verfahrensdauer. Folglich muss eine Reform des in der EU bestehenden Gerichtssystems auch das Ziel haben, das Vorlageverfahren effizienter zu machen.

Die bislang auf Gemeinschaftsebene gemachten Vorschläge zur Reform des Gerichtssystems in der EU sind daran zu messen, ob sie diesen beiden unterschiedlichen Aufgaben in effizienter Weise gerecht werden können.

[1023] Reflexionspapier des EuGH, vgl. unten FN 1042; Bericht der Reflexionsgruppe über die Zukunft des Gerichtssystems der Europäischen Gemeinschaften, vgl. unten FN 1041; Reform des Gerichtssystems der Gemeinschaft: Ergänzender Beitrag der Kommission zur Regierungskonferenz über die institutionellen Reformen, vgl. unten FN 1026.

B. Erstes Reformmodell: Die Vorschläge der Gemeinschaftsorgane

1999 erarbeiteten der EuGH und das Europäische Gericht erster Instanz ein Reflexionspapier über die Zukunft des Gerichtssystems der Europäischen Union.[1024] In demselben Jahr wurde von der Europäischen Kommission eine Reflexionsgruppe eingerichtet, welche die Angemessenheit der derzeitigen Rechtsschutzmöglichkeiten überprüfen und Vorschläge für ihre Reform machen sollte.[1025] Auf der Grundlage des nach ihrem Vorsitzenden auch *Due-Bericht* genannten Abschlussberichtes der Arbeitsgruppe vom 18./19.1.2000[1026] verabschiedete die Kommission anlässlich der Regierungskonferenz 2000 eine eigene Stellungnahme zur Reform des europäischen Gerichtssystems über die institutionellen Reformen.[1027]

Diese Reformvorschläge werden im folgenden zusammengefasst und auf ihre Eignung zur Herstellung von Rechtssicherheit untersucht. Im Vordergrund dieser Untersuchung stehen vor allem diejenigen Vorschläge, die sich auf den Rechtsschutz der europäischen Unternehmen unmittelbar auswirken, z.B. solche Vorschläge, die sich mit dem Vorlageverfahren beschäftigen.[1028]

I. Lösungsvorschläge der Gemeinschaftsgerichte

Der EuGH und das EuG unterscheiden in ihrem Papier drei Kategorien von Reformvorschlägen: Vorschläge zur sofortigen Änderung der Verfahrensordnung; Maßnahmen, die eine Änderung der Verträge oder der Satzungen

---

[1024] So auch der Titel des Papiers, download unter: www.curia.eu.int/de/txts/intergov/av.pdf. („Im folgenden: Reflexionspapier des EuGH"). Ausführlich dazu Rösler, ZRP 2000, S. 52 ff.

[1025] Beschluss der Europäischen Kommission vom 20.4.1999 und 4.5.1999. Der Reflexionsgruppe gehörten an: *Ole Due, Yves Galmot, José Luis de Cruz Vilaca, Ulrich Everling, Aurelio Pappalardo, Rosario Silva de Lapuerta* und *Lord Slynn of Hadley.*

[1026] Bericht der Reflexionsgruppe über die Zukunft des Gerichtssystems der Europäischen Gemeinschaften, abgedruckt in Sonderbeilage zu NJW Heft 19/2000. (Im folgenden: „Bericht der Reflexionsgruppe").

[1027] Reform des Gerichtssystems der Gemeinschaft: Ergänzender Beitrag der Kommission zur Regierungskonferenz über die institutionellen Reformen, download unter: www.europa.eu.int/comm/archives/igc2000/offdoc(cont04022000_de.pdf . (Im folgenden: „Ergänzender Bericht der Kommission")

[1028] In diesem Zusammenhang ist darauf hinzuweisen, dass die überlange Verfahrensdauer des Vorlageverfahrens auch aus rechtsstaatlicher Sicht bedenklich ist, da das Gebot des effektiven Rechtsschutzes verletzt wird. Dieser Aspekt kann jedoch in den folgenden Ausführungen ausgeklammert werden, da er bereits bei *Brück*, Das Vorabentscheidungsverfahren vor dem Europäischen Gerichtshof, S. 194 ff. untersucht wird. Allgemein zur Rechtsverhinderung durch überlange Verfahrensdauer: *Lansnicker/Schwirtzek*, NJW 2001, S. 1969 ff.

voraussetzen und längerfristigere Überlegungen zur Entwicklung dieser Einordnung.

1. Vorschläge zur sofortigen Änderung der Verfahrensordnung

Zu dieser Kategorie gehören diejenigen Lösungsansätze, die ohne Änderung der Gründungsverträge[1029] verwirklicht werden könnten.[1030] Sie sollen den Gemeinschaftsgerichten in erster Linie eine größere Flexibilität bei der Behandlung der Streitfälle einräumen.[1031] Es wird z.B. vorgeschlagen, für besonders dringliche Fälle unter Abweichung vom aktuell geltenden Recht ein beschleunigtes Verfahren einzuführen.[1032] Außerdem soll eine mündliche Verhandlung nur noch auf Beschluss des Gerichtshofes oder auf begründeten Antrag eines der Verfahrensbeteiligten durchgeführt werden.[1033] Der Gerichtshof soll weiter das Recht erhalten, Anweisungen zum Verfahrensablauf zu geben und die Parteien innerhalb einer bestimmten Frist um Auskünfte zum Sachverhalt oder um sonstige Angaben nachzusuchen. Im Vorlageverfahren soll der EuGH das staatliche Gericht um eine Klärung der Vorlagefragen und ihres rechtlichen und sachlichen Kontextes bitten dürfen.[1034] Wenn die Vorlagefrage ein Problem betrifft, zu dem sich der Gerichtshof bereits geäußert hat, wird vorgeschlagen, dass durch Beschluss zu entscheiden sei.[1035]

[1029] Vgl. Art. 48 EU zur Änderung der Gründungsverträge. Das Verfahren der Vertragsänderung beruht auf dem Zusammenwirken von Gemeinschaftsorganen und Mitgliedstaaten. Das Initiativrecht steht jedem Mitgliedstaat und der Kommission zu. Die Entwürfe sind dem Rat vorzulegen, der die Stellungnahme des Europäischen Parlaments einholen und die Kommission anhören muss. Anschließend gibt der Rat eine Stellungnahme darüber ab, ob eine Konferenz von Regierungsvertretern der Mitgliedstaaten durchgeführt werden muss. In diesem Fall beruft der Ratspräsident die intergouvernementale Konferenz ein, welche die Vertragsänderung als völkerrechtlichen Vertrag zwischen den Mitgliedstaaten beschließt. Verweigert dabei nur ein Mitgliedstaat seine Zustimmung, tritt der Änderungsvertrag nicht in Kraft. Vgl. dazu *Cremer,* in: Calliess/Ruffert (Hrsg.), EUV/EGV, Art. 48 EU-Vertrag, Rn. 2 ff.

[1030] Reflexionspapier des EuGH (Fn.1024), S. 12.

[1031] Reflexionspapier des EuGH (Fn.1024), S. 12.

[1032] Reflexionspapier des EuGH (Fn. 1024), S. 12 f.

[1033] Reflexionspapier des EuGH (Fn.1024), S. 13 ff.

[1034] In der Vergangenheit haben die Gerichte der Mitgliedstaaten häufig unpräzise formulierte Auslegungsfragen vorgelegt, die sich teilweise nur auf die Bezeichnung der Parteien und die von diesen vorgeschlagenen Formulierungen der Vorlagefragen beschränkt haben, ohne den sachlichen und rechtlichen Kontext darzustellen, vgl. *Rodríguez Iglesias*, Der Europäische Gerichtshof und die Gerichte der Mitgliedstaaten, S. 1.

[1035] Reflexionspapier des EuGH (Fn.1024), S. 16.

2. Maßnahmen, die Änderungen der Verträge oder der Satzungen voraussetzen

Die Gemeinschaftsgerichte setzen sich für die Möglichkeit ein, ihre Verfahrensordnungen entweder selbst – ohne einstimmige Genehmigung durch den Rat - ändern zu können oder das Einstimmigkeitserfordernis bei der Erteilung der Genehmigung im Rat zugunsten einer Entscheidung durch qualifizierte Mehrheit abzuändern.[1036] Außerdem soll die Zulässigkeit eingelegter Rechtsmittel durch eine unabhängige Stelle geprüft werden.[1037]

3. Langfristige Entwicklung des Gerichtssystems

Die Gemeinschaftsgerichte befürworten zumindest für das EuG eine zunehmende Spezialisierung der Gemeinschaftsrichter auf einzelne Rechtsgebiete (z.B. Verbrauchervertragsrecht, gewerblicher Rechtsschutz etc.).[1038] Für das Vorlageverfahren wird die Einführung eines Filtersystems für die Vorlagefragen vorgeschlagen, das dem Gemeinschaftsgericht die Beurteilung der Zweckmäßigkeit der Vorlagefragen ermöglichen soll. Außerdem wird die Übertragung der Zuständigkeit für die Beantwortung von Vorlagefragen auf das EuG in Betracht gezogen.[1039]

II. Lösungsvorschläge der Reflexionsgruppe

Der Bericht der Reflexionsgruppe sieht a) Vorschläge, die das Vorlageverfahren betreffen; b) Vorschläge, die Lösungsansätze für Direktklagen und für verschiedene besondere Streitigkeiten enthalten, sowie c) Vorschläge zu einer Änderung der Verfahrensvorschriften vor. Im Folgenden wird im wesentlichen auf die Reformvorschläge eingegangen, die sich auf die Funktionstüchtigkeit des Vorlageverfahrens auswirken sollen.

1. Vorlageverfahren

Die Reflexionsgruppe plädiert dafür, den nationalen Gerichten durch eine Änderung des Wortlauts von Art. 234 EG zu verdeutlichen, dass primär *ihnen*

[1036] Reflexionspapier des EuGH (Fn.1024), S. 17 f.
[1037] Reflexionspapier des EuGH (Fn.1024), S. 18 f.
[1038] Reflexionspapier des EuGH (Fn.1024), S. 21 ff.
[1039] Reflexionspapier des EuGH (Fn. 1024), S. 24 ff.

die Anwendung des Gemeinschaftsrechts obliegt. Für die Erfüllung dieser Aufgabe soll die Ausbildung und Information der nationalen Richter und Rechtsanwälte im Gemeinschaftsrecht verbessert werden.[1040] Ergänzend wird vorgeschlagen, die Vorlagepflicht zu lockern, so dass auch letztinstanzliche Gerichte nicht zwingend eine Vorlage einreichen müssen. Vorlagen sollen vielmehr immer auf Fragen beschränkt sein, die eine „hinreichende Bedeutung" für das Gemeinschaftsrecht besitzen. Unnötige, verfrühte oder schlecht vorbereitete Vorlagen sollen durch eine Bindung der staatlichen Gerichte an verbindliche Vorgaben des EuGH weitgehend vermieden werden. Offensichtliche Fragen sollen per Beschluss beantwortet werden können.[1041]

Die Reflexionsgruppe lehnt die Einrichtung dezentraler Gerichtsinstanzen in den Mitgliedstaaten, die grundsätzliche Übertragung der Kompetenz zur Beantwortung von Vorlagefragen auf das EuG und ein Filtersystem für Vorlagefragen durch den EuGH ausdrücklich ab.[1042] Nur für Vorlagen in bestimmten Rechtsgebiete wird die Übertragung von Zuständigkeiten auf das EuG angeregt.[1043]

2. Direktklagen und besondere Streitigkeiten

Die Reflexionsgruppe schlägt vor, den EuGH vor allem durch eine Ausweitung der Zuständigkeiten des EuG deutlich zu entlasten. Die Zuständigkeit des EuGH soll nur für die Direktklagen beibehalten werden, die besonders dringlich oder bedeutsam sind.[1044] Für dienstrechtliche Streitigkeiten wird die Einrichtung einer interinstitutionellen Beschwerdekammer empfohlen[1045]; auch „besondere" Streitigkeiten (Schutz des geistigen Eigentums, Justizielle Zusammenarbeit in Zivilsachen und in Strafsachen, wettbewerbsrechtliche Streitsachen) sollen eigenen, selbständigen Gerichtsinstanzen oder spezialisierten Kammern am EuG vorbehalten werden.[1046]

[1040] Bericht der Reflexionsgruppe, Sonderbeilage NJW 19/2000, S. 7.
[1041] Bericht der Reflexionsgruppe, Sonderbeilage NJW 19/2000, S. 7 f.
[1042] Bericht der Reflexionsgruppe, Sonderbeilage NJW 19/2000, S. 8 f.
[1043] Bericht der Reflexionsgruppe, Sonderbeilage NJW 19/2000, S. 8 f.
[1044] Bericht der Reflexionsgruppe, Sonderbeilage NJW 19/2000, S. 9 f.
[1045] Bericht der Reflexionsgruppe, Sonderbeilage NJW 19/2000, S. 10.
[1046] Bericht der Reflexionsgruppe, Sonderbeilage NJW 19/2000, S. 10 f.

3. Änderung der Verfahrensvorschriften

Unter Berufung auf das Reflexionspapier der Gemeinschaftsgerichte schlägt die Reflexionsgruppe folgende Ergänzungen zur Änderung der Verfahrensvorschriften vor[1047]: Das schriftliche Verfahren soll vereinfacht und die Pflicht zur Durchführung einer mündlichen Verhandlung eingeschränkt werden; für die Gemeinschaftsgerichte werden weitergehende Befugnisse für prozessleitende Maßnahmen angeregt. Zusätzlich schlägt die Reflexionsgruppe vor, dass bestimmte Klagen durch einfachen Beschluss (anstelle eines Urteils) zurückgewiesen werden können. Außerdem setzt sich die Reflexionsgruppe für eine Vereinfachung der Verfahrensvorschriften ein. Neue Angriffs- und Verteidigungsmittel sollen auch im Laufe des Verfahrens eingebracht werden können. Ferner sollen die Tätigkeiten der Berichterstatter und Generalanwälte zeitlich gestrafft und der Übersetzungsaufwand verringert werden.[1048]

III. Lösungsvorschläge der Kommission

Die Kommission unterscheidet in ihrem Ergänzenden Beitrag über die Reform des Europäischen Gerichtssystems[1049] Maßnahmen, die sich auf die „Architektur" des Gerichtssystems selbst auswirken und insbesondere die Zuständigkeiten der Gemeinschaftsgerichte betreffen, sowie weitere Maßnahmen, die sich der Zusammensetzung, dem Verfahren und der Arbeitsweise der Gemeinschaftsgerichte widmen.[1050] Sie werden im folgenden vorgestellt, soweit sie sich auf das Vorlageverfahren auswirken.

Die Kommission beschäftigt sich vor allem mit dem Verhältnis zwischen den Gemeinschaftsgerichten und der staatlichen Gerichtsbarkeit, mit der Frage nach einer Neuverteilung der Zuständigkeiten und mit der Entlastung der Gemeinschaftsgerichte in besonderen Streitfällen. Für das Vorlageverfahren unterstützt die Kommission die Ansicht der Reflexionsgruppe, dass den staatlichen Richtern ihre Aufgabe – die Anwendung des Gemeinschaftsrechts – verdeutlicht werden müsse, und befürwortet eine entsprechende Umformulierung des Art. 234 EG. Eine Lockerung der Vorlagepflicht für letztinstanzliche Gerichte lehnt die Kommission ab.[1051] Der EuGH sei außerdem dadurch zu

---

[1047] Dazu und zum folgenden Bericht der Reflexionsgruppe, Sonderbeilage NJW 19/2000, S. 11 ff.
[1048] Bericht der Reflexionsgruppe, Sonderbeilage NJW 19/2000, S. 12 f.
[1049] Ergänzender Bericht der Kommission (Fn. 1026), S. 4 f.
[1050] Ergänzender Bericht der Kommission (Fn.1025), S. 4 f.
[1051] Ergänzender Bericht der Kommission (Fn. 1026), S. 4 f.

entlasten, dass das EuG in Zukunft für sämtliche Direktklagen zuständig sein soll; für das Vertragsverletzungsverfahren sollen Ausnahmen zugelassen werden.[1052] Im Bereich der besonderen Streitsachen soll die Entlastung des EuGH durch eine Einschränkung seiner Zuständigkeiten erreicht werden, z.B. durch die Einrichtung interinstitutioneller Beschwerdekammern für den dienstrechtlichen Bereich und eigenständiger Gerichtsinstanzen für besondere Streitsachen.

IV. Bewertung

Trotz bestehender Unterschiede in den Detailfragen stimmen die Vorschläge in wesentlichen Zügen überein. Folgende Ansätze weisen sämtliche dargestellte Lösungsmodelle auf:

- Einschränkung der Kompetenzen des EuGH durch die Übertragung von Zuständigkeiten im Bereich des Vorlageverfahrens und der Direktklagen auf das EuG;
- Filterung der Klagen und gegebenenfalls auch der Vorlagefragen;
- Einrichtung interinstitutioneller Beschwerdekammern für dienstrechtliche Streitigkeiten und selbständige Gerichtsinstanzen für besondere Streitsachen (geistiges Eigentum etc.) mit Rechtsmitteln zum EuG oder zum EuGH.

Betrachtet man die Reformvorschläge der verschiedenen Institutionen auf diese Weise „verkürzt", wird der gemeinsame Lösungsansatz, vorbehaltlich der Detailfragen, evident: Der Gerichtshof soll einen Teil seiner Zuständigkeiten an das Gericht erster Instanz abgeben. Im Gegenzug würden selbständige Gerichtsinstanzen und Beschwerdekammern das EuG entlasten. In Übereinstimmung sämtlicher Modelle wird unter grundsätzlicher Beibehaltung des in der EU bestehenden Gerichtssystems eine Entlastung des EuGH angestrebt, die ihm die Beantwortung von wichtigen Vorlagefragen in angemessener Zeit ermöglichen soll.

Das könnte zu einer erheblichen Verkürzung des Vorlageverfahrens führen; und die nationalen Gerichte müssten nicht befürchten, das Gerichtsverfahren durch Einreichung einer gebotenen Vorlage unzumutbar zu verlängern. Es spricht einiges dafür, dass sie in diesem Fall eher bereit wären, ihrer Vorlagepflicht

---

[1052] Ergänzender Bericht der Kommission (Fn. 1026), S. 5 f.

nachzukommen und umstrittene Fragen des Gemeinschaftsrechts vorzulegen. Dies vorausgesetzt, würden die vorgeschlagenen Maßnahmen einen Beitrag zur einheitlichen Anwendung des Gemeinschaftsrechts leisten.

Die Reformmaßnahmen können aber nur dann zu einer Verkürzung der Verfahrensdauer des Vorlageverfahrens führen, wenn die Anzahl der Streitsachen nicht in einem größeren Umfang zunimmt, als die Neuverteilung der Zuständigkeiten zu einer Entlastung des EuGH führt. Anders ausgedrückt, bestünden die aktuellen Probleme in gleichem Umfang fort, wenn der EuGH tatsächlich genau so viele Vorlagen zu bearbeiten hätte wie vorher.

1988 wurde durch die Einrichtung des EuG[1053] und durch die schrittweise Ausdehnung seiner Zuständigkeiten[1054] ein ähnlicher Versuch unternommen, um die bereits damals bestehende Überlastung des EuGH zu reduzieren. Der Zuständigkeitsbereich des EuG umfasst heute vor allem die Direktklagen aller juristischen und natürlichen Personen gegen die Gemeinschaft oder gegen ihre Organe (Art. 225 EG). Jedoch ist die Gesamtanzahl der vor die Gemeinschaftsgerichte gebrachten Verfahren nach der Einrichtung des EuG weiterhin stark gestiegen.[1055] Als Grund für die ansteigende Zahl der Verfahren wurde damals insbesondere die Europäisierung des gewerblichen Rechtsschutzes genannt, die zu einer Flut an Vorlagen und Rechtsmitteln zum EuGH sowie zu einem Anstieg der Direktklagen vor dem EuG geführt haben.[1056] Nach einer anfänglichen Entlastung fiel daher der mittel- und langfristige Entlastungseffekt der Einrichtung des EuG gering aus.[1057] Angesichts dieser Erfahrung bestehen erhebliche Zweifel, ob die auf europäischer Ebene vorgeschlagenen Maßnahmen tatsächlich zu einer nachhaltigen Verkürzung der Verfahren vor dem EuGH führen können. In den kommenden Jahren ist mit einem weiteren Anstieg der

---

[1053] Beschluss des Rates vom 24.10.1988 zur Errichtung eines Gerichts erster Instanz der Europäischen Gemeinschaften (88/591 EGKS, EWG, Euratom) ABl. 1988, Nr. L 319, S. 1 ff. Berichtigung in ABl. 1989, L 214, S. 4; konsolidierte Fassung: ABl. 1989, Nr. C 215, S. 1.

[1054] Beschluss des Rates vom 8.6.1993 zur Änderung des Beschlusses 88/591 EGKS, EWG, Euratom (93/350 Euratom, EGKS, EWG), ABl. 1993 Nr. L 144, 21 f.; Beschluss des Rates vom 7.3.1994 zur Änderung des Beschlusses 93/350 Euratom, EGKS, EWG zur Änderung des Beschlusses 88/591 EGKS, EWG, Euratom (94/149 EGKS, EG), ABl. 1994, Nr. L 166, S. 29.

[1055] Jahrbericht des EuGH (2001), Kap. Rechtsprechungsstatistiken, Übersicht 16.

[1056] *Lipp*, JZ 1997, S. 326, 328.

[1057] Die anhängigen Verfahren haben in etwa wieder den alten Stand erreicht, z.T. sogar überholt. Somit konnte das EuG lediglich den Anstieg der Verfahren kompensieren, aber keine dauerhafte Entlastung des EuGH erzielen. Dazu *Dauses*, Gutachten für den 60. Deutschen Juristentag, S. D 72; *Lipp*, JZ 1997, S. 326, 327; *Sack*, Reform der Europäischen Gerichtsbarkeit, S. 2; *Rabe*, EuR 2000, S. 811; *Everling*, Unterwegs zur Europäischen Union, S. 332, 339; *ders.* EuR 1997, S. 398, 390.

Streitsachen vor den Gemeinschaftsgerichten zu rechnen. Ein wesentlicher Grund für diese Prognose liegt in der ständigen Erweiterung der Aufgaben der Europäischen Union und der zunehmenden Europäisierung des Rechts.[1058] Parallel zu dieser Entwicklung werden die Zuständigkeiten der Gemeinschaftsgerichte stetig ausgedehnt. [1059] Die ansteigende Zahl von EG-Normen betrifft mittlerweile nahezu jedes Rechtsgebiet.

Ein weitere wesentliche Ursache für den prognostizierten Anstieg der Rechtssachen vor den Gemeinschaftsgerichten könnte in der im Jahr 2004 verwirklichten Osterweiterung der Europäischen Union begründet sein. Mit dem Beitritt der neuen Mitgliedstaaten wurde eine Anpassung ihrer Rechtsordnungen an den europäischen Standard erforderlich, mit dem sich die nationalen Rechtsanwender vertraut machen müssen.[1060] Denn die vollständige Implementierung des *acquis communautaire* ist Voraussetzung für den Beitritt zur Europäischen Union.[1061] Eine - zumindest mittelfristige - Zunahme der Vorlagen aus diesen Ländern bei Erfüllung dieser „Mammutaufgabe"[1062] ist somit leicht vorauszusehen.

Angesichts dieser Entwicklung ist damit zu rechnen, dass bei einer Beibehaltung des EU-Gerichtssystems, d.h. *ohne* Zuständigkeitsübertragung auf das EuG, die Verfahrensdauer des Vorlageverfahrens weiter verlängert würde. Die Erfahrungen mit dem EuG haben gezeigt, dass auch die Errichtung einer zusätzlichen Instanz einen Anstieg der Streitigkeiten nicht kompensieren konnte. Es ist daher kaum damit zu rechnen, dass die vorgeschlagene Zuständigkeitsverlagerung tatsächlich zu einer Entlastung des EuGH und zu einer Verkürzung des Vorlageverfahrens führen würde. Es handelt sich insoweit nur um „Stückwerk"[1063]. Um das Ziel kürzerer Verfahren zu erreichen, müssen zusätzliche und radikalere Maßnahmen ergriffen werden.[1064]

[1058] *Everling*, Unterwegs zur Europäischen Union, S. 332, 334; *ders.* EuR 1997, S. 398, 404 f.; *Hakenberg*, ZEuP 2000, S. 860; *Hirsch*, ZRP 2000, S. 57, 58.

[1059] Reflexionspapier des EuGH (Fn. 1024), S. 7; Bericht der Reflexionsgruppe (Fn. 1026), S. 6; *Everling*, EuR 1997, S. 398, 405; *Hakenberg*, ZEuP 2000, 860; *Rabe*, EuR 2000, S. 811.

[1060] Reflexionspapier des EuGH (Fn. 1024), S. 7; Ergänzender Bericht der Kommission (Fn. 1026), S. 2; Bericht der Reflexionsgruppe (Fn. 1041), S. 6; *Everling*, EuR 1997, S. 398, 405 f.; *Hakenberg*, ZEuP 2000, S. 860 f.; *Hirsch*, ZRP 2000, S. 57, 58; *Huff*, EuZW 2000, S. 97; *Rabe*, EuR 2000, S. 811, 812.

[1061] *Heiss*, in: Basedow (Hrsg.), Aufbruch nach Europa, S. 122, 126 ff..

[1062] *Jayme/Kohler*, IPRax 2004, S. 481, 482.

[1063] *Sack*, Reform der Europäischen Gerichtsbarkeit, S. 8.

[1064] Ähnlich *Lipp*, NJW 2001, S. 2675; *ders.*, JZ 1997, S. 326, 327; *Hirsch*, ZRP 2000, S. 57, 60; *Sack*, Reform der Europäischen Gerichtsbarkeit, S. 8.

Die Reformvorschläge der Gemeinschaftsgerichte, der Kommission sowie der eingesetzten Reflexionsgruppe können außerdem dem unzulänglichen Rechtsschutz auf nationaler Ebene nicht abhelfen: Sie beschränken sich im wesentlichen auf die Organisation der Gemeinschaftsgerichte und führen insgesamt nicht zu einer Beseitigung der nachgewiesenen Rechtssicherheitsdefizite, die für europäische Unternehmen im Binnenmarkt bestehen. Somit können diese Reformvorschläge nicht zur Herstellung einer größeren Rechtssicherheit beitragen.

C. Zweites Reformmodell: Verbesserung des Rechtsschutzes auf nationaler Ebene

Als weitere Möglichkeit für eine Verbesserung des Rechtsschutzes im Binnenmarkt kommt in Betracht, die Effizienz der nationalen Gerichte zu verbessern und ihre Rolle im europäischen Gerichtssystem zu stärken. Dieser Vorschlag klingt bereits im Bericht der von der Kommission eingesetzten Reflexionsgruppe an und wird grundsätzlich auch von der Kommission befürwortet.[1065]

Diese Maßnahme zielt zum einen auf eine Verbesserung der Infrastruktur sämtlicher, auch unterinstanzlicher Gerichte und auf eine Ausweitung der Kenntnisse der Richter im Gemeinschaftsrecht. Durch die verbesserte Ausstattung der Gerichte soll der Zugang zu den europäischen Rechtsmaterialien erleichtert werden. Zum anderen wird eine Umformulierung des Wortlautes von Art. 234 vorgeschlagen mit dem Ziel, den staatlichen Gerichten zu verdeutlichen, dass ihnen die Verantwortung für die Anwendung des Gemeinschaftsrechts obliegt. Auf diese Weise sollen die staatlichen Richter dazu bewegt werden, über die Anwendung des europäischen Rechts nach den gemeinschaftsrechtlichen Grundsätzen, im Kern aber selbständig zu entscheiden. Dies stellt für einen Beobachter eine überraschende Kehrtwende dar: Vor wenigen Jahren noch tadelte die Kommission die Zurückhaltung der europäischen Gerichte bei der Einreichung von Vorlagen.[1066]

Wie oben dargestellt, bedarf das Gemeinschaftsrecht in vielen Gebieten noch einer Klärung durch den EuGH. Eine gemeinschaftsweit einheitliche Auslegungsmethode konnte sich bisher nicht herausbilden; die Unterschiede in den Mitgliedstaaten bei der Auslegung von Rechtsnormen sind weiterhin

---

[1065] Ergänzender Bericht der Kommission (Fn 1026), S. 4; Bericht der Reflexionsgruppe (Fn. 1041), S. 7.

[1066] Zu Recht *Sack*, Reform der Europäischen Gerichtsbarkeit, S. 26 f.

gravierend.[1067] Es erscheint daher verfrüht, staatliche Gerichte dazu aufzufordern, gemeinschaftsrechtliche Sachverhalte in Eigenregie und auf der Basis einer stark eingeschränkten Kooperation mit dem EuGH zu entscheiden, da die nationalen Gerichte diese Aufgabe heute noch nicht bewältigen können.

Außerdem stünde bei Verwirklichung eines Zurückweisungsrechts des EuGH zu befürchten, dass die staatlichen Gerichte eine an sich gebotene Vorlage zurückhalten, um eine Zurückweisung durch den EuGH zu vermeiden.[1068]

Bestenfalls kann dieser Vorschlag also erst langfristig zu einer einheitlichen Anwendung des Gemeinschaftsrechts führen. Die Funktionsfähigkeit des Binnenmarktes ist aber bereits heute sicherzustellen und nicht erst morgen oder übermorgen; die nachgewiesenen Defizite, die aus der Sicht europäischer Unternehmen im Binnenmarkt herrschen, werden auf diese Weise nicht beseitigt. Allein dadurch, dass die staatlichen Gerichte ihre Verantwortung bei der Anwendung von Gemeinschaftsrecht besser verstehen, wird für die europäischen Unternehmen keine Rechtssicherheit hergestellt. Eine Reform, die dem Ziel, die Rechtsicherheit in der EU zu verbessern, verpflichtet ist, hat weitergehende Maßnahmen zu ergreifen: Sie müsste im Ergebnis dazu führen, dass den Unternehmen bei Konflikten, die ihnen beim grenzüberschreitenden Handel in der EU begegnen können, ein geeignetes Gericht zur Verfügung gestellt wird, das – im Gegensatz zu den staatlichen Gerichten – zur fairen, die Besonderheiten des internationalen Handels berücksichtigenden Konfliktlösung in der Lage ist.

[1067] Vgl. dazu oben die Ausführungen im fünften Kapitel.

[1068] Ähnlich *Roth*, CMLRev 1997, S. 1341, 1343 „The national courts might think twice before referring questions a second time.".

D. Eigener Regelungsvorschlag: Ein Europäisches Schiedsgericht für Zivil- und Handelssachen

Bislang nur vereinzelt in Betracht gezogen wurde die Errichtung eines selbständigen Forums für internationale Handelssachen für den Binnenmarkt und die im Zusammenhang mit Binnenmarkttransaktionen entstehenden Rechtskonflikte.[1069]

Motiv dieser Überlegung ist das Bedürfnis vor allem kleinerer und mittlerer Unternehmen nach einer Streitbeilegungsstelle, deren Verfahrensordnung auf den Binnenhandel abgestimmt ist und die den europäischen Unternehmen die Möglichkeit gibt, ihre Ansprüche in einem effizienten, den Bedürfnissen der Parteien angepassten, nicht unverhältnismäßig teuren oder langen Verfahren sachgerecht und verlässlich durchzusetzen. Gleichzeitig besteht, wie ausgeführt, die dringende Notwendigkeit zur Rechtsvereinheitlichung auf der europäischen Ebene, um allen Wirtschaftsakteuren, vor allem auch den kleinen und mittleren Unternehmen, den Zugang zum Binnenmarkt in gleicher Weise zu öffnen. Wie nachgewiesen wurde, können weder die staatliche Gerichtsbarkeit noch die internationale Schiedsgerichtsbarkeit diese Bedürfnisse bislang befriedigen.

Es stellt sich folglich die Frage, ob und, wenn ja, auf welchem Wege auf Gemeinschaftsebene eine weitere „Gerichtsbarkeit" geschaffen werden sollte, deren Ausgestaltung und Verfahren auf den Binnenhandel und auf diese Bedürfnisse der Unternehmen zugeschnitten wäre und die sich folglich in der Lage befände, einheitliche Lösungen für Binnenmarktkonflikte zu schaffen.

I. Dem Entwurf zugrunde liegende Prämissen

Zunächst ist zu untersuchen, welche Annahmen einem europäischen Streitbeilegungsforum zugrunde zu legen wären, um das Ziel der erhöhten Rechtssicherheit für europäische Unternehmen erreichen zu können. Dabei soll

---

[1069] Vgl. *Stein*, in: Grundmann (Hrsg.), Systembildung und Systemlücken in Kerngebieten des Europäischen Privatrechts, S. 669, 687; *Schwartze*, ERevPL 2000, S. 135, 145 f.; sehr skeptisch hinsichtlich der Durchsetzbarkeit *Pirrung*, in: Barrett (Hrsg.), Creating a European Judicial Space, S. 35, 38 („Utopie"). In eine ähnliche Richtung gehend wohl auch *Schwintowski*, JZ 2002, S. 205, 211, der über ein europäisches Gerichtssystem mit der Kompetenz nachdenkt, „über die Anwendung und Auslegung des zukünftigen Europäischen Zivilgesetzbuches zu entscheiden." Sowie, wenn auch etwas zurückhaltender *Remien*, JZ 1992, S. 277, 282, der bei gleichzeitiger Beibehaltung der erstinstanzlichen Zuständigkeiten der Gerichte der Mitgliedstaaten eine Einrichtung eines europäischen Oberlandesgerichts diskutiert.

geklärt werden, ob ein solches europäisches Forum bereits in der heutigen Rechtssituation sinnvoll wäre oder ob als erster Schritt ein einheitliches europäisches Sachrecht vorliegen müsste.

Dazu ist festzustellen, dass einheitliches Sachrecht aus Unternehmersicht einheitlich angewandt werden muss. Andernfalls existierte das einheitliche Sachrecht nur auf dem Papier. Wie oben aufgezeigt, besteht das erhebliche Risiko einer national gefärbten Auslegung; im Ergebnis könnte damit ein europäisches Sachrecht das Ziel, Rechtssicherheit für die europäischen Unternehmer herzustellen, nicht erfüllen. Abgesehen von diesem Erfordernis ist auch zu berücksichtigen, daß eine rasche Anpassung des nationalen Rechts an die europäischen Harmonisierungsvorschriften, wie die Erfahrung gezeigt hat, Schwierigkeiten auslöst und mit Übergangszeiträumen zu rechnen ist. Spätestens zum Zeitpunkt der Verabschiedung eines europäischen Privatrechts müssen also die Prämissen einheitlicher Auslegung vorliegen; d.h. zu diesem Zeitpunkt besteht auch ein Bedürfnis für ein europäisches „Gericht“, das über die materiellrechtliche Anwendung des europäischen Rechts entscheiden kann.

Dennoch besteht bereits und gerade heute das dringende Bedürfnis für eine einheitliche Konfliktlösung und der einheitlichen Auslegung sämtlicher Rechtsvorschriften, die über das europäische Recht Eingang in die nationalen Rechtsordnungen gefunden haben. Zwar wurde das mehrheitlich auf der Grundlage von Richtlinien ergangene Gemeinschaftsrecht in das Recht der Mitgliedstaaten aufgenommen, aber seine Umsetzung krankt nicht nur an der unterschiedlichen Übersetzung ins nationale Recht, sondern auch und vor allem an der unterschiedlichen Rechtshandhabung, wie die vorangegangenen Ausführungen belegen konnten. Diese Problematik wird nach aller Voraussicht durch die Erweiterung der EU gen Osten noch verschärft werden. Den staatlichen Gerichten ist es hier gelungen, einheitliche Lösungsansätze zu formulieren, um den europäischen Unternehmen einheitliche Bedingungen auf dem Binnenmarkt zu bieten. Dies gilt in gleichem Umfang auch für die internationale Schiedsgerichtsbarkeit, die ihren Fokus auf internationale Streitigkeiten jeder Art richtet und – gemäß ihrer Aufgabenstellung – Binnenmarktsachverhalte in der Regel nicht anders behandelt als einen internationalen Sachverhalt ohne Binnenmarktsbezug, obgleich die Besonderheiten des europäischen Marktes dies durchaus sachgerecht erscheinen lassen würden. Aus diesem Grund besteht für die europäischen Unternehmen auf dem Binnenmarkt kein ausreichender Rechtsschutz, kein einheitliches rechtliches Umfeld und somit auch nicht die erforderliche Rechtssicherheit.

Es erscheint daher bereits zum heutigen Zeitpunkt sinnvoll, einem Gericht auf der europäischen Ebene die Befugnis zu geben, Konfliktfälle zwischen europäischen Unternehmen sachgerecht und einheitlich, also aus Sicht der Unternehmen „zuverlässig", zu entscheiden und auf diese Weise die Rechtssicherheit für alle europäischen Unternehmen, besonders aber auch für die kleineren und mittleren Unternehmen, zu fördern. Das Bestreben, einen funktionstüchtigen Binnenmarkt zu errichten, legt schon jetzt die Schaffung effizienten Rechtsschutzes für europäische Unternehmen nahe, damit sämtliche Unternehmen in gleicher Weise von den Vorteilen des Binnenmarktes profitieren können.

Es erscheint daher als erforderlich, für die europäischen Unternehmen ein effizientes Streitbeilegungsforum zu schaffen, das seinen Fokus auf die rechtlichen Konflikte im Binnenmarkt richtet und die entstehenden grenzüberschreitenden Rechtskonflikte sachgerecht in Angriff zu nehmen und damit gleichzeitig die Rechtsangleichung auf dem europäischen Markt zu fördern vermag. Mit jeder anderen Lösung, die z.B. zunächst die in Bereichen vollständige Vereinheitlichung des Rechts abwartete oder die Unternehmen auf die nationalen Gerichte verwiese, wäre den Unternehmen nicht gedient.

II. Gestaltungsmöglichkeiten

Das Ziel und gleichzeitig die Daseinsberechtigung einer eigenständigen Streitbeilegungsstelle liegt darin, europäischen Unternehmen die Möglichkeit einzuräumen, Binnenmarktsachverhalte mit Hilfe kompetenter Richter und auf der Grundlage interessengerechter Verfahrensregeln und einer transparenten Kostenordnung sachgerechter zu behandeln, als es die staatlichen Gerichte oder die herkömmliche internationale Schiedsgerichtsbarkeit in ihrer derzeitigen Ausprägung vermögen.

Es ist zu analysieren, wie ein europäisches Forum für grenzüberschreitende Handelssachen grundsätzlich ausgestaltet sein müsste, um diese besonderen Bedürfnisse des Binnenhandels nach Rechtssicherheit und einheitlichen Lösungen erfüllen zu können. Folgende Alternativen kommen dafür in Betracht: die Errichtung eines „europäischen Handelsgerichts" auf der Grundlage einer europäischen Prozessordnung oder die Errichtung eines Schiedsgerichts mit einer eigenen Verfahrensordnung.

Selbst wenn ein europäisches Zivilgericht in maßgeblichen Aspekten vom Vorbild der staatlichen Gerichtsbarkeit abwiche, um ein möglichst flexibles Verfahren zu schaffen, so handelte es sich dabei nicht um einen gangbaren Weg: Die Errichtung eines europäischen Zivilgerichts würde voraussetzen, dass es einen Sachverhalt auf der Grundlage einheitlichen Rechts entscheiden könnte.

Zur Zeit besteht ein solches Recht jedoch nicht. Wie oben bereits ausgeführt, hat sich der europäische Gesetzgeber im Bereich des europäischen Wirtschaftsrechts bislang darauf beschränkt, „Inseln“ des Gemeinschaftsrechts zu schaffen. Ein europäisches Zivilgericht könnte somit einen Rechtsstreit nur auf der Grundlage der staatlichen Rechtsordnungen verbindlich entscheiden, um effizient zu sein. Doch zur Errichtung einer solchen Gerichtsbarkeit dürfte der Europäischen Union die Kompetenz fehlen. Ein europäisches Zivilgericht ist folglich zu diesem Zeitpunkt nicht realistisch und könnte vor dem Hintergrund des anwendbaren nationalen Rechts die Streitigkeiten zwischen europäischen Unternehmen wohl auch nicht effizienter oder besser lösen als die nationalen Gerichte. Es kommt daher aus Effizienz- und Kompetenzgründen heraus die Errichtung einer europäischen Schiedsgerichtsbarkeit in Betracht.

Die aufgezeigten Defizite der staatlichen Gerichtsbarkeit finden zudem ihre Hauptursache darin, dass es sich aus Sicht der Unternehmen um ein formalisiertes, starres Verfahren handelt: Es ist unflexibel in Bezug auf den Ablauf des Verfahrens, die Festlegung des Verfahrensortes und der Verfahrenssprache sowie hinsichtlich des Ganges der Beweisaufnahme; zudem kann die staatliche Gerichtsbarkeit die Vertraulichkeit des Gerichtsverfahrens nicht gewährleisten. Im Gegensatz zum Schiedsverfahren sind die staatlichen Richter außerdem nicht von den Parteien wählbar und in der Regel nicht auf das internationale Wirtschaftsrecht spezialisiert. Sie neigen vielmehr dazu, ihr nationales Recht anzuwenden und die Eigenarten eines internationalen Sachverhaltes zu ignorieren. Es besteht daher das Risiko, dass eine Ausgestaltung als europäisches Handelsgericht auf der Grundlage einer „europäischen Prozessordnung“ den seitens der Unternehmen formulierten Anforderungen nicht genügen kann. Vielmehr sprechen die für die staatliche Gerichtsbarkeit charakteristischen, systemimmanenten Defizite und die Erfahrungen mit der Schiedsgerichtsbarkeit dafür, sich bei der Gestaltung an der internationalen Schiedsgerichtsbarkeit zu orientieren, um vor allem die erforderliche Flexibilität des Verfahrens sicherzustellen. Ein weiteres Argument dafür besteht in der Besetzung der Richter. Um die Unabhängigkeit des als staatliches Organ fungierenden Richters sicherzustellen, ist der Richter am Gericht des jeweiligen Mitgliedstaates fest angestellt bzw. verbeamtet. Im Gegensatz dazu liegt einer der erheblichen Vorteile der Schiedsgerichtsbarkeit darin, dass die Schiedsrichter nach ihrer Sachkunde für den jeweiligen Rechtsstreit und somit nur für individuelle Angelegenheiten ausgewählt werden. Üblicherweise gehen Schiedsrichter neben ihrer Schiedsrichtertätigkeit einem anderen Beruf nach und sind zum Beispiel als Rechtsanwalt, Ingenieur oder ähnliches tätig. Aus diesem Grund sind sie in der Regel „nahe“ am konkreten Wirtschaftsgeschehen und erhalten durch ihren Beruf den erforderlichen Einblick in die jeweilige Materie. Eine Schiedsinstitution ist in der Lage, den Parteien eine ganze Auswahl von in

Betracht kommenden Schiedsrichtern zu präsentieren und überlässt ihnen die Wahl desjenigen Schiedsrichters, der den Parteien am meisten geeignet zu sein scheint. Darin liegt aus Sicht der Parteien ein unschlagbarer Vorteil, der sich selbst bei den von den staatlichen Gerichten gebildeten Handelskammern nicht verwirklichen lässt.

Die Schiedsgerichtsbarkeit bietet folglich den Wirtschaftsakteuren die Vorteile einer auf die Bedürfnisse des internationalen Handels abgestimmten Streitbeilegungsmöglichkeit und soll daher als Vorbild für das hier zu entwerfende Forum dienen. Wichtig ist hierbei, dass eine solche europäische Schiedsgerichtsbarkeit – im Gegensatz zu der herkömmlichen Schiedsgerichtsbarkeit - ihren Fokus auf die im Binnenmarkt entstehenden Rechtskonflikte richtet, um den Anforderungen der europäischen Unternehmen gerecht zu werden und ihnen den Zugang zum Binnenmarkt durch kohärente Entscheidungen sichern zu können, die aus Unternehmenssicht sachgerecht, fair und einheitlich sind und gleichzeitig die besonderen Begebenheiten des Binnenmarktes ausreichend berücksichtigen.

Auf diese Weise kann zum einen ein flexibles Verfahren geschaffen werden, dass den Anforderungen der Parteien an den Rechtsschutz gerecht wird. Zum anderen wäre ein solches Schiedsgericht besser als jedes nationale Gericht und auch als die herkömmliche Schiedsgerichtsbarkeit in der Lage, indem es den Besonderheiten des Binnenmarktes Rechnung trägt, die Rechtseinheit auf dem europäischen Markt durch einheitliche Grundsätze und auf der Grundlage einer zentralen Rechtsüberzeugung zu fördern. Langfristiges Ziel einer solchen Institution wäre es, ein Fundament gemeinsamer Rechtsgrundsätze (weiter) zu entwickeln, das als Basis kohärenter Entscheidungen dient, und auf diese Weise die Rechtssicherheit für die europäischen Unternehmen zu steigern. Dazu sind, wie gezeigt, bislang weder die nationalen Gerichte geeignet noch – wegen ihrer grundsätzlich unterschiedlichen Ausrichtung – die herkömmliche Schiedsgerichtsbarkeit: während diese in jeder Hinsicht territorial begrenzt sind, kann jene zwar internationale Sachverhalte entscheiden, trägt aber dabei den Partikularitäten des insoweit einzigartigen europäischen Marktes keinerlei Rechnung. Hingegen könnte eine europäische Schiedsinstitution an diesen Defiziten anknüpfen, um die Chancen, die sich aus dem Binnenmarkt ergeben, für die europäischen Unternehmen zu verwirklichen.

Ein europäisches Schiedsgericht kann zunächst entweder in Form eines reinen Ad-hoc-Schiedsgerichtes, das nicht in eine Schiedsinstitution integriert ist, errichtet werden oder sich an der Struktur der herkömmlichen internationalen Schiedsgerichtsbarkeit orientieren: Im Gegensatz zu einem institutionalisierten Schiedsverfahren kommt ein reines Ad-hoc-Schiedsgericht ohne den überwachenden und betreuenden Einfluss einer übergeordneten Institution und ohne vorgegebene Schiedsordnung aus: Es gibt weder eine einschlägige Schiedsordnung noch eine Schiedsinstitution; das Verfahren ist von den Parteien selbst festzulegen.[1070] Diesem Modell steht das institutionalisierte Schiedsgericht gegenüber: Aufgrund seiner Einbindung in die Administration einer permanent bestehenden Schiedsinstitution, auf der Grundlage einer vorgegebenen Schiedsordnung, stellt es eine Zwischenform zwischen dem staatlichen Gericht und dem Ad-hoc-Schiedsgericht dar.[1071]

Die Institutionalisierung des Schiedsverfahrens hat sich in der Geschichte des Schiedswesens als sinnvoll erwiesen: Durch die Vorformulierung der Verfahrensordnung und durch die Betreuung des Verfahrens durch die Schiedsinstitution können schwerwiegende Verfahrensfehler – wie sie bei einem Ad-hoc-Schiedsgericht leicht auftreten können - in der Regel vermieden werden.[1072] Zudem werden die Schiedssprüche einer angesehenen Schiedsinstitution häufiger von den Schiedsparteien freiwillig erfüllt[1073]. Nicht zuletzt aus diesem Grund wird die institutionelle Schiedsgerichtsbarkeit häufiger in Anspruch genommen als ein reines Ad-hoc-Schiedsgericht ohne institutionelle Anbindung.[1074]

Diese Erfahrungen sowie die sich daraus für die Schiedsinstitution ergebenden Betreuungs- und Überwachungsmöglichkeiten sprechen für die Errichtung eines auf Gemeinschaftsebene institutionalisierten Schiedsverfahrens. Die Formulierung einer europäischen Schiedsordnung könnte den Unternehmen ein Schiedsverfahren zur Verfügung stellen, dessen Rahmenbedingungen einschließlich der Kostenregelungen einheitlich und übersichtlich geregelt wären, das seinen Fokus – im Gegensatz zur herkömmlichen Schiedsgerichtsbarkeit - auf Binnenmarktkonflikte richten und durch faire, sachgerechte Entscheidungen der erforderlichen Rechtsvereinheitlichung im Binnenmarkt dienen würde.

[1070] *Weigand,* in: Weigand (Hrsg.), Practitioner's Handbook on International Arbitration, Rn. 129 ff., *Raeschke-Kessler/Berger*, Recht und Praxis des Schiedsverfahrens, Rn. 59 ff.; *Diedrich*, JuS 1998, S. 158, 159; *Schiffer*, Internationale Wirtschaftsschiedsgerichtsbarkeit, S. 39 ff.

[1071] *Schütze/Tschernig/Wais*, Handbuch des Schiedsverfahrens, RZ 28; *Kaboth,* Das Schlichtungs- und Schiedsgerichtsverfahren der Weltorganisation für geistiges Eigentum (WIPO), S. 56.

[1072] *Schütze/Tschernig/Wais*, Handbuch des Schiedsverfahrens, RZ 29; *Lionnet*, Handbuch der internationalen und nationalen Schiedsgerichtsbarkeit, S. 90 ff.

[1073] A.A., vgl. z.B. *Girsberger,* in: Dicke/Hummer/Girsberger/Bolle-Woelki/Engel/Frowein (Hrsg.), Völkerrecht, S. 231, 238

[1074] *Gottwald,* Internationale Schiedsgerichtsbarkeit, S. 45.

III. Kompetenz der Gemeinschaft

Zunächst ist zu prüfen, ob die Europäische Gemeinschaft die Kompetenz zur Errichtung einer solchen Institution besitzt.

Die bestehenden Schiedsinstitutionen kamen zum großen Teil auf Initiative der Industrie- und Handelskammern zustande. So wurde beispielsweise der ICC-Gerichtshof im Jahre 1923 durch die Internationale Handelskammer in Paris gegründet[1075], und in Deutschland zählt die Mehrheit der Industrie- und Handelskammern zu den 550 Mitgliedern der Deutschen Schiedsinstitution. Darüber hinaus bestehen Branchenschiedsgerichte der jeweiligen Handelszweige.[1076] Auf europäischer Ebene wurde bislang keine Schiedsinstitution errichtet.[1077]

Die Errichtung einer Schiedsinstitution auf Gemeinschaftsebene, zuständig für Rechtsangelegenheiten zwischen europäischen Unternehmen, würde daher ein Novum darstellen.

1. Art. 308 EG als Kompetenzgrundlage

Als Ermächtigungsgrundlage für die Errichtung einer europäischen Schiedsinstitution kommt mangels ausdrücklicher Ermächtigung die Auffangkompetenz des Art. 308 EG in Betracht.

Die Vorschrift ermächtigt zum Erlass von Maßnahmen, soweit diese zur Verwirklichung von Gemeinschaftszielen erforderlich sind. Dieses Tatbestandsmerkmal gilt als erfüllt, wenn die jeweiligen Maßnahmen der Durchführung der in Art. 3 und 4 EG genannten gemeinsamen Politiken und Maßnahmen der Gemeinschaft dienen.[1078] Nach Art. 308 EG i.V.m. Art. 3 EG ist der europäische Gesetzgeber zu sämtlichen Maßnahmen berechtigt, die für die Errichtung eines Binnenmarktes erforderlich sind. Es ist daher zu untersuchen, ob die Schaffung einer europäischen Schiedsinstitution diese Voraussetzung erfüllt.

Die Öffnung des Binnenmarktes besteht somit bislang im wesentlichen aus einer Öffnung der Grenzen und einer Angleichung des Rechts in bestimmten

---

1075 *Schwab/Walter*, Schiedsgerichtsbarkeit, S. 355; *Lachmann*, Handbuch der Schiedsgerichtspraxis, Rn. 1476.
1076 *Lachmann*, Handbuch der Schiedsgerichtspraxis, Rn. 1696.
1077 Art. 238, 239 EG sehen eine Kompetenz des EuGH, als Schiedsgericht aufzutreten, nur für andere Fallkonstellationen vor. Zur Abgrenzung vgl. noch unten unter Abschnitt D.VI.4 in diesem Kapitel.
1078 *Rossi*, in: Calliess/Ruffert (Hrsg.), EUV/EGV, Art. 308, Rn. 17.

Rechtsgebieten; die rechtlichen Voraussetzungen für grenzüberschreitenden Handel sind hingegen noch nicht umfassend verwirklicht. Die vorangegangenen Ausführungen haben gezeigt, dass vor allem den kleinen und mittleren europäischen Unternehmen bislang kaum adäquate Instrumente zur Verfügung stehen, um ihre Ansprüche durchzusetzen. Zudem wird harmonisiertes Gemeinschaftsrecht in der nationalen Rechtspraxis uneinheitlich gehandhabt. Diese Rechtsunsicherheit kann ein europäisches Unternehmen davon abhalten, grenzüberschreitend tätig zu werden, und stellt folglich ein nicht-tarifäres Handelshemmnis dar. Weder die staatlichen Gerichte noch die herkömmliche internationale Schiedsgerichtsbarkeit konnten die Bedürfnisse der europäischen Unternehmen bislang befriedigen und die erforderliche Rechtssicherheit herstellen.

An diese Defizite knüpft der Vorschlag für eine europäische Schiedsgerichtsbarkeit an. Die Errichtung einer Schiedsgerichtsbarkeit, die flexibel an die Bedürfnisse der Parteien angepasst wäre und gleichzeitig durch die Herausbildung europäischer Rechtsgrundsätze die einheitliche Anwendung des im Binnenmarkt anwendbaren Rechts fördern würde, dient dem primären Ziel, die rechtliche Situation der europäischen Wirtschaftsakteure und deren Zugang zum Binnenmarkt zu verbessern – was bislang weder die staatlichen Gerichte in Kooperation mit den europäischen Gerichten noch die herkömmliche internationale Schiedsgerichtsbarkeit geschafft haben. Die Hauptaufgabe der europäischen Schiedsgerichtsbarkeit läge somit in der Steigerung der bislang fehlenden, aber aus Unternehmenssicht zwingend erforderlichen Rechtssicherheit für das gesamte Gebiet des Binnenmarktes. Folglich dient sie der Funktionstüchtigkeit des Binnenmarktes und so der Verwirklichung eines von Art. 308 EG erfassten Gemeinschaftszieles. Somit ist diese Anwendungsvoraussetzung erfüllt.

Das nächste Tatbestandsmerkmal des Art. 308 EG „im Rahmen des Gemeinsamen Marktes“ wird unterschiedlich ausgelegt. Einerseits wird die Formulierung so verstanden, dass die Regelung „im Einklang mit den Regeln des Gemeinsamen Marktes“ stehen soll.[1079] Eine andere Auffassung fordert, dass für die Anwendbarkeit des Art. 308 EG ein Funktionszusammenhang zwischen dem Gemeinsamen Markt und der Regelung bestehen muss.[1080] Nach dieser Ansicht dürfen nur solche Maßnahmen auf Art. 308 EG gestützt werden, die der Sicherung der Funktionsfähigkeit des Gemeinsamen Marktes, hier charakterisiert durch die Elemente Marktfreiheit, Marktgleichheit und Wettbewerbsfreiheit[1081],

---

[1079] *Rossi*, in: Calliess/Ruffert (Hrsg.), EUV/EGV, Art. 308, Rn. 24.
[1080] Nachweise bei *Rossi*, in: Calliess/Ruffert (Hrsg.), EUV/EGV, Art. 308, Rn. 23.
[1081] *Rossi*, in: Calliess/Ruffert (Hrsg.), EUV/EGV, Art. 308, Rn. 22.

dienen.[1082] Einer Entscheidung zwischen diesen beiden gegensätzlichen Ansichten bedarf es nicht, wenn sie im Hinblick auf die Errichtung einer europäischen Schiedsinstitution zu demselben Ergebnis kommen.

Der Gemeinsame Markt würde von der Errichtung einer europäischen Schiedsgerichtsbarkeit unmittelbar profitieren: Die Verbesserung des Rechtsschutzes der europäischen Unternehmen und die Rechtsangleichung reduziert die bestehende Rechtsunsicherheit und erhöht die Marktfreiheit. Somit befände sich die europäische Schiedsgerichtsbarkeit im Einklang mit den Regeln des Binnenmarktes, so dass das Tatbestandsmerkmal nach der ersten Ansicht gegeben wäre. Zudem würde eine europäische Schiedsgerichtsbarkeit durch verbesserten Rechtsschutz und Rechtsvereinheitlichung die Funktionstüchtigkeit des Binnenmarktes unterstützen. Der von der zweiten Ansicht geforderte Funktionszusammenhang liegt folglich ebenfalls vor, so dass das Merkmal „im Rahmen des Gemeinsamen Marktes" auch nach dieser Ansicht erfüllt ist.

Somit gelangen beide Ansichten zu demselben Ergebnis. Eine Entscheidung darüber, welcher Auffassung der Vorzug zu geben ist, erübrigt sich daher. Die zweite Voraussetzung nach Art. 308 EG ist im Hinblick auf die Errichtung einer europäischen Schiedsgerichtsbarkeit als erfüllt anzusehen.

Als drittes Tatbestandsmerkmal muss das Tätigwerden der Gemeinschaft „erforderlich" sein. Dem würde es entgegenstehen, wenn das intendierte Ziel auch durch gleichermaßen wirksame Maßnahmen der Mitgliedstaaten erreicht werden könnte.[1083] Eine Möglichkeit hierzu bestünde vor allem im Abschluss eines völkerrechtlichen Vertrages zwischen den Mitgliedstaaten[1084], in dem sich die Vertragsstaaten darauf einigen würden, eine europäische Schiedsinstitution zu errichten und diese mit der Zuständigkeit zur Verabschiedung einer europäischen Schiedsordnung auszustatten. Nach der h.M. liegt in dieser grundsätzlich bestehenden Möglichkeit jedoch gerade das Indiz dafür, dass eine einheitlich geltende Maßnahme zur Verwirklichung des Gemeinschaftszieles erforderlich ist.[1085] Die Möglichkeit, dass die Mitgliedstaaten auch einen entsprechenden völkerrechtlichen Vertrag abschließen können, spricht folglich für die Erforderlichkeit eines Tätigwerdens der Gemeinschaft – und nicht dagegen.[1086]

[1082] Nachweise bei *Rossi*, in: Calliess/Ruffert (Hrsg.), EUV/EGV, Art. 308, Rn. 23.
[1083] *Rossi*, in: Calliess/Ruffert (Hrsg.), EUV/EGV, Art. 308, Rn. 30 ff.
[1084] *Rossi*, in: Calliess/Ruffert (Hrsg.), EUV/EGV, Art. 308, Rn. 30.
[1085] *Rossi*, in: Calliess/Ruffert (Hrsg.), EUV/EGV, Art. 308, Rn. 32.
[1086] *Rossi*, in: Calliess/Ruffert (Hrsg.), EUV/EGV, Art. 308, Rn. 32.

Für die Erforderlichkeit einer europäischen Schiedsgerichtsbarkeit auf Gemeinschaftsebene spricht weiter, dass zwischen dem Abschluss eines völkerrechtlichen Vertrages und einer auf Gemeinschaftsebene verabschiedeten Maßnahme ein qualitativer Unterschied besteht: Bei einem völkerrechtlichen Vertrag können sich die Mitgliedstaaten ihrer Verpflichtung durch Kündigung entziehen oder unter Verletzung ihrer vertraglichen Pflicht abweichende nationale Regelungen treffen.[1087] Ferner besteht die Möglichkeit, sich bei den Vertragsverhandlungen nationale Vorbehalte einräumen zu lassen. Die Erfahrungen mit dem CISG haben gezeigt, dass dies der Rechtssicherheit abträglich ist. Demgegenüber besteht bei einer gemeinschaftsrechtlichen Maßnahme das Gebot, die Funktionsfähigkeit der Gemeinschaft zu sichern (*effet utile*), dessen wesentliche Ausprägungen im Vorrang des Gemeinschaftsrechts vor nationalem Recht und im Auslegungsmonopol des EuGH liegen.[1088] Dieser qualitative Unterschied zwischen dem gemeinschaftsrechtlichen Tätigwerden und der Alternative eines völkerrechtlichen Vertrags zeigt, dass eine Maßnahme, die auf Gemeinschaftsrechtsebene durchgeführt wird, das Gemeinschaftsziel effizienter erreichen kann als eine Maßnahme der Mitgliedstaaten. Somit ist das Tätigwerden der Gemeinschaft zur Errichtung einer europäischen Schiedsinstitution auch erforderlich.

Das vierte Tatbestandsmerkmal des Art. 308 EG, die sogenannte Subsidiaritätsklausel, setzt voraus, dass „die hierfür erforderlichen Befugnisse [im Gemeinschaftsrecht] nicht vorgesehen" sind, d.h. dass gemäß dem Prinzip der begrenzten Ermächtigung der EG-Vertrag die zur Verwirklichung des Gemeinschaftszieles erforderlichen Befugnisse nicht an anderer Stelle bereithält.[1089]

Eine spezielle Kompetenz zur Errichtung einer Schiedsinstitution besteht im EG-Vertrag nicht. Allenfalls Teile einer europäischen Schiedsordnung könnten von speziellen Ermächtigungsgrundlagen gedeckt sein. So sieht beispielsweise Art. 65 lit a) 3. Spiegelstrich vor, dass die Gemeinschaft Maßnahmen im Bereich der justiziellen Zusammenarbeit in Zivilsachen ergreifen kann, soweit diese für das reibungslose Funktionieren des Binnenmarktes erforderlich sind. Diese Kompetenznorm erstreckt sich ausdrücklich auch auf Regelungen der Anerkennung und Vollstreckung außergerichtlicher Entscheidungen. Der Wortlaut dieser Norm schließt ihre Anwendung auf die *Anerkennung und Vollstreckung* von Schiedssprüchen nicht aus. Es finden sich jedoch keine umfassenden speziellen Kompetenznormen, welche die Gemeinschaft zur Errichtung einer europäischen

---

[1087] *Rossi*, in: Calliess/Ruffert (Hrsg.), EUV/EGV, Art. 308, Rn. 32.
[1088] *Rossi*, in: Calliess/Ruffert (Hrsg.), EUV/EGV, Art. 308, Rn. 32 m.weit.Nachw
[1089] *Rossi*, in: Calliess/Ruffert (Hrsg.), EUV/EGV, Art. 308, Rn. 40.

Schiedsinstitution ermächtigen und ihr die Zuständigkeit zur Verabschiedung einer eigenen Verfahrensordnung einräumen würde. Der Subsidiaritätsklausel wird somit genügt.

Sämtliche Tatbestandsmerkmale des Art. 308 EG sind erfüllt. Die Gemeinschaft kann sich daher für die Errichtung einer europäischen Schiedsinstitution auf diese Ermächtigungsgrundlage stützen.

2. Abschluss eines völkerrechtlichen Vertrages

Selbst wenn man sich der Ansicht anschließen möchte, dass die Errichtung einer europäischen Schiedsinstitution nicht auf Art. 308 EG gestützt werden kann, bliebe den Mitgliedstaaten die bereits angesprochene Möglichkeit, einen völkerrechtlichen Vertrag zu schließen.

Dieser Weg würde zwar den Nachteil aufweisen, dass, wie oben dargestellt, zwischen dem gemeinschaftsrechtlichen Tätigwerden und dem Abschluss eines völkerrechtlichen Vertrages aus integrationspolitischer Sicht ein qualitatives „Weniger" darstellt. Dennoch wurden bereits zahlreiche wichtige Integrationsschritte auf dieser Grundlage vollzogen, so beispielsweise der Abschluss der Schengener Abkommen[1090] oder des EuGVÜ. Solche völkerrechtlichen Verträge haben als Katalysator der europäischer Integration gedient und wurden nach einer Übergangszeit schließlich auf die Ebene des Gemeinschaftsrechts übertragen: So wurde z.B. der „Schengen-Besitzstand" durch das Protokoll des Amsterdamer Vertrages in das Gemeinschaftsrecht integriert.[1091] Auch das EuGVÜ wurde inzwischen durch die europäische Verordnung 44/2001 über die gerichtliche Zuständigkeit und Vollstreckung gerichtlicher Entscheidungen in Zivil- und Handelssachen vom 22. Dezember 2000 ersetzt.[1092] Ein weiterer Vorteil der „völkerrechtlichen Alternative" liegt darin, dass zweifelnde Mitgliedstaaten den Abschluss des völkerrechtlichen Vertrages nicht blockieren können. Wie das Beispiel Schengen gezeigt hat, kann ein völkerrechtlicher Vertrag auch dann zustande kommen und funktionieren, wenn nicht alle Mitgliedstaaten beitreten.[1093]

Somit stellt die Errichtung einer europäischen Schiedsinstitution mit einer eigenen Schiedsordnung durch den Abschluss eines völkerrechtlichen Vertrages

---

[1090] *Brechmann,* Calliess/Ruffert (Hrsg.), EUV/EGV, Art. 61, Rn. 9.
[1091] *Brechmann,* Calliess/Ruffert (Hrsg.), EUV/EGV, Art. 61, Rn. 11.
[1092] ABl. EG 2001, Nr. L, S. 12.
[1093] Vgl. *Brechmann,* Calliess/Ruffert (Hrsg.), EUV/EGV, Art. 61, Rn. 9.

zwischen den Mitgliedstaaten zwar nicht die optimale, jedenfalls aber gangbare Alternative dar.

3. Vertragsänderung

Eine letzte Variante liegt darin, durch Änderung der Gemeinschaftsverträge eine gesonderte Ermächtigungsgrundlage zur Schaffung einer europäischen Schiedsgerichtsbarkeit einzufügen. Dieses Verfahren wäre nicht neu: So wurde der europäische Gesetzgeber nachträglich durch Art. 229a, 225a EG zur Schaffung einer zentralen Gerichtsbarkeit für das Gemeinschaftspatent ermächtigt. Dieses Beispiel zeigt aber gleichzeitig auch den gravierenden Nachteil dieser Möglichkeit: die Ermächtigungsgrundlage des Art. 229a, 225a EG kam erst nach jahrelangen Diskussionen zustande, die zudem bis heute ihrer Inanspruchnahme harrt.[1094]

4. Abgrenzung vom Zuständigkeitsbereich des EuGH nach Art. 238, 239 EG

Der EuGH besitzt bereits die Kompetenz, als Schiedsgericht aufzutreten. Dies ergibt sich aus den Art. 238, 239 EG. Die Abgrenzung zwischen dieser Kompetenz und der Kompetenz für die hier zu entwerfenden europäischen Schiedsinstitution ist daher erforderlich.

Nach Art 238 EG ist der EuGH zuständig für Streitigkeiten, die aus einem mit oder für Rechnung der Gemeinschaft abgeschlossenen Vertrag entstehen können, soweit dieser Vertrag eine entsprechende Schiedsklausel enthält. Klagen von natürlichen oder juristischen Personen, die auf einer solchen Schiedsklausel beruhen, sind nach Art. 225 EG beim EuG anhängig zu machen. Art. 239 EG sieht eine Zuständigkeit des EuGH für sämtliche Streitigkeiten zwischen den Mitgliedstaaten, die mit den Zielen und Aufgaben des EG-Vertrages im

---

[1094] Obgleich bereits seit über zehn Jahren in der Diskussion, konnte die Gemeinschaftspatentgerichtsbarkeit bis heute nicht verwirklicht werden. Die Kommission hat Ende 2003 zwei Vorschläge für Ratsbeschlüsse zur Errichtung einer solchen Gerichtsbarkeit vorgelegt, die bislang ihrer Verwirklichung harren: Vorschlag für einen Beschluss des Rates zur Errichtung des Gemeinschaftspatentgerichtes und betreffend das Rechtsmittel vor dem Gericht erster Instanz, Komm(2003) 828 endg., 2003/0324 (CNS); Vorschlag für einen Beschluss des Rates zur Übertragung der Zuständigkeit in Gemeinschaftspatentsachen auf den EuGH, Komm(2003) 827 endg., 2003/0326 (CNS). Vgl. *Rebel*, Gewerbliche Schutzrechte, S. 346.

Zusammenhang stehen, vor, wenn diese einen Schiedsvertrag geschlossen haben.[1095]

Im Gegensatz dazu würde sich die Kompetenz eines europäischen Schiedsgerichts auf Streitigkeiten zwischen Unternehmen beschränken, während die Streitigkeiten zwischen der EU und Dritten sowie zwischen den Mitgliedstaaten vom Geltungsbereich des europäischen Schiedsgerichts nicht erfasst wären.

5. Zwischenergebnis

Die Gemeinschaftsverträge enthalten zwar keine ausdrückliche Kompetenz zur Errichtung einer europäischen Schiedsinstitution; die Gemeinschaft ist jedoch nach Art. 308 EG ermächtigt, eine europäische Schiedsinstitution zu errichten. Die Errichtung einer solchen Schiedsgerichtsbarkeit erscheint grundsätzlich auch als erforderlich, da weder die nationalen Gerichte der Mitgliedstaaten noch die herkömmliche internationale Schiedsgerichtsbarkeit die erforderliche Rechtssicherheit herstellen konnten.

Möglich wäre zudem der Weg über ein völkerrechtliches Abkommen zwischen den Mitgliedstaaten. Die Erfahrungen mit dem Schengener Abkommen und anderen völkerrechtlichen Erfahrungen haben gezeigt, dass solche Abkommen auf die Entwicklung des Gemeinschaftsrechts nachhaltigen Einfluss haben können. Dennoch befindet sich der völkerrechtliche Vertrag auf einer vergleichsweise niedrigeren Integrationsstufe, so dass die Errichtung der europäischen Schiedsgerichtsbarkeit auf dem kompetenzrechtlichen Fundament des Art. 308 EG vorzuziehen ist.

Es kommt auch in Betracht, im Wege einer Vertragsänderung eine gesonderte Ermächtigungsgrundlage in den EG-Vertrag einzufügen. Diese Möglichkeit zur Kompetenzbegründung ist jedoch, wie das Beispiel der Gemeinschaftspatentgerichtsbarkeit[1096] gezeigt hat, umständlich, langwierig und

---

[1095] *Koenig/Haratsch*, Europarecht, RZ 449.

[1096] Das Abkommen zur Einführung des Gemeinschaftspatentes sollte bereits zum 1.1.1993 in Kraft treten. Erst gut zehn Jahre später, nämlich am 3.3.2003 wurde durch einen entsprechenden Beschluss des EU-Ministerrates den Weg für das Gemeinschaftspatent frei geräumt. Da wesentliche Bestandteile der Verordnung zur Einführung des Gemeinschaftspatentes bislang noch heftig umstritten sind, ist eine Verwirklichung des Gemeinschaftspatentes bislang nicht abzusehen, vgl. nur *Rebel*, Gewerbliche Schutzrechte, S. 346 und bereits Fußnote 1094.

zudem nicht erforderlich, da Art. 308 EG eine ausreichende Ermächtigungsgrundlage darstellt.

Insgesamt ist der europäische Gesetzgeber durch Art. 308 EG befugt, eine europäische Schiedsgerichtsbarkeit zu schaffen. Der Rat kann demnach auf Vorschlag der Europäischen Kommission einstimmig entsprechenden Vorschriften erlassen, welche die Errichtung einer europäischen Schiedsinstitution sowie die Verabschiedung einer Verfahrensordnung vorsehen.

Diese Befugnis ist abzugrenzen von der Ermächtigung des EuGH nach Art. 238, 239 EG, als Schiedsgericht aufzutreten. Während der hier skizzierte Vorschlag zur Errichtung eines europäischen Schiedsgerichtes Streitigkeiten zwischen Unternehmen betrifft, richtet sich die Schiedskompetenz des EuGH auf die Fälle, in denen Verträge mit der Gemeinschaft oder Streitigkeiten zwischen Mitgliedstaaten den Gegenstand des Verfahrens bilden.

IV. Struktur der europäischen Schiedsinstitution

Zu den wichtigsten Aufgaben des europäischen Gesetzgebers beim Entwurf einer europäischen Schiedsgerichtsbarkeit wird die Formulierung der wesentlichen Struktur der Schiedsinstitution zählen. Es ist daher zuerst zu untersuchen, auf welchem grundsätzlichen Fundament die europäische Schiedsinstitution ruhen sollte.

1. Zweck einer europäischen Schiedsinstitution

Entscheidend dafür ist der Zweck, den die Institution erfüllen soll.

Die Errichtung einer europäischen Schiedsinstitution würde dem Zweck dienen, den europäischen Unternehmen ein Streitbeilegungsforum zur Verfügung zu stellen, das in der Lage ist, die beim grenzüberschreitenden Handel entstehenden Rechtstreitigkeiten in einheitlicher, verbindlicher und effizienter Weise aufzulösen und gleichzeitig die Rechtsvereinheitlichung auf europäischer Ebene zu fördern. Dazu wäre es erforderlich, eine Verfahrensordnung zu formulieren, welche die Interessen der Unternehmen reflektiert. Zu den zu berücksichtigenden Interessen zählt vor allem das Bedürfnis nach einer flexiblen, raschen und binnenmarktsgerechten Konfliktlösung durch sachkundige Schiedsrichter auf der Grundlage einer transparenten und angemessenen Kostenordnung.

Erwiese sich die europäische Schiedsordnung nur in einem dieser Aspekte als defizitär, würde die Effizienz der europäischen Schiedsinstitution bereits erheblich geschmälert. Die im folgenden formulierten Anforderungen sollen daher als Leitfaden dienen, an dem sich eine europäische Schiedsinstitution orientieren muss.

2. Vorbilder einer europäischen Schiedsinstitution

Die existierenden Schiedsinstitutionen, Modellgesetze und multilateralen Übereinkommen können beim Entwurf der europäischen Schiedsinstitution Pate stehen. Es kommen die folgenden Regelwerke in Betracht:

Zu nennen ist das Modellgesetz über die internationale Handelsschiedsgerichtsbarkeit der UNCITRAL[1097] (*United Nations Commission on International Trade Law*) für das schiedsrichterliche Verfahren. Die Vollversammlung der Vereinten Nationen hat dieses Mustergesetz allen Staaten zur Berücksichtigung bei einer Neugestaltung ihrer nationalen Vorschriften für internationale Schiedsgerichtsverfahren empfohlen.[1098] Somit dient das UNCITRAL-Modellgesetz vor allem solchen staatliche Rechtsordnungen als Vorbild, die ursprünglich keine oder nur ungenügende Vorschriften für das Schiedsverfahren bereitgestellt haben.[1099] Hinter dem UNCITRAL-Modellgesetz steht das Ziel, die internationale Schiedsgerichtsbarkeit zu vereinheitlichen[1100], was heute bereits zu einem beachtlichen Teil gelungen ist: Das UNCITRAL-Modellgesetz hat das Schiedsverfahren in 30 Staaten beeinflusst.[1101] Auch die deutschen

---

[1097] UNCITRAL Model Law on International Arbitration Law, verabschiedet am 21. Juni 1985. Download des Gesetzestextes im Internet unter: http://www.uncitral.org/en-index.htm.

[1098] *Schwab/Walter*, Schiedsgerichtsbarkeit, S. 350 f.; ausführlich zur Historie des UNCITRALModellgesetzes auch *Berger*, Das neue Recht der Schiedsgerichtsbarkeit, S. 7 ff.

[1099] *Kaboth*, Das Schlichtungs- und Schiedsgerichtsverfahren der Weltorganisation für geistiges Eigentum (WIPO), S. 61.

[1100] *Hußlein-Stich*, Das UNCITRAl-Modellgesetz über die internationale Handelsschiedsgerichtbarkeit, S.3; *Berger*, Das neue Recht der Schiedsgerichtsbarkeit, S. 7 ff., vor allem S. 10 f.

[1101] Das UNCITRAL-Modellgesetz liegt den folgenden Staaten zugrunde: Ägypten, Australien, Bahrain,, Bermudas, Bulgarien, Deutschland, Finnland, Guatemala, Hongkong, Indien Iran, Kanada (einschließlich sämtlicher Provinzen und Territorien), Kenia, Litauen, Malta, Mexiko, Neuseeland, Nigeria, Oman, Peru, Russische Föderation, Schottland, Singapur, Sri Lanka, Tunesien, Ukraine, Ungarn, Zimbabwe, Zypern sowie innerhalb der Vereinigten Staaten in den Bundesstaaten Connecticut, Kalifornien, Oregon und Texas, vgl *Lörcher*, Neue Verfahren der internationalen Streiterledigung in Wirtschaftssachen, S. 488,

Vorschriften über das Schiedsverfahren (§§ 1024 ff. ZPO), neu gefasst durch das Gesetz zur Neuregelung des Schiedsverfahrens vom 22.12.1997[1102], beruhen im wesentlichen auf dem Vorbild des UNCITRAL-Modellgesetzes.[1103] In seiner Funktion als Modellgesetz soll es auch für die folgenden Ausführungen herangezogen werden.

Eine weitere Orientierungshilfe bietet die Schiedsordnung der Welthandelsorganisation für geistiges Eigentum (WIPO-Schiedsordnung)[1104]. Das WIPO-Schiedsverfahren ist speziell auf Schiedsverfahren ausgerichtet, die im Bereich des geistigen Eigentums durchgeführt werden, und trägt damit den besonderen Bedürfnissen der an solchen Verfahren beteiligten Wirtschaftsakteure Rechnung.[1105] Darüber hinaus enthält die WIPO-Schiedsordnung aber auch eine Vielzahl detaillierter, moderner Regelungen für allgemeinere Verfahrensfragen, die sich im Bereich der internationalen Schiedsgerichtsbarkeit stellen[1106], und ist folglich im Rahmen der vorliegenden Untersuchung von Interesse.

Außerdem werden die ICC-Rules of Arbitration[1107] und die Verfahrensordnung der Deutschen Institution für Schiedsgerichtsbarkeit e.V. (DIS-Schiedsgerichts-

---

Fn. 150.; *Kaboth,* Das Schlichtungs- und Schiedsgerichtsverfahren der Weltorganisation für geistiges Eigentum (WIPO), S. 61 m.weit.Nachw.

1102 BGBl. 1997 I, S. 3224.

1103 *Schwab/Walter*, Schiedsgerichtsbarkeit, S. 353 m.weit.Nachw..

1104 Die Inanspruchnahme eines Schiedsgerichts ist insbesondere im Bereich des geistigen Eigentums vorteilhaft für die beteiligten Parteien, da die zugesicherte Vertraulichkeit und die freie Wahl von Spezialisten für das jeweilige Fachgebiet von erheblicher Bedeutung ist. Aus diesen Gründen setzte die Weltorganisation für geistiges Eigentum (World Intellectual Property Rights, WIPO), die am 14. Juli 1967 als eine Sonderorganisation der Vereinten Nationen gegründet wurde, im Jahr 1992 eine Arbeitsgruppe ein, welches die Schaffung eines auf Streitigkeiten im Bereich des Schutzes des geistigen Eigentums spezialisierten Schiedsinstitutes prüfen sollte. Der endgültige Entwurf einer Verfahrensordnung wurde 1993 der Generalversammlung der WIPO vorgelegt und ist in Form einer WIPO-Schlichtungsordnung, einer WIPO-Schiedsordnung und einer WIPO-Schiedsordnung für das beschleunigte Verfahren am 1. Oktober 1994 in Kraft getreten. Vgl. zur Entstehungsgeschichte ausführlich *Lörcher,* Neue Verfahren der internationalen Streiterledigung in Wirtschaftssachen, S. 175 ff. (mit Abdruck der WIPO-Schiedsordnung, S. 639 ff.); *Kaboth,* Das Schlichtungs- und Schiedsgerichtsverfahren der Weltorganisation für geistiges Eigentum (WIPO), S. 62 ff.

1105 *Lörcher,* Neue Verfahren der internationalen Streiterledigung in Wirtschaftssachen, S. 179.

1106 Die WIPO-Schiedsordnung enthält insgesamt 78 Artikel, von denen die überwiegende Anzahl allgemeine Vorschriften für das Schiedsverfahren enthalten, die durchaus auch auf Schiedsverfahren Anwendung finden können, die nicht dem Bereich des geistigen Eigentums entstammen, vgl. *Lörcher,* Neue Verfahren der internationalen Streiterledigung in Wirtschaftssachen, S. 179 f.

1107 Abgedruckt bei *Lachmann,* Handbuch der Schiedsgerichtspraxis, Rn. 2286 ff.

ordnung 1998)[1108] als weitere repräsentative Modelle für institutionalisierte Schiedsverfahren in die Erarbeitung einer europäischen Schiedsordnung einfließen.

Von Bedeutung für die nachfolgenden Ausführungen ist weiter das Genfer Europäische Übereinkommen über die internationale Handelschiedsgerichtsbarkeit vom 21. April 1961 (EuÜ).[1109]

3. Zuständigkeitsbereich der europäischen Schiedsinstitution

Um die auf dem europäischen Markt bestehende Rechtsunsicherheit beseitigen zu können, muss eine europäische Schiedsinstitution in der Lage sein, die rechtlichen Konflikte für die Rechtsanwender einheitlich, effizient und in einem angemessenen Kosten-Nutzen-Verhältnis zu lösen.

Es ist zuerst zu untersuchen, ob die Zuständigkeit der europäischen Schiedsordnung auf Rechtsstreitigkeiten zwischen Unternehmen beschränkt sein sollte. Die vorangegangene Untersuchung hat ihren Fokus auf die Defizite gerichtet, denen europäische Unternehmen beim Handel in der EU begegnen, wenn sie mit den unterschiedlichen nationalen und europäischen, ihren Bedürfnissen nicht entsprechenden Rechtsvorschriften sowie mit einem unzulänglichen Rechtsschutz durch die staatliche Gerichtsbarkeit konfrontiert werden. Die potentiellen Schwierigkeiten von Verbrauchern wurden bei dieser Analyse ausgeklammert. Verbraucher dürften zwar bei der Geltendmachung ihrer Ansprüche im europäischen Ausland auf ähnliche Schwierigkeiten stoßen wie die Unternehmen, aber eine Verbraucherklage stellt sich in der Regel als weniger kompliziert dar als ein Rechtsstreit über ein internationales Dauerschuldverhältnis mit vereinbarten verlängertem Eigentumsvorbehalt oder eines Unternehmenskaufes mit erheblichem Transaktionsvolumen und aus rechtlicher und fachlicher Sicht äußerst komplexen Strukturen. Der Verbraucherschutz ist ohnehin ein besonderes Anliegen der EU, dem bereits durch zahlreiche Vorschriften und mannigfaltige Rechtsprechung in ausreichendem Maß Rechnung getragen wird. Insbesondere ist der Verbraucher – im Gegensatz zu einem europäischen Unternehmen - gemäß Art. 16 EUGVO berechtigt, das Unternehmen nicht an dessen Sitz, sondern am eigenen Wohnsitz zu verklagen. Daher entfallen grundsätzliche Schwierigkeiten wie die Anwendung fremden Verfahrensrechts und das Führen des Prozesses in einer fremden Verfahrenssprache.

[1108] Abgedruckt bei *Lachmann*, Handbuch der Schiedsgerichtspraxis, Rn. 2292 ff.

[1109] BGBl. 1964 II, S. 426; abgedruckt bei *Jayme/Hausmann*, Internationales Privat- und Verfahrensrecht, Nr. 243.

Auch im materiellen Recht finden sich vielfach Vorschriften, deren erstes Ziel der Schutz des Verbrauchers ist. Die Vereinheitlichungsfunktion eines europäischen Schiedsgerichts ist daher in erster Linie aus Unternehmenssicht erforderlich und kann auch nur im Milieu der Unternehmen funktionieren, während eine solche Einrichtung im Verbraucher(schutz)recht nicht als geboten erscheint. Aufgrund dieser Überlegungen erscheint es als sachgerecht, Rechtsstreitigkeiten, in denen ein Verbraucher als Partei beteiligt ist, von dem Anwendungsbereich der europäischen Schiedsgerichtsbarkeit auszuklammern und ihre Zuständigkeit auf Rechtstreitigkeiten zwischen Unternehmen zu beschränken.

In räumlich-persönlicher Hinsicht ist zu klären, ob es zweckmäßig wäre, nur Unternehmen mit Sitz in der EU oder darüber hinaus auch Parteien aus Drittstaaten die Möglichkeit der Inanspruchnahme des europäischen Schiedsgerichts zu geben. Um den Bezug zum Gemeinschaftsrecht nicht zu verlieren, was auch aus kompetenzrechtlicher Perspektive (siehe dazu im folgenden Unterkapitel) erforderlich ist, sollten (zunächst) ausschließlich Unternehmen mit Sitz in Europa als Parteien zugelassen werden. Durch diese Voraussetzungen ist sichergestellt, dass ein ausreichender Bezug zur Gemeinschaft vorliegt und der Fokus einer europäischen Schiedsgerichtsbarkeit auf Binnenmarkttransaktionen nicht verlustig geht.

Der Zuständigkeitsbereich einer europäischen Schiedsinstitution wäre folglich danach abzugrenzen, ob der Sachverhalt (i) europäische Unternehmen involviert und (ii) ob Handel zwischen Mitgliedstaaten betroffen ist. Von diesen Voraussetzungen werden grundsätzlich sämtliche grenzüberschreitenden Handelsverträge erfasst, die – parallel zur Definition in § 343 HGB - zum Betrieb des Handelsgewerbes der beteiligten Unternehmen gehören, deren Gegenstand also der Austausch von Gütern und Sachdienstleistungen ist. Eine offizielle Anmerkung zu Art. 1 UNCITRAL-Modellgesetz (Anwendungsbereich)[1110] stellt klar, dass der Begriff „Handel“ weit auszulegen ist. Eine solche Anwendung empfiehlt sich auch im Rahmen einer europäischen Schiedsordnung, um möglichst viele Rechtskonflikte zu erfassen und auf diese Weise eine breite Anwendung zu gewährleisten.

Das UNCITRAL-Modellgesetz könnte auch bei der Definition des Kriteriums „grenzüberschreitend“ Anwendung finden: Nach der Legaldefinition in Art. 1 Abs. 1 UNCITRAL-Modellgesetz ist ein Verfahren vor allem dann international, wenn entweder die Parteien ihren Sitz in verschiedenen Staaten haben oder der gewählte Schiedsort oder der Ort, an dem die wesentlichen Pflichten aus dem

---

[1110] Vgl. Art. 1 Abs.1 UNCITRAL Modellgesetz, FN 2.

Vertrag zu erfüllen sind, an einem anderen Ort als dem Niederlassungsort der Parteien liegt. An dieser Legaldefinition könnte sich auch die europäische Schiedsordnung orientieren. Andrerseits erscheint es als sachgerecht, den Zuständigkeitsbereich eines europäischen Schiedsgericht bereits zu öffnen, wenn es nach Anknüpfung auf der Grundlage der europäischen Kollisionsregeln zur Anwendung einer Rechtsordnung kommt, die (mindestens) einer Partei fremd ist. Dies wird zwar in der Regel ohnehin der Fall sein, wenn, wie nach Art. 1 Abs. 1 UNCITRAL-Modellgesetz, sich der Parteiensitz in unterschiedlichen Staaten befindet oder der Schwerpunkt der vertraglich geschuldeten Leistungen in einem anderen Staat als dem des Sitzes beider Parteien liegt. Dennoch ist die Anknüpfung an die Anwendung einer *fremden* Rechtsordnung wesentlich unkomplizierter als die Tatbestandssystematik des Art. 1 Abs. 1 UNCITRAL-Modellgesetz und daher im Rahmen einer europäischen Schiedsordnung vorzugswürdig.

4. Kompetenzabgrenzung zur nationaler Gerichtsbarkeit

Vereinbaren die Parteien für einen grenzüberschreitenden Vertrag die Zuständigkeit eines Schiedsgerichts, so wird dieses für den konkreten Rechtsstreit zuständig, während die Kompetenz der staatlichen Gerichte gleichzeitig durch die Schiedsvereinbarung beschnitten wird.[1111]

Es stellt sich daher die Frage nach dem Verhältnis zwischen der europäischen Schiedsinstitution und der staatlichen Gerichtsbarkeit. Für Sachverhalte mit ausschließlichem Inlandsbezug dürfte in der Regel kein oder höchstens ein reduziertes Bedürfnis für eine separate Gerichtsbarkeit bestehen, da (zumindest) die dargestellten Effizienzdefizite der staatlichen Gerichtsbarkeit primär internationale Streitigkeiten betreffen, die aus dem grenzüberschreitenden Handel von europäischen Unternehmen entstehen und die Funktionstüchtigkeit des Binnenmarktes beeinträchtigen. Die Zuständigkeit eines europäischen Schiedsgerichts sollte aus diesem Grund auf solche „europäischen" Schiedsverfahren begrenzt bleiben. Mit dem hier vorgestellten Entwurf sollen folglich hier nicht die staatlichen Gerichte durch das europäische Schiedsgericht ersetzt werden; vielmehr sollte das europäische Schiedsgericht neben den staatlichen Gerichten existieren und für „europäische" Rechtstreitigkeiten zuständig sein.

[1111] *Lörcher*, Neue Verfahren der internationalen Streiterledigung in Wirtschaftssachen, S. 182 f.; *Lachmann*, Handbuch für die Schiedsgerichtspraxis, Rn. 190 ff.; Lionnet, Handbuch der internationalen und nationalen Schiedsgerichtsbarkeit, S. 62; Im deutschen Recht ergibt sich diese Rechtsfolge der Schiedsvereinbarung aus § 1027a ZPO.

Das europäische Schiedsgericht könnte entweder ausschließlich sein oder seine Zuständigkeit von den Parteien je nach Sachlage im Einzelfall vereinbart werden. Für die letztgenannten Option spricht, dass die Parteien an den Schiedsgerichten in ihrer bisherigen Gestalt vor allem die Flexibilität und die eigenen Wahlmöglichkeiten schätzen, was Inanspruchnahme und Gestaltung des Verfahrens anbelangt. So erscheint es sachgerecht, den Parteien die Wahl des streitentscheidenden Forums weiterhin zu überlassen. Diese Lösung ist auch aus kompetenzrechtlicher Perspektive angemessen. Stellen sich die Entscheidungen der europäischen Schiedsinstitution als sachgerechte und faire Konfliktlösungen heraus, wird sich diese Institution in der künftigen Praxis durchsetzen, ohne dass eine zwingende Unterwerfung der Parteien unter die europäische Schiedsgerichtsbarkeit notwendig wäre.

Zu klären ist in diesem Zusammenhang aber, ob die staatlichen Gerichte eine Schiedsvereinbarung einer europäischen Schiedsinstitution von Amts wegen zu berücksichtigen hätten. Art. 8 UNCITRAL-Modellgesetz legt in diesem Zusammenhang fest, dass die Schiedsvereinbarung nur auf Einrede von einer der Parteien Anwendung findet. Dies entspricht den gängigen Regelungen im internationalen Schiedsverfahrensrecht.[1112]

Allerdings könnte die besondere Situation in der EU eine weiterreichende Regelung möglich machen oder sogar erfordern. Die Vorschrift des Art. 8 UNCITRAL-Modellgesetz wurde hingegen im internationalen Kontext verabschiedet und ist aus diesem Grund zurückhaltender formuliert. Im Binnenmarkt stellt sich die Situation aufgrund der Bindung nationaler Gerichte an den Grundsatz *effet utile* anders dar. Es würde die Effizienz der europäischen Schiedsinstitution maßgeblich beeinträchtigen und daher einen Verstoß gegen den *effet utile* darstellen, wenn eine von den Vertragsparteien getroffene Schiedsvereinbarung nicht von der staatlichen Gerichtsbarkeit berücksichtigt werden müsste. Aus diesem Grund empfiehlt sich die Abweichung von der Regelung des Art. 8 UNCITRAL-Modellgesetzes durch eine eigenständige Regel, die auch in der nationalen Gesetzgebung reflektiert werden müsste und nach der den staatlichen Gerichten die Berücksichtigung einer solchen Schiedsklausel von Amts wegen auferlegt würde. Selbstverständlich muss aber für die Parteien die Möglichkeit eröffnet werden, sich auch noch nachträglich auf die Zuständigkeit der staatlichen Gerichte zu einigen, falls ihnen dies als vor dem Hintergrund eines konkreten Sachverhalts als sachgerechter erscheint.

[1112] *Hußlein-Stich,* Das UNCITRAl-Modellgesetz über die internationale Handelsschiedsgerichtbarkeit, S. 44; vgl. zum deutschen Recht auch *Lachmann,* Handbuch für die Schiedsgerichtspraxis, Rn. 372.

V. Wesentliche Verfahrensgrundsätze einer europäischen Schiedsinstitution

Der Kern jeder Verfahrensordnung besteht in den Verfahrensgrundsätzen, die dem jeweiligen Regelwerk zugrunde liegen und die durch einzelne Vorschriften ihre Konkretisierung finden. Es ist daher zu analysieren, welche Verfahrensgrundsätze einer europäischen Schiedsordnung zugrunde zu legen wären.

1. Verfahrensrechtliche Parteiautonomie und ihre Grenzen

Von zentraler Bedeutung für das herkömmliche Schiedsverfahren ist die Maxime der verfahrensrechtlichen Parteiautonomie, die den Parteien die exakte Abstimmung des Verfahrens auf die konkreten Bedürfnisse gestattet.[1113] Darin liegt aus Sicht der Unternehmen ein erheblicher Vorteil der internationalen Schiedsgerichtsbarkeit gegenüber der staatlichen Gerichtsbarkeit.[1114] Der Grundsatz der Parteiautonomie sollte folglich auch das europäische Schiedsverfahren beherrschen. Als Vorbild für eine entsprechende Generalklausel könnte Art. 19 Abs. 1 UNCITRAL-Modellgesetz [1115] dienen. Diese Vorschrift wird aufgrund ihrer elementaren Bedeutung als „Magna Charta of Arbitral Procedure" bezeichnet.[1116] Sie legt fest, dass die Parteien das Verfahren grundsätzlich völlig frei bestimmen können.

Die Grenzen der Parteiautonomie nach Art. 19 Abs. 1 UNCITRAL-Modellgesetz ergeben sich allein aus den zwingenden Bestimmungen des nationalen Rechts, von denen die Parteien ausnahmsweise nicht im Wege der Parteivereinbarung abweichen dürfen.[1117] Dazu zählen vor allem die Regelungen, die ein gerechtes Verfahren (*fair trial*) durch die Einhaltung elementarer

---

[1113] Dazu allgemein *Lachmann*, Handbuch der Schiedsgerichtspraxis, Rn. 96 ff.; *Lionnet*, Handbuch der internationalen und nationalen Schiedsgerichtsbarkeit, S. 60 f.; speziell zum UNCITRAL-Modellgesetz: *Hußlein-Stich*, Das UNCITRAl-Modellgesetz über die internationale Handelsschiedsgerichtbarkeit, S. 4 ff.

[1114] *Lachmann*, Handbuch der Schiedsgerichtspraxis, Rn. 96 ff.

[1115] *Wortlaut*: "(1) Subject to the provisions of this Law, the parties are free to agree on the procedure to be followed by the arbitral tribunal in conducting the proceedings.
(2) Failing such agreement, the arbitral tribunal may, subject to the provisions of this Law, conduct the arbitration in such manner as it considers appropriate. The power conferred upon the arbitral tribunal includes the power to determine the admissibility, relevance, materiality and weight of any evidence."

[1116] *Hußlein-Stich*, Das UNCITRAl-Modellgesetz über die internationale Handelsschiedsgerichtbarkeit, S. 106 m.w.Nachw.

[1117] *Hußlein-Stich*, Das UNCITRAl-Modellgesetz über die internationale Handelsschiedsgerichtbarkeit, S. 5.

Verfahrensvorschriften sicherstellen sollen[1118], z.B. die Gleichbehandlung der Parteien und die Gewährung rechtlichen Gehörs, die beide zum Standard internationaler Schiedsordnungen gehören.[1119] Die Wahrung solcher zwingender Maximen muss auch in einer europäischen Schiedsordnung verankert werden. Zu den in diesem Zusammenhang erwähnenswerten Grundsätzen zählen vor allem die folgenden:

- Das Verfahren muss rechtsstaatlichen Grundsätzen entsprechen. Insbesondere muss zu jedem Zeitpunkt des Verfahrens (abgesehen vom Anwendungsbereich von Präklusionsregeln) rechtliches Gehör gewährt werden;
- Es darf keiner Partei gestattet sein, ihre Überlegenheit (wirtschaftlicher oder sozialer Art) dazu auszunutzen, der anderen Partei prozessuale Nachteile entstehen zu lassen, z.B. durch die Aufnötigung eines bestimmten Schiedsrichters (*fair trial*);
- Die Unabhängigkeit der Schiedsrichter muss garantiert sein.

Zur Sicherstellung der Beachtung dieser Grundsätze empfiehlt sich die Aufnahme einer klarstellenden Vorschrift nach dem Beispiel des Art. 19 UNCITRAL-Modellgesetz.

2. Öffentlichkeit oder Vertraulichkeit des Verfahrens?

Ein wichtiger Grund für die Popularität der Schiedsgerichtsbarkeit liegt in der Diskretion des Schiedsverfahrens.[1120] Der Personenkreis, der von dem Schiedsverfahren Kenntnis erlangt, ist auf die Beteiligten des Schiedsverfahrens begrenzt, da die Verhandlungen grundsätzlich nur „parteiöffentlich" sind.[1121] Die Schiedsrichter werden in den Schiedsordnungen ausdrücklich zur Verschwie-

---

[1118] *Hußlein-Stich,* Das UNCITRAl-Modellgesetz über die internationale Handelsschiedsgerichtbarkeit, S. 5.

[1119] Vgl. Art 18 UNCITRAL-Modellgesetz: „Die Parteien sind gleich zu behandeln; jeder Partei ist Gelegenheit zur umfassenden Darstellung ihres Standpunktes zu geben." ; ähnlich auch § 26 DIS-Schiedsgerichtsordnung.

[1120] *Kropholler,* IPR, S. 95 f.

[1121] Bspw. Art. 6 ICC-Rules of Arbitration: „The work of the Court is of a confidential nature which must be respected by everyone who participates in that work in any capacity." Vgl. allgemein *Lachmann,* Handbuch der Schiedsgerichtspraxis, Rn. 113 f.

genheit verpflichtet[1122]; auch den Sachverständigen obliegt die Schweigepflicht.[1123] Vor allem im Bereich des geistigen Eigentums stehen Betriebs- und Geschäftsgeheimnisse im Mittelpunkt des Schiedsverfahrens.[1124] In der WIPO-Schiedsordnung stellt deshalb ein eigener Abschnitt (Art. 73 ff. WIPO-Schiedsordnung) die Vertraulichkeit des Verfahren sicher.[1125] Außerdem enthält Art. 52 WIPO-Schiedsordnung eine Regelung über die Offenlegung von Geschäftsgeheimnissen und anderen vertraulichen Informationen gegenüber der Gegenseite während des Verfahrens.

Das staatliche Gerichtsverfahren ist im Gegensatz dazu grundsätzlich öffentlich.[1126] Es stellt sich die Frage, ob der Verfahrensgrundsatz der Öffentlichkeit auch einer europäischen Schiedsordnung zugrunde gelegt oder nach dem Vorbild der Schiedsgerichtsbarkeit vom Grundsatz des vertraulichen Verfahrens verdrängt werden sollte.

Eine effiziente Reform des europäischen Gerichtssystems muss dem Ziel dienen, die auf dem Binnenmarkt erforderliche Rechtssicherheit durch einheitliche und sachgerechte Konfliktlösungen herzustellen. Es kann nicht davon ausgegangen werden, dass dies der Schiedsgerichtsbarkeit in ihrer herkömmlichen Ausprägung gelingen würde: Als Konsequenz der Vertraulichkeit des Schiedsverfahrens werden Schiedssprüche nur unregelmäßig veröffentlicht.[1127] Kontinuität und wissenschaftliche Aufarbeitung der Praxis sind deswegen im Bereich des Schiedsverfahrens nicht immer gesichert.[1128] Bereits aus diesem Grund sind die Entscheidungen der herkömmlichen Schiedsgerichtsbarkeit grundsätzlich weniger geeignet, als Grundsatzentscheidungen zur materiellrechtlichen Rechtsfortbildung beizutragen[1129], geschweige denn die Rechtseinheit zu fördern, was auch nicht ihrem Aufgabenkreis entspricht. Außer im Bereich schiedsverfahrensrechtlicher Fragen, mit denen sich auch die staatliche

---

[1122] Bspw. § 13 DIS-Schiedsgerichtsordnung 1998: " Die Schlichter sind gegenüber den Parteien zur uneingeschränkten Vertraulichkeit verpflichtet und haben bei der Annahme des Amtes den Parteien zu versichern, dass sie sich ihrer Verpflichtung zur Vertraulichkeit bewusst sind."

[1123] *Lachmann,* Handbuch der Schiedsgerichtspraxis, Rn. 115, 1893.

[1124] *Lörcher,* Neue Verfahren der internationalen Streiterledigung in Wirtschaftssachen, S. 286.

[1125] *Lörcher,* Neue Verfahren der internationalen Streiterledigung in Wirtschaftssachen, S. 286 f.

[1126] Vgl. für das deutsche Recht § 169 GVG.

[1127] *Hirte,* Wege zu einem europäischen Zivilrecht, S. 16; *Lachmann,* Handbuch für die Schiedsgerichtspraxis, Rn. 134.

[1128] *Kropholler,* IPR, S. 96; *Lachmann,* Handbuch für die Schiedsgerichtspraxis, Rn. 134 f..

[1129] *Lachmann,* Handbuch für die Schiedsgerichtspraxis, Rn. 134.

Gerichtsbarkeit befasst und zu denen die Entscheidungen veröffentlicht werden können, kann deswegen die Schiedsgerichtsbarkeit grundsätzlich keine Rechtssicherheit bei der Klärung einer bestimmten materiell-rechtlichen Frage herstellen und besitzt daher auch in der Regel keinerlei präjudizielle Wirkung.[1130] Diese wäre dem Wesen der Schiedsgerichtsbarkeit auch fremd, da es in erster Linie auf Einzelfallgerechtigkeit ausgerichtet ist.[1131] In vielen Fällen ist es daher den Parteien des Schiedsverfahrens unmöglich, seinen Ausgang vorauszusehen oder auch nur geeignete Präjudizen für das Verfahren vorzulegen.[1132]

Der Grundsatz der absoluten Vertraulichkeit des Schiedsverfahrens ist darum der Rechtssicherheit abträglich. Andererseits kann aber ein öffentliches Verfahren für die beteiligten Unternehmen von Nachteil sein: Imageverluste durch die Berichte in den Medien, Offenlegung von Geschäftsgeheimnissen gegenüber der Konkurrenz und der Abbruch der Geschäftsbeziehungen sind die befürchteten Folgen. Es muss daher nach einem Mittelweg zwischen vertraulichem Verfahren und Öffentlichkeit des Verfahrens gesucht werden, soweit der konkrete Schiedsspruch und seine Begründung für die einheitliche Anwendung des Rechts von Bedeutung sind: Der Geheimhaltungsgrundsatz muss eingeschränkt werden.

Eine Möglichkeit besteht darin, bei gleichzeitiger Beibehaltung des (nur) parteiöffentlichen Verfahrens Teile des Schiedsspruches zu veröffentlichen. Diese Möglichkeit kommt dann in Betracht, wenn der publizierte Teil ohne seinen tatsächlichen und rechtlichen Kontext zu verstehen ist, und dies wird in den seltensten Fällen zutreffen.

Eine sinnvollere Option besteht darin, das Verfahren weiterhin vertraulich zu behandeln, also für die Allgemeinheit, vor allem für Presse etc., nicht zu öffnen, aber die Schiedssprüche wie zum Beispiel die Veröffentlichungen der Europäischen Kommission zum Wettbewerbsrecht „geschwärzt" der Öffentlichkeit und den juristischen Kreisen zugänglich zu machen. So könnten Betriebs- und Geschäftsgeheimnisse in einem ansonsten nicht-öffentlichen Verfahren gewahrt werden. Durch diese „eingeschränkte Vertraulichkeit" würde es gelingen, eine Brücke zwischen dem Grundsatz des vertraulichen Verfahrens und der zur Herstellung der Rechtssicherheit erforderlichen Publizität zu schlagen.

Eine solche Lösung erscheint auch sachgerecht: die Daseinsberechtigung einer europäischen Schiedsinstitution entlehnt sich primär aus dem Bedürfnis nach

---

[1130] *Lachmann,* Handbuch für die Schiedsgerichtspraxis, Rn. 134; *Schütze/Tscherning/Wais,* Handbuch des Schiedsverfahrens, RZ 13.
[1131] *Schütze/Tscherning/Wais,* Handbuch des Schiedsverfahrens, RZ 13.
[1132] *Lachmann,* Handbuch für die Schiedsgerichtspraxis, Rn. 136.

sachgerechter Konfliktlösung und Rechtssicherheit durch einheitliche Rechtsanwendung. Dafür wiederum ist diese wissenschaftliche Aufarbeitung zwingend, um einheitliche Rechtsgrundsätze herausbilden zu können. Vollständig vertrauliche Schiedsverfahren, über deren materielle Konfliktlösung keine Informationen herausgegeben werden dürfen, wären hier kontraproduktiv.

3. Beschränkter Untersuchungsgrundsatz

Anders als im deutschen Zivilprozess, in dem der Beibringungsgrundsatz herrscht, liegt dem deutschen Schiedsverfahren gemäß § 1042 Abs. 4 S. 2 ZPO ein „beschränkter Untersuchungsgrundsatz" zugrunde.[1133] Diese Aufklärungspflicht statuiert zwar keine von den Verfahrenshandlungen der Parteien völlig unabhängige „Amtsermittlung", wie aus dem deutschen Strafrecht bekannt; nach seiner Maßgabe ist aber das Schiedsgericht nicht an die Beweisanträge der Parteien gebunden und darf nach pflichtgemäßem Ermessen eine Aufklärung des Sachverhalts auch ohne entsprechende Beweisanträge der Parteien durchführen, wenn die Aufklärung zur Konfliktlösung erforderlich ist.[1134] Eine Beweiserhebung gegen den ausdrücklichen und übereinstimmenden Willen der Parteien ist gleichwohl nach dem Grundsatz der Parteiautonomie nicht zulässig.[1135]

Diese im Vergleich zum staatlichen Richter aktivere Rolle des Schiedsrichters bei der Beweisaufnahme sieht die Mehrzahl der internationalen Schiedsordnungen vor.[1136] Auch nach Art. 26 UNCITRAL-Modellgesetz kann das Schiedsgericht einen Sachverständigen zur Erstellung eines Gutachtens zu bestimmten Fragen beauftragen, falls die Parteien nicht eine abweichende Vereinbarung getroffen haben. Außerdem gewährt Art. 26 Abs. 2 UNCITRAL-Modellgesetz dem Schiedsgericht ausdrücklich das Recht, den Sachverhalt

---

[1133] *Schwab/Walter*, Schiedsgerichtsbarkeit, S. 123; Zöller/*Geimer*, ZPO, § 1042, Rn. 30 ff.; vgl. auch *Schütze/Tschernig/Wais*, Handbuch des Schiedsverfahrens, RZ 332 ff.; *Lachmann*, Handbuch für die Schiedsgerichtspraxis, Rn. 664.

[1134] *Schwab/Walter*, Schiedsgerichtsbarkeit, S. 123; Zöller/*Geimer*, ZPO, § 1042, Rn. 30 ff.; *Henn*, Schiedsverfahrensrecht, Rn. 308; vgl. auch *Schütze/Tschernig/Wais*, Handbuch des Schiedsverfahrens, RZ 332; *Lachmann*, Handbuch für die Schiedsgerichtspraxis, Rn. 664;.

[1135] *Schütze/Tschernig/Wais*, Handbuch des Schiedsverfahrens, RZ 332; *Lachmann*, Handbuch für die Schiedsgerichtspraxis, Rn. 665.

[1136] Siehe *Lörcher*, Neue Verfahren der internationalen Streiterledigung in Wirtschaftssachen, S. 269.

aufzuklären und die Parteien zur Beibringung relevanter Informationen aufzufordern, selbst wenn die Parteien dafür kein Beweisangebot gemacht haben.[1137]

Es ist zu untersuchen, ob sich eine europäische Schiedsordnung an diesen Vorbildern orientieren sollte.

Die umfassende Aufklärung des Sachverhaltes ist vor allem in hochkomplexen internationalen Wirtschaftsstreitigkeiten von erheblicher Bedeutung und hat sich in der Praxis bewährt.[1138] Die Flexibilität des Beweisverfahrens, die sich auch in der gelockerten Bindung an die Beweisanträge widerspiegelt, ist aus der Sicht der streitenden Parteien von erheblicher Bedeutung.[1139] Deshalb sollte sich eine europäische Schiedsordnung an dem beschränkten Untersuchungsgrundsatz und nicht am Beibringungsgrundsatz des staatlichen Zivilprozessrechts orientieren. Dem europäischen Schiedsrichter sollte - vorbehaltlich abweichender Parteivereinbarungen - lediglich der Rahmen für das Beweisverfahren vorgegeben werden, z.B. durch einen Katalog der zulässigen Beweismittel. Die Gestaltung des konkreten Verfahrens sollte ihm jedoch überlassen werden, also vor allem die Frage, *ob, wo* und *wie* Beweis erhoben werden soll. Durch die Festlegung zwingender Verfahrensgrundsätze, zu denen auch der Gleichbehandlungsgrundsatz gehört, würde gleichzeitig sichergestellt, dass bei der Beweisaufnahme keine Schiedspartei übervorteilt wird.

VI. Materielle und formelle Anforderungen an die Schiedsvereinbarung

Das Schiedsgerichtsverfahren beruht auf der Vereinbarung zwischen den Vertragsparteien, die als „Schiedsvereinbarung" bezeichnet wird. Ihr Inhalt ist maßgeblich für den Gang des Schiedsverfahrens.[1140] Zunächst ist zu untersuchen, welche Wirksamkeitsanforderungen an die Schiedsvereinbarung, mit der sich die Parteien auf eine Verweisung an die europäische Schiedsinstitution einigen, gestellt werden müssen.

[1137] Korrespondierende Vorschriften enthalten Art. 20 ICC-Rules of Arbitration; § 24.2. DIS-Schiedsgerichtsordnung; Art. 48 (b) WIPO-Schiedsordnung.

[1138] *Lörcher*, Neue Verfahren der internationalen Streiterledigung in Wirtschaftssachen, S. 268.

[1139] *Lörcher*, Neue Verfahren der internationalen Streiterledigung in Wirtschaftssachen, S. 268 f.

[1140] *Lionnet*, Handbuch der internationalen und nationalen Schiedsgerichtsbarkeit, S. 59

1. Wirksamkeit der Schiedsvereinbarung

Nach der Legaldefinition des Art. 7 Abs. 1 UNCITRAL-Modellgesetz ist eine Schiedsvereinbarung definiert als

> „Vereinbarung der Parteien, alle oder bestimmte Streitigkeiten, die zwischen ihnen in Bezug auf ein bestimmtes Rechtsverhältnis, vertraglicher oder nichtvertraglicher Art, entstanden sind oder künftig entstehen, einem schiedsrichterlichen Verfahren zu unterbreiten."[1141]

Diese Formulierung enthält eine (mögliche) Legaldefinition einer Schiedsvereinbarung, die zum Beispiel von § 1029 Abs. 1 ZPO übernommen wurde. Nach der Formulierung dieser Vorschrift muss die Schiedsvereinbarung bestimmt sein und eine ausdrückliche Zuweisung an ein Schiedsgericht enthalten.[1142] Eine Vorschrift wie Art. 7 Abs. 1 UNCITRAL-Modellgesetz vereinheitlicht die Anforderungen, die an den Inhalt einer Schiedsvereinbarung gestellt werden, und dient auf diese Weise der Rechtssicherheit. Es empfiehlt sich folglich, eine ähnliche Vorschrift in eine europäische Schiedsordnung aufzunehmen.

Eine gültige Schiedsvereinbarung setzt zudem voraus, dass den allgemeinen Anforderungen an den Abschluss eines Vertrages genügt wird. Dazu zählen namentlich Rechtsfähigkeit und wirksame Vertretung der Parteien beim Vertragsschluss sowie das Bestehen übereinstimmender Willenserklärungen.[1143] Das Vorliegen dieser Anforderungen richtet sich grundsätzlich nach dem anwendbaren nationalen Recht; die herkömmlichen Schiedsordnungen sehen keine materiellen Regeln dafür vor. Im Binnenmarkt böte es sich grundsätzlich an, die materiellen Anforderungen an den Vertragsschluss zum Beispiel durch eine Richtlinie gemeinschaftsweit zu kodifizieren und durch eine entsprechende Verweisung mit der europäischen Schiedsordnung zu koppeln. Auf diese Weise gelänge es, die Anforderungen an eine wirksame Schiedsvereinbarung zu vereinheitlichen. In der Konsequenz wäre damit ein wichtiger Faktor der bestehenden Rechtsunsicherheit beseitigt: die Unternehmen könnten darauf vertrauen, dass die Rechtswirksamkeit der Schiedsvereinbarung auch von der staatlichen Gerichtsbarkeit anerkannt wird, wenn sie den Anforderungen der europäischen Rechtsordnung entspricht.

[1141] Art. 7 Abs. 1 im englischen *Wortlaut*: "Arbitration agreement is an agreement by the parties to submit to arbitration all or certain disputes which have arisen or which may arise between them in respect of a defined legal relationship, whether contractual or not.".

[1142] Vgl. *Lachmann*, Handbuch für die Schiedsgerichtspraxis, Rn. 280 zu § 1029 Abs. 1 ZPO.

[1143] Zöller/Geimer, ZPO, § 1029, Rn. 18 ff. m.weit.Nachw.; vgl. auch *Lachmann*, Handbuch für die Schiedsgerichtspraxis, Rn. 199.

Solange eine solche Vereinheitlichung nicht erfolgt, könnte durch die Formulierung eines Vertragsmusters inhaltlich sichergestellt werden, dass die Parteien eine wirksame Vereinbarung treffen.[1144] Mit der übereinstimmenden und unterschriebenen Verwendung dieses Musters würden die Parteien klar und eindeutig zum Ausdruck bringen, dass sie die Verweisung an die europäische Schiedsgerichtsbarkeit vereinbart haben, so dass diesbezüglich kein Auslegungsspielraum verbliebe.

Art. 7 Abs. 2 UNCITRAL-Modellgesetz verlangt die Einhaltung der Schriftform für die Schiedsvereinbarung. Dies entspricht auch den Regelungen in nahezu allen nationalen Rechtsordnungen.[1145] Die Übernahme des Schriftformerfordernisses empfiehlt sich aus Gründen der Rechtssicherheit auch für die europäische Schiedsgerichtsbarkeit.

2. Objektive und subjektive Schiedsfähigkeit

Darüber hinaus erfordert der gültige Abschluss einer Schiedsvereinbarung die sogenannte objektive und subjektive Schiedsfähigkeit des Rechtstreits.[1146]

Objektive Schiedsfähigkeit ist gegeben, wenn die abstrakte Rechtsmaterie vor einem Schiedsgericht verhandelbar ist. Dies ist dann nicht der Fall, wenn ein Staat sich das Rechtsprechungsmonopol über die Entscheidung vorbehalten hat.[1147] Die objektive Schiedsfähigkeit richtet sich folglich grundsätzlich nach nationalem Recht.[1148]

Dazu stellt § 1030 ZPO die folgende Regel auf:

1144 Einen Überblick über die von den wichtigsten verschiedenen Schiedsordnungen vorgegebenen Musterklauseln enthält *Lionnet*, Handbuch der internationalen und nationalen Schiedsgerichtsbarkeit, S. 84 ff., nebst einem Entwurf einer von *Lionnet* entworfenen Klausel, S. 87 f.

1145 *Hußlein-Stich*, Das UNCITRAl-Modellgesetz über die internationale Handelsschiedsgerichtbarkeit, S.38.

1146 Zöller/*Geimer*, ZPO, § 1030, Rn 1 m.weit.Nach.

1147 Ausführlich zu § 1030 ZPO: MünchKomm ZPO – *Münch*, § 1030, RZ 7 ff.; Zöller/*Geimer*, ZPO, § 1030 Rn. 1 ff.; allgemein *Lachmann*, Handbuch für die Schiedsgerichtspraxis, Rn. 204.

1148 Vgl. die entsprechende Regelung in Art. 1 Abs. 5 UNCITRAL-Modellgesetz.

Jeder vermögensrechtliche Anspruch kann Gegenstand einer Schiedsvereinbarung sein. Eine Schiedsvereinbarung über nichtvermögensrechtliche Ansprüche hat insoweit rechtliche Wirkung, als die Parteien berechtigt sind, über den Gegenstand des Streites einen Vergleich zu schließen.

Entsprechend dieser Vorschrift kann grundsätzlich zwischen zwei Anspruchskategorien unterschieden werden: zwischen vermögensrechtlichen Ansprüchen, die immer objektiv schiedsfähig sind, und nichtvermögensrechtlichen Ansprüchen, bei denen objektive Schiedsfähigkeit nur dann gegeben ist, wenn der Anspruch Gegenstand eines Vergleiches sein kann. Bezüglich der objektiven Schiedsfähigkeit nichtvermögensrechtlicher Ansprüche ist folglich danach zu differenzieren, ob sie der Dispositionsfreiheit der Parteien unterliegen.[1149] Vom Geltungsbereich der Schiedsordnung ausgeschlossen sind danach z.B. Streitigkeiten, in denen der Nachlass eines noch lebenden Dritten geregelt werden soll.[1150]

§ 1030 ZPO ist nicht dem negativ formulierten Art. 1 Abs. 5 UNCITRAL-Modellgesetz[1151] nachgebildet, sondern orientiert sich im Hinblick auf die vermögensrechtlichen Ansprüche an § 177 Abs. 1 Schweizer IPRG.[1152] Zumindest bei vermögensrechtlichen Ansprüchen soll die Schiedsfähigkeit danach der Regeltatbestand sein und die fehlende Schiedsfähigkeit die Ausnahme bleiben. Im Gegensatz zu den gesetzgeberischen Varianten manch anderer Mitgliedstaaten geht der deutsche Gesetzgeber folglich von der generellen Gleichwertigkeit von staatlicher Gerichtsbarkeit und Schiedsgerichtsbarkeit aus. Eine Ausnahme soll dann gelten, wenn der Staat sich im Interesse besonders schutzwürdiger Rechtsgüter ein Entscheidungsmonopol vorbehalten hat.[1153] Die Regelung des § 1030 ZPO überzeugt grundsätzlich zwar aufgrund dieser

---

[1149] Zöller/*Geimer*, ZPO, § 1029, Rn. 19.

[1150] Im deutschen Recht § 312 BGB. Vgl. zu weiteren Beispielen *Schwab/Walter*, Schiedsgerichtsbarkeit, S. 29.

[1151] Art 1 Abs. 5 UNICTRAL-Modellgesetz lautet: „Dieses Gesetz berührt nicht andere Gesetze dieses Staates, wonach bestimmte Streitigkeiten einem schiedsrichterlichen Verfahren nicht oder nur nach anderen Bestimmungen einem schiedsrichterlichen Verfahren als denen dieses Gesetzes unterworfen werden dürfen.".

[1152] *Berger*, Das neue Recht der Schiedsgerichtsbarkeit, S. 24 ff.

[1153] Die Vorgängerregelung, § 1025 Abs. 1 ZPO a.F. sah keine Differenzierung zwischen vermögensrechtlichen und nichtvermögensrechtlichen Ansprüchen vor. Objektive Schiedsfähigkeit war danach, unabhängig von der Natur des zugrunde liegenden Anspruches, nur dann gegeben, wenn der Anspruch Gegenstand eines Vergleiches sein konnte, vgl. *Schwab/Walter*, Schiedsgerichtsbarkeit, S. 29. Vgl. auch: MünchKomm ZPO – *Münch*, § 1030, RZ 1.

Differenzierung zwischen vermögensrechtlichen und nichtvermögensrechtlichen Ansprüchen. Denn es besteht grundsätzlich kein Interesse an einem Entscheidungsmonopol der Mitgliedstaaten über vermögensrechtliche Ansprüche[1154], währenddessen die Schiedsfähigkeit nichtvermögensrechtlicher Ansprüche durchaus der sachgerechten Differenzierung nach der Dispositionshoheit der Parteien nach dem Vorbild des § 1030 ZPO bedarf. Dennoch ist bei einer europäischen Schiedsgerichtsbarkeit, die nur für Streitigkeiten zwischen Unternehmen zuständig ist, diese Unterscheidung hinfällig. Denn die nichtvermögensrechtlichen Streitigkeiten, welche nach dieser Unterscheidung nicht objektiv schiedsfähig wären, würden ohnehin nicht Gegenstand eines Rechtsstreites zwischen Unternehmen. Bereits vor diesem Hintergrund kann in einer europäischen Schiedsordnung auf eine Unterscheidung wie in § 1030 ZPO verzichtet werden. Dafür sprechen zudem auch kompetenzrechtliche Gründe: ein Eingriff in die gesetzlichen Bestimmungen der Mitgliedstaaten, welche Streitigkeiten Gegenstand eines Schiedsverfahrens vor einem europäischen Schiedsgericht sein können, ist wohl nicht mehr von Art. 308 EG gedeckt. Vielmehr empfiehlt sich hier eine großzügige Generalklausel, die sich auf sämtliche Rechtsstreitigkeiten zwischen Unternehmen erstreckt. Hierbei könnte zudem Art. 1 Abs. 1 UNCITRAL-Modellgesetz Pate stehen: Satz 1 der Vorschrift lautet:

> „Dieses Gesetz ist auf die internationale Handelsschiedsgerichtsbarkeit anzuwenden […]“

Ihr Wortlaut stellt klar, dass von den schiedsfähigen Ansprüchen auch solche erfasst sein sollen, die nicht vertraglicher Natur sind; die einzigen nicht erfassten Ansprüche sind solche aus Verträgen zwischen Staaten.[1155] Eine solche Generalklausel erscheint in diesem Zusammenhang und vor allem vor dem Hintergrund der sachlichen Eingrenzung des Anwendungsbereiches auf Rechtsstreitigkeiten zwischen Unternehmen als ausreichend und sachgerecht.

Subjektive Schiedsfähigkeit liegt vor, wenn die Partei aus rechtlicher Sicht zum Abschluss einer Schiedsvereinbarung fähig und berechtigt ist.[1156] Im weitesten

---

[1154] Zu Recht *Schwab/Walter*, Schiedsgerichtsbarkeit, S. 29.

[1155] Vgl. zu den Einzelheiten: MünchKomm ZPO – *Münch*, § 1030, RZ 1, zu Art. 1 UNCITRAL-Modellgesetz vgl. auch *Berger*, Das neue Recht der Schiedsgerichtsbarkeit, S. 23 ff.

[1156] *Henn*, Schiedsgerichtsbarkeit, Rz. 28.

Sinne entspricht die Schiedsfähigkeit der Geschäftsfähigkeit und richtet sich somit grundsätzlich nach nationalem Recht.[1157]

Für die europäische Schiedsordnung könnte in Zukunft ein weiterer Weg beschritten werden: Sobald der europäische Gesetzgeber gemeinschaftsweit geltende Regelungen für die wirksame Gründung von juristischen Personen wie z.B. die Vorschriften über die Europäische Aktiengesellschaft verabschiedet hat, könnte eine europäische Schiedsordnung darauf Bezug nehmen. Das Vorliegen subjektiver Schiedsfähigkeit wäre dann durch die europäische Schiedsinstitution auf der Grundlage dieser Vorschriften zu prüfen. Auf diese Weise wäre sichergestellt, dass die subjektive Schiedsfähigkeit nicht, wie bislang im Rahmen der herkömmlichen Schiedsgerichtsbarkeit, aus Sicht verschiedener Mitgliedstaaten unterschiedlich bewertet würde, sondern dass sich die Geschäftsfähigkeit der Vertragsparteien nach einer einheitlichen Rechtsordnung richtete. Bislang existieren solche vereinheitlichten Rechtsformen nur am Rande; die Frage nach ihrer Rechtsfähigkeit wird somit für eine Mehrzahl der Unternehmen auf der Grundlage nationaler Vorschriften beantwortet. Aus diesem Grund erscheint es in einer europäischen Schiedsordnung für die subjektive Schiedsfähigkeit als erforderlich, auch die nationalen Unternehmensformen als subjektiv schiedsfähig zuzulassen.

VII. Details der Verfahrensordnung

Die effiziente Gestaltung des Schiedsverfahrens ist eine wichtige Voraussetzung dafür, dass das Verfahren innerhalb eines angemessenen Zeitraumes unter Wahrung der Rechte und Interessen der Parteien durch eine sachgerechte Entscheidung zu beenden ist.[1158] Zu klären ist daher, wie die Schiedsordnung in ihren wesentlichen Grundzügen gestaltet werden sollte.

1. Vorgeschaltetes Schlichtungsverfahren?

Zunächst ist zu untersuchen, ob dem eigentlichen Schiedsverfahren ein selbständiges Schlichtungsverfahren vorausgehen sollte.

[1157] *Lachmann*, Handbuch für die Schiedsgerichtspraxis, Rn. 210 ff. m.weit.Nachw. Vgl. für das deutsche Recht § 1059 Abs. 2 Nr. 1 lit a.) ZPO, dazu MünchKomm ZPO – *Münch*, § 1059, RZ 5.

[1158] *Lörcher*, Neue Verfahren der internationalen Streiterledigung in Wirtschaftssachen, S.247.

Ein solches Schlichtungsverfahren verfügt im internationalen Handelsverkehr, vor allem im asiatischen Raum, über eine lange Geschichte, die über Jahrhunderte zurückreicht.[1159] Sein Ziel liegt in einer gütlichen Einigung zwischen den Parteien, die dadurch zustande kommen soll, dass im Gegensatz zur streitigen Auseinandersetzung eine neutrale dritte Person als „Schlichter" in einem weitgehend formlosen Verfahren Einzelgespräche mit den Parteien führt, die Kommunikation zwischen ihnen zu verbessern versucht und eine Einigung anstrebt.[1160] Die Streitbeilegung in einem Schlichtungsverfahren kommt vor allem dann in Betracht, wenn es den Vertragspartnern in direkten Verhandlungen nicht gelungen ist, die Streitigkeiten aus einem Handelsvertrag beizulegen.[1161]

Die Durchführung eines Schlichtungsverfahrens auf der Grundlage von etablierten Schlichtungsordnungen wird als vorteilhaft für die Vertragsparteien angesehen, weil ein solches Verfahren durch eine positive Erfolgsquote gekennzeichnet ist: eine erhebliche Anzahl der durchgeführten Schlichtungsverfahren führt zu einer Streitbeilegung durch eine gütliche Einigung.[1162] Für die Vertragspartner kann dies eine erhebliche Kosten- und Zeitersparnis bedeuten. Außerdem wird darauf hingewiesen, dass die Geschäftsbeziehungen zwischen den Parteien aufgrund des gütlichen Charakters eines Schlichtungsverfahren in der Regel fortgeführt werden können.[1163] Die Durchführung eines solchen Schlichtungsverfahren wird dementsprechend von mehreren internationalen Schiedsordnungen vorgesehen: die Internationale Handelskammer[1164], die

---

[1159] *Kaboth,* Das Schlichtungs- und Schiedsgerichtsverfahren der Weltorganisation für geistiges Eigentum (WIPO), S. 48.

[1160] *Kaboth,* Das Schlichtungs- und Schiedsgerichtsverfahren der Weltorganisation für geistiges Eigentum (WIPO), S. 49 f.

[1161] *Kaboth,* Das Schlichtungs- und Schiedsgerichtsverfahren der Weltorganisation für geistiges Eigentum (WIPO), S. 48.

[1162] *Kaboth,* Das Schlichtungs- und Schiedsgerichtsverfahren der Weltorganisation für geistiges Eigentum (WIPO), S. 51 m.weit.Nachw.

[1163] *Kaboth,* Das Schlichtungs- und Schiedsgerichtsverfahren der Weltorganisation für geistiges Eigentum (WIPO), S. 51. Allerdings ist hier anzumerken, dass die mögliche Fortführung der Geschäftsbeziehungen ohnehin als grundsätzlicher Vorteil der Schiedsgerichtsbarkeit ausgemacht wurde, vgl. z.B. *Diedrich*, JuS 1998, 158; *Lionnet*, Handbuch der internationalen und nationalen Schiedsgerichtsbarkeit, S. 48.; *Schmidt-Trenz*, Außenhandel und Territorialität im Außenhandel, S. 278; *Schütze*, ZVglRWiss 99 (2000), 241, 249; *Schiffer*, Internationale Wirtschaftsschiedsgerichtsbarkeit, S. 16.; *Stein*, in: Grundmann (Hrsg.), Systembildung und Systemlücken in Kerngebieten des Europäischen Privatrechts, 669, 679.

[1164] ICC Rules of Optional Conciliation, bspw. abgedruckt bei *Kaboth,* Das Schlichtungs- und Schiedsgerichtsverfahren der Weltorganisation für geistiges Eigentum (WIPO), S. 260 ff. Vgl. *Craig/Park/Paulsson*, The International Chamber of Commercial Arbitration, S. 697 ff.

Weltorganisation für geistiges Eigentum[1165] und die deutsche Institution für Schiedsgerichtsbarkeit [1166] haben dafür eine eigene Schlichtungsordnung veröffentlicht. [1167]; Diesen Weg hatten bereits die Verfasser des UNCITRAL-Modellgesetzes beschritten: 1980 wurde eine separate Schlichtungsordnung, die UNCITRAL-Conciliation Rules, veröffentlicht.

Allerdings wird der im Schlichtungsverfahren erzielte Vergleich von den Parteien freiwillig geschlossen und stellt keine bindende Entscheidung des Schlichters im Sinne eines Urteils oder eines Schiedsspruches dar. Daher ist er auch nicht vollstreckbar.[1168] Zudem verlieren die Parteien im Falle eines gescheiterten Schlichtungsverfahren Zeit und Geld. Aus diesem Grund erscheint im Rahmen einer europäischen Schiedsordnung die *zwingende* Durchführung eines Schlichtungsverfahren vor Inanspruchnahme des europäischen Schiedsgerichtes nicht sinnvoll.

In Betracht kommt jedoch die *fakultative* Durchführung eines Schlichtungsverfahren. Durch eine entsprechende Vorschrift in einer europäischen Schiedsordnung könnte den Parteien die Möglichkeit eingeräumt werden, ein Schlichtungsverfahren durchzuführen. Die Parteien können in der Regel abschätzen, ob sie zu einer gütlichen Einigung kommen können oder nicht. Entscheiden sie sich für das Schlichtungsverfahren, könnten sie auf die Logistik der europäischen Schiedsinstitution zurückgreifen, deren Schiedsrichter auch die Funktion eines Schlichters übernehmen könnten. Dies entspricht auch der Praxis: eine erhebliche Anzahl von Verträgen zwischen Unternehmen enthält bereits die vertragliche Verpflichtung, vor der Einleitung eines (Gerichts- oder Schieds-) Verfahren ein Schlichtungsverfahren anzustrengen.[1169]

Für den Entwurf einer solchen Schlichtungsordnung könnten die WIPO-Schlichtungsordnung, UNCITRAL-Conciliation Rules, die ICC Rules of Optional Conciliation sowie die DIS-Schlichtungsordnung 2002 Pate stehen. Von einer ausführlichen Diskussion der in Betracht kommenden Gestaltungs-

---

[1165] WIPO Schlichtungsordnung, bspw. abgedruckt bei *Kaboth*, Das Schlichtungs- und Schiedsgerichtsverfahren der Weltorganisation für geistiges Eigentum (WIPO), S. 220 ff.

[1166] Die DIS Schiedsordnung 2002 ist z.B. abgedruckt bei *Lachmann*, Handbuch für die Schiedsgerichtspraxis, Rn. 2294.

[1167] Allgemein *Lachmann*, Handbuch für die Schiedsgerichtspraxis, Rn. 323; *Schütze/ Tscherning/Wais*, Handbuch des Schiedsverfahrens, Rn. 834.

[1168] *Kaboth*, Das Schlichtungs- und Schiedsgerichtsverfahren der Weltorganisation für geistiges Eigentum (WIPO), S. 51.

[1169] *Craig/Park/Paulsson*, International Chamber of Commerce Arbitration, S. 105. Die Autoren weisen allerdings zu Recht auch darauf hin, dass im Streitfalle die gut gemeinte Schlichtungsklausel zu einer reinen „Pro-forma-Klausel“ verkommen kann.

möglichkeiten wird hier jedoch abgesehen, nicht zuletzt auch wegen der nachgewiesenermaßen geringen Bedeutung der Schlichtungsverfahren in der Praxis der Schiedsgerichte.[1170]

2. Besetzung des Spruchkörpers

Ein wichtiger Aspekt in der europäischen Schiedsordnung betrifft die Festlegung von Kriterien, nach denen die Besetzung des Schiedsgerichts erfolgen soll.

a) Anzahl der Schiedsrichter

Im herkömmlichen Schiedsverfahren können die Parteien die Anzahl der Schiedsrichter im konkreten Verfahren frei bestimmen.[1171] Art. 14 WIPO-Schiedsordnung lässt eine Besetzung des Schiedsgerichts mit einer geraden Anzahl von Richtern ausdrücklich zu.

Allerdings ist eine Besetzung des Schiedsgerichts mit einer ungeraden Anzahl, vorzugsweise mit drei Richtern, sinnvoll, um eine Pattsituation zu vermeiden. Dies entspricht der gängigen Praxis des Schiedsverfahrens[1172] und auch den Regelungen in den meisten Rechtsordnungen der Mitgliedstaaten der EG, so z.B. nach deutschem Recht[1173]. Angesichts der Gefahr einer Pattsituation und der damit einhergehenden Verfahrensverzögerung sollte eine Regelung wie in Art. 14 WIPO-Schiedsordnung in einer europäischen Schiedsordnung vermieden werden. Vielmehr sollte hier die Anzahl der Schiedsrichter ausdrücklich auf eine ungerade Zahl festlegt werden. In Betracht kommt regelmäßig die Besetzung mit

---

[1170] Siehe Ausführungen bei *Craig/Park/Paulsson*, International Chamber of Commerce Arbitration, S. 700, die trotz grundsätzlicher Anerkennung der Vorteile eines Schlichtungsverfahren zu der folgenden Schlussfolgerung gelangen: "Whether under the ICC Rules or otherwise, conciliation is more often talked about than attempted.".

[1171] Bspw. Art. 8 ICC-Rules of Arbitration; § 2 DIS-Schiedsgerichtsordnung 1998; Art. 14 WIPO-Schiedsordnung.

[1172] *Lachmann*, Handbuch für die Schiedsgerichtspraxis, Rn. 515. Vgl. § 3 DIS-Schiedsgerichtsordnung: „Das Schiedsgericht besteht aus drei Schiedsrichter, wenn die Parteien nichts anderes bestimmt haben.“; ähnlich Art. 10 Abs. 2 UNCITRAL-Modellgesetz; anders Art. 14 (b) WIPO-Schiedsordnung.

[1173] Vgl. § 1034 Abs. 1 ZPO, vgl. *Schwab/Walter*, Schiedsgerichtsbarkeit, S. 81 ff. Die ursprüngliche Regelung des § 1028 a.F. ZPO sah als Auffangmodell ein Zweierschiedsgericht vor, vgl. MünchKomm ZPO – *Münch*, § 1034 ZPO, RZ 3. Entsprechende Regelungen finden sich auch im italienischen, belgischem und niederländischem Recht, vgl. die Nachweise bei *Lörcher*, Neue Verfahren der internationalen Streiterledigung in Wirtschaftssachen, S. 205.

drei Schiedsrichtern oder mit einem Einzelschiedsrichter (dazu noch im folgenden Absatz). Für besonders komplexe Fällen sollte den Parteien zudem die Möglichkeit eingeräumt werden, eine höhere Anzahl von Schiedsrichtern zu vereinbaren.

b) Voraussetzungen für Besetzung mit einem Einzelrichter

Grundsätzlich ist die Besetzung des Schiedsgerichts mit drei Schiedsrichtern empfehlenswert, da sie eine ausgewogene Entscheidungsfindung fördert.[1174] Die Besetzung mit einem Einzelschiedsrichter bietet sich aber dort an, wo der Streitgegenstand überschaubar ist und seine Behandlung keinen übermäßig hohen Aufwand erfordert und relativ kostengünstig bleiben soll.[1175] Auch die europäische Schiedsordnung sollte daher die Möglichkeit vorsehen, anstelle der Schiedskammer einen Einzelschiedsrichter zu benennen.

Die Einzelrichterberufung könnte, nach dem Vorbild mancher internationaler Schiedsordnungen an bestimmte quantitative Kriterien gebunden werden; so sieht der Gerichtshof der Internationalen Handelskammer beispielsweise vor, dass der Einzelschiedsrichter bis zu einem bestimmten Gegenstandswert zuständig ist.[1176]

Die Mehrheit der internationalen Schiedsordnungen überlässt diese Entscheidung jedoch den Parteien.[1177] Eine solche Regelung erscheint auch sachgerecht, da sie dem Grundsatz der Parteiautonomie Rechnung trägt. Die Parteien des Verfahrens können die Komplexität des Streitgegenstandes, die nicht allein von dessen Streitwert abhängt, in der Regel besser einschätzen, da möglicherweise auch dort eine komplexe Sach- und Rechtslage gegeben ist, wo der Wert des Streitgegenstandes die durch die Schiedsordnung in diesem Zusammenhang festgelegte Betragshöhe unterschreitet. So hat auch der Gerichtshof der Internationalen Handelskammer in Einzelfällen die Zuständigkeit des Kollegialschiedsgerichts anerkannt, obgleich die Schwelle für die

---

[1174] *Craig/Park/Paulsson*, International Chamber of Commerce Arbitration, S. 191; *Lionnet*, Handbuch der internationalen und nationalen Schiedsgerichtsbarkeit, S.102 f.

[1175] *Lachmann*, Handbuch für die Schiedsgerichtspraxis, Rn. 515.

[1176] Die Schwelle liegt bei $ 1.5 mio, *Craig/Park/Paulsson*, International Chamber of Commerce Arbitration, S. 190 ff.; *Lachmann*, Handbuch für die Schiedsgerichtspraxis, Rn. 516.

[1177] Bspw. Art. 8 ICC-Rules of Arbitration; § 2 DIS-Schiedsgerichtsordnung 1998; Art. 14 WIPO-Schiedsordnung.

Einzelrichterbestellung in Höhe von $ 1.5 Mio. unterschritten wurde.[1178] Zudem wird in manchen Branchen, unabhängig von der Höhe des Streitwertes der Schiedsspruch eines Einzelrichters, nicht anerkannt.[1179] Namentlich für diese Fälle sollte den Parteien die Möglichkeit gegeben werden, die Anzahl der Schiedsrichter unabhängig vom Streitwert zu bestimmen, anstatt diese Entscheidung durch eine starre Regel vorwegzunehmen. So könnte die einschlägige Vorschrift vorsehen, dass im Regelfall ein dreiköpfiges Schiedsrichtergremium bestimmt wird; in den Fällen aber, in denen sich die Parteien entweder im Schiedsvertrag oder innerhalb einer bestimmten Frist nach Klageerhebung auf die Bestellung eines Einzelrichters geeinigt haben, wäre dies ebenfalls zulässig. Vorbild einer solchen Regelung könnte z.B. Art. 10 Abs. 2 UNCITRAL-Modellgesetz sein.

Den Parteien sollte darüber hinaus auch die Möglichkeit zugestanden werden, im laufenden Schiedsverfahren einen Wechsel zwischen Schiedskammer und Einzelschiedsrichter zu vereinbaren.

c) Verfahren der Schiedsrichterbestellung und Auswahl der Schiedsrichter

Es empfiehlt sich aus Gründen der Rechtssicherheit und um eine Verzögerung des Verfahrensbeginns zu vermeiden, in der europäischen Schiedsordnung detaillierte Regelungen für die Schiedsrichterauswahl und -bestellung festzulegen.

Die Schiedsinstitution sollte eine umfassende, regelmäßig aktualisierte Liste führen, die ausgewiesene Spezialisten für einzelne Branchen sowie anerkannte Experten des europäischen Wirtschaftsrechts benennt. Den Parteien sollte anhand dieser Liste ein Vorschlagsrecht gewährt werden. Zu empfehlen wäre dabei den Parteien, bei einem dreiköpfigen Gremium auch einen Kenner des europäischen Rechts aufzunehmen, damit europäisches Wirtschaftsrecht, z.B. in Wettbewerbssachen, und wesentliche europäische Rechtsgrundsätze sachgerecht angewendet werden können.

Falls die genannten Experten aus Gründen der Befangenheit oder aus ähnlichen Gründen ausscheiden oder kein Experte für eine bestimmte Branche genannt wird, sollten die Parteien das Recht erhalten, im Einzelfall weitere Experten

---

[1178] *Craig/Park/Paulsson*, International Chamber of Commerce Arbitration, S. 191.

[1179] Z.B. werden Einzelrichterentscheidungen von manchen Haftpflichtversicherungen nicht anerkannt: *Lionnet*, Handbuch der internationalen und nationalen Schiedsgerichtsbarkeit, S. 102; *Lachmann*, Handbuch für die Schiedsgerichtspraxis, Rn. 516.

vorzuschlagen, die sich nicht auf der Liste befinden, deren Eignung dann von der europäischen Schiedsinstitution innerhalb einer kurzen Frist (z.B. zwei Wochen) zu prüfen ist und die bei Vorliegen ausreichender Kenntnisse ebenfalls auf die Liste der Schiedsinstitution gesetzt werden. Auch das Vorschlagsrecht der Partien sollte innerhalb einer relativ engen (Not-) Frist ausgeübt werden müssen.

Die Bestellung der gewählten Schiedsrichter sollte anschließend gemäß der Wahl der Parteien durch die Schiedsinstitution erfolgen. Ein Schiedsrichter sollte jedoch dann nicht benannt werden, wenn berechtigte Zweifel an seiner Unparteilichkeit und Unabhängigkeit bestehen. In diesem Fall sollte die europäische Schiedsinstitution berechtigt sein, einzugreifen[1180]; den Parteien muss außerdem die Möglichkeit eingeräumt werden, ihre Bedenken gegen den Richter zu äußern. Die Schiedsordnung muss daher auch ein Verfahren für die Ablehnung eines Schiedsrichters vorsehen. Als Vorbilder für dieses Verfahren zum Ausschluss eines Schiedsrichters könnten die umfassenden Vorschriften der WIPO-Schiedsordnung (Art. 24 – 29 WIPO-Schiedsordnung) oder Art. 12 und 13 UNCITRAL-Modellgesetz dienen.[1181] Danach kann die Ablehnung eines Schiedsrichters gerechtfertigt sein, wenn berechtigte Zweifel an seiner Unabhängigkeit oder Unparteilichkeit aufkommen oder wenn er die zwischen den Parteien vereinbarten Voraussetzungen nicht erfüllt.

[1180] Vgl. bspw. Art. 7 ICC-Rules of Arbitration; § 15 DIS-Schiedsgerichtsordnung 1998; Art. 22 (a) WIPO-Schiedsordnung.

[1181] Die Partei, die einen Schiedsrichter ablehnen möchte, hat nach Art. 25 WIPO-Schiedsordnung 15 Tage nach der Bestellungsmitteilung oder nach Kenntnisnahme der entsprechenden Umstände, die eine Ablehnung rechtfertigen, Zeit, um das Schiedsgericht und die Gegenseite darüber zu informieren. Nach Empfang des Ablehnungsersuchens hat die Gegenseite 15 Tage Zeit für eine Stellungnahme. Stimmt sie zu, tritt der Schiedsrichter zurück. Lehnt sie ab, entscheidet das WIPO Arbitration Center über den Ablehnungsantrag, indem es eine Ad-hoc-Gruppe bildet, vgl. dazu auch *Lörcher,* Neue Verfahren der internationalen Streiterledigung in Wirtschaftssachen, S. 239 f. Die Rolle des WIPO Arbitration Centers und des Ad-hoc-Ausschusses müsste auf der gemeinschaftsrechtlichen Ebene ersetzt werden durch die europäische Schiedsinstitution. Ziel einer solchen Regelung ist es, eine gerichtliche Kontrolle des Ablehnungsantrages zu vermeiden, vgl. *Lörcher,* Neue Verfahren der internationalen Streiterledigung in Wirtschaftssachen, S. 239. Dabei besteht allerdings das Risiko, dass die gerichtliche Kontrolle aufgrund zwingender Vorschriften des nationalen Zivilprozessrechts nicht umgangen werden darf. Art. 13 (3) UNCITRAL-Modellgesetz, das eine gerichtliche Kontrolle vorsieht, ist insoweit als zwingend anzusehen, vgl. *Lörcher,* Neue Verfahren der internationalen Streiterledigung in Wirtschaftssachen, 239, Fn. 304. Aufgrund des Risikos, dass eine andere als die Entscheidung der Parteien und die gerichtliche Entscheidung nach nationalem Recht nicht als gültig angesehen wird, empfiehlt sich für ein europäisches Schiedsverfahren die Übernahme des Konzeptes der gerichtlichen Kontrolle nach Art. 13 (3) UNCITRAL-Gesetz.

Können sich die Parteien nicht fristgerecht auf einen oder die Schiedsrichter einigen, sollte die Schiedsinstitution berechtigt und verpflichtet sein, einen oder mehrere Schiedsrichter vorzuschlagen, mit denen sich die Parteien innerhalb einer relativ engen Frist (z.B. zwei Wochen) einverstanden erklären müssen; lehnen die Parteien auch diese Schiedsrichter ab, sollte der Schiedsinstitution die Befugnis eingeräumt werden, die erforderliche Anzahl von Schiedsrichtern anhand ihrer Expertise im konkreten Geschäftsbereich auszusuchen. So sollte sowohl sichergestellt werden, dass eine Partei den Beginn des Verfahrens nicht über Monate hinweg blockieren kann, um auf diese Weise eine Entscheidung in der Sache zu verzögern, als auch ein Verfahren bereitgestellt werden, das den Parteien die größtmögliche Flexibilität bietet.

Besondere Bedeutung kommt folglich der von der Schiedsinstitution geführten Liste der Schiedsrichter zu. Sie muss regelmäßig aktualisiert werden und sollte ausführliche Informationen (Curriculum vitae, Nachweise der Expertise, Erfahrungen etc.) zu den einzelnen Schiedsrichtern enthalten, damit sich die Parteien ein möglichst konkretes Bild von ihnen und vor allem vom Vorhandensein der im jeweiligen Fall erforderlichen Sachkunde machen können.

3. Vertretung der Parteien

Die internationalen Schiedsordnungen überlassen den Parteien in der Regel die freie Wahl, von wem sie sich im Schiedsverfahren vertreten lassen.[1182] Üblicherweise werden gerade in internationalen Schiedsverfahren Juristen aus externen Wirtschaftskanzleien eingeschaltet.[1183] Dennoch sehen die internationalen Schiedsordnungen im Gegensatz zu den höheren Instanzen der staatlichen Gerichtsbarkeit keinen Anwaltszwang vor.[1184]

Auch in einer europäischen Schiedsordnung könnte möglicherweise auf das Erfordernis der anwaltlichen Vertretung verzichtet werden. Es entspricht dem Wesen der Schiedsgerichtsbarkeit, den Parteien die Wahl zu überlassen und ihnen die Möglichkeit einzuräumen, über die Vertretung frei zu entscheiden. In dem grundsätzlichen Verzicht auf das Erfordernis der anwaltlichen Vertretung liegt auch ein Kostenvorteil für die Schiedsparteien, da insbesondere größere

---

[1182] Art. 13 (a) WIPO-Schiedsordnung: „The parties may be represented by persons of their choice, irrespective of, in particular, nationality or professional qualification,"

[1183] *Lachmann*, Handbuch der Schiedsgerichtspraxis, Rn. 736 .

[1184] *Lachmann*, Handbuch der Schiedsgerichtspraxis, Rn. 736; *Schütze/Tschernig/Wais*, Handbuch des Schiedsverfahrens, RZ 333.

Unternehmen sich durch ihre Rechtsabteilung vertreten lassen können und auf diese Weise die erheblichen Kosten für das Anwaltsmandat sparen.

Die Zulassung der Vertretung durch Nicht-Anwälte birgt jedoch ein erhebliches Problem für das Schiedsgericht: Wegen des Gleichbehandlungsgrundsatzes darf es die nicht anwaltlich vertretene Partei nicht „beraten", um möglicherweise bestehende Kenntnismängel zu kompensieren.[1185] Vor diesem Hintergrund ist es sachgerecht, den Kreis der Vertretungsberechtigten auf rechtskundige Personen zu beschränken. Dazu zählen in erster Linie Rechtsanwälte; erweitert werden sollte der Kreis jedoch auf Juristen aus den Rechtsabteilungen von Unternehmen, um ihnen den genannten Kostenvorteil zu sichern.

4. Einleitung des Schiedsverfahrens

Das (nicht-institutionalisierte) Ad-hoc Schiedsverfahren beginnt in der Regel an dem Tag, an welchem dem Beklagten der Antrag, den konkreten Rechtsstreit einem Schiedsgericht vorzulegen, zugegangen ist.[1186] Dabei reicht es aus, dem Beklagten einen Antrag zuzustellen, der eine bestimmte Streitigkeit bezeichnet und klarstellt, dass dieser Streit einem Schiedsgericht vorgelegt wird.[1187] Bei Einschaltung einer Schiedsinstitution beginnt das Schiedsverfahren üblicherweise (wiederum vorbehaltlich abweichender Parteivereinbarung) an dem Tag, an dem der Antrag bei der Schiedsinstitution eingegangen ist.[1188]

Eine parallele Regelung wie in den internationalen Schiedsordnungen erscheint auch im Rahmen einer europäischen Schiedsordnung sachgerecht: Ab Zugang beim Beklagten wäre die Schiedsklage „rechtshängig"; bereits ab Eingang der Klage bei der europäischen Schiedsinstitution wäre das Verfahren eingeleitet und die Verjährung des geltend gemachten Anspruches unterbrochen. Die europäische Schiedsordnung würde ähnlich wie ein nationales Gericht „von Amts wegen" „demnächst" an den Beklagten zustellen.[1189]

[1185] *Lachmann*, Handbuch der Schiedsgerichtspraxis, Rn. 736. Kritisch auch *Schütze/ Tschernig/Wais*, Handbuch des Schiedsverfahrens, RZ 333.
[1186] Bspw. Art. 21 UNCITRAL-Modellgesetz.
[1187] *Hußlein-Stich,* Das UNCITRAl-Modellgesetz über die internationale Handelsschiedsgerichtbarkeit, S. 114.
[1188] Vgl. § 6.1. S. 2 DIS-Schiedsgerichtsordnung 1998; Art. 4.2. Art. ICC-Rules of Arbitration.
[1189] Im deutschen Recht vgl. § 167 ZPO.

5. Festlegung des Schiedsortes

Für die Parteien eines herkömmlichen Schiedsverfahrens kann es von entscheidender Bedeutung sein, an welchem Ort das Verfahren durchgeführt wird. Grundsätzlich kommt nämlich das Schiedsverfahrensrecht zur Anwendung, das an diesem Ort herrscht (*lex arbitri).*[1190] Außerdem sind im Bereich des herkömmlichen Schiedswesens die staatlichen Gerichte am Ort des Verfahrens für die Unterstützung des Schiedsgerichtes und seine Kontrolle zuständig.[1191] Vor diesem Hintergrund wird der Ort des Schiedsverfahrens von den Parteien danach ausgesucht, ob die dort herrschende nationale Rechtsordnung „schiedsfreundlich" ist.[1192] Sämtliche internationale Schiedsordnungen räumen den Schiedsparteien dieses Recht ein und sehen vor, dass bei fehlender Vereinbarung der Vertragsparteien das Schiedsgericht den Schiedsort bestimmt.[1193]

Auch eine europäische Schiedsinstitution sollte wegen der damit verbundenen und wünschenswerten Flexibilität den Parteien das Recht einräumen, den Schiedsort frei zu wählen. Kommt es zu keiner solchen Vereinbarung, sollte die Schiedsinstitution den Ort des Verfahrens festlegen und sich dabei auf Kriterien wie Nähe zum Sachverhalt, Beweisnähe etc. stützen.

Im Geltungsbereich einer europäischen Schiedsordnung sollte jedoch ausdrücklich sichergestellt sein, dass nationales Prozessrecht *nicht* zur Anwendung gelangt, um die aufgezeigten verfahrensrechtlichen Nachteile für die Parteien beseitigen zu können. Vielmehr muss die europäische Schiedsordnung selbst zwingende Regeln vorsehen, von denen nicht abgewichen werden darf und welche die Rechtsstaatlichkeit des Verfahrens zu jedem Verfahrenszeitpunkt garantieren. Auch im Bereich unterstützender Handlungen sollte die Schiedsinstitution primär zuständig sein und ein Netzwerk lokaler Spezialisten (z.B. nicht am jeweiligen Verfahren beteiligter Schiedsrichter) aufbauen. Dieses Netzwerk kann zur Vermeidung einer Kostenexplosion in Fällen erheblicher Distanzen unter Umständen auch die nationalen Gerichte einbinden und im Wege der Rechtshilfe Beweis erheben lassen, soweit dies im konkreten Fall sachgerecht erscheint.

[1190] *Lachmann,* Handbuch der Schiedsgerichtspraxis, Rn. 940.

[1191] *Lörcher*, Neue Verfahren der internationalen Streiterledigung in Wirtschaftssachen, S. 250

[1192] Vgl. *Lörcher*, Neue Verfahren der internationalen Streiterledigung in Wirtschaftssachen, S. 250 m.weit.Nachw.

[1193] Bspw. Art. 20 Abs. 1 UNCITRAL-Modellgesetz, Art. 14.1. ICC-Rules of Arbitration, § 21 DIS-Schiedsgerichtsordnung 1998, Art. 39 Abs. 1 WIPO-Schiedsordnung.

6. Festlegung der Verfahrenssprache

Auch die Verfahrenssprache ist für die Vertragsparteien von erheblicher Bedeutung: Die Durchführung eines Prozesses in einer fremden Sprache erhöht die Transaktionskosten in beträchtlichem Umfang, da Informationsbedarf und Gestaltungsaufwand vergrößert werden.[1194]

Die Mehrzahl der internationalen Schiedsordnungen sieht deshalb vor, dass die Parteien die Sprache, in der das Schiedsverfahren geführt wird, frei wählen können.[1195] Wie bereits bei der Festlegung des Schiedsortes bestimmt im herkömmlichen Schiedsverfahren das Schiedsgericht bei fehlender Vereinbarung der Parteien die Verfahrenssprache.[1196] Im europäischen Schiedsverfahren sollte diese Aufgabe durch die europäische Schiedsinstitution wahrgenommen werden, wenn die Parteien eine Vereinbarung nicht getroffen haben oder sich innerhalb einer relativ engen Frist nicht auf eine Verfahrenssprache einigen konnten.

7. Vorlagemöglichkeit an den EuGH?

Weiterhin ist zu klären, ob einem europäischen Schiedsgericht eine Vorlagemöglichkeit an den EuGH eingeräumt werden sollte, soweit Fragen zur Anwendung und zur Auslegung von Gemeinschaftsrecht bestehen. Dies scheint auf den ersten Blick dem Wesen des Schiedsverfahrens zu widersprechen, das auf schnelle Konfliktlösung durch die Parteien angelegt ist. Tatsächlich wäre eine Vorlage*pflicht* im Hinblick auf das Ziel des Schiedsverfahrens, den Streit zwischen den Parteien schnell beizulegen, kontraproduktiv. Außerdem ist die Vorlagepflicht grundsätzlich nicht mit der freien Verfahrensgestaltung durch das Schiedsgericht und die Parteien zu vereinbaren.

Dennoch stellt die Einräumung eines Vorlage*rechts* einen nicht zu unterschätzenden Vorteil dar. Denn durch die Vorlage an den EuGH würde die Anwendung des Gemeinschaftsrechts auch im Bereich des Schiedsverfahren vereinheitlicht. Gemeinsam mit den Veröffentlichungen von schiedsrichterlichen Entscheidungen könnte dies dazu führen, dass eine einheitliche „europäische" Auslegungsmethode entwickelt würde. Ein Vorlagerecht wäre somit auch in einem europäischen Schiedsverfahren vorzusehen. Fraglich ist, wie dieses Vorlagerecht auszugestalten ist, damit es dem Ziel des Schiedsverfahren gerecht

---

[1194] Dazu ausführlich für die staatliche Gerichtsbarkeit: Kap. III.C.2.a) (1).
[1195] Bspw. Art. 22 UNCITRAL-Modellgesetz, § 22 DIS-Schiedsgerichtsordnung 1998, Art. 16 ICC-Rules of Arbitration, Art. 40 WIPO-Schiedsordnung
[1196] Siehe dazu die Ausführungen im vierten Kapitel Abschnitt B.

werden kann. Es erscheint kontraproduktiv, den Parteien ein Antragsrecht für eine Vorlage an den EuGH einzuräumen, würde ihnen dies doch lediglich ein Verzögerungspotential an die Hand geben, falls sie einen negativen Spruch befürchten. Allerdings könnte den Schiedsrichtern in ihrer Funktion als objektive Dritte die Vorlage an den EuGH ermöglicht werden, dies allerdings nur unter engen Voraussetzungen (Komplexität der Rechtslage, wesentliche Bedeutung für die Entwicklung des Gemeinschaftsrechts etc.). Die Parteien sollten sich außerdem darauf einigen können, das Vorlagerecht des Schiedsgerichts durch ausdrückliche Vereinbarung abzudingen.

8. Beendigung des Verfahrens

Zu analysieren sind außerdem die verschiedenen Möglichkeiten der fristgerechten Beendigung des Verfahrens in einer europäischen Schiedsordnung.

a) Möglichkeiten der Beendigung

Grundsätzlich bestehen für die Beendigung des schiedsrichterlichen Verfahrens mehrere Möglichkeiten. Art. 32 Abs. 1 UNCITRAL-Modellgesetz enthält dazu eine ausdrückliche Regelung: Zum einen kann das Verfahren durch einen endgültigen Schiedsspruch beendet werden, d.h. wenn der gesamte Streitgegenstand in Form einer finalen Sachentscheidung erfasst wird.[1197] Auch ein Vergleich, den die Parteien untereinander vereinbart haben, kann in Form eines Schiedsspruches das Verfahren beenden (Art. 30 UNCITRAL-Modellgesetz). In der schiedsrichterlichen Praxis spielt der Vergleich eine bedeutende Rolle.[1198] Außerdem kann das Schiedsgericht eine Beendigung des Verfahrens beschließen, wenn der Kläger seine Klage zurücknimmt, die Parteien die Beendigung des Verfahrens vereinbaren und das Schiedsgericht der Auffassung ist, dass die Fortsetzung des Verfahrens aus anderen Gründen, z.B. wegen Erledigung, unnötig oder unmöglich geworden ist (Art. 32 Abs. 2 UNCITRAL-Modellgesetz).[1199]

[1197] *Hußlein-Stich,* Das UNCITRAl-Modellgesetz über die internationale Handelsschiedsgerichtbarkeit, S. 166.

[1198] Nach *Lörcher,* Neue Verfahren der internationalen Streiterledigung in Wirtschaftssachen, S. 411, werden in der privaten Schiedsgerichtsbarkeit 60 % der Streitigkeiten durch einen Vergleich beigelegt. Als Grund für die Bereitschaft der Unternehmen, sich gütlich zu einigen, nennt er das Interesse der Parteien an der Fortsetzung der Geschäftsbeziehung.

[1199] Dazu *Hußlein-Stich,* Das UNCITRAl-Modellgesetz über die internationale Handelsschiedsgerichtbarkeit, S. 167 ff.

Die Beendigungsvarianten des UNCITRAL-Modellgesetzes erscheinen ausgewogen, sachgerecht und umfassend. Sie sollten der europäischen Schiedsordnung als Vorbild dienen.

b) Fristen

Zu klären ist weiter, ob das europäische Schiedsverfahren innerhalb festgelegter Fristen zu beenden ist.

Art. 24 Abs. 1 ICC Rules of Arbitration sieht vor, dass das Schiedsverfahren innerhalb von sechs Monaten durchgeführt und beendet werden muss.[1200] Auch Art. 63 (a) WIPO-Schiedsordnung enthält eine, wenngleich weniger streng formulierte Frist („*wherever reasonably possible*") von neun Monaten zur Durchführung des Verfahrens und eine weitere Frist von drei Monaten zum Erlass des endgültigen Schiedsspruchs. Andere Schiedsordnungen legen keine Fristen fest, in der das Schiedsverfahren durchgeführt werden soll. Sie enthalten jedoch zum Teil eine Aufforderung an das Schiedsgericht, „*das Verfahren zügig zu führen und in angemessener Frist einen Schiedsspruch zu erlassen*" (vgl. Art.33.1. DIS-Schiedsgerichtsordnung 1998). Angesichts dieser unterschiedlichen Regelungen stellt sich die Frage, ob eine Fristsetzung in einer europäischen Schiedsordnung sinnvoll wäre.

Es erscheint einerseits zweifelhaft, ob es angesichts der Vielfalt denkbarer Schiedsverfahren im Binnenmarkt möglich ist, eine angemessene Durchführungs- und Entscheidungsfrist im Vorfeld zu bestimmen. Außerdem stellt sich die Frage, wie die Einhaltung der Frist wirkungsvoll gesichert werden kann. Andererseits spricht das Interesse der Parteien an einer raschen Streitbeilegung für die Festlegung einer Frist. Art. 63 WIPO-Schiedsordnung hat zu dieser Frage ein umfassendes und flexibles Konzept entwickelt. Nach Art. 63 (a) WIPO-Schiedsordnung soll das Schiedsverfahren nach Möglichkeit innerhalb von neun Monaten durchgeführt und für abgeschlossen erklärt werden. Überschreitet das Schiedsgericht diese Frist, muss es der Schiedsinstitution einen Bericht über den Stand des Verfahrens geben und diesen auch an jede Partei weiterleiten. Mit Ablauf weiterer drei Monate ist ein erneuter Bericht an die Parteien und an die WIPO-Schiedsstelle zu senden (Art. 63 (b) WIPO-Schiedsordnung). Der Schiedsspruch soll innerhalb der drei kommenden Monate nach Abschluss des Verfahrens erlassen werden. Überschreitet das

[1200] Nach Art. 24 (2) ICC Rules of Arbitration kann diese Frist aber auch vom Gerichtshof verlängert werden

Schiedsgericht diese Frist, hat es den Parteien die Überschreitung schriftlich zu erklären. Verstreicht auch dieser Zeitraum, muss das Schiedsgericht bis zum abschließenden Schiedsspruch nach Ablauf eines jeden Monats eine weitere Erklärung an die Parteien senden (Art. 63 c) WIPO-Schiedsordnung).

Die Übernahme dieses zeitlichen Konzeptes im Rahmen einer europäischen Schiedsordnung erscheint sinnvoll und sachgerecht. So würde die Möglichkeit geschaffen, einerseits dem Parteiinteresse an einer raschen Durchführung des Verfahrens durch die Fristbestimmung ausreichend Rechnung zu tragen und andererseits die Einhaltung der Frist durch das Schiedsgericht sicherzustellen oder zumindest zu verhindern, dass das Verfahren bei den Schiedsrichtern „liegen bleibt". Die Schiedsordnung sollte den Parteien des Verfahrens außerdem die Möglichkeit einräumen, das Schiedsgericht durch eine gemeinsame und begründete Stellungnahme vom Erklärungserfordernis zu befreien, um eine flexible Regelung zu schaffen, die dem Umstand Rechnung trägt, dass ein besonders komplexes Verfahren sich über eine nicht absehbare Dauer hinziehen wird.

c) Formerfordernis für die Entscheidung des Schiedsgerichts?

Die internationalen Schiedsordnungen sehen in der Regel vor, dass der Schiedsspruch in Schriftform erlassen werden muss.[1201] Dies erscheint vor allem vor dem Hintergrund einer Vollstreckung aus dem Schiedsspruch sinnvoll. Ausweislich seines Wortlautes bezieht sich jedoch das Schriftformerfordernis zum Beispiel im UNCITRAL-Modellgesetz ausschließlich auf den „Tenor" und nicht auf die Begründung des Schiedsspruches.[1202]

Jedoch könnte das Schriftformerfordernis im Rahmen einer europäischen Schiedsordnung auf die Begründung der Entscheidung erweitert werden. Dies erscheint – unter Beachtung des oben bereits skizzierten „eingeschränkten Vertraulichkeitsgrundsatzes" – erforderlich, um durch die präjudizielle Wirkung Rechtssicherheit herzustellen und die wissenschaftliche Aufarbeitung zu ermöglichen. Eine entsprechende Regelung im europäischen Schiedsverfahren sollte daher vorsehen, dass der gesamte Schiedsspruch einschließlich seiner Begründung schriftlich zu ergehen hat.

[1201] Bspw. Art. 31 Abs. 1 UNCITRAL-Modellgesetz, § 34 DIS-Schiedsgerichtsordnung, Art. 27 ICC-Rules of Arbitration, Art. 62 (a) WIPO-Schiedsordnung.

[1202] *Hußlein-Stich*, Das UNCITRAl-Modellgesetz über die internationale Handelsschiedsgerichtbarkeit, S. 158.

Zu prüfen ist, ob dies auch für die Beendigung des Verfahrens durch einen Beschluss gilt. Zumindest das UNCITRAL-Modellgesetz sieht kein Schriftformerfordernis vor, wenn ein Beschluss ergeht.[1203] Es wird jedoch in der Literatur empfohlen, einen Beschluss ebenfalls nicht nur mündlich ergehen zu lassen.[1204] Diesem Erfordernis trägt z.B. Art. 62 (f) WIPO-Schiedsordnung Rechnung, indem er vorsieht, dass sowohl Beschlüsse als auch Schiedssprüche schriftlich abgefasst werden müssen. Aus Gründen der Rechtssicherheit empfiehlt es sich, diese Vorschrift in eine europäische Schiedsordnung zu übernehmen.

VIII. Kalkulation und Erstattung der Verfahrenskosten

Ein erhebliches Effizienzdefizit der internationalen Schiedsgerichtsbarkeit besteht darin, dass die Kosten für die Inanspruchnahme des Schiedsgerichts hoch und, was aus Sicht der Parteien ebenso schwer wiegt, im Vorfeld kaum zu bestimmen sind.[1205]

Es stellt sich folglich die Frage, wie eine europäische Schiedsordnung sicherstellen könnte, dass die Kosten des Verfahrens in angemessenem Verhältnis zum Streitwert bleiben und für die Parteien kalkulierbar sind. Außerdem muss geklärt werden, ob eine europäische Schiedsordnung eine ausdrückliche Kostenerstattungsregel enthalten sollte.

1. Kalkulation der Verfahrenskosten

Die institutionellen Schiedsordnungen enthalten in der Regel Vorschriften über die Kostenentscheidung und eine Kostentabelle, aus denen sich die Höhe der Verfahrenskosten, also vor allem der Gebühren für die Inanspruchnahme der Schiedsinstitution und der Vergütung der Schiedsrichter ergibt.[1206] Eine vergleichbare Kostenordnung sollte auch eine europäische Schiedsordnung enthalten. Außerdem ist zu prüfen, ob und wie eine größere Kostentransparenz und – kalkulierbarkeit erzielt werden könnte.

[1203] Vgl. Art. 31 Abs. 1 UNCITRAL-Modellgesetz.

[1204] Vgl. etwa *Lachmann*, Handbuch für die Schiedsgerichtspraxis, Rn. 1164:" Es sollte ein schriftlicher Beschluss mit vollem Rubrum ergehen."

[1205] Siehe dazu die Ausführungen im vierten Kapitel.

[1206] § 40 DIS-Schiedsgerichtsordnung 1998; Art. 30 f. ICC-Rules of Arbitration; Art. 67 WIPO-Schiedsordnung.

Die ICC-Kostenordnung enthält für jeden Streitwert einen Minimal- und einem Maximalwert. Aufgrund der beträchtlichen Schwankungsbreite besteht hier ein erhebliches Kostenrisiko: gegenüber einem Ad-hoc-Schiedsgericht können sich die Gebühren mehr als verdoppeln.[1207] Aber auch innerhalb eines Streitwertes, bei gleicher Besetzung des streitentscheidenden Gremiums, gibt es erhebliche Schwankungen: bei einem Streitwert etwa von $ 100.000 und einer Benennung von drei Schiedsrichtern können Schiedsrichtergebühren zwischen $ 3.500 und $ 14.000 entstehen, ohne dass die Parteien im Vorfeld ermitteln können, welche Ausgaben ungefähr auf sie zukommen. Bei einem Streitwert von $ 1 Mio. bewegt sich die Gebühr für die Schiedsrichter bereits zwischen $ 11.250 und $ 53.500. Trotz einer degressiven Gebührensteigerung kann dies vor allem im Bereich geringer und mittlerer Streitwerte die Kosten des Schiedsverfahrens in die Höhe treiben, ohne dass die Parteien dies kalkulieren können.[1208] Hinzu kommen bei einem Streitwert von $ 100.000 außerdem über $ 30.000 Verwaltungsgebühren des ICC-Gerichtshofs. Über die schließlich in Rechnung zu stellenden Gebühren entscheidet der Gerichtshof zudem erst nach Beendigung des Verfahrens. Bemessungskriterien sind die Schwierigkeit des Sachverhalts, der erforderliche Zeitaufwand und der persönliche Einsatz der Schiedsrichter.[1209] Abweichende Parteivereinbarungen entfalten keine Wirkung.[1210] Dieser Ermessensspielraum des Gerichtshofes macht eine Kalkulation der Schiedsgebühren fast unmöglich.[1211]

Derartige Unwägbarkeiten sind bei einer europäischen Schiedsordnung unbedingt zu vermeiden. Auf die Festlegung von Minimal- und Maximalwerten sollte daher verzichtet werden. Die Gebühren richten sich nach der Höhe des Streitwertes. Die Gebührentabelle sollte degressiv verlaufen, um eine Kostenexplosion im Bereich höherer Streitwerte zu vermeiden. Auch im Bereich der kleineren Streitwerte sollte aber die finanzielle „Schmerzgrenze" der Parteien in Relation zum Streitwert nicht überschritten werden.

Zu den Verfahrenskosten zählen außerdem die Auslagen der Schiedsrichter, der Zeugen und gegebenenfalls der Sachverständigen.[1212] Sie sind nach dem

---

1207 *Lachmann*, Handbuch für die Schiedsgerichtspraxis, Rn. 2220 ff.; Abbildungen 1a und 1b. Etwas anderes gilt für die Inanspruchnahme der Verbandschiedsgerichtsbarkeit, die häufig weniger kostenintensiv ist als die institutionelle Schiedsgerichtsbarkeit. Vgl. zur Verbandschiedsgerichtsbarkeit *Lachmann*, Handbuch für die Schiedsgerichtspraxis, Rn. 18.

1208 *Lachmann*, Handbuch für die Schiedsgerichtspraxis, Rn. 2220 ff

1209 *Lachmann*, Handbuch der Schiedsgerichtspraxis, Rn. 2221.

1210 *Lachmann*, Handbuch der Schiedsgerichtspraxis, Rn. 2221.

1211 *Eßer/Mossmayer*, EuZW 1998, S. 490, 494.

1212 Bspw. Art. 71 (a) WIPO-Schiedsordnung, dazu *Lörcher*, Neue Verfahren der internationalen Streiterledigung in Wirtschaftssachen, S. 431. Davon abzugrenzen sind die tatsächlichen Aufwand (z.B. Reisekosten) zu erstatten und deshalb im Vorfeld schwer kalkulierbar. Sie machen allerdings gerade in internationalen Verfahren einen erheblichen Anteil an den Gesamtkosten aus.[1213] Es bleibt jedoch zu analysieren, auf welche Weise vermieden werden kann, daß die Auslagen unverhältnismäßig hoch werden, oder zumindest, wie sie für die Parteien des Rechtsstreits besser kalkulierbar werden können.

Die Mobilität des Schiedsverfahrens führt bereits per se zu höheren Kosten. Es kommt allerdings insbesondere für die Auslagen des Schiedsgerichts, der Sachverständigen sowie der Zeugen in Betracht, im Vorfeld Tagessätze und Pauschalen je nach Art und Erforderlichkeit der entstehenden Reisekosten (Flug oder Zugfahrt, Hotelübernachtungen, Anmietung von Konferenzräumen etc.) festzulegen, deren Höhe maximal durch die unterliegende Partei erstattet werden[1214], und auf diese Weise die Auslagen zu begrenzen. So sieht etwa das „Merkblatt für die Schiedsrichter" des ICC[1215] eine Tagespauschale von $ 400 oder, bei Vorlage entsprechender Belege, von $ 500 für jeden Tag vor, den der Schiedsrichter für eine ICC Schiedsgerichtsangelegenheit außerhalb der Stadt, in der er sich üblicherweise aufhält, verbracht und eine Übernachtung im Hotel in Anspruch genommen hat. Ohne Übernachtung im Hotel beträgt die Tagespauschale $ 165. Das Merkblatt weist außerdem ausdrücklich darauf hin, dass Auslagen für Unterhaltungszwecke, z.B. für Theaterkarten, nicht ersetzt werden. Solche Regelungen beweisen, dass die Festlegung von Tagespauschalen für die Auslagen des Schiedsgerichts durchaus möglich ist. Auch könnten Höchstsätze für die Sachverständigen angesetzt werden, die je nach Expertise und Reputation variieren würden.

Außerdem sollte die europäische Schiedsordnung eine Art Generalklausel enthalten, welche die Parteien und das Schiedsgericht mahnt, das Verfahren effizient und gut organisiert zu gestalten, um zum Beispiel unnötige Reisekosten zu vermeiden.

Zwar können die Parteien durch die genannten Regelungen im Vorfeld nicht abschätzen, wie lange das Verfahren insgesamt dauern wird, ob der Schiedsort für die Beweisaufnahme verlagert werden muss, ob es erforderlich ist, bestimmte

---

Parteikosten, die jede Partei zur Rechtsverfolgung oder Rechtsverteidigung aufbringen muss, also insbesondere Anwaltskosten etc., vgl. *Lörcher*, Neue Verfahren der internationalen Streiterledigung in Wirtschaftssachen, S. 432 f.

[1213] *Lionnet*, Handbuch der internationalen und nationalen Schiedsgerichtsbarkeit, S. 64.

[1214] Siehe zur Kostenerstattung den folgenden Punkt.

[1215] Siehe „Überarbeitetes Merkblatt für die Schiedsrichter: Persönliche Auslagen und Auslagen des Schiedsgerichts" vom 1. Januar 1993, abgedruckt bei: *Schäfer/Verbist/Imhoos*, Die ICC Schiedsgerichtsordnung in der Praxis, S.255 ff.

Zeugen mehrere Male zu hören etc. Dennoch könnten sie die Kosten leichter als nach herkömmlichen Schiedsordnungen kalkulieren.

2. Finanzierung und „Prozesskostenhilfe“ durch die Gemeinschaft

Die Effizienz der herkömmlichen Schiedsgerichtsbarkeit krankt unter anderem auch daran, dass sie im Bereich geringerer Streitwerte schlicht zu teuer ist. Um daher auch kleinen und mittleren Unternehmen die Inanspruchnahme der europäischen Schiedsinstitution zu ermöglichen, ist neben der Erstellung einer transparenten Gebührentabelle auch über eine Finanzierung der Institution durch die Gemeinschaft nachzudenken. Auf diese Weise könnte sichergestellt werden, dass die Institution sämtlichen Unternehmen offen stünde, ohne dass die Qualität der Rechtsprechung beeinträchtigt würde.

In Ausnahmefällen kommt außerdem eine Unterstützung der Schiedsparteien, also der beteiligten Unternehmen, in Betracht. Für natürliche Personen hat der europäische Gesetzgeber die Mindestvorschriften über die Prozesskostenhilfe der nationalen Rechtsordnungen bereits durch eine Richtlinie[1216] auf europäischer Ebene harmonisiert. In Ausnahmefällen sollte auch die europäische Schiedsordnung durch eine Art europäische „Prozesskostenhilfe für Unternehmen“ die Inanspruchnahme der Schiedsgerichtsbarkeit ermöglichen. Sie sollte den folgenden Voraussetzungen unterliegen: Neben den Geltungsvoraussetzungen der europäischen Schiedsgerichtsbarkeit sollte die Prozesskostenhilfe für Unternehmen daran geknüpft werden, dass (i) die konkrete Streitigkeit nicht offensichtlich unbegründet ist, sondern vielmehr ausreichend Aussicht auf Erfolg hat, und (ii) das beantragende Unternehmen ohne Prozesskostenhilfe nicht in der Lage wäre, das Schiedsverfahren zu betreiben. Die genannten Voraussetzungen bedürfen jedoch einer engen Auslegung, um seitens der Unternehmen eine Ausnutzung dieses Systems zu vermeiden. Nach Beendigung des Verfahrens ist die Unterstützung (zinslos und unter Umständen in Raten) zurückzuzahlen.

[1216] Richtlinie 2002/8 vom 27. Januar 2003 zur Verbesserung des Zugangs zum Rechts bei Streitsachen mit grenzüberschreitendem Bezug durch Festlegung gemeinsamer Mindestvorschriften für die Prozesskostenhilfe in derartigen Streitsachen, ABl. EG L 26, S. 41.

3. Kostenerstattungsregel

Im Zusammenhang mit den Kosten des Verfahrens ist weiterhin zu prüfen, ob die europäische Schiedsordnung eine Kostenerstattungspflicht der unterliegenden Partei vorsehen sollte. In den internationalen Schiedsordnungen finden sich dazu unterschiedliche Lösungen:

Das UNCITRAL-Modellgesetz enthält keine eindeutige Kostenlastregel. Die Kostenerstattung zwischen den Parteien liegt allein im Ermessen des Schiedsgerichts. Einen ähnlichen Lösungsansatz verwendet auch die ICC: Nach Art. 31 (3) ICC Rules of Arbitration soll der Schiedsspruch sich zu den entstandenen Kosten des Schiedsverfahrens äußern und entscheiden, welche Partei sie zu tragen hat bzw. ob es zu einer Teilung der Kosten kommt. In diesem Ermessen, das dem Schiedsgericht eingeräumt wird, liegt aus Sicht der Parteien ein weiterer Unsicherheitsfaktor bei der Kalkulation der Kosten. Es erscheint daher sachgerecht, in einer europäischen Schiedsordnung durch eine eindeutige Kostenlastregel sicherzustellen, dass der unterlegenen Partei außer in Ausnahmefällen die Verfahrenskosten auferlegt werden. Eine solche Regelung enthält Art. 71 c) WIPO-Schiedsordnung, nach dem die Kosten „unter Berücksichtigung aller Umstände und des Ergebnisses des Schiedsspruches" zwischen den Parteien aufgeteilt werden sollen. Art. 72 WIPO-Schiedsordnung sieht zudem vor, dass, vorbehaltlich einer gegenteiligen Parteivereinbarung, das Schiedsgericht die gesamten Kosten für das Verfahren einer Partei auferlegen kann. Eine noch klarere Kostenerstattungsregel enthält § 35. 2 DIS-Schiedsgerichtsordnung 1998:

> „Grundsätzlich hat die unterliegende Partei die Kosten des schiedrichterlichen Verfahrens zu tragen. Das Schiedsgericht kann unter Berücksichtigung der Umstände des Falles, insbesondere wenn jede Partei teils obsiegt, teils unterliegt, die Kosten gegeneinander aufheben oder verhältnismäßig teilen."

Die DIS-Schiedsgerichtsordnung 1998 ermöglicht dem Schiedsgericht im Einzelfall eine angemessene Verteilung der Kosten, deren Erstattung in der Regel der unterliegenden Partei auferlegt wird. In Sonderfällen, die eine andere Bewertung erfordern, kann das Schiedsgericht die Kosten nach seinem Ermessen auf beide Parteien verteilen.[1217] Nach diesem Vorbild sollte auch eine Kostentragungsregel in einer europäischen Schiedsordnung gestaltet werden.

[1217] Zu Art. 71 c) WIPO-Schiedsordnung: *Lörcher*, Neue Verfahren der internationalen Streiterledigung in Wirtschaftssachen, S. 431 f.; *Kaboth*, Das Schlichtungs- und Schiedsgerichtsverfahren der Weltorganisation für geistiges Eigentum (WIPO), S. 177 f.

Fraglich ist, ob es dem europäischen Schiedsgericht freigestellt werden sollte, ob die Entscheidung über die Kostenlast in den Schiedsspruch aufgenommen wird. Nach Art. 31 UNCITRAL-Modellgesetz über Form und Inhalt des Schiedsspruches z.B. muss der Schiedsspruch die Kostenentscheidung wohl nicht enthalten. Im Gegensatz dazu wurde in § 1057 ZPO eine ausdrückliche Verpflichtung des Schiedsrichters aufgenommen, im Schiedsspruch auch über die Kostenlast zu entscheiden.[1218] Die internationalen Schiedsordnungen enthalten ebenfalls mehrheitlich Regelungen über die Kostenentscheidung durch die Schiedsrichter: Art. 71 WIPO-Schiedsordnung sieht vor, dass das Schiedsgericht im Schiedsspruch die insgesamt entstandenen Kosten für das Schiedsverfahrens festsetzt. Wenn einer Partei die Kosten für das Verfahren teilweise oder gesamt auferlegt werden, muss dies gemäß Art. 72 WIPO-Schiedsordnung im Schiedsspruch ausgesprochen werden. § 35. 1 DIS-Schiedsgerichtsordnung 1998 legt ebenfalls fest, dass das Schiedsgericht im Schiedsspruch ebenfalls über die Kosten zu entscheiden hat.

Diese Lösung erscheint auch als sachgerecht. Hat das Schiedsgericht nicht über die Kostenlast entschieden, ist der Schiedsspruch unvollständig. Denn er hat den Rechtsstreit zwischen den Parteien nicht vollständig ausgeräumt. Somit ist das Schiedsverfahren in diesem Fall nicht beendet, sondern muss bis zu einer Entscheidung über die Kostenlast fortgesetzt werden.[1219] Dafür spricht auch, dass der Schiedsspruch in der Regel der einzige Vollstreckungstitel ist, den die Parteien erlangen.[1220]

Aus diesem Grund sollte eine europäische Schiedsordnung ausdrücklich festlegen, dass im Schiedsspruch eine Entscheidung über die Kostenlast unter Berücksichtigung des Ausgangs des Rechtsstreites getroffen werden muss.

IX. Einstweiliger Rechtsschutz

Eine weitere wesentliche Frage betrifft die Möglichkeit einstweiligen Rechtsschutzes: Es ist zu prüfen, ob eine europäische Schiedsordnung dem jeweiligen Schiedsgericht auch die Befugnis einräumen sollte, einstweiligen Rechtsschutz zu gewähren.

[1218] Ausführlich dazu *Schwab/Walter*, Schiedsgerichtsbarkeit, S. 293 ff.
[1219] Ebenso *Schwab/Walter*, Schiedsgerichtsbarkeit, S. 293.
[1220] *Schwab/Walter*, Schiedsgerichtsbarkeit, S. 293 ff.

Das Institut zur vorläufigen Sicherung eines Anspruches existiert sowohl im nationalen Recht als auch im Völkerrecht.[1221] Dem Umfang nach erstreckt sich der einstweilige Rechtsschutz sowohl auf die Sicherung des *Status quo* als auch auf die Sicherstellung des ordnungsgemäßen Ablaufs des Hauptsacheverfahren, etwa zur Sicherung von Beweismitteln.[1222] Nahezu sämtliche internationalen Schiedsordnungen enthalten entsprechende Vorschriften, die dem Schiedsgericht die Befugnis zur Anordnung vorläufiger Maßnahmen einräumen.[1223]

Eine Kompetenz des Schiedsgerichts zur Gewährung von Eilmaßnahmen erscheint als sachgerecht, um schwerwiegende, irreparable Schäden für eine Partei zu vermeiden. Auf dieser Ebene kommen drei unterschiedliche Gestaltungsmöglichkeiten in Betracht:

Denkbar ist zunächst eine ausschließliche Kompetenz der staatlichen Gerichte. Vor Inkrafttreten der Zivilprozessrechtsreform in Deutschland konnte nach der h.M. ein Schiedsgericht ursprünglich keine vorläufigen Maßnahmen aussprechen.[1224] Die zweite Möglichkeit besteht darin, dass eine alternative Zuständigkeit der Schiedsgerichte geschaffen wird, die neben die Zuständigkeit des staatlichen Gerichts tritt. Drittens könnte eine ausschließliche Zuständigkeit des Schiedsgerichts begründet werden.

Im deutschen Recht hat sich mit Inkrafttreten der Zivilprozessrechtsreform die Option der Alternativzuständigkeiten durchgesetzt, die auch vom UNCITRAL-Modellgesetz vorgesehen wird.[1225] Die Parteien haben die Wahl, ob sie für das Eilverfahren das Schiedsgericht oder das staatliche Gericht in Anspruch nehmen.[1226] Diese Option hat den Vorteil, dass die organisatorischen Besonderheiten der staatlichen Gerichtsbarkeit, insbesondere der Bereitschaftsdienst,

---

[1221] *Lörcher*, Neue Verfahren der internationalen Streiterledigung in Wirtschaftssachen, S. 342.

[1222] *Lörcher*, Neue Verfahren der internationalen Streiterledigung in Wirtschaftssachen, S. 324 m.w.Nachw.

[1223] Z.B. Art. 17 UNCITRAL-Modellgesetz, Art. 23 ICC-Rules of Arbitration, § 20 DIS-Schiedsgerichtsordnung 1998, Art. 46 WIPO Schiedsordnung.

[1224] Vgl. die Nachweise dazu bei *Lörcher*, Neue Verfahren der internationalen Streiterledigung in Wirtschaftssachen, S. 359, Fn. 616; dazu auch *Hußlein-Stich*, Das UNCITRAl-Modellgesetz über die internationale Handelsschiedsgerichtbarkeit, S.98 f. Nach Inkrafttreten des neuen 10. Buchs der ZPO sieht § 1041 Abs. 1 ZPO, der auf Art. 17 UNCITRAL-Modellgesetz beruht, nunmehr eine entsprechende Befugnis der Schiedsgerichte vor.

[1225] Art. 9 UNCITRAL-Modellgesetz betont, dass der Antrag auf vorläufige gerichtliche Maßnahmen mit einer Schiedsvereinbarung nicht unvereinbar ist. Gleichzeitig sieht Art. 17 UNCITRAL-Modellgesetz vor, dass das Schiedsgericht auf Antrag der einen Partei der anderen Partei vorläufige oder sichernde Maßnahmen auferlegen kann.

[1226] § 1033 ZPO, vgl. dazu *Lachmann*, Handbuch der Schiedsgerichtspraxis, Rn. 1402.

genutzt werden können. Dies eröffnet die Möglichkeit, eine Eilentscheidung binnen weniger Stunden zu erhalten.[1227] Insbesondere im Bereich des Wettbewerbsrechts ist dies von erheblicher Bedeutung. Die zuständigen Wettbewerbskammern der staatlichen Gerichte verfügen über eine entsprechend große Erfahrung im Bereich einstweiliger Verfügungen.[1228] Dieser Erfahrungshorizont und die Schnelligkeit, mit der ein staatliches Gericht eine vorläufige Anordnung erlassen kann, spricht im Einzelfall dafür, die staatliche Gerichtsbarkeit für das Eilverfahren in Anspruch zu nehmen. Außerdem würde die alternative Zuständigkeit der staatlichen Gerichtsbarkeit eine Rechtsschutzlücke füllen, die dadurch entstünde, dass nur das Schiedsgericht einstweilige Anordnungen erlassen darf. Der Bedarf für ein Eilverfahren entsteht in der Regel in einem sehr frühen Verfahrensstadium, in dem das Schiedsgericht unter Umständen noch nicht gebildet ist.[1229]

Die Inanspruchnahme des Schiedsgerichts zum Erlass einer einstweiligen Verfügung kommt hingegen dann in Betracht, wenn es sich um einen besonders komplexen Sachverhalt handelt. Die Sachnähe des entscheidenden Gerichts in einem bereits eingeleiteten Verfahren wird hier zu einer angemessenen Entscheidung „über mehrere Rechtsordnungen hinweg“[1230] führen.[1231]

Insgesamt erscheint im Eilverfahren die Einräumung eines Wahlrechts zwischen staatlicher Gerichtsbarkeit und Schiedsgericht als vorteilhaft für die Parteien. Sie können nach den Umständen des Einzelfalls entscheiden, ob sie den Erlass der einstweiligen Anordnung beim Schiedsgericht beantragen oder ob sie hierfür auf die staatliche Gerichtsbarkeit zurückgreifen. Dies ermöglicht den Parteien ein flexibleres Vorgehen als bei einer Lösung, welche entweder nur eine Kompetenz der staatlichen Gerichtsbarkeit oder aber eine Kompetenz der Schiedsgerichtsbarkeit vorsieht. Aus diesem Grund sollte die europäische Schiedsordnung den Parteien ein Wahlrecht einräumen.

[1227] Vgl. *Lachmann*, Handbuch der Schiedsgerichtspraxis, Rn. 1405; ebenso *Kaboth*, Das Schlichtungs- und Schiedsgerichtsverfahren der Weltorganisation für geistiges Eigentum (WIPO), S. 187.

[1228] *Lachmann*, Handbuch der Schiedsgerichtspraxis, Rn. 1405.

[1229] So auch *Kaboth*, Das Schlichtungs- und Schiedsgerichtsverfahren der Weltorganisation für geistiges Eigentum (WIPO), S. 187.

[1230] *Kaboth*, Das Schlichtungs- und Schiedsgerichtsverfahren der Weltorganisation für geistiges Eigentum (WIPO), S. 188.

[1231] *Hußlein-Stich*, Das UNCITRAl-Modellgesetz über die internationale Handelsschiedsgerichtbarkeit, S. 98 f.; *Kaboth*, Das Schlichtungs- und Schiedsgerichtsverfahren der Weltorganisation für geistiges Eigentum (WIPO), S. 188.

Dies entspricht im übrigen auch den Vorschriften über den einstweiligen Rechtsschutz in Art. 46 (d) WIPO Schiedsverfahren, in § 20.2 DIS-Schiedsgerichtsordnung 1998, in Art. 23.2 ICC-Rules of Arbitration und in Art. 9 UNCITRAL-Modellgesetz. Nach dem Vorbild dieser Vorschriften könnte die Regelung in einer europäischen Schiedsordnung gestaltet werden.

Um divergierende Entscheidungen zu vermeiden, wenn z.B. die Parteien entgegengesetzte Anordnungen sowohl bei der staatlichen Gerichtsbarkeit als auch beim Schiedsgericht beantragen, sollte zudem eine Regelung diesen Sachverhalts aufgenommen werden. Sie sollte klären, dass im Falle der Anhängigkeit eines Antrags auf einstweiligen Rechtsschutz beim Schiedsgericht nicht in der gleichen Angelegenheit vor der staatlichen Gerichtsbarkeit entschieden werden darf und umgekehrt. Anträge auf einstweilige Anordnungen, die bereits an einem anderen Gericht anhängig sind, müssen ausgesetzt werden.

X. Überprüfung des Schiedsspruches

Grundsätzlich ist der Streit zwischen den Parteien durch die abschließende Entscheidung des Schiedsgerichts beigelegt. Erfüllt die unterlegene Partei den Schiedsspruch, bedarf es keiner Einschaltung einer höheren Instanz.

Etwas anderes kann jedoch dann gelten, wenn die Aufhebung oder die Vollstreckung der schiedsrichterlichen Entscheidung begehrt wird. Die unterlegene Partei hat bereits aus rechtstaatlicher Sicht ein berechtigtes Interesse an der Überprüfung des Schiedsspruches.[1232] Für diese Fälle sehen die internationalen Schiedsordnungen Kontrollmechanismen zur Überprüfung der Wahrung prozessualer Parteirechte und der Einhaltung des ordnungsgemäßen Verfahrens vor.[1233]

Vom Aufhebungsverfahren zu unterscheiden ist ein Rechtsmittelverfahren, also eine Überprüfung der Rechtmäßigkeit der Urteilsgründe.[1234] Die nationalen Rechtsordnungen haben mittlerweile die Möglichkeit zur Überprüfung des Schiedsspruches in der Sache weitgehend ausgeschlossen; einzig die Schweiz

---

[1232] *Lachmann*, Handbuch der Schiedsgerichtspraxis, Rn. 1167; vgl. auch *Lörcher*, Neue Verfahren der internationalen Streiterledigung in Wirtschaftssachen, S. 487.

[1233] *Lörcher*, Neue Verfahren der internationalen Streiterledigung in Wirtschaftssachen, S. 457 f.

[1234] *Lionnet*, Handbuch der internationalen und nationalen Schiedsgerichtsbarkeit, S. 199 f.

und Großbritannien sehen ein Rechtsmittelverfahren gegen einen Schiedsspruch vor.[1235]

Die Überprüfbarkeit der schiedsrichterlichen Entscheidung durch die staatlichen Gerichte im Aufhebungsverfahren sowie der Prüfungsumfang richten sich nach dem jeweiligen nationalen Recht am Ort des Schiedsverfahrens.[1236] Für den Bereich des herkömmlichen Schiedsverfahrens herrscht Einigkeit darüber, dass die Natur der Schiedsgerichtsbarkeit eine Beschränkung der Überprüfung durch die staatlichen Gerichte verlangt, damit die Schiedsgerichte nicht zu bloßen „zusätzlichen Gerichtsinstanzen" degradiert werden.[1237] Grundsätzlich ist die Überprüfbarkeit des Schiedsspruches auf eine Überprüfung seiner Aufhebbarkeit wegen offensichtlicher Rechtsfehler beschränkt. Im Aufhebungsverfahren wird der Schiedsspruch vor allem daraufhin überprüft, ob das Ergebnis der Entscheidung fundamentalen Grundsätzen des geltenden Rechts widerspricht. Die materielle Richtigkeit der konkreten Entscheidung ist dabei nicht Prüfungsgegenstand.[1238]

Die einzelnen Voraussetzungen des Aufhebungsverfahrens nach den nationalen Regelungen sind indes völlig unterschiedlich[1239]: Wie *Lachmann* ausführt, ist etwa nach belgischem Recht die Kontrolle eines Schiedsspruches gänzlich ausgeschlossen, wenn keine der Parteien eine Beziehung zu Belgien aufweisen kann.[1240] Im deutschen Recht kann der Aufhebungsantrag mit dem Ziel der Aufhebung eines ausländischen Schiedsspruches nach § 1059 Abs. 2 und 3 ZPO entgegen der Regel in § 1062 ZPO nicht vor deutschen Gerichten entschieden werden.

Diese Abweichungen in den nationalen Rechtsordnungen der Mitgliedstaaten führen zu gravierenden Unterschieden und sind daher der Rechtssicherheit und der Rechtseinheit nicht zuträglich. Die Effizienz einer europäischen Schiedsordnung erfordert die Überprüfbarkeit eines durch ein europäisches Schiedsgericht ergangenen Schiedsspruches in nichtdiskriminierender Weise.

[1235] *Lionnet*, Handbuch der internationalen und nationalen Schiedsgerichtsbarkeit, S. 200.
[1236] *Lörcher*, Neue Verfahren der internationalen Streiterledigung in Wirtschaftssachen, S. 486.
[1237] *Berger*, Wirtschaftsschiedsgerichtsbarkeit, S. 462; zustimmend *Lörcher*, Neue Verfahren der internationalen Streiterledigung in Wirtschaftssachen, S. 488.
[1238] *Lionnet*, Handbuch der internationalen und nationalen Schiedsgerichtsbarkeit, S. 201.
[1239] Vgl. *Lörcher*, Neue Verfahren der internationalen Streiterledigung in Wirtschaftssachen, S. 486; vgl. auch *Hußlein-Stich*, Das UNCITRAl-Modellgesetz über die internationale Handelsschiedsgerichtbarkeit, S. 175.
[1240] *Lörcher*, Neue Verfahren der internationalen Streiterledigung in Wirtschaftssachen, S. 486 m.weit.Nachw.

Folglich muss an dieser Stelle untersucht werden, ob und in welchem Umfang ein „europäischer Schiedsspruch" überprüfbar sein sollte.

In Betracht kommt zunächst ein Berufungsverfahren nach dem Vorbild der staatlichen Gerichtsbarkeit, also eine umfassende Überprüfung des Schiedsspruches auf seine materielle Richtigkeit. Eine solche Option gibt jedoch den Parteien, wie die Erfahrung der staatlichen Gerichtsbarkeit lehrt, eine Strategie an die Hand, wie die finale Entscheidung nachhaltig verzögert werden kann. Die Schiedsgerichtsbarkeit ist zudem als einstufiges Verfahren konzipiert; die grundsätzliche Rechtsbeständigkeit des Schiedsspruches gehört zu den wesentlichen Vorzügen des Schiedswesens.[1241] Auch in einer europäischen Schiedsinstitution sollte daher auf die materielle Überprüfung des Schiedsspruches durch eine zweite Instanz verzichtet werden.

Bereits aus rechtsstaatlichen Gründen erscheint es jedoch geboten, das Verfahren daraufhin überprüfen zu können, ob es ordnungsgemäß durchgeführt wurde.[1242] Zudem ist die Möglichkeit, das Verfahren überprüfen zu lassen, auch im Hinblick auf die Akzeptanz einer europäischen Schiedsinstitution erforderlich.[1243]

Vor allem die Verletzung der wesentlichen Verfahrensmaxime, z.B. des Gebotes, den Parteien rechtliches Gehör zu gewähren, des Gleichbehandlungsgrundsatzes oder der Vorschriften über die Zuständigkeit sollte die Aufhebung des Schiedsspruches nach sich ziehen. Vorbild einer solchen Regel könnte Art. 34 Abs. 2 a) i UNCITRAL-Modellgesetz sein.[1244] Als weiterer Aufhebungsgrund kommt die Berufung auf den „*ordre public*" in Betracht (z.B. nach Art. 34 II b ii UNCITRAL-Modellgesetz). Bei der Konkretisierung des „ordre public" ist es erforderlich, den internationalen Charakter des Schiedsverfahrens[1245] sowie die Besonderheiten des Gemeinschaftsrechts zu berücksichtigen. Es bedarf dazu der allmählichen Herausbildung eines einheitlichen „europäischen Ordre public". Dies sowie die Existenz der unterschiedlichen

---

[1241] *Lionnet*, Handbuch der internationalen und nationalen Schiedsgerichtsbarkeit, S. 199.

[1242] Vgl. *Lörcher*, Neue Verfahren der internationalen Streiterledigung in Wirtschaftssachen, S. 487.

[1243] So z.B. Art. 34 Abs. 2 s) ii UNCITRAL-Modellgesetz: „Ein Schiedsspruch kann durch das [...] Gericht nur aufgehoben werden, wenn die klagende Partei Beweis erbringt, dass sie von der Bestellung eines Schiedsrichters oder von einem schiedsrichterlichen Verfahren nicht gehörig in Kenntnis gesetzt worden ist, oder dass sie aus einem anderen Grund ihre Angriffs- und Verteidigungsmittel nicht hat geltend machen können." Dazu *Hußlein-Stich*, Das UNCITRAl-Modellgesetz über die internationale Handelsschiedsgerichtbarkeit, S. 183 f.

[1244] Zu Art. 34 Abs. 2 a) i) UNCITRAL-Modellgesetz vgl. *Hußlein-Stich*, Das UNCITRAl-Modellgesetz über die internationale Handelsschiedsgerichtbarkeit, S. 177 f.

[1245] Vlg. auch *Hußlein-Stich*, Das UNCITRAl-Modellgesetz über die internationale Handelsschiedsgerichtbarkeit, S. 184 f.

nationalen Aufhebungsvorschriften sprechen dafür, die Überprüfung des Schiedsspruches nicht von staatlichen Gerichten, sondern nach einheitlichem Recht von einer europäischen Instanz vornehmen zu lassen.

Es bietet sich folglich an, die europäische Schiedsinstitution so zu gestalten, dass eine ständige Schiedskammer für die Überprüfung der Schiedssprüche der Schiedsgerichte zuständig ist, damit eine einheitliche Anwendung der Aufhebungsvorschriften und nicht zuletzt auch die wissenschaftliche Aufarbeitung der Entscheidungen sichergestellt werden kann. Dies entspricht auch dem grundsätzlichen Charakter der Schiedsgerichtsbarkeit. Den Parteien geht es darum, in einem möglichst raschen Verfahren zu einem Titel zu gelangen, der zügig vollstreckbar oder aber, unter transparenten Voraussetzungen, in effizienter Weise anfechtbar ist. Das europäische Schiedsgericht sollte daher nicht zum Bestandteil des nationalen Instanzenzuges der Mitgliedstaaten werden, sondern vielmehr neben der staatlichen Gerichtsbarkeit stehen und selbst eine eigene Kammer als höhere Instanz für die Aufhebung ergangener Schiedssprüche bereitstellen.

XI. Anerkennung und Vollstreckung des Schiedsspruches

Die Durchsetzung der schiedsrichterlichen Entscheidung wird dann erforderlich, wenn die unterliegende Partei den Schiedsspruch nicht freiwillig erfüllt.[1246] Der Staat behält sich im herkömmlichen Schiedsverfahren vor, den im „privaten Verfahren“ zwischen den Parteien entstandenen Schiedsspruch vollstreckbar zu erklären.[1247] Daher bedarf es für die Durchsetzung eines derartigen Schiedsspruches grundsätzlich der Einschaltung der staatlichen Gerichtsbarkeit.[1248] Lässt sie die Vollstreckung des Schiedsspruches nicht zu, ist der Schiedsspruch für die obsiegende Partei wertlos. Die Effektivität des Schiedsverfahrens hängt folglich auch davon ab, ob und wie der Schiedsspruch gegen den Willen der unterlegenen Partei vollstreckt werden kann.[1249]

[1246] *Lachmann,* Handbuch der Schiedsgerichtspraxis, Rn. 1167; *Hußlein-Stich,* Das UNCITRAl-Modellgesetz über die internationale Handelsschiedsgerichtbarkeit, S. 190.
[1247] *Schwab/Walter*, Schiedsgerichtsbarkeit, S. 233 f.
[1248] *Lachmann,* Handbuch der Schiedsgerichtspraxis, Rn. 1167.
[1249] *Lörcher*, Neue Verfahren der internationalen Streiterledigung in Wirtschaftssachen, S. 517; *Hußlein-Stich,* Das UNCITRAl-Modellgesetz über die internationale Handelsschiedsgerichtbarkeit, S. 190.

1. Anerkennung und Vollstreckung eines „herkömmlichen" Schiedsspruches

Die Anerkennung und Vollstreckung eines Schiedsspruches, der in einem herkömmlichen Schiedsverfahren zustande gekommen ist, richtet sich grundsätzlich nach dem Recht des Staates, in dem er vollstreckt werden soll. In der Regel wird zwischen ausländischen und inländischen Schiedssprüchen unterschieden: Inländische Schiedssprüche werden meist ohne größere Schwierigkeiten anerkannt und vollstreckt, während für ausländische Schiedssprüche besondere Kriterien gelten.[1250]

Im deutsche Recht zum Beispiel gilt für inländische Schiedssprüche § 1060 ZPO, während sich die Vollstreckung ausländischer Schiedssprüche nach § 1061 ZPO richtet.[1251] § 1061 ZPO beruht auf dem New Yorker UN-Übereinkommen vom 10. Juni 1958 über die Anerkennung und Vollstreckung ausländischer Schiedssprüche (UNÜ). Es enthält mehrere Versagungsgründe, bei deren Vorliegen das staatliche Gericht die Anerkennung und Vollstreckung des ausländischen Schiedsspruches unterlassen darf (Art. V UNÜ), z.B. wenn die Parteien nicht subjektiv schiedsfähig waren oder die Schiedsvereinbarung ungültig war; wenn die unterlegene Partei aufgrund mangelnder Kenntnis vom Schiedsverfahren etc. ihre Angriffs- oder Verteidigungsmittel nicht hat geltend machen können; wenn das Schiedsgericht im Schiedsspruch über die Schiedsvereinbarung hinausgegangen ist; wenn die Bildung des Schiedsgerichts oder das durchgeführte Schiedsverfahren der *lex arbitri* widersprochen hat; wenn der Schiedsspruch noch keine endgültige Wirkung für die Parteien erlangt hat oder aufgehoben wurde.[1252] Das UNÜ wird durch das Europäische Schiedsübereinkommen (EuÜ) modifiziert. Innerhalb der Europäischen Union gilt dieses Übereinkommen zwischen Deutschland, Österreich, Frankreich, Dänemark, Italien, Spanien, Belgien und Luxemburg.[1253]

Nach Art. IX EuÜ darf die Anerkennung und Vollstreckung eines in einem Vertragsstaat aufgehobenen Schiedsspruches nur dann versagt werden, wenn die Aufhebung auf festgelegten Gründen basiert. Zu diesen Gründen gehört, dass die Schiedsvereinbarung aufgrund fehlender subjektiver Schiedsfähigkeiten der Parteien nach nationalem Recht oder aus einem anderen Grund nicht gültig war; dass eine Partei aufgrund fehlender Kenntnis vom Schiedsverfahren oder von der Schiedsrichterbestellung ihre Angriffs- und Verteidigungsmittel nicht geltend

---

[1250] *Hußlein-Stich,* Das UNCITRAl-Modellgesetz über die internationale Handelsschiedsgerichtbarkeit, S. 190 m.weit.Nachw.

[1251] Dazu *Lachmann,* Handbuch der Schiedsgerichtspraxis, Rn. 1270 ff.

[1252] Dazu *Maier*, EuÜ und UNÜ (Kommentierung), Art. V UNÜ, Anmerkungen Nr. 1 ff.

[1253] Vgl. *Jayme/Hausmann*, Internationales Privat- und Verfahrensrecht, Nr. 243, Fn. 1.

machen konnte; dass der Schiedsspruch über die Schiedsvereinbarung hinausging oder dass die Bildung des Schiedsgerichts oder die Durchführung des Schiedsverfahrens nicht den Vereinbarungen der Parteien entsprach. Im Gegensatz zum UNÜ hängt folglich die Anerkennung und Vollstreckung im Anwendungsbereich des EuÜ nicht zwingend vom Bestand des Schiedsspruches ab. Die Anerkennung und Vollstreckung wird vielmehr nur dann versagt, wenn die Aufhebung auf den in Art. IX EuÜ genannten Gründen beruht.[1254] Nach Art. III S.2 UNÜ darf die Anerkennung und Vollstreckung von Schiedssprüchen, auf die dieses Übereinkommen anzuwenden ist, weder wesentlich strengeren Verfahrensvorschriften unterliegen noch wesentlich höhere Kosten begründen als die Anerkennung und Vollstreckung inländischer Schiedssprüche.

2. Vollstreckung des „europäischen Schiedsspruches“

Zudem bleibt zu prüfen, ob die im internationalen Schiedswesen geübten Differenzierungen nach UNÜ und EuÜ sowie nach nationalem Recht im Rahmen einer europäischen Schiedsordnung übernommen werden sollten oder ob eine autonome Gemeinschaftsregel zu schaffen ist, die ausschließlich für die Vollstreckung europäischer Schiedssprüche gilt. Für letzteres spricht das Gebot der Effizienz des europäischen Schiedsverfahrens: Die mannigfaltigen Differenzierungen zwischen inländischen und ausländischen Schiedssprüchen, zwischen solchen im Geltungsbereich der EU oder außerhalb ergangenen sowie das unterschiedliche Regime der nationalen Rechtsordnungen machen das Vollstreckungsverfahren unübersichtlich und erschweren so die Vollstreckung eines Schiedsspruches. Der „europäische Schiedsspruch“ sollte folglich in einem vereinheitlichten Verfahren bei Nichtvorliegen einheitlicher Ablehnungsgründe anerkannt und vollstreckt werden.

Weiterführend ist in dieser Hinsicht die Schaffung des Europäischen Vollstreckungstitels.[1255] Zwar ist dieser in seiner momentanen Ausgestaltung auf unbestrittene Forderungen, d.h. auf Entscheidungen, die nicht im streitigen Verfahren geltend gemacht wurden, beschränkt. Dennoch gibt diese aktuelle Entwicklung Anlass, über eine schrittweise Einführung eines europäischen Vollstreckungstitels für den Bereich der Schiedsgerichtsbarkeit nachzudenken.

Ein erster Schritt in diese Richtung könnte darin bestehen, dem Schiedsspruch den rechtlichen Charakter eines Vollstreckungstitels zuzuerkennen, aus dem

---

[1254] *Maier*, EuÜ und UNÜ (Kommentierung), Art. IX EuÜ, Anmerkung Nr. 3.

[1255] Verordnung 805/2004 des Europäischen Parlaments und des Rates vom 21. April 2004 zur Einführung eines europäischen Vollstreckungstitels für unbestrittene Forderungen, ABl. EU 2004 L 143, S. 15. Ausführlich dazu z.B. *Rauscher*, Europäischer Vollstreckungstitel (München 2004).

nach dem herkömmlichen nationalen Anerkennungs- und Vollstreckungsverfahren, das sich in Deutschland nach den §§ 326, 771 ZPO richtet, vollstreckt werden kann. In einem zweiten Schritt kann darüber nachgedacht werden, einem solchen Titel die Qualität eines „Europäischen Vollstreckungstitels für *bestrittene* Forderungen" zuzuerkennen, den die staatliche Gerichtsbarkeit ohne Durchführung des Exequaturverfahrens, d.h. ohne Anerkennungserfordernis, vollstrecken darf. Die vorgebrachten rechtlichen Bedenken gegen den Europäischen Vollstreckungstitel für unbestrittene Forderungen in seiner jetzigen Gestalt[1256] stehen diesem Vorschlag nicht entgegen: da sie vor allem darauf beruhen, dass sich die Kategorie „unbestrittene Forderung" auch auf Entscheidungen erstrecken soll, die im Versäumnisverfahren ergangen sind, d.h. im Laufe einer lediglich summarischen Prüfung der Anspruchsvoraussetzungen. Eine Entscheidung, die im Rahmen der europäischen Schiedsgerichtsbarkeit in einem streitigen Schiedsverfahren ergangen ist, ist somit diesen Bedenken nicht ausgesetzt. Vielmehr handelt es sich dabei um eine auf rechtsstaatlichem Fundament zustande gekommene Entscheidung. Ein europäischer Schiedsspruch unterscheidet sich nach seiner rechtlichen Natur und der Art seines Zustandekommens nicht wesentlich von einer Entscheidung der staatlichen Gerichtsbarkeit der Mitgliedstaaten, so dass die Einführung eines Vollstreckungstitels für europäische Schiedssprüche durchaus in Betracht kommt.

E. Ergebnis

Die bisher entwickelten Modelle zur Reform der europäischen Gerichtsbarkeit sind nicht ausreichend für die Beseitigung der für europäische Unternehmen bestehenden Rechtsunsicherheit. Es gelingt diesen Modellen weder, den Unternehmen ein geeignetes Instrument zur Anspruchsdurchsetzung an die Hand zu geben, noch, die gebotene einheitliche Anwendung des Gemeinschaftsrechts sicherzustellen. Die auf Gemeinschaftsebene erarbeiteten Vorschläge sehen im wesentlichen eine Zuständigkeitsverlagerung vom EuGH auf das EuG und die Errichtung von speziellen Gerichtskammern für besondere Streitigkeiten, z.B. aus dem dienstrechtlichen Bereich, vor. Es ist angesichts der bisherigen Erfahrungen im Zusammenhang mit der Errichtung des EuG bereits zweifelhaft, ob das primär verfolgte Ziel, den EuGH zu entlasten, erreicht werden kann, da mit einem erheblichen Anstieg der Verfahrenssachen vor den Gemeinschaftsgerichten zu rechnen ist. Jedenfalls aber kann dieser Vorschlag nicht zu einer Verbesserung des Rechtsschutzes für europäische Unternehmen führen: Die

---

[1256] Dazu im zweiten Kapitel Abschnitt C.II.1.d) (3).

dargestellten Defizite der Rechtsdurchsetzung vor staatlichen Gerichten können durch die Vorschläge der Gemeinschaftsgerichte nicht beseitigt werden.

Eine eventuelle Stärkung der Rolle der nationalen Gerichte in Bezug auf die Anwendung des Gemeinschaftsrechts erscheint zum jetzigen Zeitpunkt als verfrüht, da sich eine einheitliche Auslegungsmethode für das europäische Recht noch nicht herausgebildet hat. Auch dieser Ansatz kann somit die Rechtssicherheit im Binnenmarkt nicht nachhaltig verbessern.

Als Lösung kommt die Schaffung eines europäischen Forums für Rechtstreitigkeiten in Betracht, die im Zusammenhang mit grenzüberschreitendem Handel entstehen. Dies kann jedoch nicht allein dem Markt und den Wirtschaftsakteuren überlassen werden. Die Effizienz eines solchen Forums hängt nämlich in erster Linie davon ab, in welchem Umfang den europäischen Unternehmen der Zugang zu einem derartigen Forum gewährt würde. Sicherzustellen ist dabei nämlich vor allem, dass die Entscheidungsfindung einer solchen Streitbeilegungsstelle effizient verläuft und die Kosten für die Inanspruchnahme der Streitbeilegungsstelle nicht unverhältnismäßig hoch und so umfassend wie möglich im Vorfeld zu kalkulieren sind. Weiterhin muss die Einhaltung bestimmter Verfahrensgrundsätze gewährleistet sein. In Betracht kommt daher die durch die Gemeinschaft finanzierte Errichtung einer europäischen Schiedsinstitution, die für die Administration europäischer Schiedsverfahren zuständig wäre und deren Tätigkeit auf der Grundlage einer europäischen Schiedsordnung einschließlich einer transparenten Kostenordnung erfolgte. Auf diese Weise könnte zum einen die Kalkulation der Kosten für die Inanspruchnahme der Leistungen der Schiedsinstitution und auf der anderen Seite die effiziente, einheitliche Entscheidungsfindung bei gleichzeitiger Einhaltung der wesentlichen Verfahrensgrundsätze gefördert werden.

Dieser Vorschlag könnte den Rechtsschutz der europäischen Unternehmen in internationalen Streitigkeiten im Vergleich zur staatlichen Gerichtsbarkeit wesentlich verbessern. Die für Schiedsverfahren typische freie Verfahrensgestaltung außerhalb des engen und unzulänglichen Rahmens der nationalen Verfahrensordnungen erhöht die Flexibilität der Parteien beträchtlich und ermöglicht die Abstimmung des Verfahrens auf den zugrunde liegenden Einzelfall. Dies betrifft vor allem die freie Wahl der Verfahrenssprache, des Schiedsortes und die freie Besetzung des Schiedsgerichts. Es wird vorgeschlagen, die auf der Grundlage der europäischen Schiedsordnung ergangenen Entscheidungen zumindest „geschwärzt" zu veröffentlichen, um die in den Entscheidungen enthaltenen Ausführungen insbesondere für die staatliche Gerichtsbarkeit transparent und nutzbar zu machen und die wissenschaftliche Aufarbeitung der Schiedsentscheidungen zu sichern. Auf diese Weise wird die

Herausbildung einer europäischen Auslegungsmethode gefördert und damit die einheitliche Auslegung des Gemeinschaftsrechts sichergestellt.

Die hier vorgeschlagene Ausgestaltung der europäischen Schiedsinstitution wäre auf die Bedürfnisse des europäischen Handelsverkehrs zugeschnitten. So kann es gelingen, den im Binnenmarkt tätigen Unternehmen ein Instrument zur (einheitlichen!) Rechtsdurchsetzung an die Hand zu geben, das sich auch gegenüber den renommierten Schiedsinstitutionen bewähren würde, da es zwar die Vorteile der internationalen Schiedsordnungen aufgreift (wie Flexibilität des Verfahrens, Richterwahl etc.), aber nicht dessen Nachteile (keine wissenschaftliche Aufarbeitung der Schiedssprüche, fehlende Kalkulierbarkeit der Kosten etc.).

Insgesamt birgt die Errichtung einer europäischen Schiedsinstitution in der hier vorgeschlagenen Form etliche Vorteile für die europäischen Unternehmen, die zu einem verbesserten Rechtsschutz im Binnenmarkt führen. Die Errichtung einer solchen Schiedsinstitution wäre folglich der Rechtseinheit und Rechtssicherheit, die auf dem europäischen Binnenmarkt herrschen, förderlich und ist aus diesem Grund den übrigen Modellen, die zur Frage der institutionellen Reform der europäischen Gerichtsbarkeit vorgestellt wurden, überlegen.

Nach der hier vertretenen Ansicht verfügt die Europäische Gemeinschaft auch über die entsprechende Kompetenz zur Errichtung eines solchen Forums.

Siebtes Kapitel: Zusammenfassende Thesen

In einem reibungslos funktionierenden Binnenmarkt muss Rechtssicherheit für alle am Wirtschaftsleben teilnehmenden Wirtschaftsakteure herrschen. Anderenfalls kommt es bei Transaktionen im Binnenmarkt zu – im Vergleich zu innerstaatlichen Transaktionen – erhöhten Transaktionskosten, die insbesondere durch den erhöhten Beratungs- und Informationsbedarf entstehen. Darüber hinaus reduziert sich in einem rechtsunsicheren Umfeld die Erfüllungswahrscheinlichkeit des Transaktionsversprechens.

Diese Auswirkungen von Rechtsunsicherheit wirken insbesondere auf kleine und mittlere Unternehmen abschreckend, da die konkreten Transaktionsvolumina nicht in einem angemessenen Verhältnis zum Mehraufwand der Transaktion stehen und mit der Nichterfüllung des Vertragspartners zu rechnen ist. Folglich können diese Unternehmen nicht von einem Binnenmarkt profitieren, in dem keine Rechtssicherheit herrscht; die Funktionsfähigkeit des Binnenmarktes, in dem die erforderliche Rechtssicherheit nicht vorliegt, ist somit gestört.

Der Europäische Binnenmarkt verfügt nicht über die erforderliche Rechtssicherheit. Dies zeigt sich auf mehrere Ebenen: auf der Ebene des Kollisionsrechts, die über das auf die Transaktion anwendbare Recht entscheidet, auf der Ebene des Sachrechts sowie auf der Ebene der Rechtsdurchsetzung. Auf allen diesen Ebenen konnten erhebliche Rechtssicherheitsdefizite nachgewiesen werden. Das Kollisionsrecht gibt häufig keine eindeutigen Anwendungsbefehle, die nationalen Rechtsordnungen entsprechen nicht den Anforderungen des internationalen Handels, und auch die gerichtliche Durchsetzung der rechtlichen Ansprüche vor einem ausländischen Gericht stellt ein europäisches Unternehmen vor erhebliche Schwierigkeiten, die insbesondere durch das fremde Verfahrensrecht und den gesteigerten Aufwand beim Betreiben des Prozesses entstehen. Insgesamt ist es für einen Unternehmer in vielerlei Hinsicht schwieriger und teurer, eine Transaktion ins Ausland durchzuführen und die vertraglichen Rechte durchzusetzen, weil weder die nationalen Prozessordnungen noch das nationale Sachrecht auf die Anforderungen des internationalen Rechtsverkehrs abgestimmt sind.

Die dargestellten Mängel des legislativen und judikativen Systems können auch nicht im Wege der privaten Rechtsbildung aufgefangen werden. Zwar sind die von der Wirtschaft entwickelten Vertragsstandards und sonstiges „privates Recht“ auf die Bedürfnisse des internationalen Handels zugeschnitten. Doch auch in diesem Bereich ergeben sich erhebliche Rechtsanwendungsrisiken, deren Umfang noch dadurch gesteigert wird, dass die wissenschaftliche Aufarbeitung ergangener Entscheidungen nicht gewährleistet ist. In der Regel wird nämlich die Wahl des „privaten Rechts“ gezwungenermaßen mit einer Schiedsklausel kombiniert, da die Vertragsparteien davon ausgehen, dass die staatliche Gerichtsbarkeit für die Lösung der aus der Anwendung des privaten Rechts entstehenden Streitigkeiten ungeeignet ist. Die Inanspruchnahme der Schiedsgerichtsbarkeit birgt jedoch ein erhebliches Kostenrisiko, das nur bei großen Transaktionsvolumina gerechtfertigt ist, nicht jedoch im Bereich kleiner und mittlerer Transaktionen. Gerade für kleine und mittlere Unternehmen stellt somit die Schiedsgerichtsbarkeit kein geeignetes Instrument zur Durchsetzung der im Zusammenhang mit dem Vertrag entstandenen Rechte dar.

Die Verabschiedung eines europäischen Privatrechts birgt die Chance, für europäische Unternehmer gleichwertige rechtliche Rahmenbedingungen zu schaffen, die auf die Bedürfnisse des internationalen Handels abgestimmt werden können. Die Kompetenz hierzu steht dem europäischen Gesetzgeber auch zu. Das setzt jedoch voraus, dass die rechtlichen Vorgaben in gleicher Weise von den staatlichen Gerichten angewandt werden. Daran bestehen erhebliche Zweifel, da die nationalen Auslegungsmethoden und Arbeitstechniken erheblich voneinander abweichen. Ohne Sicherstellung der einheitlichen Auslegung besteht somit europäisches Einheitsrecht lediglich auf dem Papier.

Auch dem EuGH ist es bislang nicht gelungen, den staatlichen Gerichten durch die Festlegung europäischer Auslegungsgrundsätze eine ausreichende Orientierungshilfe bei der Anwendung von Gemeinschaftsrecht an die Hand zu geben. Vielmehr stellt sich seine Auslegungsmethode als stark einzelfallbezogenes, dynamisches und zudem außerordentlich komplexes Konzept dar, das die einheitliche Auslegung durch die nationalen Gerichte nicht fördert. Auch das Vorlageverfahren kann keine Abhilfe schaffen: insbesondere die überlange Verfahrensdauer dieses Zwischenverfahrens ist der Effizienz dieses Instruments in hohem Maße abträglich und führt zu einer erheblichen Verlängerung des Hauptsacheverfahrens vor dem staatlichen Gericht.

Angesichts der dargelegten Rechtssicherheitsdefizite ist die Reform des europäischen Gerichtssystems erforderlich, um die Funktionsfähigkeit des Binnenmarktes zu verbessern und insbesondere den kleinen und mittleren Unternehmen den Zugang zu erleichtern. Die bisher vorgeschlagenen Reformmaßnahmen sind jedoch zu diesem Zwecke weder geeignet noch ausreichend, da sie im wesentlichen Zuständigkeitsübertragungen vorsehen. Die Erfahrungen mit der Errichtung des Europäischen Gerichts erster Instanz haben bereits gezeigt, dass solche Ansätze nicht zu der beabsichtigten Entlastung führen. Darüber hinaus können die vorgeschlagenen Maßnahmen den Zugang der Unternehmen zum Recht und die einheitliche Anwendung des Einheitsrechts nicht verbessern.

In dieser Untersuchung wurde daher ein Reformansatz erarbeitet, der erheblich über die bisher vorgeschlagenen Maßnahmen hinausgeht und bislang nur vereinzelt in der Literatur Erwähnung fand: es wird die Errichtung eines europäischen Forums für internationale Handelssachen in der Form eines europäischen Schiedsgerichts vorgeschlagen. Die Zuständigkeit einer solchen Schiedsgerichtsbarkeit würde sich auf sämtliche grenzüberschreitende Handelsverträge zwischen Unternehmen erstrecken. Verträge mit Verbrauchern und mit Unternehmen aus Drittstaaten sollten (zunächst) aus dem Zuständigkeitsbereich ausgeklammert bleiben.

So würde es gelingen, den Unternehmen ein effizientes Instrument zur Durchsetzung ihrer Rechte an die Hand zu geben, das die Vorteile der herkömmlichen Schiedsinstitutionen (Flexibilität des Verfahrens, Richterauswahl etc.) übernimmt und gleichzeitig die Nachteile der Schiedsgerichtsbarkeit in ihrer bisherigen Gestalt zu vermeiden versucht (Bedarf für den Rückgriff auf nationale Sach- und Prozessvorschriften, keine wissenschaftliche Aufarbeitung möglich, hohe Kosten etc.). In der hier vorgeschlagenen Ausgestaltung würde sich eine europäische Schiedsinstitution gegenüber den eingespielten renommierten Schiedsordnungen bewähren können.

Da die europäische Schiedsgerichtsbarkeit in der hier erarbeiteten Form außerdem eine im Vergleich zur „klassischen" Schiedsgerichtsbarkeit kostengünstige Alternative darstellen würde und die Kosten insgesamt leichter zu kalkulieren wären, handelt es sich bei diesem Vorschlag um die erforderliche Maßnahme, um europäischen Unternehmen die Rechtsdurchsetzung zu erleichtern. Auch dies würde beträchtlich zur Rechtssicherheit im Binnenmarkt beitragen.

Die Veröffentlichung (geschwärzter) Entscheidungen und die auf diese Weise mögliche Erarbeitung europäischer Grundsätze würde zudem der staatlichen Gerichtsbarkeit die erforderlichen Orientierungshilfen für die einheitliche Anwendung europäischen Rechts an die Hand geben. Bereits dies würde der im Binnenmarkt bestehenden Rechtsunsicherheit abhelfen.

Der europäische Gesetzgeber besitzt auch die erforderliche Kompetenz zur Errichtung einer solchen europäischen Schiedsgerichtsbarkeit.

Schriften zum Europa- und Völkerrecht und zur Rechtsvergleichung

Herausgegeben von Prof. Dr. Manfred Zuleeg

Band 1 Mathias Mühlhans: Internationales Wassernutzungsrecht und Spieltheorie. Die Bedeutung der neueren völkerrechtlichen Vertragspraxis und der wirtschaftswissenschaftlichen Spieltheorie für das Prinzip der angemessenen Nutzung internationaler Binnengewässer. 1998.

Band 2 Michael Grüb: Europäische Niederlassungs- und Dienstleistungsfreiheit für Private mit hoheitlichen Befugnissen. 1999.

Band 3 Kathrin Bremer: Nationale Strafverfolgung internationaler Verbrechen gegen das humanitäre Völkerrecht. Am Beispiel einer Rechtsvergleichung Deutschlands, der Schweiz, Belgiens und Großbritanniens. 1999.

Band 4 Jon Marcus Meese: Das Petitionsrecht beim Europäischen Parlament und das Beschwerderecht beim Bürgerbeauftragten der Europäischen Union. 2000.

Band 5 Christoph Schalast: Umweltschutz und Wettbewerb als Wertwiderspruch im deregulierten deutschen und europäischen Elektrizitätsmarkt. 2001.

Band 6 Ralf Bauer: Das Recht auf eine gute Verwaltung im Europäischen Gemeinschaftsrecht. Inhalt, Anwendungsbereich und Einschränkungsvoraussetzungen des Grundrechts auf eine gute Verwaltung in Artikel 41 der Charta der Grundrechte der Europäischen Union. 2002.

Band 7 Kerstin Estler: Zur Effektivität des einstweiligen Rechtsschutzes im Gemeinschaftsrecht. 2003.

Band 8 Ali Hahin: Der Vertrag von Amsterdam: Vergemeinschaftetes Asylrecht. 2003.

Band 9 Amina Dammann: Die Beschwerdekammern der europäischen Agenturen. 2004.

Band 10 Nina Nolte: Deregulierung von Monopolen und Dienstleistungen von allgemeinem wirtschaftlichen Interesse. Zur Bedeutung des Art. 86. Abs. 2 EGV. Insbesondere in den Bereichen der Elektrizitätswirtschaft, der Bodendienstleistungen auf Flughäfen und der Abfallwirtschaft. 2004.

Band 11 Izumi Kazuhara: Einfluss der Marktintegration auf die Auslegung und Anwendung des europäischen Wettbewerbsrechts. 2004.

Band 12 Olesia Engelbutzeder: EU Anti-Dumping Measures Against Russian Exporters. In View of Russian Accession to the WTO and the EU Enlargement 2004. 2004.

Band 13 Magnus Noll-Ehlers: Produzentenverantwortung im Europäischen Umweltrecht. 2004.

Band 14 Walter Seubert: Die Brüsseler „Verständigung" zu Anstaltslast und Gewährträgerhaftung. Eine Betrachtung aus europarechtlicher und mitgliedstaatlicher Sicht. 2005.

Band 15 Vera Korrell: Europol. Polizei ohne rechtsstaatliche Bindungen? 2005.

Band 16 Tina Sandmann: Kommunale Unternehmen im Spannungsfeld von Daseinsvorsorge und europäischem Wettbewerbsrecht. 2005.

Band 17 Agnė Veršelytė: Das Recht auf Gesundheitsschutz in der Europäischen Union. 2005.

Band 18 Silke Sandmann: Umsetzung von Europarecht in Italien. Das La Pergola-Gesetz als Lösung eines langjährigen Problems. 2006.

Band 19 Andrea Spellerberg: Vertraulichkeit für Informanten des Europäischen Amtes für Betrugsbekämpfung (OLAF). Der Schutz des Informanten nach Art. 287 EG und die Verteidigungsrechte der Betroffenen. 2006.

Band 20 Nina Althoff: Die Bekämpfung von Diskriminierungen aus Gründen der Rasse und der ethnischen Herkunft in der Europäischen Gemeinschaft ausgehend von Art. 13 EG. 2006.

Band 21 Michaela Christina Schmitt: Rechtssicherheit im Binnenmarkt. Zur Notwendigkeit eines Europäischen Schiedsgerichts. 2007.

Band 22 Tanja Braum-Schleicher: Daseinsvorsorge und service public durch den öffentlich-rechtlichen Rundfunk. Eine Analyse im Lichte der Dienstleistungsfreiheit und des europäischen Beihilfesystems. 2006.

www.peterlang.de

Kolibri 360 GmbH
Ferdinand-Jühlke-Straße 7
99095 Erfurt, Deutschland
produktsicherheit@kolibri360.de

Druck:
CPI Druckdienstleistungen GmbH
im Auftrag der
Kolibri 360 GmbH
Ferdinand-Jühlke-Str. 7
99095 Erfurt